D0943346

economía
y
demografía

GRANDES EMPRESAS Y GRUPOS INDUSTRIALES LATINOAMERICANOS
Expansión y desafíos en la era de la apertura y la gobalización

por

CELSO GARRIDO * WILSON PERES
ROBERTO BISANG * RUY DE QUADROS CARVALHO
ROBERTO BERNARDES * REGIS BONELLI
MARIO CASTILLO A. * RAÚL ÁLVAREZ L.
GABRIEL MISAS ARANGO

coordinado por
WILSON PERES

siglo
veintiuno
editores

siglo ventiuno editores, s.a. de c.v.
CERRO DEL AGUA 248, DELEGACIÓN COYOACÁN, 04310 MÉXICO, D.F.

siglo veintiuno de españa editores, s.a.
PRÍNCIPE DE VERGARA, 78 2° DCHA., MADRID, ESPAÑA

los puntos de vista expresados en el presente libro
pertenecen a su coordinador y a los autores de los diferentes
capítulos y no reflejan necesariamente aquellos de las
naciones unidas. este libro no ha sido sometido a revisión
editorial por la cepal.

portada de maría luisa martínez passarge

primera edición, 1998
© siglo xxi editores, s.a. de c.v.
isbn 968-23-2126-3

ÍNDICE

PRÓLOGO

En América Latina, al igual que en otras partes del mundo, los procesos de industrialización han tendido a identificarse y ejemplificarse con los nombres de algunas empresas, que no sólo tienen gran tamaño, sino que son percibidas como líderes en sus actividades, sea por su gestión, su tecnología o su dinamismo gerencial. Así, empresas y grupos industriales, como Alpargatas y Bunge y Born en Argentina, Votorantim y Vicunha en Brasil, la Compañía Manufacturera de Papeles y Cartones (CMPC) y la Compañía de Acero del Pacífico (CAP) en Chile, el Grupo Santo Domingo y el Sindicato Antioqueño en Colombia, y los conglomerados derivados del Grupo Monterrey en México han sido y son sinónimo de los logros de la industrialización en esos países, así como de sus limitaciones y desafíos. Pese a su importancia, las grandes empresas privadas latinoamericanas no han recibido una atención adecuada en la literatura. Frente a numerosos estudios, naturalmente de alcance y calidad muy disímiles, sobre las filiales de empresas transnacionales y las pequeñas y medianas empresas locales, no es fácil encontrar referencias de publicaciones que tengan en cuenta o incluso mencionen a los nueve grupos señalados anteriormente. Pese a su importancia económica y política el liderazgo empresarial latinoamericano ha sido más objeto de artículos de revistas, algunas de ellas muy buenas, orientadas al mercado de ejecutivos que de la literatura especializada.

Lo anterior es especialmente paradójico en un contexto de cambio en el que las grandes reformas estructurales en curso (apertura, privatización, desregulación y reforma del Estado) consideran que las empresas privadas serán los agentes principales en el nuevo orden que buscan crear. En la literatura teórica que ha fundamentado a las principales reformas, poco es lo que se maneja sobre esos agentes y menos aún sobre sus estrategias y cómo responden a las señales que emiten los cambios estructurales y la política macroeconómica. Este libro busca construibir a llenar ese vacío. En seis estudios nacionales se revisa a las empresas nacionales líderes y los grandes grupos a los que pertenecen en cinco países de América Latina: Argentina, Brasil,

Colombia, Chile y México. Estos países son representativos de diferentes niveles de desarrollo industrial, se encuentran en diversos momentos en sus procesos de cambio estructural y tienen integraciones diferentes con el mercado internacional, más allá del objetivo común de lograr una integración competitiva en el mismo.

Los estudios nacionales incluyen análisis individualizados de 46 empresas y 15 grandes grupos, así como análisis más agregados que recogen los aportes de las bibliografías nacionales previas, parte significativa de las cuales fue escrita por los autores de esos estudios. Los análisis fueron concluidos durante el primer semestre de 1997 y, en casi todos los casos, revisados por los autores a mediados del segundo. Las conocidas limitaciones de la información cuantitativa sobre este tema impide que las series estadísticas abarquen un mismo periodo en todos los casos, aunque se han recogido los desempeños y cambios estratégicos de las principales empresas hasta el momento de la última revisión. Los capítulos que incluyen los casos nacionales son precedidos por un análisis global que explicita las grandes preguntas que guiaron la investigación desde su comienzo a finales de 1995, las principales tendencias que presenta la estructura y la dinámica de las grandes empresas y grupos industriales en los países en cuestión, y sugerencias sobre campos de acción que la política pública deberá enfrentar para potenciar el impacto del exitoso desempeño de esas empresas y grupos sobre el conjunto de las economías nacionales, al tiempo que asegure la propia continuidad de ese éxito en momentos de cambio tecnológico y transición en el modelo económico.

La publicación de este libro y la elaboración de los documentos que sirven de base para sus siete capítulos fueron financiados por el Programa Regional CEPAL/PNUD "Políticas para fortalecer la capacidad de innovación tecnológica y la competitividad internacional en el ámbito empresarial latinoamericano" (RLA/88/039), el que ha trabajado en nueve países de América Latina y el Caribe, en diferentes momentos entre julio de 1990 y diciembre de 1997, cuando concluyó sus actividades. El coordinador de este libro operó como asesor técnico principal de ese proyecto durante todo su desarrollo.

Como toda publicación, ésta sólo ha sido posible por el apoyo y el estímulo de diversas personas desde posiciones muy diversas, pero complementarias. Joseph Ramos, director de la División de Desarrollo Productivo de la CEPAL, no sólo impulsó y presionó para la concreción de este libro, sino que fue quien tuvo la idea original de hacer este tipo de análisis comparado, aunque posiblemente tuviera en mente un resultado bastante diferente. Desde la Unidad de Gerencia de Proyectos, Dietrich von Graevenitz y Sofía Astete dieron un constante apoyo al proyecto regional y a la concreción de todos sus productos, en especial sus publicaciones. Sin su acción, el proyecto no habría sido exitoso y sus resultados habrían sido muy inferiores a los logrados. María Helena Charalamby, secretaria en la Unidad de Desarrollo Industrial y Tecnológico, tradujo dos capítulos del portugués y corrigió la escritura y el estilo de todos los restantes. Finalmente, Gert Rosenthal, Secretario Ejecutivo de la CEPAL durante el periodo de operación del proyecto regional, creó un ambiente institucional de trabajo intelectual libre y creativo, que permitió el surgimiento de nuevas ideas y propuestas. A los cinco mi agradecimiento, y a Gert mis augurios de éxito en el nuevo camino que emprendió en enero de 1998.

WILSON PERES
Jefe, Unidad de Desarrollo Industrial y Tecnológico
Santiago de Chile, 9 de marzo de 1998

1. LAS GRANDES EMPRESAS Y GRUPOS INDUSTRIALES LATINOAMERICANOS EN LOS AÑOS NOVENTA

CELSO GARRIDO
WILSON PERES*

1.1. INTRODUCCIÓN

Los grandes grupos y empresas industriales de propiedad privada nacional (GGE)[1] tienen una fuerte posición en los mercados de los países de América Latina en la segunda mitad de los años noventa. Esa posición ha sido el resultado de procesos desarrollados en el contexto de las transformaciones estructurales ocurridas en las economías nacionales e internacionales desde comienzos de los años ochenta y ha llevado a que los GGE, junto con las filiales de empresas transnacionales, sean las unidades empresariales más grandes y dinámicas que operan en la industria de la región. Este predominio ha tendido a consolidarse luego de la privatización de la gran mayoría de las empresas estatales industriales, al tiempo que las empresas pequeñas siguen enfrentando problemas para modernizarse y acelerar su crecimiento.

La posición competitiva de los GGE está en transición y, pese a su fortaleza, enfrenta amenazas derivadas de características estructurales de los propios GGE, en particular su reducido tamaño con relación al

* Celso Garrido es profesor de la Universidad Autónoma Metropolitana, Unidad Azcapotzalco, México, D.F. Wilson Peres es el jefe de la Unidad de Desarrollo Industrial y Tecnológico de la Comisión Económica para América Latina y el Caribe (CEPAL), Santiago de Chile. Ludovico Alcorta, Martine Dirven, Jorge Katz, Joseph Ramos y Ana San Sebastián hicieron valiosos comentarios y sugerencias que permitieron corregir errores e incongruencias.

[1] Aunque debería distinguirse, en cada caso, cuando se hace referencia a grandes empresas y cuando se trata de grupos o conglomerados, como se ve más adelante y en todos los capítulos de este libro, el universo de grandes empresas nacionales independientes es muy pequeño en la región. Las grandes empresas son, en su gran mayoría, parte de grupos formales o informales, según las diferentes legislaciones o prácticas de inversionistas individuales, familiares o institucionales. Cuando la información presentada en este capítulo se refiere estrictamente a grandes empresas y no a sus grupos, se la identifica como tal.

de sus competidores internacionales y su ubicación en sectores tecnológicamente maduros y de menor dinamismo relativo en el mercado mundial. La dinámica de crecimiento de los GGE ha tenido problemas para arrastrar al resto de las economías nacionales, lo que dificulta calificar su posición competitiva como una situación de real liderazgo. Mientras, en general, los GGE tienen un desempeño exitoso, las restantes empresas privadas locales atraviesan por serios problemas en la mayoría de los países de la región, al tiempo que las nuevas configuraciones de esas economías generadas por las reformas estructurales[2] son aún volátiles y, en muchos casos, fuertemente dependientes de variables externas.

La relativa fragilidad y la débil capacidad de arrastre de los GGE plantea múltiples interrogantes y da lugar a debates sobre su naturaleza y potencialidades con relación a las economías donde operan. Sin embargo, la mayoría de los análisis sobre los efectos de las reformas estructurales se han centrado en la dimensión macroeconómica, al tiempo que pocos estudios se han interesado en la situación de las empresas, en particular los GGE, en este proceso. Esta ausencia es paradójica porque, de acuerdo con el enfoque de política predominante en las reformas, cabría esperar un interés creciente por el análisis de las estrategias y el desempeño de las empresas, ya que se preveía que fueran el agente económico central en el marco que surgiría de las reformas. Los determinantes y las modalidades de los procesos de cambio empresarial estuvieron ausentes del análisis, más allá del señalamiento del papel positivo que (correctamente) se esperaba que cumpliera el aumento de la competencia.

Los objetivos del presente capítulo son sintetizar resultados de estudios sobre la estructura y dinámica de los GGE en cinco países latinoamericanos (Argentina, Brasil, Colombia, Chile y México)[3] y

---

[2] El término *reformas estructurales* se utiliza para indicar la estrategia de cambio que llevaron adelante la mayoría de los países de la región a partir de comienzos de los años ochenta, aunque hubo antecedentes importantes en los años setenta, por ejemplo en Chile. Sus componentes básicos fueron la apertura comercial, la privatización de empresas estatales, la desregulación de mercados y actividades, la liberalización financiera (interna y de la cuenta de capitales) y la reforma del Estado. Diferentes autores utilizan términos como reformas económicas y cambios estructurales para referirse al mismo fenómeno.

[3] Los análisis nacionales se presentan en los restantes capítulos de este libro. Para evitar repeticiones, cuando se menciona alguno de los cinco países se hace referencia al capítulo correspondiente, a menos que se indique lo contrario.

presentar elementos complementarios para ubicarlos en una perspectiva de conjunto. Esos estudios incluyen análisis individualizados sobre 46 empresas líderes[4] (Brasil, Colombia y Chile) y 15 grupos económicos de base industrial (Brasil y México), así como análisis agregados sobre esos grupos en Argentina, Brasil y México.[5] En todos los casos, los análisis se basaron en entrevistas realizadas *ad hoc*, revisión de información estadística y documental, y utilización de información procesada previamente en la literatura sobre el tema. El alcance temporal de los estudios abarca desde la constitución de algunos GGE a comienzos de siglo o durante el auge de la industrialización por sustitución de importaciones (ISI) hasta los cambios en curso en la segunda mitad de los años noventa. Más allá del interés histórico, el foco de análisis se centra en la última década, es decir, desde el momento en que se acentúan los procesos de reforma estructural en la mayoría de los países cuyos GGE son objeto de estudio.

La estructura del capítulo abarca cinco secciones. Después de la introducción, en la segunda sección, se presentan algunos hechos estilizados sobre el contexto internacional y la dinámica económica de largo plazo de los cinco países en cuestión. La tercera sección hace explícitas las principales preguntas que orientaron los estudios nacionales y presenta algunas líneas metodológicas comunes a todos ellos. En la cuarta sección se analizan los principales rasgos estructurales de los GGE y su dinámica reciente a nivel de empresa, planta y grupo. Se concluye señalando, en la quinta sección, los principales desafíos que demandarían la acción de las políticas públicas, así como las posiciones en el debate actual sobre las mismas.

---

[4] A partir de entrevistas realizadas directamente por uno de los autores de este capítulo, se tendrán también en cuenta elementos de la experiencia de algunas empresas líderes en Venezuela (por ejemplo, Polar o Corimón), país que no fue parte de la presente investigación. Entre las 46 empresas indicadas se incluyen algunas filiales de empresas transnacionales a efectos de comparación o por haber sido empresas locales vendidas a inversionistas extranjeros durante el desarrollo de esta investigación.

[5] Los criterios para la selección de las empresas y grupos estudiados se detallan en los capítulos correspondientes. En la mayoría de los casos, se combinó la posibilidad de acceso a la información con juicios de expertos sobre la importancia de las empresas y grupos en cuestión. La forma en que se diseñó la investigación tendió a concentrar la atención en los GGE existentes al final del periodo de análisis, por lo que, en realidad, implica un estudio de los GGE al menos parcialmente exitosos en ajustarse al nuevo contexto económico. El hecho que muy pocos GGE hayan dejado de operar por quiebras o liquidaciones hace que este potencial sesgo no sea importante.

1.2. EL CONTEXTO DE LA ACCIÓN EMPRESARIAL

1.2.1. El marco internacional

En los últimos tres lustros se han producido grandes transformaciones en los países industrializados, en los países en desarrollo y en el conjunto de la economía mundial. Dentro de la diversidad que supone este cuadro, destacan cuatro importantes cambios relacionados entre sí que son relevantes para entender las crisis y transformaciones enfrentadas por los GGE y las economías de los cinco países latinoamericanos en cuestión. A continuación se presentan esos cambios como hechos estilizados.

En primer lugar, se ha acentuado la dinámica de la revolución tecnológica en curso, en particular en las actividades vinculadas al procesamiento de información, las telecomunicaciones y el transporte (Turner y Hodges, 1992). Esa revolución se ha concretado, en muchos sectores, en reducciones significativas y persistentes de los costos variables de producción (Oman, 1994) y ha llevado a una dinámica de localización industrial en la que las diferentes actividades componentes de la cadena de valor se concentran y dispersan siguiendo patrones diferentes en las distintas industrias globales (Porter, 1986). Para los GGE, la revolución tecnológica ha significado que han debido procesar el ajuste a los cambios en el marco institucional encarando simultáneamente los desafíos que implica una frontera tecnológica en permanente desplazamiento, incluso en el corto plazo (Katz, 1996).

El segundo elemento de relevancia para entender la dinámica de las grandes empresas hace referencia precisamente a los cambios en el marco institucional (apertura, liberalización, desregulación) que posibilitaron que la fuerza microeconómica de la revolución tecnológica se hiciera sentir en toda su magnitud. Por otra parte, la economía de mercado, en tanto forma de organización de los procesos de asignación de recursos, producción y distribución, se fortaleció a consecuencia del colapso de las economías centralmente planificadas. Naturalmente, eso reforzó los argumentos que defendían el libre mercado como vía para las reformas estructurales en los países en desarrollo. Sin embargo, la evolución posterior de las "economías en transición" mostró las complejidades que implicaban estos cambios, tanto en el nivel macroeconómico como en lo referente al desarrollo de instituciones intermedias y la organización y funcionamiento empresarial. El auge y las limitaciones que ha presentado el orden liberal están influyendo positivamente en el debate sobre los impactos de las reformas estructurales en los países en desarrollo.[6]

En tercer lugar, se desplazó el polo más dinámico en la economía mundial hacia los países en desarrollo, especialmente algunos ubicados en el este de Asia. Esto se dio concomitantemente con un aumento de la presión de la competencia, que opera, por una parte, forzando el desarrollo e incorporación de innovaciones tecnológicas que cambian la posición relativa de sectores y empresas en el mercado mundial y, por la otra, llevando a cambios de organización y estrategia derivados de la aplicación de nuevos paradigmas empresariales introducidos particularmente por las empresas japonesas. Estas experiencias tienen un impacto decisivo en el debate internacional actual acerca de las estrategias de desarrollo, en cuanto a las relaciones entre mercado y Estado, así como sobre los modos de concebir a la empresa, el proceso de aprendizaje, la competencia y las redes de empresas, abriendo nuevas perspectivas para el diseño de políticas públicas dirigidas al aumento de la competitividad empresarial y de las economías de América Latina.[7]

Finalmente, en cuarto lugar, se modificaron cualitativamente las interconexiones entre las economías nacionales, la economía internacional y la economía transnacional, que configuraban la estructura de la economía mundial en la posguerra. Así, se han creado nuevas relaciones que pueden ser caracterizadas como una *globalización* productiva, comercial y financiera (Oman, 1994; Chesnais, 1994). Empresas y economías nacionales tienden a confrontarse con nuevas reglas y condiciones de competencia, las que tienen rasgos complejos y contradictorios. Esto es así por las tensiones que existen entre globalización y regionalización de mercados, ya que, de una parte, estados nacionales y empresas se ven empujados a competir bajo condiciones de liberalización, desregulación y apertura con carácter universal, pero al mismo tiempo la economía mundial se organiza sobre la base de regiones económicas diferenciadas, tales como el Mercado Común del Sur (Mercosur), el Tratado de Libre Comercio de América del

---

[6] Véase McKinnon (1993), World Bank (1994) y Aoki y Kim (1995).

[7] Especialmente interesante desde este punto de vista son los trabajos pioneros de Fernando Fajnzylber (1983 y 1989) y los análisis de la CEPAL (1990, 1996a y 1996b), así como la polémica respecto al "milagro del este de Asia" (véase, World Bank, 1993, y UNCTAD, 1996).

Norte (TLCAN), la Unión Europea o el área económica asiática liderada por Japón (Dicken, 1992; Cleri, 1996).

Para las grandes empresas, las nuevas interconexiones propias de la globalización significaron una evolución hacia el paradigma de la empresa global, que se asocia con el incremento de la concentración del poder económico en los grandes oligopolios que operan a escala mundial. Pero, al mismo tiempo, se producen procesos de reestructuración entre industrias y empresas en la búsqueda de ventajas competitivas dentro de ese nuevo orden de competencia, que han brindado a las empresas líderes de los países en desarrollo un nuevo horizonte de crecimiento luego de las reformas estructurales en sus economías, al permitirles internacionalizar sus actividades de comercio e inversión (Porter, 1986; Dicken, 1992).

1.2.2. Las economías nacionales

Hasta el principio de los años ochenta, las empresas y las economías latinoamericanas se relacionaron con el contexto mundial a partir de las condiciones que habían alcanzado bajo el orden económico desarrollado en la posguerra. Como es sabido, ese orden se caracterizó por un fuerte proteccionismo y el papel del Estado como el gran actor que organizaba y regulaba la dinámica económica mediante el impulso a procesos de ISI.

En su desarrollo, las economías de la región fueron presentando crecientes desequilibrios internos y externos que llevaron a procesos de "freno y arranque" en el crecimiento económico. En ese contexto, las empresas locales más grandes buscaron una modalidad de crecimiento bajo las particulares condiciones que les imponía el ambiente macroeconómico, la regresiva distribución del ingreso y la orientación predominante de su producción hacia mercados internos de tamaño relativamente reducido y baja exigencia de calidad. En especial, la relativa pequeñez de los mercados se transformó rápidamente en un límite a su crecimiento sin diversificación; al mismo tiempo, la percepción de la existencia de altas tasas de rentabilidad en sectores nuevos impulsados por la política de ISI hizo sumamente atractiva la incursión fuera de sus sectores de origen.

Las grandes empresas utilizaron entonces la integración vertical y la conglomeración como estrategias de crecimiento, lo que llevó a la diversificación de sus inversiones en distintos sectores económicos, incluyendo la banca, en el contexto de una creciente concentración del apoyo estatal y del poder económico en su favor. La integración vertical les permitió hacer frente a problemas de mercados inexistentes o incompletos, en particular en materia de proveedores y subcontratación, los que eran particularmente graves en países poco desarrollados y cerrados a la oferta externa. Por su parte, la incorporación de actividades financieras les posibilitó superar fallas de información asimétrica y acceder en condiciones privilegiadas al crédito, en especial de largo plazo.

La integración vertical y la conglomeración permitieron que se constituyeran grupos empresariales de gran tamaño (los GGE),[8] lo que hizo viable que desarrollaran y utilizaran internamente activos específicos (mano de obra especializada, por ejemplo), redujeran costos de transacción, diversificaran los riesgos derivados de la incertidumbre causada por la inestabilidad económica, y tuvieran las garantías necesarias cuando necesitaban financiamiento bajo condiciones de mercado. El aprovechamiento de economías de escala y de alcance o ámbito (*scope*) en materia de activos indivisibles, tales como capacidad gerencial, funciones corporativas y tecnología especializada, sostuvo las ventajas del gran tamaño aun cuando los mercados fueron profundizándose y reduciendo sus fallas (Paredes y Sánchez, 1996).

La combinación de los elementos anteriores explica por qué en América Latina, al igual que en otras regiones de desarrollo tardío, la diversificación ha operado como una estrategia importante para sostener y acrecentar el tamaño de grupos de empresas (Bisang, 1996). Sin embargo, el crecimiento a partir de integración vertical y conglomeración terminó chocando con los límites impuestos por la dimensión del mercado interno y llevó a una diversificación de las inversiones sumamente vulnerable.[9]

---

[8] El concepto de "grupo económico" implica un conjunto de empresas operativamente independientes que son coordinadas por un ente central. Sus actividades pueden estar concentradas en un cierto tipo de producto, diversificadas a lo largo de una cadena productiva con integración vertical u organizadas en conglomerados que operan en varios sectores de actividad económica. Muchas veces, estas formas organizativas incluyen instituciones financieras, las que en algunos casos son la entidad dominante para determinar sus objetivos comunes. Para una revisión de las teorías sobre grupos económicos, véase Granovetter (1994) y Bisang (1996).

[9] Pese a sus costos en materia de especialización, la conglomeración aún tiene un papel que jugar en América Latina, como lo muestra el hecho de que, a diferencia de la tendencia en los países desarrollados, las acciones de los conglomerados en la región

Los GGE fueron así el resultado más avanzado que dejó la ISI en el universo de las empresas privadas nacionales y, junto con las filiales de empresas transnacionales y las grandes empresas estatales, conformaron el núcleo de una estructura industrial orientada al mercado interno. Fuera de ese conjunto dominante había gran número de pequeñas empresas con producciones de muy bajo contenido tecnológico y que realizaban un aporte muy limitado al producto nacional, siendo su mayor contribución económica la significativa generación de empleos.

En la década de los años ochenta, las economías de América Latina, llegaron a tales niveles de desajuste en su actividad productiva y financiera que se enfrentaron a la necesidad de realizar reformas estructurales, buscando nuevos senderos de crecimiento mediante una nueva inserción en el cambiante escenario internacional. En general, la dirección dominante en que se dieron las reformas estructurales fue la de conformar nuevos órdenes caracterizados por la desregulación y liberalización de los mercados junto a la apertura de la economía al exterior.[10] A consecuencia de ello, en esos países no sólo cambiaron las características y modalidades de operación macroeconómica, sino también sus estructuras productivas y las relaciones de los diversos actores económicos, tanto entre sí como con los de otros países y con el conjunto de la economía mundial.

En este contexto, las empresas privadas pasaron a ser el actor determinante en la dinámica económica. Luego de más de 15 años de iniciadas las reformas estructurales, los GGE continúan siendo actores decisivos en la economía de los países de la región. La mayoría de ellos ocupan posiciones destacadas en el universo empresarial de sus países, aunque en un contexto macroeconómico e institucional sustancialmente distinto al que conocieron en sus orígenes y habiendo experimentado una fuerte transformación en sus estructuras organizativas, estrategias y tipos de desempeño respecto a lo prevaleciente a comienzos de los años ochenta.

se cotizan con un premio respecto a las de empresas independientes. Por el menor costo de capital que enfrentan y su mejor acceso a la oferta de capacidad gerencial, los conglomerados estarían en mejor posición para aprovechar nuevas oportunidades de negocios. En particular, los inversionistas extranjeros verían a los conglomerados como fondos de inversión a nivel de país (*country funds*), en los que la diversificación ofrecería ventajas en mercados "todavía muy riesgosos" (*The Economist*, 1997).

[10] En términos de las políticas públicas, las reformas han sido decisivamente influidas por las orientaciones incluidas en el llamado *Consenso de Washington* (Fanelli, Frenkel y Rozenwurcel, 1990).

La presencia destacada que ocupan los GGE en los cinco países objeto de estudio pone de manifiesto la importancia que tienen los análisis de la presente investigación, tanto por el interés de comprender sus características, determinantes y perspectivas, como para entender lo que la evolución de los GGE puede implicar para la dinámica de las economías donde operan.

1.3. EL MARCO ANALÍTICO

Los estudios incluidos en este libro estuvieron orientados por cinco grupos de preguntas que a continuación se sintetizan, sin que necesariamente se pretenda que en cada uno de ellos se ofrezca respuestas a todas esas cuestiones.

En primer lugar interesaba conocer el perfil que presentan actualmente los GGE. ¿Cuáles son sus rasgos principales en cuanto a las industrias y los mercados en los que operan? ¿Qué tamaño y forma de propiedad tienen? En el caso de los que se originaron durante la ISI, ¿qué relación tienen las respuestas a la preguntas anteriores con su perfil en aquel periodo, y en qué medida están realmente transformados respecto a lo que eran al estallar la crisis de la deuda en 1982? ¿Han surgido nuevos GGE durante el periodo de reformas y qué importancia tienen respecto a los tradicionales?

Un segundo orden de preguntas se refiere al alcance de las respuestas que dieron los GGE para llegar a su situación actual. ¿Cuáles fueron las estrategias que aplicaron ante las nuevas condiciones macroeconómicas y de las industrias en las que operan? ¿Cómo se relacionan estas respuestas con las estrategias desarrolladas en el pasado? ¿Hubo, entre las nuevas estrategias, un mayor énfasis en la inserción internacional, mediante exportaciones e inversiones directas? ¿Qué importancia tuvo la incorporación de nuevas tecnologías en esas estrategias?

En tercer lugar era importante comprender el alcance que tuvieron los cambios macroeconómicos, sectoriales (a nivel nacional e internacional) y del contexto internacional para explicar la evolución de los GGE hasta su situación actual. ¿Cumplieron esta evolución en respuesta a las señales y a la información proporcionada por la nueva dimensión macroeconómica? O, por el contrario, ¿fue la determinante sectorial lo más relevante?

Un cuarto tipo de cuestiones que interesó explorar lo constituyeron los efectos que tiene la actual situación de los GGE sobre la evolución del conjunto de la economía. ¿Son los GGE un factor dinamizador para las restantes empresas y para toda la economía nacional? ¿Inducen un mayor desarrollo de la innovación y el cambio tecnológico en el país? Un quinto, y último, tipo de preguntas se vinculaba a la dimensión de la política pública. ¿Qué papel tendría en el contexto de los países latinoamericanos la aplicación de nuevas políticas orientadas a la actividad industrial, particularmente en lo referente a la promoción de la competitividad internacional de los GGE y al aumento de su articulación con las empresas de menor tamaño?

Para responder esas preguntas,[11] el enfoque metodológico adoptado en los análisis de los cinco países en cuestión parte de los comportamientos económicos de los GGE, en lo que se refiere a sus características y situación actual, así como a los cambios respecto a la posición que tenían durante la ISI. En esta aproximación dinámica e histórica, los GGE son concebidos como organizaciones jerárquicas complejas que evolucionan a partir de factores y condiciones propias y operan en "ambientes de selección" diversos.[12] Tales ambientes se determinan, por una parte, por el entorno institucional y político nacional y, por la otra, por las condiciones de los sectores en los que los GGE compiten. Considerando las condiciones actuales de la economía mundial, tales ambientes deben ser concebidos como el resultado de

[11] Las respuestas remiten necesariamente a consideraciones teóricas sobre el cambio empresarial, la competencia y el entorno económico, lo que en la literatura configura un territorio analítico complejo, controvertido y en muchos sentidos insuficientemente desarrollado. Esto se manifiesta en que no existe una teoría única desde la cual abordar esos temas. Por el contrario, hay distintos intentos para resolver la problemática de la teoría de la empresa tanto desde teorías generales que procuran combinar las dimensiones macro y microeconómicas como desde teorías que parten de una base exclusivamente microeconómica. Para una revisión de la teoría de la empresa, véase Holmstrom y Tirole (1989); para una visión más reciente, véase Hart (1995).

[12] La teoría evolucionista de la empresa, desarrollada entre otros en Nelson y Winter (1982) y Winter (1991), argumenta que las trayectorias evolutivas de las empresas no operan en el vacío, ya que ocurren en ciertos "ambientes de selección". Esto es, en el marco de estructuras de mercado determinadas, con distintas barreras a la entrada para nuevos competidores, diverso acceso a los recursos financieros y bajo diferentes reglamentaciones institucionales. Por lo tanto, hay una pluralidad de ambientes de selección posibles para las trayectorias tecnológicas y organizativas, lo que explica los diversos desempeños tecnológicos y económicos, tanto de las empresas como de los países.

la interrelación entre los niveles nacional, internacional y de la economía global.

Las diferentes configuraciones entre los entornos institucionales y sectoriales determinan los diversos escenarios en los que interactúan las empresas para alcanzar su objetivo estratégico de largo plazo que es mantener e incrementar su valor, así como la rentabilidad y el poder de mercado que se asocia con ello. Para este fin, las empresas desarrollan estrategias competitivas que, en su interior, implican: i] adoptar estructuras corporativas determinadas; ii] decidir sobre objetivos de largo plazo, caminos alternativos de crecimiento, mezcla de productos y la incorporación de innovación tecnológica como factor de competencia, y iii] asumir modos específicos de relaciones laborales y de gobierno y control corporativo.[13]

Hacia afuera, las acciones estratégicas buscan, por una parte, desarrollar diferentes relaciones de competencia en las industrias en las cuales participan, incluyendo la posibilidad de establecer relaciones de cooperación con otras empresas del país o del exterior. Por otra parte, significa resolver a nivel nacional o internacional, las relaciones financieras necesarias para asegurarse los fondos que permitan sustentar dichas estrategias, pero también para lograr la centralización de capitales y captar rentas (*rent seeking*). Por último, dentro de sus acciones estratégicas las empresas pueden establecer diversos vínculos individuales o colectivos con los gobiernos de sus países de origen y con otros gobiernos, para procurar los medios que les permitan concretar sus fines estratégicos. En conjunto, el valor de la empresa, su rentabilidad y su poder de mercado de largo plazo resultarán de diversas combinaciones entre determinantes tecnológicos, económicos, organizativos, financieros e institucionales.

Las conductas de los GGE, así como las de otros actores que participan en estos procesos, son determinadas no sólo por dimensiones técnicas y económicas, sino también por otros dos importantes factores.

Un primer factor es la limitada información de que disponen debido al carácter incierto que tienen los resultados intertemporales generados con las acciones sociales y a la complejidad y multiplicidad

---

[13] Siguiendo a Chandler (1962) se puede definir a la estrategia de una empresa como "la determinación de sus objetivos y metas fundamentales de largo plazo y la adopción de cursos de acción y la asignación de recursos necesarios para lograr esas metas", mientras que su estructura es "el diseño organizativo mediante el cual la empresa es administrada".

de las señales económicas enviadas por el nivel macroeconómico y otros agentes económicos. Precisamente, las reformas estructurales pueden ser entendidas como un conjunto, no siempre coherente, de señales que los agentes procesan de manera diferente según su tamaño, forma de propiedad, vinculaciones internacionales y ubicación sectorial. Las disímiles capacidades de procesamiento conducen a que el impacto de esas señales sobre las principales funciones de comportamiento económico (acumulación de capital e incorporación de progreso técnico) sean diferentes según la forma en que esos agentes las "filtran". El papel que correspondería a los GGE como principal agente nacional del nuevo orden económico surgiría precisamente de su mayor capacidad para procesar correcta y rápidamente las señales provenientes de las reformas que buscan crear ese nuevo orden.

El otro factor que determina la conducta de los GGE lo constituyen las diferencias de intereses y los propósitos de poder económico de unos actores sobre otros, lo que remite a la dinámica de las empresas, los sectores y el gobierno como formas institucionales mediante las cuales se relacionan individuos y grupos con diferentes intereses. En particular, para las empresas, estas diferencias y conflictos de intereses operan, junto con los aspectos técnicos, económicos y organizacionales, como determinantes significativos de su comportamiento. Esas diferencias se presentan dentro de la empresa a partir de que ésta opera sobre la base de derechos de propiedad y con una división jerárquica del trabajo, lo que se traduce en intereses diversos de propietarios y directores de todos los rangos, así como de cada uno de éstos entre sí, y de todos ellos con los empleados y obreros, y eventualmente con los consumidores. Asimismo, hay divergencias potenciales de intereses con otras empresas y con las autoridades públicas. Por último, tanto los propietarios como los directores pueden desarrollar conductas oportunistas o de corrupción, ya sea en el interior de la empresa como en las relaciones con otras empresas y los poderes públicos, todo lo cual estará condicionado al alcance que tengan las formas de gobierno, control y regulación de las empresas para impedir esas conductas.

En este marco, los estudios nacionales incluidos en este libro explican la dinámica del cambio de los GGE a partir de circunstancias dadas por la interacción entre tres conjuntos de factores: i] las reformas estructurales y las políticas macroeconómicas que las acompañaron; ii] los cambios sectoriales a nivel nacional e internacional, y iii] las respuestas estratégicas de los propios GGE. La dinámica de crecimiento de los GGE y las relaciones estratégicas que establecen entre integración vertical, diversificación e internacionalización es resultado del modo en que enfrentan esas circunstancias a partir de sus propios senderos de evolución. Dados los diferentes ambientes de selección y el amplio conjunto de determinantes de su dinámica, los GGE pueden seguir, y seguramente seguirán, diferentes procesos de evolución, incluyendo fracasos o resultados catastróficos.

1.4. ESTRUCTURA Y DINÁMICA EMPRESARIAL

Extraer conclusiones generales de los resultados obtenidos en los estudios sobre los GGE para los cinco países latinoamericanos considerados tiene notorias dificultades, tanto por las distintas historias y evoluciones de las empresas y las diferencias entre las industrias donde operan, como por las disimilitudes entre los países de origen en lo que hace a sus historias institucionales y políticas, su tamaño, ubicación geográfica e importancia regional.

Teniendo en cuenta esas limitaciones, a continuación se exploran similitudes y diferencias en las condiciones, evolución y tendencias de los GGE respecto a dos grandes dimensiones de análisis. En la primera, se presenta un perfil de sus características realizado a partir de cinco variables que comprenden su origen, el tipo de propiedad predominante, su tamaño relativo respecto a otras grandes empresas industriales, los sectores de actividad donde se desempeñan y las relaciones que han establecido entre su mercado interno y la economía internacional. La segunda dimensión se refiere a sus procesos de cambio, lo que implica esquematizar algunas de las principales interacciones entre estrategias empresariales, evolución de patrones de producción y acciones de política pública, en las que los impactos y desafíos de la apertura externa, la globalización y la integración regional ocupan un lugar relevante.

Como marco de referencia para el estudio de las características de los GGE, en el cuadro 1 se identifica a los mayores grupos económicos y sus principales empresas en siete países latinoamericanos, entre ellos los cinco que se estudian en este libro, y se presenta su nivel de ventas para 1996, en tanto indicador de su tamaño. Desde el punto de vista de las actividades que incluyen, esos grupos presentan una fuerte heterogeneidad. Así, mientras algunos están concentrados en un solo sector industrial (por ejemplo, Gerdau en siderúrgica o Cemex en cemento), la mayoría presentan importante diversificación horizontal o vertical, llegando a veces a configurar verdaderos conglomerados (Carso o Vicunha, por ejemplo).

CUADRO 1

LOS MAYORES GRUPOS ECONÓMICOS LATINOAMERICANOS, 1997
(*millones de dólares*)

País/Grupo	Principales actividades	Principales empresas (incluye participaciones minoritarias)[a]	Ventas en 1996[b]
ARGENTINA			
Astra	Electricidad, petróleo, gas	Distribuidora del Norte (Edenor)	827.5
		Metrogás S.A.	687.4
		Astra CAPSA	233.3
Bunge y Born	Alimentos y química	Molinos Río de la Plata	1 215.4
		Ceval	1 729.5
		Santista Alimentos Brasil	1 515.8
Macri	Automotriz, construcción, telefonía celular	SEVEL (automotriz)	1 169.1
		Sideco Americana (construcción)	415.7
		Movicom (telefonía celular)	320.0
Pérez Companc	Electricidad, petróleo, petroquímica y telecomunicaciones	Telecom Argentina	1 930.3
		Edesur (electricidad)	856.2
		Petroquímica Argentina S.A. (PASA)	355.4
Soldati	Servicios, petróleo, comercio	Aguas Argentinas (servicios)	377.2
Techint	Telecomunicaciones, electricidad, construcción	Edenor (electricidad)	827.5
		Techint (construcción)	867.3
BRASIL			
Antarctica	Bebidas y cerveza	Antarctica RJ	293.3
Bamerindus	Banca, papel y celulosa, agroindustria	Banco Bamerindus[c]	6 730.3
Bradesco	Banca, electrónica, textil, acero	Banco Bradesco	11 417.1
		Brasmotor (electrodomésticos)	n.d.
		Cia. Siderúrgica Nacional (CSN)	2 169.7
		Alpargatas (textil y calzado)[c]	1 029.0
		Sharp (electrónica)	625.2
Camargo Corrêa	Construcción, aluminio, textiles	Construtora y Comercial	682.8
		Camargo Corrêa	1 060.4
		Alcoa Aluminio	389.7
		Alpargatas SP	

CUADRO 1 *(continuación)*

País/Grupo	Principales actividades	Principales empresas (incluye participaciones minoritarias)[a]	Ventas en 1996[b]
Garantia	Banca, bebidas, comercio	Banco Garantia	4.4
		Brahma (cerveza)	1 541.1
		Lojas Americanas (comercio)	1 912.8
Gerdau	Siderúrgica	Cosigua (siderúrgica)[c]	724.5
		Siderúrgica Riograndense	403.7
		Comercial Gerdau	352.2
Ipiranga	Petróleo, construcción, forestal	Cia. Brasileira de Petróleo	3 603.5
		Ipiranga	n.d.
		Florestal Ipiranga	
Itaúsa	Banca, química, electrónica	Banco Itaú	7 641.0
		Duratex	318.2
		Itaú Philco	929.9
Odebrecht	Construcción, seguros, petroquímica	Construtora Norberto	679.7
		Odebrecht	420.0
		Cia. Petroquímica do Camaçarí	
Pão de Açúcar	Petróleo, comercio, agroindustria	Cia. Brasileira de Distribuição (petróleo)	2 913.6
		Pão de Açúcar S.A. (comercio)	2 913.6
Vicunha	Textil, siderúrgica, minería	Vicunha S.A.	n.d.
		Cia. Siderúrgica Nacional (CSN)	2 169.7
		Cia Vale do Rio Doce (CVRD)	2 721.0
Votorantim	Cemento, aluminio, papel y celulosa, metalúrgica, química	Cia. Brasileira de Alumínio	451.3
		KSR Comercio e Industria do Papel	233.9
			277.2
		Cia. Votorantim Celulose e Papel	198.5
		Cimento Portland Itaú	
CHILE			
Angelini	Petróleo, pesca, seguros, forestal, papel y celulosa	Copec (petróleo)	3 048.4
		Celulosa Arauco y Constitución[c]	643.2
Enersis	Electricidad	Chilectra (electricidad)[c]	637.4
		Endesa (electricidad)	1 174.1
		Edesur (electricidad) (Argentina)	856.2
Fernández	Electricidad, telecomunicaciones	Entel Chile	378.4
León		Chilquinta	145.3
Larraín	Vinos, alimentos	Viña Santa Carolina	384.5
		Loncoleche[c]	122.3
Luksic	Banca, bebidas, alimentos, metalúrgica, telecomunicaciones	Banco de Santiago	3 886.5
		Madeco (metalúrgica)	587.9
		Cía. Cervecerías Unidas	550.3
Matte	Papel y celulosa, banca	Empresas CMPC (celulosa y papel)	1 265.0
			n.d.
		Celulosa del Pacífico	920.4
		Banco BICE	

CUADRO 1 *(continuación)*

País/Grupo	Principales actividades	Principales empresas (incluye participaciones minoritarias)[a]	Ventas en 1996[b]
Pathfinder	Agroindustria	Industria Azucarera Nacional (IANSA)	532.2
			125.5
		Maderas y Sintéticos, S.A.[c]	
Said	Banca, bebidas,	Banco BHIF	2
	papel	Embotelladora Andina	119.1
			805.1
COLOMBIA			
Organización	Bebidas, textiles,	Grupo Gaseosas[c]	508.9
Ardilla Lülle	agroindustria, vidrio	Coltejer	313.1
		Ingenio del Cauca[c]	189.1
Organización	Banca, seguros, textil	Banco de Occidente	301.6
Sarmiento		Corporación Las Villas	293.7
Angulo		(financiera)	
Santo Domingo	Cerveza, líneas	Bavaria (cerveza)	772.1
	aéreas, seguros,	Avianca	629.3
	automotriz,	Colseguros	344.4
	construcción	Sofasa Renault	357.2
Sindicato Antio-	Comercio, seguros,	Cadenalco (comercio)	791.3
queño	cemento, textil	Éxito (comercio)	754.4
		Sudamericana de Seguros	160.1
		Noel (alimentos)	352.5
		Fabricato	174.1
		Cementos del Valle	99.3
MÉXICO			
Alfa	Acero,	Hylsamex (siderúrgica)	1 273.3
	petroquímica,	Alpek (petroquímica)	1 546.9
	alimentos	Sigma Alimentos	439.1
Banacci	Banca,	Banco Banamex	1 655.1
	telecomunicaciones	Avantel (telecomunicaciones)	n.d.
Carso	Telecomunicaciones,	Teléfonos de México (Telmex)	6 935.2
	minería, material	Empresas Frisco (minería)	n.d.
	eléctrico, banca	Condumex (cables, autopartes)	787.6
		Sanborn's (servicios, comercio)	n.d.
Cemex	Cemento	Cementos Mexicanos	3 488.7
		Vencemos (Venezuela)	340.0
		Cementos Valencia (España)	n.d.
		Cementos Sansón (España)	n.d.
Cifra	Supermercados,	Cifra	3 059.6
	restaurantes,	Aurrerá (comercio)	n.d.
	comercio	VIP's (restaurantes)	n.d.
Cydsa	Textil, petroquímica	CYDSA (textil)	861.7
		Policyd (petroquímica)	n.d.
ICA	Construcción	Empresas ICA (construcción)	1 026.0
Maseca	Alimentos, banca	Grupo Industrial Maseca (alimentos)	809.5

CUADRO 1 *(continuación)*

País/Grupo	Principales actividades	Principales empresas (incluye participaciones minoritarias)[a]	Ventas en 1996[b]
Pulsar	Agroindustria, finanzas	Tapetes Luxor-Mohawk (textil)	n.d.
		Petoseed (EU) (agroindustria)	n.d.
		Vector Casa de Bolsa	n.d.
		Banorte	2 802.4
Televisa	Televisión y otros medios de comunicación	Televisa	1 514.8
		Megavisión	n.d.
Visa/Bancomer/ Vamsa	Banca, bebidas, telecomunicaciones	Banco Bancomer	19 322.9
		Coca Cola-FEMSA (bebidas)	2 558.7
		Cervecería Cuauhtémoc-Moctezuma	893.3
			388.1
		Coca Cola Industrial (Argentina)	
Vitro	Vidrio, banca	Vitro S.A.	2 317.0
		Banca Serfín	13 445.2
PERÚ			
Asarco	Minería	Southern Peru Copper Corp.	793.9
Backus	Cerveza, construcción, vidrio	Cervecería Backus y Johnson S.A.	355.8
			86.0
		Constructores S.A.[c]	47.2
		Cía. Manufacturera de Vidrio del Perú[c]	
Benavides de la Quintana	Minería y construcción	Minera Yanacocha[c]	220.7
Carsa	Comercio, electrodomésticos	Fabricantes Electrónicos, S.A.	n.d.
		Artefactos Electrodomésticos, S.A.	n.d.
Cosapi	Construcción, bienes raíces	Constructora Mayorazgo[c]	31.8
Rodríguez-Rodríguez	Cemento, alimentos	Gloria S.A. (alimentos)[c]	221.4
		D'Onofrio S.A. (alimentos)[c]	86.6
		Cementos Yura[c]	56.3
Romero	Alimentos, comercio	Cons. de Alimentos Fabril-Pacífico[c]	367.3
			62.1
		Interamericana de Comercio[c]	
VENEZUELA			
Boulton	Cerámica, astilleros, líneas aéreas	Cerámica Carabobo	88.1
		Astilleros Navales	n.d.
		Servivensa/Avensa (líneas aéreas)	n.d.
Cisneros	Bebidas, agroindustria, televisión	Ocaat Pepsi Cola	720.0
		Ind. Yukery (agroindustria)[c]	33.8
		Venevisión	n.d.
		Univisión (EU)	n.d.
Corimón	Pinturas	Pinturas Montana[c]	279.7

CUADRO 1 *(continuación)*

País/Grupo	Principales actividades	Principales empresas (incluye participaciones minoritarias)[a]	Ventas en 1996[b]
Polar	Cerveza, alimentos	Cervecería Polar	1 700.0
		EFE (alimentos)[c]	37.2
		Promasa (alimentos)	n.d.

FUENTE: Elaboración propia sobre la base de *Las 500 mayores empresas en América Latina*, *América Economía*, edición anual 1997/1998, noviembre de 1997, e información de los restantes capítulos de este libro.

[a] Al incluir participaciones minoritarias, una misma empresa puede aparecer como propiedad de más de un conglomerado. Para evitar duplicaciones, no se incluyen todos los *holdings* intermedios.

[b] En el caso de los bancos, la cifra reportada corresponde al monto de préstamos.

[c] Datos de ventas para 1995.

n.d. significa no disponible.

1.4.1. El perfil de los grandes grupos y empresas

1.4.1.1. Origen

Los GGE que actualmente tienen un lugar destacado en el universo empresarial en América Latina se formaron en su gran mayoría durante la ISI, aunque algunos datan del cambio de siglo cuando comienza la industrialización en los países más avanzados de la región (Bunge y Born en Argentina, Alpargatas en Argentina y Brasil, el núcleo del Grupo Monterrey en México, Bavaria en Colombia y la Compañía de Cervecerías Unidas en Chile, entre otros). El origen o el desarrollo acelerado durante la ISI es particularmente notorio en el caso de los GGE más grandes que, ya a fines de los años setenta, ocupaban una posición tan importante como la actual (por ejemplo, Votorantim en Brasil, Acindar en Argentina o la Compañía de Acero del Pacífico en Chile), aunque todos han debido realizar profundas reestructuraciones para sostener su posición.

El origen de los principales GGE ha respondido fundamentalmente a tres lógicas. Las dos más importantes han sido la expansión desde una fuerte base empresarial desarrollada en torno a recursos naturales (por ejemplo, Bunge y Born avanzando desde la comercialización de cereales a la industria alimentaria) y el crecimiento por diversificación para generar sinergias desde un núcleo básicamente industrial (por ejemplo, el Grupo Monterrey que avanzó desde la producción de cerveza hacia las industrias de envases de vidrio, láminas metálicas y cartón corrugado). Una tercera lógica, menos frecuente, ha respondido a casos en los que la conglomeración ha sido resultado del impulso de grupos de base fundamentalmente financiera o vinculados a la construcción civil u otros servicios, los que tienden a adquirir empresas ya constituidas más que a crear nuevas actividades. Algunos ejemplos notorios son los grupos generados en torno a los bancos Bradesco, Bamerindus, Garantía e Itaú, así como las constructoras Camargo Corrêa y Odebrecht en Brasil, o los grupos industriales y financieros reconstituidos de hecho en México luego de la privatización de la banca comercial a comienzos de los años noventa.[14]

Junto a los GGE originados antes y durante la ISI, existen nuevos y, en varios casos, muy poderosos GGE que surgieron o se desarrollaron en el curso de las reformas estructurales realizadas a partir de los años ochenta. Estas nuevas organizaciones han sido resultado tanto de la privatización de actividades tradicionales (Enersis en Chile) como de dinámicos procesos de conglomeración con criterios de portafolio (Grupo Carso en México).

En los cinco países objeto de estudio, la cúspide empresarial incluye, en la segunda mitad de los años noventa, diferentes participantes respecto a la situación prevaleciente tres décadas atrás. El surgimiento de nuevos GGE, al tiempo que algunos (pocos) grupos tradicionales, como Matarazzo en Brasil, Di Tella en Argentina, Cruzat-Larraín y Vial en Chile y el Gran Colombiano,[15] desaparecen o salen del universo de los líderes, muestra que la composición de esa cúspide no es rígida.

---

[14] A finales de los años setenta, se habían constituido importantes grupos alrededor del Banco Nacional de México (Banamex) y del Banco de Comercio (Bancomer), los que se desintegraron al estatizarse la banca privada en 1982.

[15] Las causas de desaparición de estos grupos han sido diversas. Matarazzo perdió peso desde comienzo de los años sesenta debido a que no pudo afrontar el aumento de la competencia con una estructura excesivamente diversificada y demasiado integrada verticalmente. La crisis de Di Tella se precipitó a finales de esa década cuando no pudo hacer frente a problemas de excesiva diversificación, escala ineficiente y flujos de caja insuficientes para encarar los procesos de modernización que le imponía la competencia (Bisang, Burachik y Katz, 1995). Cruzat-Larraín y Vial quebraron en 1983 cuando, debido a la devaluación del peso chileno y la recesión, sus empresas no pudieron hacer frente a los préstamos que sus bancos les habían hecho con fondos contratados en el exterior. El Gran Colombiano terminó cuando el gobierno decidió nacionalizar a su ente controlador, el Banco de Colombia, en 1984, debido a transacciones dudosas (Arbeláez, 1997).

Esto sugiere la existencia de diferentes capacidades de reacción frente a los cambios económicos y políticos, así como de competencia entre bloques de capital, en contradicción con una aparente "vida tranquila del oligopolio" que habría sido de esperar en mercados cautivos.

1.4.1.2. Tipo de propiedad

Tanto los nuevos GGE, como los tradicionales, se mantienen generalmente bajo propiedad personal o familiar y se estructuran dentro de grupos económicos formales o informales, desde los cuales organizan las relaciones de propiedad, control, financiamiento y asignación de recursos. Las principales razones de esta preferencia por mantener la propiedad de los GGE bajo control personal o familiar serían la mayor flexibilidad que brinda para la toma de decisiones en contextos inestables, la facilidad para dirimir disputas de herencia al morir el fundador y la existencia de un marco legal que no garantiza eficazmente los derechos de accionistas minoritarios e introduce incertidumbre sobre el respeto a los contratos (*The Economist*, 1997). Sin embargo, más allá de esas razones, el predominio de la propiedad y el control familiar parece ser típico de países con niveles de desarrollo como los de América Latina, siendo esto manifiesto cuando se constata un fenómeno similar en las economías del sudeste de Asia (Koike, 1993).

Muchos de los GGE siguen siendo de propiedad cerrada, en el sentido de que no cotizan sus acciones en los mercados de valores. Incluso los que sí lo hacen, exponen un porcentaje muy reducido de su paquete accionario en esos mercados; fenómeno que también ocurre en las cada vez más numerosas empresas que colocan ADR en las bolsas de valores en Estados Unidos.[16] En general, esas empresas se han visto requeridas a mejorar su despliegue de información y eventualmente algunas han debido desmembrar partes del conglomerado como corporaciones relativamente independientes, aunque esto no ha modificado fundamentalmente las modalidades de propiedad y control empresarial.

En algunos países, como Colombia, la renuencia a abrir el capital social parece haber trabado la posibilidad de concretar asociaciones

---

[16] ADR es la abreviatura de los *American Depositary Receipts*, que son títulos emitidos por las corredoras de bolsas estadounidenses en ese país, representando un cierto monto de acciones de una compañía extranjera. Habitualmente estas acciones no confieren derecho a voto.

estratégicas con inversionistas externos, con los consiguientes efectos en materia de transferencia de tecnologías productivas y de gestión. En el otro extremo, estarían Argentina y México donde el número de tales asociaciones se ha incrementado notablemente en los años noventa. Los resultados de las mismas aún no han sido debidamente evaluados, aunque parece claro que en algunos casos han sido de corta duración o incluso han preludiado la adquisición de la empresa local por el socio extranjero, como habría sido el caso de la compra de la Cervecería Modelo (México) por Anheuser Busch.

1.4.1.3. Tamaño relativo

Las observaciones sobre el tamaño de los GGE y su posición relativa respecto a las empresas extranjeras requieren una consideración desagregada, comparando lo que ocurre en los cinco países objeto de estudio. Para ello, se utiliza información de tres muestras de las 100 mayores empresas industriales (nacionales y extranjeras)[17] en América Latina, con datos para 1990, 1994 y 1996 respectivamente. Cada una de esas muestras fue extraída de una más amplia que cubre las 500 mayores empresas (industriales y no industriales) de la región y es publicada anualmente por la revista *América Economía*.[18] En 1996, las 100 mayores empresas industriales registraron ventas conjuntas por 163.8 mil millones de dólares (véase cuadro 2), monto equivalente a 29% de las ventas de las 500 mayores (568 mil millones de dólares). La importancia económica de las grandes empresas es manifiesta al considerar que el producto interno bruto (PIB) de la región ese año fue de aproximadamente 1 700 millones de dólares.[19]

---

[17] En las muestras, la definición de propiedad corresponde al criterio de accionista mayoritario al cierre del año calendario.

[18] Para algunos países, especialmente México, la muestra incluye empresas y grupos de empresas (*holdings*). Como esa inclusión no es homogénea entre países, sería erróneo afirmar que la unidad de análisis de los cuadros 2 a 6 y 8 son los GGE, aunque varios de ellos (principalmente los mexicanos) se encuentran incluidos. Por otra parte, se debe recordar que las empresas reportadas en las muestras varían de año en año según su interés en participar. En el universo de las 500 mayores empresas en 1996, Brasil tuvo una abrumadora mayoría con 243 empresas y el 43% de las ventas; México 102 empresas y el 28% de las ventas; Argentina 73 empresas y 11% de las ventas; Chile 32 empresas y 5% de las ventas, Colombia 27 empresas con el 4% de las ventas y otros países 23 empresas y 9% de las ventas.

[19] Respecto al significado que tienen las ventas como indicador de tamaño empre-

CUADRO 2

LAS 100 MAYORES EMPRESAS INDUSTRIALES EN AMÉRICA LATINA, 1996
(*millones de dólares*)

Empresa	País	Sector	Tipo de propiedad	Ventas
Ventas de más de 4 000 millones de dólares anuales				
Volkswagen[a]	Brasil	Automotriz	X	7 003.3
Chrysler	México	Automotriz	X	6 455.4
General Motors	México	Automotriz	X	6 345.6
General Motors (GMB)	Brasil	Automotriz	X	5 432.9
Fiat	Brasil	Automotriz	X	4 742.9
CVG[b]	Venezuela	Aluminio	E	4 000.0
Ventas entre 4 000 y 2 000 millones de dólares anuales				
Ford	México	Automotriz	X	3 879.1
Ford[a]	Brasil	Automotriz	X	3 830.1
Alfa[b]	México	Acero	P	3 661.2
Nestlé	Brasil	Alimentos	X	3 591.8
Cemex[b]	México	Cemento	P	3 488.7
Carso[b]	México	Tabaco y otros	P	3 154.8
Gessy Lever	Brasil	Higiene/Limpieza	X	2 748.7
Sabritas	México	Alimentos	X	2 600.0
Visa[b]	México	Bebidas/Cerveza	P	2 573.4
Vitro[b]	México	Vidrio	P	2 317.0
CSN	Brasil	Acero	P	2 169.7
Mercedes Benz	Brasil	Automotriz	X	2 130.9
Copersucar	Brasil	Alimentos	P	2 033.7
Ventas entre 2 000 y 1 000 millones de dólares anuales				
Bimbo	México	Alimentos	P	1 983.2
IBM	Brasil	Computación	X	1 950.0
La Moderna	México	Tabaco	X	1 883.9
Multibrás[b]	Brasil	Línea blanca	P	1 804.5
Nissan	México	Automotriz	X	1 800.0

sarial se deben hacer algunas calificaciones. En primer lugar, estas magnitudes podrían estar sobrevaluadas debido al nivel del tipo de cambio real que predomina en la región. En segundo lugar, esos valores subestiman la importancia de las empresas privadas nacionales porque no incluyen a todos los grupos económicos en que están organizadas. En tercer lugar, en la medida que la muestra incluye *holdings* (casi todos mexicanos) existe el riesgo de duplicaciones. Dado que no es posible estimar el signo del efecto neto de estos tres sesgos, los datos de los cuadros derivados de las muestras deben ser considerados con precaución y a título indicativo.

CUADRO 2 *(continuación)*

Empresa	País	Sector	Tipo de propiedad	Ventas
Grupo Acerero del Norte[b]	México	Acero	P	1 739.0
Ceval	Brasil	Alimentos	P	1 729.5
Polar[b]	Venezuela	Bebidas/Cerveza	P	1 700.0
Ispat Mexicana	México	Acero	X	1 650.2
Fedecafé[c]	Colombia	Alimentos	X	1 645.6
Xerox	Brasil	Electrónica	X	1 630.0
Usiminas	Brasil	Acero	P	1 605.8
Souza Cruz (BAT)	Brasil	Tabaco	X	1 583.2
Desc[b]	México	Autopartes	P	1 576.7
IBM	México	Computación	X	1 550.0
Modelo	México	Bebidas/Cerveza	P	1 548.4
Gruma[b]	México	Alimentos	P	1 544.3
Brahma	Brasil	Bebidas/Cerveza	P	1 541.1
Santista Alimentos	Brasil	Alimentos	X	1 515.8
Ford	Argentina	Automotriz	X	1 464.6
Altos Hornos	México	Acero	P	1 458.2
Massalin (Philip Morris)	Argentina	Tabaco	X	1 455.7
Volkswagen	México	Automotriz	X	1 450.0
Sadia Concordia	Brasil	Alimentos	P	1 333.1
Cargill	Argentina	Agroindustria	X	1 308.0
Cargill Agrícola	Brasil	Alimentos	X	1 274.6
CMPC	Chile	Celulosa/Papel	P	1 265.0
Celanese	México	Química	X	1 255.9
Cosipa	Brasil	Acero	P	1 232.8
Volkswagen	Argentina	Automotriz	X	1 229.7
Avon	Brasil	Higiene/Limpieza	X	1 222.3
Molinos Río de la Plata	Argentina	Agroindustria	P	1 215.4
Procter & Gamble	México	Higiene/Limpieza	X	1 200.0
Nestlé	México	Alimentos	X	1 199.3
Kimberly-Clark	México	Celulosa/Papel	X	1 198.0
IMSA	México	Acero	P	1 182.1
Sevel	Argentina	Automotriz	X	1 169.1
Hewlett-Packard	México	Computación	X	1 141.9
Copene	Brasil	Petroquímica	P	1 130.7
Ciadea (Renault)	Argentina	Automotriz	X	1 121.3
Alcoa Aluminio	Brasil	Aluminio	X	1 060.4
Parmalat	Brasil	Alimentos	X	1 026.7
Spal (Coca Cola)	Brasil	Bebidas/Cerveza	X	1 001.2

CUADRO 2 *(continuación)*

Empresa	País	Sector	Tipo de propiedad	Ventas
Suma de las 62 empresas que venden más de 1 000 millones de dólares al año: 133 736.4 millones de dólares (81.6% del total)				
Ventas de menos de 1 000 millones de dólares anuales				
Basf	Brasil	Química	X	983.9
Siderar	Argentina	Acero	P	938.7
Roberto Bosch	Brasil	Autopartes	X	934.0
Itautec Philco	Brasil	Electrónica	P	929.9
Fondo Nacional del Café	Colombia	Alimentos	P	926.1
Perdigao Agroindustrial	Brasil	Alimentos	P	917.2
Arcor	Argentina	Alimentos	P	914.0
NEC do Brasil	Brasil	Equipo telefónico	P	905.7
Pedro Domecq	México	Vinos y licores	X	900.0
Nobleza Piccardo (BAT)	Argentina	Tabaco	X	892.4
Cydsa[b]	México	Petroquímica	P	861.7
CST	Brasil	Acero	P	854.8
Goodyear	Brasil	Neumáticos	X	835.2
Frigobrás	Brasil	Alimentos	P	833.8
Mastellone	Argentina	Alimentos	P	833.4
Maseca	México	Alimentos	P	809.5
Ericsson	Brasil	Electrónica	X	806.8
Andina (Coca Cola)[b]	Chile	Bebidas/Cerveza	P	805.1
Unilever	Argentina	Higiene/Limpieza	X	796.7
Consorcio Grupo Dina	México	Automotriz	P	791.6
Mabe	México	Línea blanca	X	772.9
Bavaria	Colombia	Bebidas/Cerveza	P	772.1
Ref. de Milho Brasil	Brasil	Alimentos	X	761.9
Grupo IRSA	México	Química	P	757.4
Scania	Brasil	Automotriz	X	742.1
Siderca	Argentina	Acero	P	728.6
Pepsi Cola (Ocaat)	Venezuela	Bebidas/Cerveza	P	720.0
Coamo	Brasil	Agroindustria	P	712.9
Sancor	Argentina	Alimentos		
Colgate Palmolive	México	Higiene/Limpieza	X	700.0
Nidera Argentina	Argentina	Agroindustria	P	674.5
Antarctica Paulista	Brasil	Bebidas/Cerveza	P	671.5

CUADRO 2 *(continuación)*

Empresa	País	Sector	Tipo de propiedad	Ventas
General Motors, Colmotores	Colombia	Automotriz	X	669.2
TAMSA	México	Acero	P	668.9
Sivensa	Venezuela	Acero	P	654.0
Unilever	México	Alimentos	X	650.0
Pirelli Pneus	Brasil	Neumáticos	X	644.0
Semp Toshiba Amazonas	Brasil	Electrónica	P	642.8
Total 100 mayores				163 850.7

FUENTE: Elaboración propia sobre la base de datos de *Las 500 mayores empresas de América Latina*, edición 1997/1998, *América Economía*, noviembre de 1997.

Tipos de propiedad: i] P: privada nacional, ii] X: privada extranjera, iii] E: estatal.

[a] Ex Autolatina.

[b] *Holdings*. En el caso de México, se eliminaron seis empresas de la muestra para evitar duplicaciones.

[c] Ventas incluyen sólo exportaciones.

Al agregar la información del cuadro 2 por país y tipo de propiedad, se observa que 99 de las 100 mayores empresas industriales en la región son privadas (véase cuadro 3), siendo la Corporación Venezolana de Guayana (CVG) la única empresa estatal registrada. Asimismo, destaca el equilibrio numérico entre las empresas industriales privadas nacionales y las extranjeras. Sin embargo, esta conclusión debe ser relativizada, teniendo en cuenta la estructura de las ventas de la muestra (véase cuadro 4). En este caso, mientras las empresas privadas nacionales realizan 40.2% del total en 1996, las extranjeras detentan una participación sensiblemente mayor (57.3%), al tiempo que la presencia de las empresas estatales es muy pequeña (2.5%).[20] En ese cuadro resalta, asimismo, el gran tamaño medio de las empresas involucradas. En 1996, la empresa privada nacional media de la muestra realizaba ventas de 1 345 millones de dólares, mientras que las extranjeras alcanzaban

[20] A efectos comparativos es útil tener en cuenta que, en el nivel de las 500 mayores empresas en todos los sectores de actividad en 1996, 276 privadas locales realizaban el 42% de las ventas, 161 extranjeras el 29.5% y 63 estatales el 28.5%. Datos de *América Economía, Las 500 mayores empresas de América Latina*, edición 1997/1998, noviembre de 1997, p. 152.

en promedio 1 879 millones de dólares. Naturalmente, estos datos no reflejan el poder económico de cada uno de esos grupos. Si bien el tamaño de las empresas nacionales puede estar subvaluado debido a que no se consideran plenamente todas las empresas de los grupos a los que pertenecen, la gran mayoría de las grandes empresas extranjeras en la región son filiales de corporaciones gigantes en el plano mundial.

CUADRO 3

LA PROPIEDAD DE LAS 100 MAYORES EMPRESAS INDUSTRIALES, 1996 *(número de empresas)*

	Empresas estatales	*Empresas privadas nacionales*	*Empresas extranjeras*	*Total*
Brasil	0	17	23	40
México	0	18	17	35
Argentina	0	7	8	15
Colombia	0	2	2	4
Chile	0	2	0	2
Venezuela	1	3	0	4
Total	1	49	50	100

FUENTE: Elaboración propia sobre la base del cuadro 2.

CUADRO 4

CARACTERÍSTICAS DE LAS 100 MAYORES EMPRESAS INDUSTRIALES SEGÚN TIPO DE PROPIEDAD, 1996

Tipo de empresa	*Número de empresas*	*Ventas (mdd)*	*Ventas promedio (mdd)*	*Estructura de las ventas (porcentajes)*
Privadas nacionales	49	65 898	1 345	40.2
Extranjeras	50	93 953	1 879	57.3
Estatales	1	4 000	4 000	2.5
Total	100	163 851	1 638	100.0

FUENTE: Elaboración propia sobre la base del cuadro 2.

Por países, se observan distintas situaciones. Brasil y México concentran 75% de las grandes empresas industriales de la región, con predominio del primero sobre el segundo. Respecto al balance entre nacionales privadas y extranjeras, en Brasil hay una mayor presencia de las segundas, mientras que, con distintos órdenes de magnitud, México, Argentina y Colombia registran un equilibrio entre ambos tipos de empresas; mientras que en el caso de Chile sólo se registran empresas privadas nacionales.

Para comprender el perfil de los GGE, es útil también explorar la estructura de tamaño del universo de las grandes empresas, desagregando la información según rangos definidos de acuerdo con sus ventas anuales. En el cuadro 5 se presenta esa información, dividida en tres rangos, para las empresas de los países objeto de estudio que vendían más de 1 000 millones de dólares en 1996, las que representaban 81.6% de las ventas de las 100 mayores (véase cuadro 2).

En este universo destaca la concentración en los dos países más grandes. México y Brasil cuentan con 26 y 25 empresas respectivamente; registrando el primero igual número de empresas nacionales y extranjeras, mientras que en el segundo se registran 9 y 16 unidades respectivamente. Por su parte, Argentina tiene siete empresas en ese universo (una nacional y seis extranjeras), al tiempo que Colombia y Chile registran una sola empresa cada uno, correspondiendo al primero una empresa extranjera y al segundo una nacional.

En el rango de las empresas más grandes (de 10 000 a 4 000 millones de dólares) sólo participan Brasil y México, aunque únicamente con empresas extranjeras, todas de la industria automotriz. En el siguiente tamaño, los dos países registran empresas privadas nacionales, las que son mayoría en México y minoría en Brasil, mientras que en Argentina no califica ninguna empresa. En el último rango predominan las empresas extranjeras sobre las nacionales en Brasil, México y Argentina, al tiempo se incorporan registros de Colombia y Chile. Consistentemente con su mayor tamaño, las empresas extranjeras predominan en el universo más reducido de las empresas que venden más de 1 000 millones de dólares al año. Por su parte, la mayor presencia relativa de empresas nacionales en México es resultado de la inclusión de 8 de sus grandes grupos industriales en la muestra, la que no recoge con igual precisión a los mayores grupos brasileños.

Para completar la consideración del tamaño de las grandes empre-

CUADRO 5

RANGOS DE VENTAS Y TIPO DE PROPIEDAD DE LAS EMPRESAS INDUSTRIALES QUE VENDÍAN MÁS DE 1 000 MILLONES DE DÓLARES EN 1996

Rangos de ventas (mdd)	México		Brasil		Argentina		Colombia		Chile		Totales		
	P	X	P	X	P	X	P	X	P	X	P	X	Total
10 000/4 000		2		3								5	5
4 000/2 000	5	2	2	4							7	6	13
2 000/1 000	8	9	7	9	1	6		1	1		17	25	42
Total	13	13	9	16	1	6		1	1		24	36	60ᵃ

FUENTE: Elaboración propia sobre la base del cuadro 2.

Tipos de propiedad: i] P: privada nacional, ii] X: privada extranjera.

ᵃ El grupo de 62 empresas indicado en el cuadro 2 se completa con dos empresas venezolanas (una estatal y una privada nacional).

sas industriales latinoamericanas, es útil compararlas con las grandes empresas en la economía internacional. Teniendo en cuenta información sobre las 500 mayores empresas globales reportadas por la revista *Fortune*, se constata que el total de ventas de las 100 mayores empresas industriales (nacionales y extranjeras) en América Latina en 1996, indicado en el cuadro 2, es menor que los ingresos de la mayor empresa a nivel mundial (General Motors), los que ascendieron a 168.4 mil millones de dólares ese año.[21] La mayor empresa industrial privada de la región alguna vez reportada fue una *joint venture* de Ford y Volkswagen (Autolatina, Brasil) que fue disuelta en 1994. Esta empresa, que tenía ventas anuales de casi 10 mil millones de dólares, sólo se ubicaba en los últimos lugares de las mayores a nivel mundial.[22] Por su parte, como se muestra en el cuadro 2, ninguna empresa industrial privada nacional en América Latina tiene ventas cercanas a ese monto en 1996.[23]

1.4.1.4. Sectores de actividad

Un tercer rasgo de los GGE que interesa destacar se refiere a los sectores de actividad donde operan y el peso de su presencia en los mismos. El cuadro 6 presenta información, para 1996, sobre las cinco mayores empresas en 19 sectores industriales, que fue elaborada a partir de la mencionada muestra de 500 mayores empresas de *América Economía*.

En primer lugar, destaca la concentración económica existente en la industria latinoamericana. En los 19 sectores industriales, las 83 empresas (nacionales y extranjeras) que califican en el universo de las cinco mayores en cada sector realizaban ventas por 122 mil millones de dólares y generaban casi 780 mil empleos en 1996, año en que el valor bruto de la producción industrial de la región fue del orden de

---

[21] Información del *web site* http://www.pathfinder.com/fortune/global500/500 list.html

[22] Para evaluar adecuadamente esa información, se debe tener en cuenta que, como se indicó anteriormente, los fenómenos de conglomeración no se registran plenamente en la muestra, lo que cuenta tanto para las empresas privadas nacionales como para las extranjeras que tienen grandes filiales en diversos países de la región (véase el cuadro 2). Para ambos tipos de empresas, consolidar plenamente sus ventas llevaría a que calificaran en los rangos inferiores de las mayores empresas del mundo.

[23] En 1996, no había empresas no financieras privadas entre las siete empresas latinoamericanas registradas en la lista correspondiente (*The Economist*, 1997, p. 7).

CUADRO 6

LAS CINCO MAYORES EMPRESAS EN 19 SECTORES INDUSTRIALES EN 1996[a]

Sector/empresa[b]	País	Propiedad	Ventas (mdd)	Participación de las empresas nacionales en las ventas de las cinco mayores (%)	Empleados	Exportaciones (mdd)
Bebidas no alcohólicas y cerveza				100.0		
Femsa[c]	México	P	2 558.7		35 937	55.8
Polar[c]	Venezuela	P	1 700.0		18 000	n.d.
Modelo	México	P	1 548.4		38 757	290.7
Brahma	Brasil	P	1 541.1		4 858	n.d.
Petroquímicos				100.0		
Alpek	México	P	1 546.9		5 876	n.d.
Copene	Brasil	P	1 130.7		1 017	n.d.
Cydsa[c]	México	P	861.7		10 481	400.2
Copesul	Brasil	P	594.8		743	64.9
Vidrio				100.0		
Vitro[c]	México	P	2 317.0		33 428	758.0
Acero				80.4		
CSN	Brasil	P	2 169.7		12 532	579.8
Grupo Acerero del Norte[c]	México	P	1 739.0		23 869	522.9
Ispat Mexicana	México	X	1 650.2		4 083	639.5
Usiminas	Brasil	P	1 605.8		9 210	333.4
Hylsamex[c]	México	P	1 273.5		7 623	235.0

CUADRO 6 (*continuación*)

Sector/empresa[b]	País	Propiedad	Ventas (mdd)	Participación de las empresas nacionales en las ventas de las cinco mayores (%)	Empleados	Exportaciones (mdd)
Autopartes				76.8		
Desc[c]	México	P	1 576.7		18 880	582.6
Robert Bosch	Brasil	X	934.0		10 829	266.1
Unik	México	P	579.7		9 816	n.d.
Iochpe-Maxion	Brasil	P	466.2		5 082	98.9
Grupo Industrial Saltillo[c]	México	P	465.2		10 285	102.9
Textiles				74.1		
Alpargatas	Argentina	X	421.3		2 166	n.d.
Alpargatas Santista	Brasil	P	416.7		5 196	–
Grupo Synkro[c]	México	P	399.7		n.d.	40.1
São Paulo Alpargatas	Brasil	P	389.7		11 777	n.d.
Agroindustrias				71.2		
Cargill	Argentina	X	1 308.0		1 800	1 066.3
Molinos Río de la Plata	Argentina	P	1 215.4		4 600	373.8
Coamo	Brasil	P	712.9		3 179	386.8

CUADRO 6 (*continuación*)

Sector/empresa[b]	País	Propiedad	Ventas (mdd)	Participación de las empresas nacionales en las ventas de las cinco mayores (%)	Empleados	Exportaciones (mdd)
Nidera Argentina	Argentina	P	674.5		840	482.6
La Plata Cereal	Argentina	P	631.9		568	446.3
Cemento				69.0		
Cemex	México	P	3 488.7		20 527	125.3
Apasco	México	X	525.5		2 607	7.9
Santa Marina	Brasil	X	373.1		3 018	n.d.
Vencemos[d]	Venezuela	X	340.0		4 000	91.5
Cebrace	Brasil	X	331.6		n.d.	–
Celulosa y papel				66.4		
Papeles y Cartones (CMPC)	Chile	P	1 265.0		n.d.	298.5
Kimberly-Clark	México	X	1 198.0		8 013	70.5
Klabin	Brasil	P	564.7		6 337	n.d.
Aracruz	Brasil	P	536.7		2 547	490.0
Maquinaria y equipo				57.6		
Condumex	México	P	787.6		11 554	n.d.
Asea Brown Boveri (ABB)	Brasil	X	477.7		3 006	n.d.

CUADRO 6 (continuación)

Sector/empresa[b]	País	Propiedad	Ventas (mdd)	Participación de las empresas nacionales en las ventas de las cinco mayores (%)	Empleados	Exportaciones (mdd)
Empresa Brasileira de Compressores (Embraco)	Brasil	P	410.7		6 006	n.d.
Caterpillar	Brasil	X	406.2		2 338	n.d.
Alimentos				48.1		
Nestlé	Brasil	X	3 591.8		1 7150	123.0
Sabritas	México	X	2 600.0		n.d.	n.d.
Copersucar	Brasil	P	2 033.7		1 107	380.8
Bimbo	México	P	1 983.2		55 148	n.d.
Ceval	Brasil	P	1 729.5		13 828	735.6
Línea blanca y electrónica				46.0		
Multibrás	Brasil	P	1 804.5		11 101	63.9
Xerox	Brasil	X	1 630.0		6 000	66.1
Itautec Philco	Brasil	P	929.9		4 887	n.d.
Ericsson	Brasil	X	806.8		2 330	n.d.
Mabe	México	X	772.9		13 120	30.1
Tabaco				39.4		
La Moderna	México	P	1 883.9		11 249	55.9
Souza Cruz (BAT)	Brasil	X	1 583.2		8 920	n.d.

CUADRO 5 (continuación)

Sector/empresa[b]	País	Propiedad	Ventas (mdd)	Participación de las empresas nacionales en las ventas de las cinco mayores (%)	Empleados	Exportaciones (mdd)
Massalin (Philip Morris)	Argentina	X	1 455.7		1 795	n.d.
Nobleza Piccardo (BAT)	Argentina	X	892.4		1 700	n.d.
Cigatam	México	P	672.4		3 446	n.d.
Química				18.4		
Celanese	México	X	1 255.9		6 791	613.5
Basf	Brasil	X	983.9		4 429	107.0
Grupo Irsa	México	P	757.4		4 472	–
Bayer	Brasil	X	574.3		2 555	192.5
White Martins Industriais	Brasil	X	542.6		4 503	n.d.
Computación y equipo telefónico				14.7		
IBM	Brasil	X	1 950.0		4 039	136.1
IBM	México	X	1 550.0		n.d.	1 258.3
Hewlett-Packard	México	X	1 141.9		1 045	365.8
NEC do Brasil[f]	Brasil	P	905.7		2 496	–
IBM	Argentina	X	630.0		1 200	n.d.
Neumáticos				14.6		
Goodyear	Brasil	X	835.2		n.d.	212.4

CUADRO 6 (*continuación*)

Sector/empresa[b]	País	Propiedad	Ventas (mdd)	Participación de las empresas nacionales en las ventas de las cinco mayores (%)	Empleados	Exportaciones (mdd)
Pirelli Pneus	Brasil	X	644.0		4 930	132.3
Bridgestone/	Brasil	X	617.0		n.d.	n.d.
Firestone						
Tigre	Brasil	P	358.6		2 642	–
Aluminio				8.1		
CVC[c]	Venezuela	E	4 000.0		28 000	1 050.0
Alcoa Aluminio	Brasil	X	1 060.4		8 346	n.d.
Albrás	Brasil	E	518.1		n.d.	n.d.
Caraiba	Brasil	P	492.9		944	n.d.
Automotriz				0.0		
Volkswagen	Brasil	X	7 003.3		29 616	–
Chrysler	México	X	6 455.4		11 066	4 948.3
General Motors	México	X	6 345.6		91 263	4 526.5
General Motors (GMB)	Brasil	X	5 432.9		20 800	611.6
Fiat	Brasil	X	4 742.9		21 359	329.9
Artículos de higiene y limpieza				0.0		
Gessy Lever	Brasil	X	2 748.7		9 724	41.6
Avon	Brasil	X	1 222.3		3 500	–
Procter & Gamble	México	X	1 200.0		n.d.	n.d.

CUADRO 6 (continuación)

Sector/empresa[b]	País	Propiedad	Ventas (mdd)	Participación de las empresas nacionales en las ventas de las cinco mayores (%)	Empleados	Exportaciones (mdd)
Unilever	Argentina	X	796.7		2 800	n.d.
Total			122 270.5	39.8[e]	779 686	24 791.5

FUENTE: Elaboración propia sobre la base de datos de *Las 500 mayores empresas de América Latina*, edición 1997/1998, *América Economía*, noviembre de 1997, y *Las 500 empresas más importantes de México*, *Expansión*, vol. XXIX, núm. 722, México, 13 de agosto de 1997.

[a] En algunos sectores se incluyen menos de cinco empresas debido a que no se registraban suficientes empresas en la muestra o porque se eliminaron algunas para evitar duplicaciones con *holdings*.

[b] Los sectores se ordenan de acuerdo con la participación de las empresas nacionales en las ventas de las cinco mayores; cuando la participación es igual se los ordena según sus montos de ventas.

[c] *Holding*, puede incluir actividades no relacionadas con el sector.

[d] Propiedad de Cemex.

[e] Promedio ponderado por las ventas de las cinco mayores.

[f] Empresa controlada por Globopar, *holding* de las Organizações Globo.

Tipos de propiedad: i] P: privada nacional, ii] X: privada extranjera, iii] E: estatal.

n.d. significa no disponible.

– significa no registra

los 750 mil millones de dólares, con un nivel de empleo industrial de cerca de 8.5 millones de personas.[24] Las empresas nacionales tenían una participación de 39.8% en las ventas de ese universo.

En segundo lugar, el cuadro muestra que los sectores en los que las grandes empresas privadas nacionales tienen una presencia claramente predominante en las ventas de las cinco mayores (superior a 66% del total) corresponden a actividades tradicionales, productoras de bienes de consumo masivo o de insumos básicos (bebidas no alcohólicas y cerveza, vidrio, petroquímicos, acero, textiles, agroindustrias, cemento, y celulosa y papel), y a una industria de actividad metalmecánica, la producción de autopartes. Mientras la presencia de empresas nacionales tiene un nivel intermedio (entre 30 y 66% del total) en alimentos, maquinaria y equipo,[25] línea blanca y electrónica, y productos de tabaco,[26] su presencia es muy baja o nula en algunos sectores intensivos en tecnología y mercadotecnia, como la producción de automóviles, equipos de cómputo y telefonía, neumáticos, químicos y artículos de higiene y limpieza.[27] Aunque las privatizaciones abrieron áreas modernas fuera del sector industrial para los GGE –por ejemplo, las telecomunicaciones, donde han debido asociarse con grandes empresas transnacionales para enfrentar la fuerte competencia predominante– es de resaltar que los mismos no registran participaciones importantes en actividades manufactureras tecnológicamente avanzadas a nivel internacional.[28]

La combinación de una especialización sectorial en bienes relativa-

---

[24] Esta cifra de empleo no incluye a las microempresas.

[25] Fundamentalmente debido a la producción de Condumex, empresa mexicana productora de conductores eléctricos.

[26] Se debe tener en cuenta que la venta de las dos grandes tabacaleras mexicanas a empresas extranjeras en 1997 ha reducido sensiblemente la presencia de empresas nacionales en ese sector.

[27] La muy baja presencia en aluminio se debe a la alta participación de dos empresas estatales entre las cuatro mayores.

[28] Los casos de incursión de los grupos en industrias con tecnologías avanzadas son mínimos, siendo de destacar las inversiones del Grupo Pulsar (México) en biotecnología, y algunas participaciones, a veces transitorias, de grupos brasileños en *joint ventures* para el desarrollo de *software*, equipo de cómputo o productos electrónicos de consumo, generalmente surgidas durante el periodo de vigencia de la política de reserva de mercado (Itautec Philco, Semp Toshiba, Sharp, NEC, CCE da Amazónia, por ejemplo). De las 46 grandes empresas estudiadas individualmente en esta investigación, sólo una (Sonda, Chile) podría ser considerada como especializada en una tecnología de las que caracteriza la actual revolución tecnológica (producción de *software*).

mente homogéneos que se producen con grandes economías de escala, en empresas pequeñas en términos de sus principales competidores, introduce cierta vulnerabilidad en la posición competitiva de los GGE, como se analizará más adelante. El proteccionismo llevó a que algunos de estos sectores pudieran caracterizarse como correspondientes a productos prácticamente no transables, con lo que su dinámica se determinaba totalmente por la del mercado interno. Sin embargo, por efecto de la apertura de las economías, estos sectores se están enfrentando progresivamente a una competencia de carácter global con cada vez menos, pero más poderosos, competidores de talla mundial. En consecuencia, los GGE han perdido la estabilidad que significaba ser líderes en esos sectores tradicionales, estando confrontados al desafío estratégico de crecer o ser absorbidos por grandes empresas globales.

Un tercer elemento que surge del cuadro 6 es la concentración del liderazgo sectorial en empresas mexicanas, las que detentan los mayores montos de ventas en seis de los ocho sectores en los que las empresas nacionales tienen una participación superior a 50% de las ventas de las cinco mayores y realizan las mayores ventas del sector.

Finalmente, combinando las informaciones presentadas en los cuadros 1 y 6, se puede concluir que existen casos de GGE en los que la conglomeración combina liderazgo sectorial con articulaciones directas con bancos u otros agentes financieros, lo que potencia las ventajas de acceso a los mercados de capitales que generalmente se vinculan a la gran escala de operaciones.[29] Sin embargo, la articulación financiera-industrial puede presentar otras modalidades de acceso más abierto a esos mercados, como lo muestran casos de grupos altamente exitosos que no son propietarios de bancos, ni son poseídos por ellos, siendo uno de los ejemplos más notables el de Cementos Mexicanos (Cemex).

1.4.1.5. Las relaciones entre mercado interno y economía internacional

El último rasgo para concluir el perfil de los GGE son las relaciones que han establecido entre su mercado interno y el mercado internacional.

---

[29] En este sentido, es útil recordar los trabajos clásicos de Leff (1976, 1978 y 1979) en los que se argumentaba que los grupos económicos latinoamericanos eran una respuesta al insuficiente desarrollo de los mercados de capitales en la región.

Como se analiza en detalle más adelante, ante la apertura a la competencia externa los GGE, junto a distintas estrategias para defender los segmentos de su mercado interno, incursionaron en exportaciones no tradicionales buscando ampliar sus mercados en el exterior, en sus espacios regionales históricos o los que se desarrollaron con la integración, y eventualmente en los grandes mercados de los países industrializados.

En el cuadro 6, se muestra que, de las 41 empresas nacionales que pertenecían al grupo de las cinco mayores en 19 sectores industriales en 1996, 37 exportaban, aunque la muestra no registra los montos correspondientes a todas ellas. Entre los sectores con predominio de empresas nacionales, los coeficientes de exportaciones a ventas son particularmente altos en las producciones de agroindustrias, celulosa y papel, acero y vidrio. Considerando sólo las 24 empresas nacionales de las que se reportan datos de exportaciones, el coeficiente promedio para los 19 sectores industriales es de 23.6%. Este porcentaje, aunque casi duplica el que presentaban en 1994 (13.1%), es muy inferior al de las empresas extranjeras de la muestra (33.9%); resultado en el que tienen un fuerte impacto las exportaciones de las empresas automotrices.

Un grupo de GGE, habitualmente las más grandes, internacionalizaron sus actividades de una manera más completa ya que no sólo exportan mercancías sino también capitales. Así, realizan inversiones directas en el exterior, concretadas mediante la creación de nuevas empresas, adquisiciones de empresas existentes, fusiones o alianzas estratégicas. Esta internacionalización se da bajo dos modalidades.

Por un lado, se observa un proceso de alcance regional asociado a la consolidación de la integración comercial, como el que se da por parte de los GGE que operan en el Mercosur o en el marco del TLCAN. En el primer caso, destacan las inversiones de Enersis y la Compañía Manufacturera de Papeles y Cartones (CMPC) de Chile y de productores brasileños de autopartes, como COFAB, en Argentina. En el segundo, las inversiones más importantes han sido las de Vitro (México) en Estados Unidos.[30] Hasta este momento, esta modalidad ha sido más

---

[30] Los intentos de internacionalización de empresas latinoamericanas han tenido resultados diversos. Así, por ejemplo, la compra de Anchor Glass, la mayor fabricante de botellas de vidrio de Estados Unidos, por parte de Vitro en 1989 terminó en un fracaso siete años después. Asimismo, las operaciones de alianza y *joint venture* también han tenido suerte diversa. No es inusual que las mismas no duren un tiempo prolongado y se deshagan por distintas razones.

frecuente. Un segundo tipo de internacionalización más complejo es el de empresas que desarrollan filiales en diversos países del mundo de una manera articulada y como parte de una estrategia común. Esas empresas buscan llegar a ser globales, lo que está fuertemente influido por las modalidades de competencia en que operan sus industrias específicas; tal es el caso en las producciones de cemento, refrescos embotellados y cervezas, entre otros. El caso más importante en la región es el de Cementos Mexicanos (Cemex) con sus inversiones en Estados Unidos, España, Centro y Sudamérica, siendo en la actualidad su país de origen una parte de su división para América del Norte.

Una visión de la importancia relativa que tienen estas empresas globales latinoamericanas en el contexto de otras del mismo tipo que han surgido en los países en desarrollo puede verse en el cuadro 7, donde se reproduce una muestra de las 50 mayores transnacionales originarias de países en desarrollo elaborada por la Conferencia de las Naciones Unidas sobre Comercio y Desarrollo (UNCTAD) para el año 1995.[31] Entre las empresas reportadas, 13 eran de origen latinoamericano,[32] correspondiendo ocho a sectores industriales, cuatro a petróleo y minería, y una a medios de comunicación. Entre las ocho empresas industriales, cinco eran mexicanas, dos brasileñas y una chilena.

Es de destacar que, entre las seis mayores empresas latinoamericanas, sólo había una empresa industrial, Cementos Mexicanos (Cemex). Más aún, si bien Cemex era la segunda empresa industrial del *ranking* de acuerdo con el monto de activos en el exterior, sólo ocuparía el lugar 26 en un ordenamiento según las ventas totales, siendo el monto correspondiente inferior a 10% de las ventas del mayor grupo industrial de la muestra (Daewoo), las que superaban los 26 mil millones de dólares.

La información del cuadro 7 resalta una vez más la especialización de las empresas latinoamericanas en áreas estrechamente vinculadas a recursos naturales procesados, frente al peso de los países del este de Asia en actividades como la manufactura de productos electrónicos. Sin embargo, pese a las limitaciones que tiene este tipo de información, es de hacer notar que, en términos del índice de trans-

---

[31] La muestra tiene limitaciones de cobertura; por lo tanto, los datos que se derivan de ella deben usarse sólo en forma indicativa. Para un detalle, véase UNCTAD (1997).

[32] Datos similares para 1993, mostraban la presencia de 17 empresas latinoamericanas (UNCTAD, 1995).

CUADRO 7

LAS 50 MAYORES EMPRESAS TRANSNACIONALES ORIGINADAS EN PAÍSES EN DESARROLLO ORDENADAS SEGÚN SUS ACTIVOS EN EL EXTERIOR, 1995

(millones de dólares)

Empresa	País de origen	Sectores[a]	Activos Exterior	Activos Totales	Ventas totales	ITN[b] (%)
Daewoo Corporation[c]	República de Corea	Diversificado/comercio	11 946.0	28 898.0	26 044.0	48.4
Petróleos de Venezuela S.A.	Venezuela	Petróleo, gas, carbón y servicios relacionados	6 796.0	40 502.0	26 041.0	44.4
Cemex S.A.	México	Cemento	4 226.7	8 407.9	2 575.8	49.5
First Pacific Company, Ltd.	Hong Kong, China	Repuestos electrónicos	3 779.2	6 821.2	5 249.7	72.6
LG Electronics, Ltd.	República de Corea	Electrónica	d	15 084.8	12 199.9	40.4
Jardine Matheson Holdings Ltd.	Bermuda	Diversificado	3 092.6	11 582.7	10 636.0	55.5
Hutchison Whampoa Limited	Hong Kong, China	Diversificado/comercio	2 900.0[d]	11 699.0	4 531.0	38.7
YPF Sociedad Anónima	Argentina	Petróleo, gas, carbón y servicios relacionados	2 551.0	11 572.0	4 970.0	28.7

CUADRO 7 *(continuación)*

Empresa	País de origen	Sectores[a]	Activos		Ventas totales	ITN[b] (%)
China State Construction Engineering Corp.	China	Diversificado/construcción	2 379.4		[e]	0.0
Sunkyong Group	República de Corea	Energía/comercio/químicos	2 258.0	27 729.0	36 085.0	13.4
Cathay Pacific Airways Limited	Hong Kong, China	Transporte	2 133.0	6 267.0	3 904.0	36.3
Samsung Electronics Co., Ltd.	República de Corea	Electrónica	[d]	21 894.6	24 083.2	14.2
China Chemicals, Imp. & Exp., Corp.	China	Diversificado/comercio	2 016.5	8 317.6	[e]	0.0
Petróleo Brasileiro S.A. (Petrobrás)	Brasil	Petróleo, gas, carbón y serv. relacionados	1 881.5	31 699.8	23 456.5	3.8
Singapore Telecommunications Ltd.	Singapur	Servicios públicos	1 546.2	5 661.7	2 840.2	14.8
Hyundai Corporation	República de Corea	Diversificado/maquinaria	1 485.2	11 480.0	15 130.7	10.4
Companhia Vale do Rio Doce	Brasil	Minería	1 471.0	14 564.0	5 214.0	12.6
Grupo Televisa S.A.	México	Medios de comunicación	1 385.0	3 215.0	1 149.0	33.7
New World Development Co. Ltd.	Hong Kong, China	Diversificado/construcción	1 160.7	12 395.6	2 159.3	35.2

CUADRO 7 (continuación)

Empresa	País de origen	Sectores[a]	Activos		Ventas totales	ITN[b] (%)
Citic Pacific Ltd.	Hong Kong, China	Diversificado/comercio/automotriz	1 069.6	5 093.5	1 401.1	46.4
Panamerican Beverages Inc.	México	Bebidas	1 003.6	1 372.1	1 608.3	75.0
Gruma S.A.	México	Alimentos	992.5	1 095.5	995.1	72.3
Dairy Farm International Holdings Ltd.	Hong Kong, China	Comercio	965.8	2 934.8	6 235.5	48.4
Companhia Cervejaria Brahma	Brasil	Bebidas	962.8	3 310.2	2 304.7	13.2f
Fraser & Neave Ltd.	Singapur	Bebidas	957.0	3 199.0	1 809.0	56.7
Acer Group	Taiwán, Provincia de China	Electrónica	d	3 645.0	5 825.0	31.7
Keppel Corporation Limited	Singapur	Diversificado	d	11 217.7	1 701.6	16.5
San Miguel Corporation	Filipinas	Bebidas	840.7	3 328.4	2 953.0	15.9
Guangdong Investment Limited	Hong Kong, China	Misceláneos	839.6	1 519.7	1 059.1	65.6
South African Breweries Limited	Sudáfrica	Bebidas	819.0	5 062.0	7 663.0	14.2
Tatung Co.	Taiwán, Provincia de China	Eléctrica	813.0d	2 929.2	3 099.9	32.6

CUADRO 7 (continuación)

Empresa	País de origen	Sectores[a]	Activos	Ventas totales	ITN[b] (%)
Sime Darby Berhad	Malasia	Diversificado	755.9	4 320.5	27.1
China Metals and Minerals	China	Diversificado/ comercio	754.0	[e]	0.0
Dong-ah Construction Ind. Co.	República de Corea	Construcción	738.0	2 850.0	37.4
Genting Berhad	Malasia	Hoteles y moteles	691.5	982.3	18.3
China Harbours Engineering Group	China	Diversificado/ construcción	596.0	[e]	0.0
Wing on Company International Limited	Hong Kong, China	Comercio	576.0	366.0	29.9
Barlow Limited	Sudáfrica	Diversificado	567.1	4 369.0	29.9
China Shougang Group	China	Diversificado/ metales	468.7	[e]	0.0
China Cereals, Oils, Food Import and Export	China	Diversificado/ comercio	467.3	[e]	0.0
Sadia Concórdia S.A. Industria	Brasil	Alimentos	445.0	2 904.0	13.0
Creative Technology Ltd.	Singapur	Electrónica	405.0	1 202.0	69.3
Vitro S.A.	México	Misceláneos	385.0	1 878.0	15.0[f]
Empresas CMPC S.A.	Chile	Pulpa/papel	384.0	1 292.0	16.8

CUADRO 7 (*continuación*)

Empresa	País de origen	Sectores[a]	Activos		Ventas totales	ITN[b] (%)
Chinese Petroleum	Taiwán Provincia de China	Petróleo, gas, carbón y servicios relacionados	d	15 406.0	11 765.5	2.1
Grupo Celanese S.A.	México	Químicos	343.6	1 056.33	1 369.1	36.7
Formosa Plastic Group	Taiwán Provincia de China	Químicos	d	2 325.6	1 650.0	10.4
Hong Kong and Shanghai Hotels Ltd.	Hong Kong, China	Hotel/transporte	319.0	2 712.0	297.0	27.5
China Foreign Trade Transportation Corp.	China	Diversificado/ transporte	312.6	e	e	0.0
Ssangyong Cement Industrial Co., Ltd.	República de Corea	Construcción	307.3	4 001.0	4 170.0	9.1

FUENTE: *World Investment Report 1997 Transnational Corporations, Market Structure and Competition Policy*, cuadro I.8, UNCTAD, 1997.

[a] La clasificación de sectores sigue la Clasificación Industrial Estándar de Estados Unidos, tal como se usa por la United States Stock Exchange Commission (SEC).

[b] El índice de transnacionalización (ITN) se calcula como el promedio de las relaciones de activos en el exterior a activos totales, de ventas en el exterior a ventas totales y de empleo en el exterior a empleo total.

[c] Datos consolidados que incluyen los de Daewoo Electrónica y Daewoo Industria Pesada, entre otros.

[d] No se incluyen datos sobre los activos externos por razones de confidencialidad o porque no están disponibles. Cuando no están disponibles, se estiman sobre la base de la relación de ventas en el exterior a ventas totales y empleo en el exterior a empleo total, usándose razones similares para calcular el índice de transnacionalización.

[e] No disponible.

[f] Cálculos propios.

nacionalización,[33] las empresas de la región presentan un promedio similar (32%) al de los países asiáticos, excluyendo China.

1.4.2. La dinámica empresarial

Los GGE han debido afrontar diferentes coyunturas de cambio a lo largo de su historia. Dos momentos en el pasado fueron de especial importancia: i] la introducción de políticas explícitas de ISI en los años treinta con el consiguiente impacto sobre la dinámica de las organizaciones que habían surgido en el marco del modelo agro o minero exportador de las décadas previas, y ii] el agotamiento de esas políticas y el desencadenamiento de la crisis de la deuda externa a comienzos de los años ochenta. En el presente, viven un momento de igual importancia buscando ajustarse a un orden económico menos proteccionista, con fuerte presión competitiva en los mercados de bienes y capitales, e inmerso en una revolución tecnológica que parece acelerarse.

El análisis del ajuste presente puede organizarse en tres niveles: i] los cambios en la participación de los GGE en el universo de las grandes empresas de la región; ii] las transformaciones operadas en las empresas y plantas industriales, y iii] la dinámica de la estrategia general de los grupos a los que pertenecen esas empresas.

1.4.2.1. Los cambios en la participación de las empresas nacionales en el universo de las grandes empresas

Información agregada muestra que las grandes empresas nacionales han aumentado su tamaño, aunque han perdido participación relativa en el universo de las grandes empresas privadas industriales (nacionales y extranjeras), con algunas calificaciones que se harán posteriormente. Esta dinámica es resultado de la interacción de dos importantes procesos ocurridos en América Latina a consecuencia de las reformas estructurales. El primero fue la privatización de empresas estatales a lo largo de los años ochenta y noventa, lo que las ha hecho desaparecer prácticamente del universo de las grandes empresas

---

[33] El índice de transnacionalización se calcula como el promedio de las relaciones de activos en el extranjero a activos totales, de ventas en el extranjero a ventas totales y de empleo en el extranjero a empleo total (UNCTAD, 1997).

manufactureras de la región. El otro cambio fue la creciente presencia de filiales de empresas extranjeras a consecuencia de la desregulación, la liberalización de las medidas que limitaban su presencia en sectores específicos y las acciones de política que se han ejecutado para atraer capital extranjero. Pese al activo papel que las empresas nacionales tuvieron en las privatizaciones, así como en la defensa de sus mercados locales y la expansión de sus exportaciones, no pudieron compensar el gran aumento de la presencia de las filiales de empresas extranjeras.

La dinámica del tamaño se refleja en el cuadro 8, en el que se señala que las empresas nacionales en el universo de las 100 mayores empresas industriales de América Latina aumentaron sus ventas anuales de un promedio de 827 millones de dólares en 1990 a 1 345 millones en 1996.[34] Pese a ese esfuerzo, crecieron más lentamente que las empresas extranjeras, las que elevaron su tamaño medio de 1 075 millones de dólares a 1 879 millones en el mismo periodo. En ese cuadro también se muestra que la participación de las empresas privadas nacionales en las ventas de las 100 mayores empresas industriales cayó de 45.9% a 40.2% entre 1990 y 1996, al tiempo que las empresas estatales redujeron su presencia a menos de una tercera parte y las filiales de empresas extranjeras la aumentaron significativamente, alcanzando el 57.3% del total. Sin embargo, debe tenerse en cuenta que las empresas de un solo sector industrial, el de ensamblaje de automóviles, explican 30 puntos porcentuales de la participación de las empresas extranjeras tanto en 1996 como en 1994 (el porcentaje correspondiente en 1990 fue 22.1). Así, 8 de los 11 puntos porcentuales en que aumenta su participación fue resultado del gran desempeño de esa industria en los países estudiados (Mortimore, 1997), habiéndose dado casi todo ese crecimiento entre 1990 y 1994.

Más allá de lo sucedido en la industria automotriz, la información del cuadro 8 apunta también a otros elementos de la dinámica en cuestión pues muestra que gran parte la caída de la participación de las empresas nacionales en el universo de las 100 mayores tuvo lugar a partir de 1994, al tiempo que las empresas extranjeras no automotrices aumentan su participación en casi cuatro puntos porcentuales. La crisis mexicana de 1995 y su negativo impacto sobre otras econo-

---

[34] En un contexto de lento crecimiento económico en el periodo en cuestión, este aumento del tamaño sugiere que la pérdida de la renta estática que se obtenía por la protección habría sido más que compensada por el aprovechamiento de la ampliación del mercado derivada de la apertura comercial.

mías de la región ("efecto tequila") podrían marcar un punto de inflexión.[35] No sólo se puede inferir que la menor propensión a exportar de las empresas nacionales respecto a las extranjeras las afectó más negativamente ante la caída del mercado interno, sino que la información contenida en los casos nacionales que se presentan en los restantes capítulos de este libro muestra la importancia de las compras de empresas nacionales por extranjeras a partir de 1995. Entre ellas destacan, en los países más golpeados por el "efecto tequila", la venta del control total o parcial de empresas en la industria alimentaria en Argentina y en las industrias de la cerveza y de productos de tabaco en México.

CUADRO 8

LA DINÁMICA DE LAS 100 MAYORES EMPRESAS INDUSTRIALES 1990, 1994 Y 1996

	1990	1994	1996
Número de empresas			
Privadas nacionales	52	55	49
Extranjeras	40	44	50
Estatales	8	1	1
Total	100	100	100
Ventas (millones de dólares)			
Privadas nacionales	43 011	68 269	65 898
Extranjeras	43 009	80 991	93 953
Estatales	7 688	2 757	4 000
Total	93 708	152 017	163 851
Ventas promedio (millones de dólares)			
Privadas nacionales	827	1 241	1 345
Extranjeras	1 075	1 841	1 879
Estatales	961	2 757	4 000
Promedio general	937	1 520	1 638
Participación en las ventas de las 100 mayores empresas industriales (porcentajes)			
Privadas nacionales	45.9	44.9	40.2
Extranjeras	45.9	53.3	57.3
- Automotrices	(22.1)	(30.0)	(30.2)

[35] En particular, la participación de las empresas mexicanas en la muestra de las 100 mayores baja de 22.0% en 1994 a 19.5% en 1996.

CUADRO 8 *(continuación)*

	1990	1994	1996
- Otras	(23.8)	(23.3)	(27.1)
Estatales	8.2	1.8	2.5
Total	100.0	100.0	100.0

FUENTE: Elaboración propia utilizando la *Base de datos sobre las mayores 1000 empresas en América Latina, 1990-1992, América Economía,* 1993, y *Las 500 mayores empresas de América Latina,* edición 1996/1997 y edición 1997/1998, *América Economía,* 1996 y 1997.

Pese a lo anterior, la venta de empresas industriales a inversionistas extranjeros también se ha dado en países, como Chile, en los que el "efecto tequila" fue prácticamente nulo. En esos casos es posible que la maduración de las condiciones de globalización de sectores productivos y la expansión de los mercados derivada de la integración subregional en América Latina explique el interés de inversionistas extranjeros por ocupar posiciones en esos mercados mediante la adquisición de empresas en operación. Esto se constata al observar que, aunque algunas adquisiciones han correspondido a empresas con problemas productivos o financieros, como la fabricante brasileña de autopartes Metal Leve, muchas de esas operaciones han correspondido a empresas exitosas, por ejemplo el *holding* eléctrico Enersis en Chile y la fabricación de productos de línea blanca en Brasil, donde las tres principales empresas nacionales fueron adquiridas por grandes empresas transnacionales entre 1995 y 1997 (*The Economist,* 1997).

1.4.2.2. Las transformaciones en plantas y empresas

En las empresas y plantas los principales cambios se han dado en las funciones organizativas, comerciales y financieras, habiendo un cuadro más heterogéneo en la producción y la tecnología. Las organizaciones empresariales han tendido a reducir sus niveles jerárquicos, aplanando su estructura, concentrando actividades en centros o unidades de negocios, y aumentando sensiblemente la profesionalización de su gestión, modernización que, en algunos casos, coincide con un relevo generacional en el control familiar. En este contexto, la función comercial y la ingeniería financiera siguen siendo las áreas más fuertes de la gestión.

En materia de comercialización, se modificaron sensiblemente las relaciones con clientes y proveedores de servicios o insumos. El refuerzo de la orientación al cliente (consumidor o usuario de un producto intermedio) ha permitido, en ciertos casos, hacer frente a la competencia de importaciones. En otros ha debido ser combinada con la importación de bienes terminados e intermedios para completar líneas de productos a ser ofrecidas a los clientes, que son distribuidas mediante fuertes cadenas de comercialización desarrolladas durante la ISI. Tal ha sido el caso de empresas ensambladoras de automóviles –por ejemplo, la Fiat en Brasil, la Compañía Colombiana Automotriz (CCA) y la Sociedad de Fabricación de Automotores (Sofasa) en Colombia–, fabricantes de productos electrodomésticos –la Industria Colombiana de Electrónica y Electrodomésticos (Incelt) y la Compañía Tecno Industrial (CTI) en Chile- e incluso empresas siderúrgicas y petroquímicas –Acerías de Colombia (Acesco) y Poliolefinas Colombianas (Policolsa).

Si bien las relaciones con los clientes, en especial si eran usuarios finales, y con los proveedores de servicios a la producción mejoraron significativamente, como efecto de los esfuerzos por mantener la fidelidad del mercado interno y reducir costos de operación, las relaciones con los proveedores de insumos transables presentan un cuadro más heterogéneo. La presión de las importaciones se hizo sentir particularmente en la sustitución de proveedores nacionales por proveedores externos, estrategia que fue acompañada, como se señaló, por la importación de productos terminados para comercializarlos internamente.[36] En ambos casos, la demanda de insumos nacionales se redujo, fenómeno que, con una lógica similar, se observa en la mucho menos desarrollada oferta local de bienes de capital. Sin embargo, hay evidencia de amplios programas de desarrollo de proveedores por parte de algunas industrias de ensamblaje, por ejemplo en los casos de las industrias de armado de equipos de cómputo en Guadalajara (México) o autopartes en Bahía (Brasil) y Córdoba (Argentina).

Ventajas comparativas tradicionales,[37] capacidades acumuladas y

---

[36] El capítulo sobre Colombia muestra que, para 9 de las 16 empresas estudiadas, el margen de beneficios (utilidades/ventas) después de la apertura se relaciona positivamente con la importación de productos terminados para comercializar y la sustitución de la oferta de proveedores nacionales por importaciones.

[37] La fortaleza de la red de proveedores de los grandes grupos agroalimentarios en Brasil (Perdigão y Sadia), Argentina (Moreno, Urquía, Bunge y Born) y Chile (Industria Azucarera Nacional, IANSA) muestran la importancia que tiene la base de ventajas

política macroeconómica parecen ser las variables determinantes en la selección de una lógica u otra. Todo indica que, al menos en el corto plazo, la tendencia a aumentar la importancia relativa de las importaciones de insumos y bienes de capital es la dominante, excepto en momentos de ajuste macroeconómico con recesión y devaluación abrupta del tipo de cambio. Esto ha llevado al debilitamiento de muchas cadenas productivas locales y reducido las opciones abiertas a las pequeñas y medianas empresas proveedoras, como es explícitamente reconocido, por ejemplo, en el Programa de Política Industrial y Comercio Exterior aprobado por México en 1996 (Peres, 1997).

Las mezclas de productos que manufacturan o comercializan las empresas han cambiado, aunque no siempre en una misma dirección. Mientras empresas textiles, como Fabricato y Coltejer en Colombia y São Paulo Alpargatas en Brasil, han reducido esa mezcla, otras empresas la han expandido, como es el caso de WEG Motores, Oxiteno (química) y Usiminas (siderurgia) en Brasil. Si bien hay también casos de expansión de la mezcla de productos en algunas empresas en Chile (Madeco, por ejemplo), parecería que el factor determinante de este accionar de las empresas brasileñas es un resultado del tamaño de su mercado interno y la posibilidad de combinar economías de escala y alcance.

Incluso en los casos en que las empresas expanden su mezcla de productos, la tendencia a subcontratar las actividades secundarias a terceros es una respuesta generalizada a la mayor presión de la competencia. En algunos casos, esa subcontratación va acompañada de un aumento de la integración vertical a nivel del grupo industrial, como se verá más adelante.

El fortalecimiento de la ingeniería financiera en las grandes empresas ha permitido a los GGE consolidar su acceso a los mercados internacionales de capitales de corto y largo plazo, siendo las operaciones más notorias las colocaciones de ADR en el mercado de Nueva York. En unos pocos casos, el acceso al mercado de capitales ha significado la apertura total del capital de la empresa; aunque, como se señaló anteriormente, el control familiar todavía sigue prevaleciendo.

Las funciones productivas y de desarrollo tecnológico de las empresas no muestran, en general, un desarrollo similar al que tienen las

comparativas para llevar adelante acciones *no voluntaristas* de desarrollo de proveedores. La limitada competitividad de los proveedores colombianos de cebada a Bavaria (cerveza) muestra lo mismo a *contrario sensu*.

de comercialización y finanzas. Entre los tres países cuyas empresas fueron estudiadas en detalle, las brasileñas son las que muestran mayor interés y capacidad en estas áreas, lo que, por otra parte, es consistente con otros indicadores, como el número de certificaciones ISO 9000 que han obtenido. Tamaño de mercado y madurez relativa de las capacidades previas parecen ser los principales factores explicativos de este mejor desempeño, en particular en lo referente a diseño de productos, manejo de marcas y gestión de la calidad (Bonelli, 1997), los que, en algunos casos, fueron eficazmente apoyados por la política pública.[38]

En los otros países se constata un peso relativamente menor de los avances productivos y tecnológicos.[39] Los principales logros en materia de aumentos de productividad media del trabajo a nivel sectorial –que han sido notables en la primera mitad de los años noventa incluso descontando el efecto del ciclo económico (Katz y otros, 1997)– se explican fundamentalmente por reducciones del personal ocupado como resultado de los esfuerzos de subcontratación de actividades secundarias, flexibilización del proceso de trabajo e incorporación de algunos elementos de las nuevas técnicas de gestión. Sin embargo, los casos nacionales presentan evidencia de que también se dieron importantes inversiones en modernización de plantas y equipos en las grandes empresas en algunas industrias maduras de la ISI, como, por ejemplo, la siderúrgica en Argentina, la producción de azúcar en Chile, la fabricación de cerveza en Colombia y la producción de cemento en México. El amplio acceso al financiamiento que tienen los GGE facilitó esa respuesta al incremento de las presiones competitivas derivadas de la apertura comercial, en contraste con lo que le sucedió a empresas de mucho menor tamaño.

Los diferentes pesos relativos de las distintas funciones gerenciales responden a factores de demanda y oferta. La crisis de los años ochenta centró la atención de la alta gerencia en comercialización y finanzas, pues los problemas más agudos que se percibían eran la caída

---

[38] Los avances en materia de tecnologías blandas en Brasil generalmente se atribuyen al éxito del Programa Brasileño de Calidad y Productividad (PBQP) implementado a partir de 1990.

[39] Incluso en el caso de Chile, el capítulo correspondiente resalta que, si bien el país ocupaba el noveno lugar en materia de "gestión empresarial" entre los 48 países considerados en el *Informe Mundial de Competitividad* en 1996, su ubicación descendía al puesto 27 cuando se medía el factor "ciencia y tecnología".

de las ventas y la incapacidad para cumplir con compromisos financieros de las empresas. Esa demanda generó, a su debido tiempo, una oferta de profesionales altamente calificados en esas áreas.[40] Los temas de producción y tecnología fueron relegados, proceso muchas veces reforzado por la importación de bienes de capital con requerimientos mínimos de adaptación, la que se expandió notablemente durante la recuperación económica de comienzos de la década de los años noventa.

1.4.2.3. Las estrategias de crecimiento

Existen diversas opciones para ordenar los cambios que se han operado en las estrategias de los GGE, pero en general tienden a centrarse en la tríada de conductas de retirada, defensivas y ofensivas,[41] aunque las primeras implican a largo plazo la terminación de actividades o la pérdida del control de las mismas por parte de sus propietarios iniciales. En todos los casos, las conductas pueden haber sido una reacción a presiones exógenas (reactivas) o tener un carácter básicamente proactivo.

El universo de los GGE presenta esos tres tipos de estrategia, aunque, por su propio tamaño, los ejemplos de retirada tienden a concentrarse en la venta total o del control mayoritario de la empresa al capital externo, más que en su cierre, siendo ejemplos de ello el grupo petrolero Astra en Argentina, la productora de autopartes Cofap en Brasil o las dos grandes manufactureras de cigarrillos en México (Cigarros La Tabacalera Mexicana, Cigatam, y La Moderna).

[40] Si bien, muchas veces, se habla del divorcio entre universidad y empresa en los países de la región, el problema tiende a ejemplificarse en las áreas productivas y tecnológicas. Difícilmente se podría sostener un juicio tal en la formación de gerentes de comercialización, finanzas y de contabilidad.

[41] Naturalmente, las estrategias defensivas tienen poco sentido en el largo plazo. Frente a una mayor presión competitiva y la revolución tecnológica en curso, una estrategia defensiva es sólo una etapa hacia la retirada o la ofensiva. La experiencia también muestra que no hay necesidad de que exista una primera etapa defensiva, pues muchas de las mayores empresas han estado en una estrategia ofensiva desde los inicios de la crisis de la deuda externa. Las reestructuraciones patrimoniales (fusiones y adquisiciones), las inversiones en el exterior y la articulación con el sector financiero se desarrollaron durante toda la década de los años ochenta, aunque se combinaron con estrategias de defensa de la participación en el mercado interno cuando la apertura se hizo operativa.

La defensa del mercado interno ha adoptado diferentes modalidades, siendo las más relevantes las vinculadas a la realización de inversiones preventivas (especialmente en las dos economías más grandes), la importación de productos terminados para su comercialización aprovechando redes locales de distribución, una mayor y más intensa orientación hacia el cliente (particularmente notable en las industrias alimentarias), la formación de grupos industriales y financieros, en los países donde la legislación lo permite,[42] y la búsqueda de rentas mediante el acceso a beneficios fiscales, comerciales o de promoción sectorial, los que, si bien tienen menos peso relativo que en el pasado, distan de haber desaparecido, como lo muestran los casos de la industria automotriz en Argentina, Brasil y México, la forestal en Chile o el apoyo a diversos sectores industriales en Colombia.

Una modalidad de estrategia defensiva, aunque implica nuevas inversiones diversificadas, ha sido el avance desde las actividades industriales hacia servicios modernos no transables. La tendencia a salir de sectores industriales es resultado de las señales provenientes de la apertura comercial y la política macroeconómica de mantener tipos de cambio que sobrevalúan la moneda nacional, lo que presiona sobre la rentabilidad de los sectores transables. Por su parte, la posibilidad y deseabilidad de invertir en servicios no transables ha sido impulsada por la desregulación de algunos mercados o el acceso privilegiado que algunos grupos tuvieron, o esperan tener, a las privatizaciones de las telecomunicaciones, la distribución de electricidad y la infraestructura en general. En muchos casos, como sería claro en Colombia, esa dinámica ha llevado a utilizar a las grandes empresas industriales de los grupos como una fuente de recursos financieros para acceder a las privatizaciones o a los mercados desregulados, relegando o minimizando las inversiones para la modernización de sus actividades productivas.

En este sentido, sería necesario reconsiderar hasta qué punto las reformas estructurales han eliminado el comportamiento rentista (*rent*

---

[42] Entre los países objeto de estudio, Chile destaca como el que presenta menor articulación formal entre banca e industria, fruto de la experiencia de la crisis de comienzo de los años ochenta, aunque algunos de sus grupos industriales tienen claras vinculaciones con bancos (cuadro 1). Por otra parte, en ese país, así como en Brasil, se constata un creciente peso de los fondos de pensión (privados en el primer caso; de las grandes empresas estatales en el segundo) en el capital accionario de las mayores empresas. Esto podría abrir nuevos caminos para la conglomeración de base financiera.

seeking) de importantes sectores empresariales, pues, pese a que algunos mercados de servicios no transables son muy disputados entre fuertes competidores, las condiciones de esa competencia y, por lo tanto, la rentabilidad que finalmente se derive de la misma dependen de regulaciones del Estado y del diferente acceso de los competidores al mismo.

Las estrategias ofensivas son más complejas y se pueden distinguir al menos tres tipos:

i] Crecimiento con especialización en aumento alrededor del núcleo básico de negocios, como sería el caso de algunos GGE muy centrados en torno al procesamiento de recursos naturales, por ejemplo, Bunge y Born y Pérez Companc en Argentina, Klabin en Brasil o Alfa en México. También se incluyen en este conjunto los GGE que no han aumentado su especialización, debido a que la misma ha sido tradicionalmente muy alta, como Cemex en México y el Grupo Matte en Chile.

ii] Crecimiento con aumento moderado de la diversificación, en el que se pueden combinar desverticalización de las empresas individuales y aumento de la integración vertical u horizontal de los grupos, como fruto de la participación en unas pocas privatizaciones o en fusiones y adquisiciones de otras empresas privadas. En todos los casos, el logro de potenciales sinergias es el criterio básico para encarar este tipo de operaciones. Techint y Pescarmona en Argentina, Angelini en Chile, Suzano y Votorantim en Brasil, Santo Domingo (Bavaria) en Colombia y Pulsar en México son ejemplos de esta estrategia moderada.

iii] Crecimiento con extrema diversificación, en gran medida resultado de la participación en numerosas privatizaciones. Estos casos, en los que se dan verdaderos conglomerados sin evidentes sinergias productivas, comerciales e incluso financieras, son muchas veces manejados con criterios de portafolio. Los ejemplos más notables son la Sociedad Comercial del Plata (energía, construcción, servicios) en Argentina, Vicunha (textiles, siderurgia, minería) en Brasil y Carso (telefonía, conductores eléctricos, llantas, restaurantes) en México. Estos conglomerados abarcan actividades sumamente disímiles y han basado su gran desarrollo relativamente reciente en una fuerte articulación con el mercado internacional de capitales, los mayores bancos nacionales y el nivel de decisión en la instancia política de las privatizaciones. Naturalmente, los beneficios esperados y los riesgos financieros son elevados.

En cada caso, las estrategias adoptadas dependen de un complejo conjunto de factores. La determinante sectorial es generalmente importante en tres niveles: i] la distinta competitividad de cada sector y por lo tanto su capacidad para competir con las importaciones en un contexto de apertura; ii] su diferente madurez, fruto de senderos de aprendizaje propios y con diversos grados de avance, y iii] los paquetes de políticas promocionales, los que, aunque muchas veces no reconocidos, han sido importantes en casi todos los países (petroquímica en Argentina, forestal en Chile, automotriz en México y Brasil son algunos ejemplos notables). Sin embargo, la pura determinante sectorial no es suficiente para explicar la estrategia empresarial, como lo muestran los estudios de pares de GGE ubicados en un mismo sector presentado en el capítulo sobre grupos industriales en Brasil.

Así, los grupos siderúrgicos (Gerdau y Belgo-Mineira) tienen aproximaciones diferentes a las adquisiciones y las privatizaciones. Aunque Klabin y Suzano compiten en el mercado de papel y celulosa, el primero buscó la especialización, mientras que el segundo presentó mayor interés por una diversificación moderada. Finalmente, el contraste no puede ser más grande que en el caso de los grupos textiles pues, mientras Alpargatas adoptó una estrategia básicamente defensiva, Vicunha, basado en fuertes apoyos financieros, pasó a tener un peso importante en la Companhia Siderúrgica Nacional y en el gigante minero Companhia do Vale do Rio Doce.

La cautela o la audacia del liderazgo empresarial, con todo lo difícil que son de definir, son factores relevantes para explicar la adopción final de una estrategia. Estas diferencias de estilos de gestión, en tanto relativamente independientes de los determinantes sistémicos, también explicarían los diferentes intereses de los grupos en materia de privatizaciones, los que van desde una participación sumamente reducida o nula en las mismas hasta una presencia avasalladora, tanto en su país de origen como en el exterior. Naturalmente, estilo de gestión y búsqueda de poder económico son muchas veces inseparables en términos operativos. Más allá de estas diferencias, un elemento compartido por las diferentes opciones estratégicas es el creciente peso del mercado externo, sea en materia de exportaciones e importaciones, sea en lo referente a recibir o realizar inversiones en el exterior, como se analizó anteriormente.

En resumen, el crecimiento de los GGE exitosos no ha sido un simple resultado de "hacer más de lo mismo". Por el contrario, para desarrollarse dentro las líneas de productos en que tenían experiencia, debieron realizar cambios de magnitud en organización, mercadotecnia y finanzas, así como inversiones en nuevas plantas y en equipos modernos. Pese a ello, elementos que se analizan en la sección siguiente sugieren que mantenerse en sus líneas tradicionales de productos puede significar una fuerte restricción a su crecimiento de largo plazo, lo que hace prever que en el futuro deberán enfrentar la necesidad de desplazar sus senderos de expansión hacia sectores más dinámicos

1.5. DESAFÍOS Y RESPUESTAS DE POLÍTICA

El perfil que presentan actualmente los GGE constituye en sí mismo evidencia de que un grupo significativo de los mismos ha logrado una mutación positiva en el contexto de los cambios estructurales registrados durante la última década. Sin embargo, los resultados son limitados y variables, ya que este conjunto de empresas así como los sectores y las economías en donde operan se encuentran todavía en un estado de transformación por las tensiones internas y la presión de la competencia internacional.

La situación actual de los GGE muestra éxitos en la consolidación de sus senderos de evolución, en el enfrentamiento favorable de la dinámica de las industrias donde operan y en el aprovechamiento de los apoyos ofrecidos por las políticas públicas. Sin embargo, enfrentan desafíos derivados de los límites que impondrá su especialización sectorial y de las señales contradictorias derivadas de la interacción entre las reformas estructurales y la política macroeconómica que las acompañó.

1.5.1. Los límites de la especialización sectorial

En el largo plazo, la permanencia de los GGE en líneas de productos que no convergen hacia las que tienen una fuerte dinámica de expansión en el mercado mundial hace prever que podrán enfrentar un agotamiento en sus posibilidades de crecimiento. Aunque en el corto plazo, varias líneas de productos tradicionales han tenido importantes desarrollos que han sustentado a las estrategias de crecimiento de las empresas, ello ha estado determinado por elementos que no necesariamente las potenciarían en su búsqueda de senderos de expansión de largo plazo,[43] en la medida en que los flujos internacionales de comercio más dinámicos se sigan concentrando en productos de las industrias electro-electrónicas y metal-mecánicas avanzadas, y los recursos naturales sigan perdiendo terreno (Mortimore, 1995).[44]

La expansión de los GGE siguiendo sus líneas tradicionales de producto los lleva regularmente a descubrir que, para mantener su crecimiento, deben ampliar sus mercados en el exterior. Para ello deben enfrentar a grandes empresas transnacionales que compiten en los mismos mercados en escala mundial, pero que simultáneamente buscan apoderarse de los mercados locales de los GGE. Esto significa que se ven confrontados al siguiente dilema: desarrollan cambios en sus estrategias, modos de organización y de producción, de financiamiento, comercialización y de ubicación en los mercados mundiales, para asumir la competencia de carácter global, o por el contrario mejoran su posición actual para aumentar el valor de mercado de sus empresas con el fin de venderlas a la competencia extranjera al mejor precio posible aprovechando las eventuales coyunturas de sobrevaluación de la moneda nacional en sus países.

La primera opción requiere extraordinarios recursos financieros, tecnológicos y de comercialización, al tiempo que la segunda está ocurriendo crecientemente en la región, dando lugar a una mayor extranjerización de segmentos dinámicos de las industrias locales.[45] El

[43] Como lo muestran los casos de las industrias de aceites vegetales, forestal, pesquera, minera y otras, la principal razón del aumento de la producción de esos bienes ha sido una fuerte expansión de su frontera de producción, derivada de inversiones físicas y en conocimientos. No existen previsiones generalmente aceptadas sobre la posibilidad de sostener en el largo plazo la tasa de crecimiento que esa frontera ha presentado en las últimas décadas, aun en un contexto de creciente demanda por tales bienes.

[44] Si bien podría argumentarse que no es posible distinguir entre buenas y malas especializaciones sectoriales, diferencias en materia de elasticidad ingreso de la demanda mundial, rendimientos a escala y senderos de aprendizaje hacen dudar que todos los sectores sean igualmente buenos para el crecimiento a largo plazo de una economía. Para este debate, véase, por ejemplo, Cohen y Zysman (1987).

[45] Aunque la extranjerización no implica problemas por sí misma, hace más difícil llevar adelante políticas basadas en la concertación de actores públicos y privados, como es crecientemente la práctica en los países de América Latina (Peres, 1997). La

relativamente pequeño tamaño que los GGE presentan respecto a los líderes mundiales e incluso a empresas similares de algunos países del este de Asia, las hace una presa fácil de compras hostiles (*take-over*), una vez que sus mercados nacionales o regionales se vuelven atractivos para esos líderes.

La opción de venta abre un camino de alternativas contrapuestas para los grandes empresarios latinoamericanos. Por una parte, la venta puede transformarlos en meros inversionistas de portafolio; pero, por la otra, la disponibilidad de capital líquido así lograda puede apoyar su desplazamiento hacia nuevas áreas de inversión. Esos desplazamientos siguen dos lógicas. En algunos casos, como se señaló anteriormente, los fondos se invierten en la producción de bienes y servicios no transables (servicios de utilidad pública, empresas privatizadas con regímenes de protección especiales, etc.) con la expectativa de mantener reductos protegidos de la competencia externa. Por el contrario, en otros, particularmente cuando el vendedor cuenta con otras empresas con "activos secundarios específicos" se podrían estar sentando las bases para un nuevo sendero de expansión de largo plazo.[46]

1.5.2. El impacto de las reformas estructurales

Las reformas estructurales buscaron crear un nuevo patrón de competencia con menor intervención del Estado y más abierto al exterior. En general, presentaron un primer momento de relativa moderación y gradualismo, siendo seguidas por su acentuación e incluso, en algunos países, su radicalización. En este contexto, los GGE, en tanto grandes beneficiados del modelo de ISI, fueron *teóricamente* percibidos como obstáculos para la constitución de un orden de libre competencia, dado su dominio en importantes mercados oligopólicos. Sin

aceptación de la participación explícita de agentes externos en el diseño e implementación de políticas públicas implicaría cambios importantes en el marco político y cultural en la mayoría de los países de la región.

[46] Un ejemplo es el caso del Grupo Pulsar (México) que vendió la empresa La Moderna (tabacalera) a la British American Tobacco (BAT) por 1 700 millones de dólares para potenciar su empresa de biotecnología de semillas, de pequeño tamaño relativo, pero que es líder en su sector en el mundo y que se espera será el soporte del desarrollo agroindustrial y forestal del grupo.

embargo, en los hechos, la forma en que se dieron las reformas estructurales y medidas explícitas de fomento dieron lugar a un orden económico altamente favorable al desarrollo de los GGE.

Más allá de los apoyos directos, ya mencionados, a algunas actividades vía subsidios fiscales, cuatro tipos de políticas destacan por su importancia.

i] El acceso privilegiado a las principales privatizaciones, las que casi nunca se hicieron en condiciones de libre mercado. En particular, se permitió que los entes privatizadores seleccionaran los futuros grupos de control de las empresas privatizadas y establecieran, en los pliegos de licitación, condiciones de acceso y de operación futura fuertemente discriminatorias. Más aún, habría evidencia de que, en algunos casos, integrantes de los entes privatizadores o incluso de niveles políticos superiores fueron actores y beneficiados en las subastas de licitación.

ii] Las negociaciones comerciales internacionales tendentes a la constitución de áreas de libre comercio dieron, como era deseable, un papel importante al sector privado para que participara o asesorara respecto a sectores productivos y prácticas de política particularmente sensibles para cada país, en los que la apertura podría representar una amenaza o una oportunidad. Sin embargo, la propia heterogeneidad del sector privado llevó a que esa participación fuera controlada en los hechos por los GGE o por cámaras empresariales en las que juegan un papel determinante.

iii] La implementación de la legislación para fortalecer la libre competencia mediante desregulación tendió a mantener el *statu quo* de concentración existente en las diversas ramas industriales a partir del (correcto) argumento que en economías abiertas el poder de mercado no está determinado por la existencia de una estructura industrial concentrada. La tesis de que lo adecuado era evitar acciones contra la competencia más que estructuras concentradas fue funcional para el sostenimiento de la participación de los GGE en sus mercados clave.

iv] Algunos programas de fomento orientados a sectores no industriales también tuvieron un impacto positivo sobre los GGE, siendo esto particularmente evidente en casos como el de México, donde la demanda generada por grandes programas de construcción de carreteras y viviendas repercutió favorablemente sobre las empresas de construcción civil (ICA), así como sobre las productoras de cemento y vidrio plano (Cemex y Vitro), grandes componentes de los principales grupos del país. El crecimiento del peso económico de las grandes empresas de construcción civil e ingeniería pesada (*empreiteiras*) de Brasil responde a la misma lógica.

En resumen, pese a ser oligopolios generados mayoritariamente durante la ISI bajo condiciones de protección, el nuevo orden económico fue puesto en práctica y operó de una manera tal que fue altamente funcional para su crecimiento.

Los estudios incluidos en este libro muestran que efectivamente los GGE han sido capaces de procesar adecuadamente las señales que ha emitido el nuevo orden económico. Sin embargo, incoherencias en tales señales han trabado la materialización de los resultados que serían de esperar de un desarrollo liderado por las exportaciones que pudiera articularse eficientemente con el resto del tejido industrial, más allá de sus líderes.

Por una parte, la apertura externa ha implicado políticas macroeconómicas determinadas por los vínculos con los capitales internacionales de corto plazo que operan como factores clave para financiar los déficit en cuenta corriente que la acompañan. En este contexto, el libre movimiento de capitales y la sobrevaluación de las monedas locales, causada por las altas tasas de interés reales en dólares, la contracción del gasto público y la contención del salario real son las "anclas" de los equilibrios macroeconómicos, en especial de la estabilidad de precios.[47]

Esto se traduce en que las señales que emite el entorno macroeconómico son contradictorias, porque, aunque hay estabilidad en el corto plazo, las condiciones en las que ésta se logra generan incertidumbre, especulación financiera y aumento de las expectativas de inestabilidad en el futuro.[48] Así, las variables clave de la política macroeconómica

---

[47] Naturalmente, no hay soluciones simples a los dilemas de políticas involucrados. Controlar los flujos de capitales de corto plazo tiene un claro costo en materia de la tasa de interés real que deben pagar las empresas que se financian en los mercados locales de capital, lo que debilita su capacidad competitiva frente a productores que se financian a tasas internacionales. Por su parte, una permanente subvaluación de la moneda local para fomentar exportaciones tendría efectos negativos sobre el salario real y sobre los incentivos para aumentar productividad y eficiencia. De todos modos, acciones como aumentar la competencia en el sector bancario para disminuir sus márgenes (*spreads*) y reducir la deuda pública interna pueden tener efectos positivos para bajar los flujos especulativos sin tener que usar indefinidamente controles. El saneamiento del sector bancario es una condición previa ineludible para introducir mayor competencia y eficiencia en el mismo.

[48] Un factor adicional que complica este cuadro es que algunas de las determinantes

tienden a debilitar lo que debería ser el núcleo del nuevo modelo de crecimiento: la eficiente inserción internacional mediante exportaciones, en particular de productos con creciente valor agregado local. Estas señales ambiguas y confusas favorecen y retroalimentan el énfasis en el corto plazo por parte de las empresas, lo que es desfavorable para una reestructuración sólida y para la competitividad de largo plazo.

Por otra parte, las señales emitidas por las reformas estructurales fueron insuficientes. Como ya se señaló, en esas reformas, a pesar de la importancia que se asignó a la competencia entre los actores privados, no se tuvo en cuenta la problemática de las empresas. Por el contrario, las estrategias de reforma privilegiaron a la estructura de precios relativos determinada en mercados libres como la variable que transmitiría la información necesaria a los agentes económicos para que tomaran sus decisiones de consumo y producción, y que, en consecuencia, garantizaría la evolución de la economía hacia un sendero de crecimiento.

En esas estrategias no se prestó atención al diseño de políticas para facilitar el cambio de las empresas en respuesta a las reformas. Por el contrario, se consideraba que el Estado debía facilitar la realización más rápida y radical del ajuste empresarial no interviniendo directamente y permitiendo la aplicación de lo que en su momento se denominó "terapia de choque", la que minimizaría los costos del cambio y sentaría las condiciones para que las empresas pudieran impulsar un crecimiento más sano de la economía sobre la base de la lógica del mercado.

No haber considerado las diferencias entre las distintas empresas y los múltiples determinantes de su comportamiento sugeriría que las reformas tuvieron una concepción implícita de competencia determinada por el poder relativo de los concurrentes, donde las empresas más grandes tendrían en principio una situación privilegiada para realizar su adecuación ante los cambios macroeconómicos y sectoriales. En consecuencia, se puede afirmar que un componente relevante de las reformas fue un discurso ideológico (en el buen sentido del término) orientado a potenciar la reestructuración y una nueva posición, siempre predominante, de los GGE ante las nuevas condiciones nacionales e internacionales.

clave de los flujos de capital de corto plazo no están bajo control de los gobiernos nacionales, tal como lo muestran las crisis de México en 1994 y de Tailandia en 1997.

Consistentemente con este enfoque, en una primera etapa de las reformas, se desecharon en general las políticas industriales activas y toda estrategia financiera, tecnológica y de organización orientada sistemáticamente a promover la reestructuración y rearticulación de los distintos segmentos y sectores de actividad hacia una nueva organización productiva capaz de generar una dinámica de competitividad sistémica. En una segunda etapa, a mediados de los años noventa, ha habido un fuerte resurgimiento del interés de los gobiernos de la región en desarrollar políticas de competitividad industrial, aunque todavía la voluntad política y la capacidad de implementación continúan siendo débiles (Peres, 1997). Todo esto ha limitado los intentos de desarrollar estrategias empresariales que procuren nuevos senderos de expansión productiva.

1.5.3. Los temas del debate de política

En conjunto, las condiciones contradictorias en las que se interrelacionan las transformaciones de las empresas con los "ambientes de selección" que proporcionan los patrones productivos y los entornos de políticas públicas, hacen que los procesos de cambio empresarial se estén dando de manera inestable, incluso para los GCE exitosos, y con costos, riesgos y retrasos para el conjunto de las economías donde operan. Esto es así porque esos procesos no están contribuyendo a generar un nuevo tejido económico manifiestamente viable en el largo plazo. Todo sugiere que es necesario reconsiderar algunos elementos de la concepción misma de las reformas estructurales si se desea alcanzar una articulación progresiva entre cambios en las empresas, en el patrón productivo y en las políticas públicas, para lograr un eficiente sendero de desarrollo bajo las nuevas condiciones internacionales. En este contexto, existen cuatro áreas de política que merecen especial atención pues formarán parte del debate futuro en la región.

i] La articulación entre los sectores financieros e industriales es una primera área de problemas no resueltos, pese a las diferentes soluciones que se han ensayado, que van desde el reconocimiento de hecho de la operación de grupos financiero-industriales hasta una separación total basada en criterios de seguridad y precaución bancaria. Sin embargo, en el primer caso no se han podido evitar los comportamientos oportunistas o de abierta corrupción, con los consiguientes costos en materia de confianza y gasto público, mientras que en el segundo son manifiestas las dificultades para lograr que el sistema bancario avance en el financiamiento de actividades productivas vinculadas al desarrollo de nuevos sectores y tecnologías.

ii] El tamaño relativo de los GGE es una segunda área de problemas no resueltos. Si bien mayor tamaño y crecimiento puede significar riesgos para la libre competencia y aumento de la heterogeneidad estructural, la mayoría de los GGE son demasiado pequeños a escala internacional como para competir con posibilidades de éxito en el escenario de las grandes industrias oligopólicas globales. Pero, ese menor tamaño relativo los ha hecho vulnerables a adquisiciones por parte de inversionistas extranjeros, tanto de fuera como de dentro de la región. Si bien esto puede no tener mayor importancia o incluso ser positivo en términos de crecimiento y progreso técnico de las empresas, genera problemas para los esfuerzos de diseño de políticas concertadas por las dificultades para incluir abiertamente a agentes externos en procesos de negociación y ejecución de políticas internas. Todo ello sin olvidar la dimensión estrictamente política de la pérdida de control nacional sobre más agentes líderes del desarrollo.

iii] Apertura, integración comercial, capacidades acumuladas y dimensión sectorial aparecen a lo largo del desarrollo de este capítulo como los grandes determinantes de la estrategia empresarial. Sobre los primeros dos temas los países de la región ya tienen posturas claras y en algunos casos irreversibles, aunque todavía están pendientes importantes decisiones en materia de tiempos y ritmos. Sin embargo, en el nivel sectorial aún hay falta de definición y en materia de desarrollo de capacidades competitivas hay poca voluntad para comprometer los recursos necesarios para su puesta en práctica. Es posible que la indefinición sobre cómo actuar en el nivel sectorial en un contexto en el cual la protección se ha reducido notablemente se mantenga por largo tiempo y sólo se ejecuten acciones puntuales derivadas de la competencia por inversiones extranjeras, el rescate de algunos sectores en crisis y, en los países más grandes, esfuerzos de desconcentración de la actividad económica. Sin embargo, no hay razones, ni excusas válidas, para no avanzar en la puesta en práctica de las numerosas políticas de competitividad diseñadas recientemente en la región (Peres, 1997).

iv] La articulación de los GGE con el resto de las empresas es posiblemente el problema más importante para garantizar un desarrollo estable en el largo plazo. Si bien los avances han sido modestos e incluso hay casos de importantes retrocesos, la tendencia a la desincorporación de actividades secundarias se mantendrá con fuerza en el proceso de competencia. La primera reacción ha sido recurrir a las importaciones como fuente de insumos y bienes de capital; sin embargo, la búsqueda de ventajas *competitivas* puede llevar a prestar atención a las ventajas *comparativas* que podrían tener las pequeñas y medianas empresas nacionales como proveedoras de partes, componentes y servicios para la producción. La misma voluntad política que podría dinamizar la puesta en práctica de las políticas de competitividad señaladas anteriormente tiene una amplia responsabilidad en este campo. Sin embargo, esa voluntad política deberá enfrentarse con los límites que impone la especialización de los GGE en sectores procesadores de recursos naturales, en los que es difícil desarrollar cadenas de subcontratación tan largas –es decir con muchos niveles de pequeñas y medianas empresas subcontratistas– como las predominantes en industrias de ensamblaje, tales como electrónica de consumo, confecciones o automotriz.[49]

Avanzar en estos temas de política demandará esfuerzos importantes en materia de análisis y propuestas. Los estudios nacionales incluidos en este libro proporcionan abundantes elementos para la reflexión y el diseño de propuestas de acción que busquen integrar los determinantes macroeconómicos, sectoriales y microeconómicos que inciden sobre el universo empresarial en América Latina.

1.6. BIBLIOGRAFÍA

Aoki, Mashaiko y Hyung-Ki Kim (eds.) (1995), *Corporate Governance in Transitional Economies*, Washington, The World Bank.

Arbeláez, Harvey (1997), *Economic Groups and Globalization in Colombia*, Middletown, PA, School of Business Administration, Pennsylvania State University.

---

[49] En este sentido, las reformas estructurales al no tener en cuenta a las dimensiones empresarial y sectorial, no pudieron prever los efectos negativos que tendría la poca articulación del crecimiento liderado por los GGE con la dinámica de las pequeñas y medianas empresas en materia de generación de empleos y concentración del poder económico.

Bisang, Roberto (1996), "Perfil-tecnoprodutivo de los grupos económicos en la industria argentina", en Jorge Katz (editor), *Estabilización macroeconómica, reforma estructural y comportamiento industrial. Estructura y funcionamiento del sector manufacturero latinoamericano en los años 90*, Buenos Aires, CEPAL/IDRC y Alianza Editorial.

Bisang, Roberto, Gustavo Burachik y Jorge Katz (eds.) (1995), *Hacia un nuevo modelo de organización industrial. El sector industrial argentino en los años 90*, Buenos Aires, CEPAL y Alianza Editorial.

Bonelli, Regis (1997), "Política industrial en Brasil: Intención y Resultados", en Wilson Peres (coord.), *Políticas de competitividad industrial. América Latina y el Caribe en los años noventa*, México, Siglo XXI Editores.

CEPAL (1996a), *América Latina y el Caribe. 1980-1995. 15 años de desempeño económico*, Santiago, CEPAL.

——— (1996b), *Fortalecer el desarrollo. Interacciones entre micro y macroeconomía*, Santiago, CEPAL.

——— (1990), *Transformación productiva con equidad. La tarea prioritoria del desarrollo de América Latina y el Caribe en los años noventa*, Santiago, CEPAL.

Chandler, Alfred D. (1962), *Strategy and Structure. Chapters in the History of the Industrial Enterprise*, Cambridge, Mass., The MIT Press.

Chesnais, François (1994), *La mondialisation du capital*, París, Syros.

Cleri, Carlos (1996), *Estrategias de alianzas*, Buenos Aires, Ediciones Macchi.

Cohen, Stephen S. y John Zysman (1987), *Manufacturing Matters. The myth of the post-industrial economy*, Nueva York, Basic Books.

Dicken Peter (1992), *Global Shift. The internationalization of economic activity*, Nueva York, The Guilford Press.

Fajnzylber, Fernando (1989), *Industrialización en América Latina: De la "caja negra" al "casillero vacío"*, Cuadernos de la CEPAL, 60, Santiago, CEPAL.

——— (1983), *La industrialización trunca de América latina*, México, Editorial Nueva Imagen.

Fanelli, José María, Roberto Frenkel R. y Guillermo Rozenwurcel (1990), *Growth and Structural Reform in Latin America. Where we stand*, Documento CEDES núm. 57, Buenos Aires, CEDES.

Granovetter, Mark (1994), "Business Groups", cap. 22 en Neil Smelser y Richard Swedberg (comps.), *Handbook of Economic Sociology*, Princeton, NJ, Princeton University Press.

Hart, Oliver (1995), *Firms, Contracts and Financial Structure*, Clarendon Lectures on Economics, Oxford, Clarendon Press.

Holmstrom, Bengt R. y Jean Tirole (1989), "The Theory of the Firm", en Richard Schmalensee y Robert D. Willig (eds.), *Handbook of Industrial Organization*, North Holland. Amsterdam y Nueva York.

Katz, Jorge, editor (1996), *Estabilización macroeconómica, reforma estructural y comportamiento industrial: estructura y funcionamiento del sector manufacturero latinoamericano en los años 90*, Buenos Aires, CEPAL/IDRC y Alianza Editorial.

Katz, Jorge, José Miguel Benavente, Gustavo Crespi y Giovanni Stumpo (1997), "New Problems and Opportunities for Industrial Development in Latin America", *Oxford Development Studies*, 25, 3.

Koike, Kenji (1993), "Introduction", *The Developing Economies*, Special Issue on Business Groups in Developing Countries, vol. XXX, 4, diciembre.

Leff, Nathaniel (1979), "Entrepreneurship in Economic Development: The Problem Revisited", *Journal of Economic Literature*, 17, marzo.

————— (1978), "Industrial Organization and Entrepreneurship in Developing Countries: The Economic Groups", *Economic Development and Cultural Change*, 26, julio.

————— (1976), "Capital Markets in the Less Developed Countries: The Group Principle", en Ronald McKinnon (editor), *Money and Finance in Economic Growth and Development*, Nueva York, Marcel Dekker.

McKinnon, Ronald I. (1993), *Gradual versus Rapid Liberalization in Socialist Economies*, Proceedings of the World Bank Annual Conference on Development Economics, Washington.

Mortimore, Michael (1997), *Dimensions of Latin American Integration. The NAFTA and Mercosur automobile industries*, Santiago, CEPAL, División de Desarrollo Productivo y Empresarial.

————— (1995), *Paths Towards International Competitiveness: A CANalysis*, Serie Desarrollo Productivo 25, Santiago, CEPAL.

Nelson, Richard R. y Sidney G. Winter (1982), *An Evolutionary Theory of Economic Change*, Cambridge, Belnap Press of Harvard University Press.

Oman, Charles (1994), *Globalisation and Regionalisation: The Challenge for Developing Countries*, París, Development Centre Studies, OCDE Development Centre.

Paredes, Ricardo y José Miguel Sánchez (1996), "Grupos económicos y desarrollo: el caso de Chile" , en Jorge Katz (editor), *Estabilización macroeconómica, reforma estructural y comportamiento industrial. Estructura y funcionamiento del sector manufacturero latinoamericano en los años 90*, Buenos Aires, CEPAL/IDRC y Alianza Editorial.

Peres, Wilson (coord.) (1997), *Políticas de competitividad industrial. América Latina y el Caribe en los años noventa*, México, Siglo XXI Editores.

Porter, Michael, editor (1986), *Competition in Global Industries*, Boston, Harvard University Press.

The Economist (1997), "Back on the pitch. A survey of business in Latin America", 6 de diciembre.

Turner, Louis y Michael Hodges (1992), *Global Shakeout, World Market Competition - The Challenges for Business and Government*, Londres, Century Business.

UNCTAD (1997) *World Investment Report 1997 Transnational Corporations, Market Structure and Competition Policy*, United Nations Conference on Trade and Development, Nueva York y Ginebra.

———— (1996), *East Asian Development: Lessons for a New Global Environment*, mimeo, Global Interdependence Division, United Nations Conference on Trade and Development, Nueva York y Ginebra.

———— (1995), *World Investment Report 1995. Transnational Corporations and Competitiveness*, Division on Transnational Corporations and Investment, United Nations Conference on Trade and Development, Nueva York y Ginebra.

Winter, Sidney G. (1991), "Coase, Competition and the Corporation", en Oliver Williamson y Sidney G. Winter (eds.), *The Nature of the Firm. Origin, evolution and development*, Oxford University Press.

World Bank (1994), *Proceedings of the World Bank Annual Conference on Development Economics: Transition in Socialist Economies*, Washington, The World Bank.

———— (1993), *The East Asian Miracle. Economic Growth and Public Policy*, A World Bank Policy Research Report, Oxford y Nueva York, Oxford University Press.

2. LA ESTRUCTURA Y DINÁMICA DE LOS CONGLOMERADOS ECONÓMICOS EN ARGENTINA

ROBERTO BISANG*

2.1. INTRODUCCIÓN

En las últimas décadas, la economía argentina ha incursionado en un proceso de cambios estructurales a partir del cual el Estado se retira de la actividad productiva, la industria pierde su hegemonía como generadora de puestos de trabajo e impulsora del crecimiento económico, los sectores primarios recobran el dinamismo de principios de siglo y las preocupaciones sobre la distribución del ingreso y el pleno empleo dejan paso a la estabilidad macroeconómica y la reinserción internacional en los primeros lugares de la agenda de políticas públicas.

Un tema central en ese proceso se refiere al perfil empresarial que se va conformando en el nuevo modo de funcionamiento de la economía nacional. Las modificaciones operadas en ese plano quedan en evidencia al comparar el perfil empresarial vigente a inicios de los años setenta –cuando la estrategia de industrialización basada en sustitución de importaciones alcanza su madurez– con los rasgos centrales que adquiere contemporáneamente, aun considerando que los agentes actuales son preponderantemente el resultado de un proceso evolutivo que, en la mayoría de los casos, comenzó durante la sustitución de importaciones.

A inicios de los años setenta, el empresariado nacional estaba conformado por cuatro grandes bloques relativamente homogéneos. Primeramente destacaba la presencia de empresas estatales (EE) en sectores clave de la economía: energía, insumos básicos, transporte y

* Investigador docente del Instituto de Industria de la Universidad Nacional de General Sarmiento y consultor de la Oficina de la CEPAL en Buenos Aires. El presente trabajo se desarrolla sobre la base de una relativamente larga tradición de estudios sobre el tema; para un detalle de la misma, véase, por ejemplo, Acevedo, Basualdo y Khavisse (1991) y Schvarzer (1986). En particular, Bisang (1996) presenta un análisis en detalle de la situación de los conglomerados económicos en Argentina a fines de 1993. La última revisión de este capítulo por su autor se realizó en septiembre de 1997.

comunicaciones. Estas empresas se habían desarrollado por razones de tipo político, estratégico e incluso económico (elevado riesgo, requisito mínimo de capital, escala y acceso a la tecnología). Un segundo conjunto de empresas eran las filiales de empresas transnacionales (ET) que, desde inicios de siglo y en distintas *oleadas*, se habían establecido en el país bajo dos lógicas: i] la explotación de los recursos naturales abundantes para su exportación luego de una industrialización mínima, y ii] la captación de rentas en nichos del protegido mercado interno donde su competitividad se asociaba principalmente a cierta supremacía tecnológica.[1] Por su bagaje tecnológico y organizativo, sus niveles de facturación y el respaldo de sus matrices, este conjunto de firmas, junto con las EE, eran los pilares de la actividad económica, especialmente en el plano industrial.

Complementariamente, existía un conjunto reducido de empresas de capital local establecidas desde principios de siglo, que tenían niveles de facturación ubicados entre los 50 y 70 millones de dólares anuales y habían logrado cierta acumulación de activos económicos y tecnológicos que las distinguían del resto de las empresas nacionales. Si bien la mayoría de estas empresas eran de tipo familiar, en unos pocos casos su rápido crecimiento se proyectaba hacia formas de conglomerización, aunque muy pequeñas en una perspectiva internacional.

Finalmente, se verificaba la presencia de un gran número de pequeñas y medianas empresas (PYMES) que operaban a nivel nacional o provincial con frágiles estructuras técnicas y organizativas, evidenciaban un claro dinamismo productivo y eran las responsables del grueso del empleo, constituyendo, además, una incipiente trama de articulación con los restantes grupos de empresas.

A mediados de los años noventa, el panorama presenta cambios significativos. Por un lado, en el marco de un rápido proceso de privatización, el Estado se ha retirado casi totalmente de la actividad productiva, especialmente en la industria.[2] Por otro, luego de la atonía que caracterizó el comportamiento de las ET en los años ochenta, se

---

[1] Sin que ello implicara necesariamente una transferencia de las tecnologías de última generación. Por lo general, su tecnología, aunque significaba un avance respecto del estado previo del arte en el medio local, presentaba una considerable distancia respecto a los promedios internacionales.

[2] Su participación está limitada a participaciones minoritarias en algunas firmas o al control de empresas en liquidación.

produce su resurgimiento debido a la modificación de las estrategias de firmas preexistentes o al ingreso de otras nuevas provenientes de países desarrollados (Estados Unidos, la Unión Europea y Japón) o de, algunas economías emergentes de desarrollo similar al local (Chile, Brasil, México). A diferencia del estilo de industrialización previo y con una marcada heterogeneidad, estas inversiones apuntan a conformar esquemas productivos con una fuerte interacción con otras subsidiarias ubicadas en mercados ampliados (especialmente el Mercado Común del Sur –Mercosur), basándose en la existencia de ventajas competitivas locales de tipo natural o generadas previamente en el marco de estrategias de mediano y largo plazo.

En las PYMES también se observa un nuevo panorama; la desarticulación productiva ocurrida en los años ochenta afectó profundamente a este segmento; cierres, replanteamiento de las estrategias productivas y unos pocos nuevos desarrollos aparecen como los rasgos centrales de su conducta de ajuste. En este contexto, todo indica que –a excepción de experiencias puntuales o regionales– han ido perdiendo la relevancia que tenían décadas atrás como generadoras de empleo y articuladoras de los demás segmentos empresariales (Gatto y Yoguel, 1993).

El panorama empresarial se completa con el surgimiento, en algunos casos, y la consolidación, en otros, de conglomerados económicos con predominio de capital local (CE), que aparecen junto (en muchos casos en asociación) con las renovadas ET como el eje del dinamismo empresarial en lo referente a patrimonio, facturación, comercio exterior e inversiones. Se trata de empresas inicialmente familiares que, en su casi totalidad, tienen más de 50 años de antigüedad y que, en las últimas décadas, mostraron un rápido proceso de crecimiento, evolucionando hacia formas de conglomerización con diversos niveles de diversificación productiva.

El presente capítulo examina la magnitud que tienen estas organizaciones, sus formas operacionales y el proceso que permitió su surgimiento en el mercado local en el marco de la reinserción de la Argentina en un nuevo contexto internacional. Este tema es relevante pues, al consolidarse un modelo de acumulación basado en la iniciativa privada, es necesario comprender cuál es la dinámica que caracteriza a ese tipo de agentes en el proceso de desarrollo de una economía pequeña y abierta al mundo. Desde esa perspectiva, el análisis de los CE, sus formas de inserción externa, sus niveles de diversificación y especialización productiva, y su posicionamiento tecnológico y económico en el contexto internacional son los temas más relevantes a examinar.

La dinámica de resurgimiento y consolidación de estas organizaciones y su proyección futura son resultado de tres grandes causas. La primera se refiere a las condiciones del entorno económico y del marco regulatorio local; la segunda está vinculada a las modificaciones operadas en el contexto internacional, y la tercera se relaciona con determinantes internas a las empresas que explican su evolución desde firmas individuales a conglomerados económicos como forma eficiente de organización de la producción. Estos aspectos son analizados en las secciones siguientes. Como marco general se sostiene que esas organizaciones son el resultado evolutivo de varias décadas de interacción entre las condiciones endógenas a las mismas y sus formas de articulación con los entornos económicos local e internacional. Es necesario, entonces, identificar las relaciones entre estructura y comportamiento de los agentes en cada una de las etapas de desarrollo por las que transitó la economía argentina.

2.2. LOS CAMBIOS ESTRUCTURALES EN LA ECONOMÍA ARGENTINA

2.2.1. Los límites de la sustitución de importaciones

La industria argentina consolidó su desarrollo a partir de las primeras décadas del presente siglo bajo el modelo de industrialización por sustitución de importaciones. A diferencia del modelo agroexportador, se trataba de una estrategia basada en una fuerte presencia estatal y claramente orientada hacia el mercado interno, que intentaba reducir la brecha tecnológica y productiva con los países más avanzados a partir del desarrollo del sector industrial. Teniendo como marco de referencia un escenario internacional caracterizado por un comercio de bienes y tecnología restringido, negociado y con una clara polarización entre las potencias económicas, en una primera fase se avanzó sobre las últimas etapas de la producción de bienes, es decir en actividades que requerían menor esfuerzo tecnológico y reducidas escalas económicas. Una fase posterior –conocida como la segunda etapa de la sustitución– intentó profundizar los desarrollos iniciales haciendo hincapié en actividades con fuertes externalidades y la presencia de capitales externos y cuantiosas inversiones públicas en el área de los insumos básicos. Su resultado fue una década de crecimiento acelerado con reducidos niveles de desempleo, en un marco de desarrollo de gran parte de las actividades productivas en pos de consolidar la trama industrial. La industria era el sector que impulsaba el dinamismo de la economía y generaba la mayor parte de los puestos de trabajo.

En el nivel empresarial, este esquema estaba dominado por las empresas estatales y las filiales de las ET. Aunque numéricamente minoritarios, ambos conjuntos controlaban los mercados más dinámicos o aquellos que, por sus características, eran los determinantes clave en el proceso de desarrollo. Por su parte, las empresas nacionales medianas y pequeñas operaban con tamaños reducidos si se las comparaba con los estándares internacionales, lo que no impedía que se generaran puestos de trabajo y lentamente articularan una incipiente trama productiva.

A principios de los años setenta, esta estrategia de desarrollo enfrentaba una serie de importantes desafíos, tanto en el nivel agregado como en el propio sector industrial. Estos dilemas fueron contemporáneos con los primeros pasos de los cambios técnicos y productivos que, en décadas sucesivas, se consolidarían internacionalmente y replantearían de modo sustancial la división internacional del trabajo.

En su conjunto, el modelo de desarrollo argentino operaba sobre la base de dos sectores (agricultura e industria) con diferentes roles, niveles de productividad y perfiles de inserción externa. En un esquema articulado por la actividad del Estado, el sector primario era el proveedor natural de divisas, aunque mostraba un lento crecimiento en el largo plazo, hecho que, junto al aumento de la población, restaba dinamismo a las exportaciones. Por su parte, la industria –desarrollada desde lo más sencillo técnica y económicamente–, aunque había sustituido importaciones, presentaba una manifiesta dependencia del abastecimiento externo. En una economía donde el dinamismo provenía básicamente de la actividad industrial, cuando ella crecía impulsaba rápidamente a las importaciones a un punto tal que las ventas externas del sector primario pronto resultaban insuficientes para mantener el equilibrio externo. Estas presiones hacían que la fase ascendente del ciclo, luego de un breve lapso de endeudamiento externo, se interrumpiera por los efectos negativos de las devaluaciones necesarias para restaurar el equilibrio del intercambio con el exterior.

Además, y aun considerando su dinamismo, el sector industrial presentaba algunas debilidades asociadas con el perfil empresarial y con su dinámica de funcionamiento. Por un lado, si bien se dio un proceso de aprendizaje y desarrollo de innovaciones menores, tecnológicamente no alcanzaba un nivel suficiente para acceder masivamente y sin subsidios de magnitud a los mercados de los países desarrollados. A ello se sumaba un deficiente desarrollo de la industria de bienes de capital que derivaba en una marcada dependencia externa en ese terreno. El resultado era una escasa competitividad externa que, ante el paulatino agotamiento de la demanda local, redundaba en una declinación del ritmo de crecimiento de largo plazo. Por otro lado, al haber enfatizado inicialmente el desarrollo de la industria liviana, el avance posterior hacia las producciones de insumos industriales básicos planteaba desafíos de magnitud: i] la adopción y optimización de tecnologías complejas, y ii] inversiones en activos fijos de magnitudes no siempre compatibles con la dimensión económica del empresariado local y que demandaban prolongados periodos de maduración en el contexto de un mercado de capitales muy poco desarrollado; a ello se sumaba un crónico déficit en la provisión de energía.[3]

2.2.2. La "década perdida"

La respuesta inicial a estos desafíos fue, en la primera mitad de los años setenta, la profundización de la intervención del Estado en los sectores básicos como productor o promotor, en este caso mediante la aplicación de mecanismos de fomento sectorial. Se trataba, en este caso, de proyectos de gran dimensión económica, periodos prolongados de maduración y gran complejidad técnica que demandaron mecanismos promocionales *ad hoc*, a los que tuvieron acceso preferentemente algunos de los actuales CE.

En la segunda mitad de la década, se produjo un quiebre en las condiciones regulatorias con la implantación de políticas basadas en

---

[3] Estos problemas se reflejaban en una estructura de importaciones dominada por insumos industriales (acero, papel, aluminio, etc.), bienes de capital y combustibles.

el enfoque monetario de la balanza de pagos y el consecuente proceso de liberalización financiera y apertura económica. Esta última, que no afectó en mayor medida a las industrias básicas, posibilitó un auge inicial de demanda, pero rápidamente sometió a la producción local (especialmente a las actividades ubicadas al final de la cadena productiva) a la competencia externa. Simultáneamente se produjo un fuerte endeudamiento externo, mínimamente utilizado para el desarrollo de proyectos industriales.

La crisis de inicios de los años ochenta, con la posterior estatización de la deuda externa privada, encontró a la economía sometida a una severa reducción de la demanda interna, simultáneamente con la maduración de las inversiones efectuadas en los sectores básicos. El ajuste en las empresas estuvo fuertemente asociado a su nivel técnico y posición productiva inicial, su acceso al financiamiento y a las formas de articulación con el sector público (Basualdo, 1987). A partir de este panorama, en el marco de una economía cerrada, con un Estado con limitadas posibilidades para realizar sus políticas económicas como consecuencia indirecta de la crisis de la deuda externa[4] y un contexto macroeconómico signado por el estancamiento y las altas tasas de inflación, a lo largo de la década se consolidan algunos cambios en el perfil de especialización interno de la producción, especialmente en la manufactura, que tendrán particular relevancia en la conformación empresarial de los años noventa. A continuación se detallan sus principales rasgos.

2.2.2.1. Profundización del desarrollo de las industrias de base

Desde mediados de los años setenta, se ponen en funcionamiento una serie de proyectos industriales destinados a instalar capacidades productivas importantes en las industrias básicas (acero, aluminio, papel y petroquímica). Este desarrollo estuvo amparado por un profuso sistema de promoción explícito (asociado con la existencia de regímenes de apoyo sectoriales) o implícito (a través de los mecanismos financieros o de articulación como proveedores del sector estatal). El resultado fue el establecimiento de unas 40 plantas industriales con buenos estándares técnicos, que han desarrollado posteriormente un

---

[4] El Estado se hizo cargo del endeudamiento privado sin las correspondientes contrapartidas tributarias, a la vez que basaba buena parte del mecanismo promocional en desgravaciones impositivas.

proceso de afianzamiento operacional y tecnológico que las ubica competitivamente en el contexto internacional. Casi todas estas inversiones, que fueron realizadas por empresas de capital nacional en el marco de procesos de conglomerización, operaron en mercados altamente rentables.

2.2.2.2. Ampliación de la frontera de recursos naturales

Simultáneamente, se expandió la producción de ciertos bienes a partir de la ampliación de la frontera productiva para algunas actividades. La expansión agrícola y la incorporación de algunas oleaginosas (soja), el ensanchamiento de la explotación de las reservas pesqueras (simultáneamente con una reestructuración mundial de este mercado), la explotación plena e incorporación masiva del gas al sistema energético local (incluso como insumo industrial) y los primeros intentos de desregulación del mercado petrolero refuerzan el desarrollo industrial de algunas industrias vinculadas a estos recursos. Se trata de actividades intensivas en capital y, en muchos casos, con una clara orientación hacia los mercados externos, que abrieron oportunidades de negocios de una magnitud claramente superior a las existentes en los años setenta.

De esta forma, incluso en un contexto macroeconómico signado por la inestabilidad y el estancamiento, surgieron nuevas actividades que, teniendo como punto de partida actividades empresariales previas, tendieron a delinear un patrón de especialización basado en actividades intensivas en capital y recursos naturales, económicamente importantes y con una fuerte inserción internacional. En este último aspecto, la retracción de la demanda interna y su consecuente impacto sobre las industrias ubicadas al final de las cadenas productivas derivaron en la necesidad de volcar a los mercados internacionales los excedentes de gran parte de los desarrollos recientes de las industrias de base. El nuevo perfil empresarial dominante en la industria se consolidaba así con una fuerte presencia en el sector externo.

2.2.2.3. Declinación de actividades líderes de la etapa anterior

La contrapartida del dinamismo de las actividades mencionadas anteriormente a lo largo de los años ochenta fue la declinación de las producciones que habían liderado el proceso de industrialización por sustitución de importaciones. Las diversas ramas metalmecánicas –desde bienes de capital hasta la industria automotriz– y las producciones de textiles y confecciones se ubican entre los sectores que perdieron posiciones relativas en el marco de un severo ajuste empresarial. En ese sentido, se verificaron distintos impactos sobre la conformación empresarial, siempre dentro de un contexto de concentración económica en el marco de una economía cerrada. Por un lado, se trataba de actividades donde predominaban empresas pequeñas y medianas escasamente articuladas con el sector público y las finanzas internacionales. Por otro, el escaso dinamismo interno derivó en una clara retracción de los capitales extranjeros en actividades –como la automotriz– que hasta ese momento no contaban con mayor presencia de capitales locales. Así, los sectores declinantes abonaron el terreno para la concentración empresarial local.

De esta forma, el proceso de ajuste de la denominada "década perdida" no fue homogéneo ni en las actividades productivas, ni en lo referente al perfil empresarial. La situación imperante al inicio del periodo de cambio de los años noventa ya permitía constatar una modificación cualitativa y cuantitativa relevante en términos sectoriales y, como contrapartida, una reestructuración empresarial de magnitud.

2.2.3. El plan de convertibilidad

A diferencia de los planes de estabilización previos, el esquema de política económica instrumentado desde inicios de los años noventa aunó las medidas de corte monetario con los cambios estructurales de la economía.[5] En lo sustantivo, el establecimiento de un tipo de cambio fijo y con garantía de convertibilidad en el marco de una apertura irrestricta de la economía y con el aval de un fuerte ingreso de capitales (incluida la renegociación de la deuda externa) estabilizó la economía a la vez que impulsó una rápida reactivación.

De esta forma, y a diferencia de lo ocurrido en los años ochenta, los años noventa se caracterizaron por: crecimiento acelerado, aunque

---

[5] Por ejemplo, la modificación del papel del Estado en la economía, y en particular en la actividad industrial, fue vital en el diseño de las políticas fiscales y de refinanciación de la deuda, puntos esenciales del Plan de Convertibilidad.

altamente inestable;[6] gran estabilidad de precios;[7] aumento rápido y relativamente equilibrado del saldo comercial externo; creciente endeudamiento externo,[8] y un fuerte incremento en la tasa de desempleo.[9] Los aumentos en la producción y el consumo y la recuperación de las inversiones no se dieron con idéntica intensidad y dirección en las distintas actividades. Además, las conductas reactivas frente a la apertura y la competencia externa fueron la base de una amplia heterogeneidad en las respuestas sectoriales y empresariales. Así, el ajuste de la actividad real a las nuevas condiciones regulatorias no fue neutro en su impacto sobre la estructura sectorial y empresarial, y reforzó lineamientos que se venían esbozando desde los años ochenta (profundización del desempleo, concentración empresarial, aumento de la importancia de los sectores primarios de la economía).

Aunque varios factores contribuyen a estas heterogéneas modificaciones estructurales (la dinámica previa, la actitud empresarial, y los nuevos contextos internacionales en los mercados de bienes y de capitales, entre otros), un elemento fundamental fue la redefinición del papel del Estado, en pro de un modelo en el que el mercado –abierto a la competencia externa– opera como regulador de la economía y asignador de los recursos. Esa mutación del papel del Estado afectó de manera diferente a las actividades productivas en un proceso con diversos matices.

Un aspecto central del retiro del Estado de la esfera productiva se dio mediante la privatización o concesión de los principales activos públicos. En poco más de tres años, el Estado instrumentó la transferencia al sector privado de: i] un conjunto de empresas industriales que operaban en los sectores clave de la economía (acero, petroquímica y papel, entre otros); ii] la casi totalidad del sistema de generación

---

[6] Hubo crecimiento acelerado entre 1991 y 1994, una fuerte caída en 1995 y una importante recuperación en 1996 y 1997.

[7] En 1996 y 1997, la inflación fue prácticamente nula. Si bien ello implica un claro disciplinamiento de los mercados de bienes a la competencia externa, no ocurrió lo mismo con el sistema financiero que siguió operando, por diversas causas, con tasas de interés sensiblemente superiores a los estándares internacionales. Esta falla de mercado da lugar a una de las ventajas de operar como conglomerado.

[8] La deuda externa financiera bruta pública y privada pasó de 65.3 mil millones de dólares en 1989 a casi 90 mil millones en 1995.

[9] De un nivel de 6.9% en 1991 se pasó al récord nacional de 18.4% en 1995, porcentaje que ha sido difícil de reducir rápidamente en la reactivación de 1996 y 1997.

y transmisión de energía y la totalidad del sistema de comunicaciones; iii] una parte apreciable de las reservas de gas natural y petróleo, y iv] el usufructo y concesión del uso de servicios de transporte (carreteras, tráfico fluvial, etc.). Esto significó una transferencia –de magnitud difícil de precisar debido a los diversos tipos de privatización–[10] estimada alrededor de 9 300 millones de dólares en efectivo, poco más de 6 000 millones de dólares en títulos públicos, 2 586 millones de dólares en pasivos diversos y 14 800 millones en títulos de deuda externa entre 1990 y 1993 (Chudnovsky, 1996).

Asimismo, se modificaron sustantivamente los marcos regulatorios de las actividades centrales de la economía. En ese plano, se transitó de un modelo de regulación sectorial con presencia productiva del Estado a otro donde la regulación proviene de la competencia externa, de entes reguladores por actividad (para algunos servicios) o de los propios pliegos de condiciones de las licitaciones de las privatizaciones. En casos puntuales –como los sistemas de radio y televisión– se permitió el ingreso del sector privado con escasas restricciones en lo referente a conglomeración.

Por su parte, se consolidó el proceso de integración comercial a partir de un mecanismo taxativo, en términos de plazos y cobertura, con los países del Cono Sur. La constitución plena del Mercosur –como estadio final de un proceso más antiguo– tiende a ampliar el radio de operación de las empresas y obliga tanto a las firmas locales como a las filiales de empresas extranjeras a replantear sus estrategias de inserción internacional. Este proceso se desarrolló en el marco de una profunda modificación en los mercados internacionales que va desde la generación y adaptación de nuevas tecnologías hasta la conformación de espacios económicos ampliados. En este terreno, cabe destacar, por su relevancia, el comportamiento del mercado financiero internacional que, desde inicios de los años noventa, se caracteriza por una gran liquidez y bajas tasas de interés, con una renovada corriente de inversiones extranjeras en activos fijos.[11]

---

[10] Algunas privatizaciones fueron efectuadas en el marco de una fuerte restricción financiera, primando en estos casos los pagos en efectivo; en otros, además, se incluyeron como parte del pago bonos y papeles secundarios de la deuda externa.

[11] Es de destacar que la mayor liquidez internacional facilitó la marcha del Plan de Convertibilidad en dos aspectos. El primero se refiere a la refinanciación de la deuda externa en el marco del Plan Brady y sus posteriores modificaciones, como asimismo la posibilidad de incrementar las reservas monetarias que sustentan la convertibilidad.

Las nuevas condiciones regulatorias de la economía nacional, las políticas públicas, la exposición más abierta a los mercados internacionales y los cambios operados en estos últimos, como asimismo la heterogeneidad estructural interna generada a lo largo de los años ochenta, derivaron en un reacomodamiento sectorial (proceso que tuvo una nueva modificación a partir de la retracción de los capitales extranjeros derivada de la crisis mexicana de 1995 –"efecto tequila").

Luego del Plan de Convertibilidad, la reactivación de la demanda interna produjo un aumento generalizado en la producción industrial, pero con mayor énfasis en los bienes durables, especialmente en la industria automotriz. Si bien el impacto inicial se vio disminuido –por el agotamiento de la demanda– luego del "efecto tequila", la reinserción internacional del complejo automotor revivió el papel protagónico que jugó en los años setenta. Pero su impacto en términos de empleo y articulación con el resto de la trama industrial difirieron significativamente de los vigentes en la etapa de sustitución de importaciones, tendiéndose ahora hacia esquemas de ensamblaje en el marco de una creciente complementación entre empresas a nivel regional.[12] En cambio, otros bienes durables, luego de crecer aceleradamente en los primeros años, no pudieron soportar el efecto combinado de la competencia externa y el menor dinamismo de la demanda interna, perdiendo peso en la estructura productiva. Comportamientos similares se observan en las actividades textiles y de confecciones, como asimismo en la electrónica, donde la producción local –confinada desde los años ochenta a los procesos de ensamblaje– ha ido lentamente perdiendo importancia.

La reacción de las producciones de insumos industriales fue variada,[13] dependiendo en gran medida de: i] las condiciones de los mercados internacionales (precios y reestructuración de la competencia debido al ingreso masivo de los productores de Europa del este);

El segundo apunta a la simultaneidad entre la presencia de una alta liquidez internacional y la privatización de gran parte de las empresas estatales.

[12] Inversiones recientes, como la de Fiat en Córdoba, tienden a indicar que puede estar comenzando un proceso de aumento de la integración de la industria automotriz terminal con productores locales.

[13] Las producciones de acero y aluminio aparecen como las más consolidadas y con mejores perspectivas de mantener su posición e incluso ampliar sus facilidades productivas, mientras que la petroquímica y la pasta de papel –que no habían completado sus inversiones o procesos de puesta a punto– enfrentan mayores dificultades frente a la competencia externa y retroceden en su posicionamiento industrial.

ii] el grado de madurez e integración productiva alcanzado localmente antes de la apertura, y iii] el cambio en los precios relativos derivado de la implementación del Plan de Convertibilidad.

Finalmente, cabe destacar dos áreas donde se produce un refuerzo en la tendencia positiva esbozada en la década previa. Ambas tienen como denominador común la expansión del sector primario y se orientan claramente hacia el sector externo. La primera es la industria alimentaria, impulsada tanto por el sector aceitero como por otras actividades de mayor valor agregado. La segunda está centrada en las actividades de petróleo y gas natural que incrementaron sus niveles de actividad impulsadas por el proceso de privatización.[14]

En síntesis, las nuevas condiciones locales e internacionales de los años noventa replantearon el perfil productivo interno en pro de actividades más cercanas a los recursos naturales con grados variables de elaboración o hacia aquellas donde existen demandas internas cautivas, regímenes promocionales especiales (automotriz) o una base productiva desarrollada previamente. A grandes rasgos, los sectores más dinámicos presentan funciones de producción intensivas en capital o recursos naturales y operan con escalas productivas de cierta importancia, no alejadas de los parámetros técnicos internacionales. La necesaria contrapartida es la presencia de agentes económicos de cierta magnitud. Esto remite al análisis de la relación existente entre los cambios sectoriales y el perfil empresarial, con especial énfasis en los CE.

2.3. CARACTERÍSTICAS ESTRUCTURALES DE LOS CONGLOMERADOS ECONÓMICOS

2.3.1. La estructura actual

En el marco de las transformaciones regulatorias y sectoriales de la economía, dentro del perfil empresarial comenzaron a cobrar importancia los conglomerados económicos con fuerte participación de

---

[14] La producción de petróleo pasó de 28 millones de m³ en 1990 a 45.5 millones en 1995, mientras que la de gas creció de 23 mil millones de m³ a 30.5 mil millones en igual periodo.

capitales locales. Se trata de organizaciones que operan con centralización del capital en una estructura única en áreas funcionales clave –finanzas, recursos humanos, apertura de nuevos negocios, etc.– y una fuerte descentralización operativa, organizada generalmente en centros de negocios por actividad. Como es dable esperar debido a lo aún incipiente del proceso de reestructuración económica, los límites y magnitudes económicas de esas organizaciones son imprecisos y cambiantes.[15]

En este contexto, existe una amplia heterogeneidad de situaciones, que van desde casos con una fuerte concentración del capital en manos familiares –incluso de sus fundadores– hasta unas pocas situaciones donde la base económica es la centralización de fondos provenientes del exterior. En los años ochenta, varios CE se organizaron como *holding*, mientras que otros lo hicieron apenas en la década siguiente. Por su parte, mientras algunos operan –ya sea en los *holdings* o en las principales empresas– como organizaciones cerradas, otros abrieron recientemente sus capitales a accionistas independientes.

Los datos relevados para 1995 –centrados en la actividad de estas organizaciones en el campo manufacturero– muestran la existencia de unos 40 conglomerados que presentan las siguientes características (véase cuadro 1).

i] Exhiben un nivel de facturación conjunta de alrededor de 29 600 millones de dólares anuales y emplean como mínimo unas 172 000 personas.

ii] Tienen participación en alrededor de 700 empresas. La gran mayoría de éstas aparecen en los ordenamientos (*rankings*) de las mil mayores empresas del país según nivel de facturación;[16] algo similar ocurre respecto a los ordenamientos de los mayores exportadores del

---

[15] Además de los problemas conceptuales acerca de los límites de estas organizaciones (cuyo poder vía empresas controladas o vinculadas va mucho más allá de su participación en los mercados), cabe señalar las dificultades de obtener información completa y fidedigna sobre sus actividades. En este trabajo, se recurre a un criterio conservador, relevando las actividades de sociedades controladas y vinculadas, y considerando información de ventas, exportaciones y empleo fehacientemente documentadas (por medio de balances u otras fuentes públicas de información). Esto probablemente implica una subestimación de su magnitud.

[16] Si se considera el universo de las 1 000 mayores empresas del país en todos los sectores, la mayor parte de los restantes puestos se reparte entre las subsidiarias de empresas multinacionales y unas pocas empresas locales unidivisionales e independientes.

país donde ocupan la mitad de los 50 primeros puestos (Mercado, 1996; *Prensa Económica*, 1996).

iii] Aunque la diversidad de actividades que desarrollan impide un cálculo preciso de la incidencia de estas organizaciones en la actividad estrictamente industrial, se puede estimar que su facturación total representa, mínimamente, entre un 25 y 30% del valor bruto de la producción industrial, estimada en 95 800 millones de dólares en 1993 (Ministerio de Economía, 1996a).

iv] Exportan 5 484 millones de dólares e importan 1 919 millones, con lo que operan con un saldo positivo ubicado en el entorno de los 3 500 millones de dólares. Este comportamiento los distingue del conjunto de la economía que, en 1995, mostró un superávit comercial de 1 237 millones de dólares; resultado de importaciones por 18 726 millones dólares y exportaciones por 20 963 millones de dólares (Ministerio de Economía, 1997). La tendencia hacia una mejor inserción externa queda evidenciada además al considerar el coeficiente exportaciones/valor de producción, mientras que para el total de la actividad industrial las ventas externas representan 11.3% del valor de producción; para este conjunto de organizaciones la cifra correspondiente sube al 18.5% (Ministerio de Relaciones Exteriores y Culto, 1996).

v] Los 5 400 millones de dólares de ventas externas de los CE en 1995 representan un 25% del total de las exportaciones efectuadas por el país. Esta participación cobra mayor importancia si se considera que las ventas externas de los CE corresponden casi exclusivamente a manufacturas industriales y combustibles, cuyas exportaciones totales en 1995 alcanzaron los 16 093 millones de dólares (Ministerio de Economía, 1996b); esto es, la contribución del conjunto de conglomerados analizados supera el 33% de las exportaciones de esos bienes.

vi] Finalmente, aun con datos incompletos, se puede afirmar que tienen un claro impacto sobre el empleo industrial. Incluso considerando que estas organizaciones tienen intereses en los servicios, que la información sobre empleo es incompleta y que varias de ellas tienen actividades en el exterior, es significativo que el nivel de empleo relevado (unos 172 000 puestos de trabajo) representa un 18.8% del empleo industrial informado por el censo de 1993 (912 136 asalariados).

En suma, se trata de un núcleo empresarial con una fuerte participación en la producción y el empleo que tiene además una activa y

CUADRO 1
INDICADORES DE LOS PRINCIPALES CONGLOMERADOS ECONÓMICOS ARGENTINOS, 1995

Grupo	Año de fundación	Número de firmas	Actividades principales	Ventas (1)	Exportaciones (2)	Importaciones (2)	Empleo (3)
Acindar	1942	17	Siderurgia/servicios	567.5	117.8	38.8	4 257
Alpargatas	1885	21	Calzado/textiles/pesca	417.7	111.8	11.1	9 750
Arcor	1951	28	Alimentos/agropecuario	835.0	91.1	27.1	8 700
Arte Gráfico Argentino	1945	26	Imprenta y editorial	553.8 ((987.7))	0	50.9	7 000
B. Roggio	1908	37	Construcción/servicios	359.8 ((720.0))	0	8.5	12 000
Bridas	1928	18	Petróleo/pesca/servicios	352.9	109.7	10.9	2 000
Bunge y Born	1884	9	Alimentos/comercio	1 450.0 (13 000.0)	353.3	63.3	5 302
Cartellone	1918	16	Alimentos/metalurgia/servicios	202.3	2.8	27.8	s.i.
Catena	1926	8	Bebidas	210.0	10.5	0	s.i.
CEI	1991	16	Papel/comunicaciones/varios	114.6 ((886.8))	37.4	25.4	2 951
CEPA	s/i	4	Alimentos	273.8	258.2	0	2 981
CIPAL	1940	8	Aluminio/neumáticos	507.8	219.7	121.3	3 740
COFAL	1989	20	Automotriz	1 687.8	127.0	208.0	4 465
Sociedad Comercial del Plata	1919	42	Energía/comunicaciones/servicios	729.3 (1 200.0)	29.4	60.6	6 250

CUADRO 1 (*continuación*)

Grupo	Año de fundación	Número de firmas	Actividades principales	Ventas (1)	Exportaciones (2)	Importaciones (2)	Empleo (3)
Corporación Cementera Argentina (Corcemar)	1926	7	Cemento	170.0	2.8	0	s.i.
IMPSA	1907	17	Construcciones/servicios	658.3	110.0	18.9	6 979
Coto	s.i.	12	Comercio/alimentos	121.2 ((1 034.0))	s.i.	26.0	s.i.
DyS	1947	5	Textil/servicios	62.0 (975.0)	s.i.	s.i.	s.i.
Exxel Group	1992	18	Papel/química/servicios	352.9 (650.0)	2.1	0	4 000
Fortabat	1926	s/i	Cemento/agro/servicios	396.7	0	0	2 525
Gatic	1959	13	Calzado	365.2	3.0	33.4	5 198
Grupo RB	1965	6	Autopartes	228.0	s.i.	s.i.	s.i.
Karatex	s.i.	7	Textiles	141.0	s.i.	s.i.	s.i.
Laboratorio Roemmers	1921	7	Laboratorio medicinal	351.3	5.4	49.4	737
Laboratorios Bagó	1934	24	Laboratorio medicinal	395.0	9.2	18.7	1 080
Laboratorios Sidus	s.i.	9	Laboratorio medicinal y servicios	195.0	4.9	23.4	850
Lactona	1962	4	Lácteos/agro	145.0	1.2	0	s.i.
Mastellone Hnos.	1929	5	Lácteos	843.1	39.5	30.9	4 400
Meller (3)	s.i.	s.i.	Textiles/comunicaciones	215.0	s.i.	4.0	s.i.

CUADRO 1 (continuación)

Grupo	Año de fundación	Número de firmas	Actividades principales	Ventas (1)	Exportaciones (2)	Importaciones (2)	Empleo (3)
Moreno	1961	4	Aceites vegetales	758.9	712.5	0	650
Multimedios	s.i.	6	Gráfica/servicios	120.0 ((470.0))	s.i.	s.i.	s.i.
Peñaflor	1928	8	Bebidas	340.3	15.1	13.8	2 600
Pérez Companc	1946	61	Energía/comunicaciones/agro	1 467.0 (2 800.0)	277.4	113.5	6 837
QUINSA	1895	25	Bebidas/alimentos	753.0	4.1	46.9	2 980
Sancor	1936	26	Lácteos	878.3	70.7	29.3	5 624
SOCMA	1954	48	Automotriz/construcción	2 741.9	373.5	466.5	21 491
Suc. A Williner	1928	3	Lácteos	152.1	11.9	0	967
Techint	1952	58	Siderurgia/construcción/comunicaciones	4 019.8	565.6	211.4	28 000
Urquía	1961	6	Aceites vegetales	495.3	422.5	0	980
YPF	1929	33	Petróleo	4 954.1	1 384.0	168.4	7 500
Total		682		29 582.7	5 484.1	1 919.1	172 804

FUENTE: Banco de Datos, Instituto de Industria, Universidad Nacional de General Sarmiento.

(1) Datos en millones de pesos (1 peso igual a 1 dólar).
(2) Datos en millones de dólares.
(3) Datos para 1994.
Las cifras entre paréntesis ( ) indican ventas incluyendo las de empresas industriales vinculadas, aunque no sean filiales.
Las cifras entre paréntesis dobles (( )) indican ventas incluyendo las de empresas de comercio y servicios vinculadas, aunque no sean filiales.

creciente inserción en los mercados internacionales. Una revisión de esos conglomerados muestra una marcada heterogeneidad en términos de sus orígenes, tamaños, actividades y grados de diversificación, así como tipos de articulación con los mercados internacionales.

2.3.2. Perfiles y orígenes

Existen al menos tres tipos de organizaciones.[17] El primero corresponde a firmas que efectuaron un proceso de inversión y aprendizaje en la esfera productiva a partir de una actividad industrial y posteriormente se han ido ampliando, con diversos grados de especialización, en un proceso evolutivo que generalmente se mantiene acotado al núcleo familiar. Acindar, Techint, Arcor, los laboratorios farmacéuticos y los grupos productores de lácteos son ejemplos de este tipo que presentan una permanencia de varios años y un fuerte arraigo en términos de facilidades productivas. En general, sus procesos de expansión apuntaron a cubrir actividades idénticas o similares a las originales (diversificación horizontal)[18] o bien a integrarse siguiendo la cadena productiva (diversificación vertical).[19]

Un segundo conjunto de grupos tiene sus orígenes en los servicios o explotaciones primarias, para luego avanzar hacia la producción industrial. Los casos más destacados, si bien poco numerosos, son económicamente relevantes y se cuentan entre las experiencias empresariales más antiguas en el país –por ejemplo, Bunge y Born en el comercio de granos y su posterior ingreso a la industria alimentaria–, así como en otras más recientes, como algunos supermercados que avanzan hacia las actividades de producción. Un caso especial en este

[17] Esta primera aproximación al perfil de orígenes de los conglomerados se profundiza más adelante en este capítulo.

[18] Tal es el caso de Acindar que absorbe, en los años ochenta, a la casi totalidad de sus competidores hasta cubrir el 95% del mercado de productos siderúrgicos no planos, o de Fortabat en la producción de cemento.

[19] El caso paradigmático es Arcor (una empresa productora inicialmente de golosinas) que se diversificó hacia la producción de envases de cartón, glucosa e incluso, en algún momento, al desarrollo de sus propios bienes de capital. Otro caso integrado es CIPAL, con una empresa central (Aluar, productora de aluminio), diversificación "hacia abajo" (CyK, manufacturera de perfiles y chapas de aluminio) y diversificación "hacia arriba" (Central Eléctrica de Futaleufú, que provee más del 90% de su consumo de energía eléctrica).

grupo es Yacimientos Petrolíferos Fiscales (YPF) que tuvo su origen en una firma estatal privatizada a inicios de los años noventa y detenta el control de unas 30 empresas con fuertes intereses en el área energética.[20]

En tercer lugar, en el marco de la globalización del mercado de capitales internacionales y la consolidación de los nuevos instrumentos financieros, desde fines de los años ochenta comienzan a establecerse fondos financieros de inversión que centralizan la actividad de empresas, a través de la compra de unidades ya establecidas, conformando así verdaderos *holdings* articulados desde las finanzas; ejemplos de ellos son The Argentine Investment Co. (TAICO), Exxel Group, MBA Holding, IRSA (Soros International), Tower Found y City Equity Investment (CEI).[21] Favorecidos por la liquidez internacional, estos emprendimientos captan fondos de grandes ahorradores para aplicarlos a la compra de empresas para su reestructuración y posterior venta. En otros casos más recientes, parte del capital inicial proviene de la venta de empresas o partes de conglomerados de larga data. Aunque esta actividad se puede calificar como *rent seeking* de corto plazo y de corte estrictamente financiero, por su magnitud y dinamismo claramente afecta al sector real de la economía. Si bien se articulan

---

[20] Actualmente YPF es una empresa integrada dedicada a la exploración, extracción, refinación y distribución minorista de combustibles con intereses adicionales en petroquímica y gas natural. Su capital es controlado en un 65% por accionistas privados (locales e internacionales), un 25% por el Estado (nacional y provincias) y el resto pertenece a sus trabajadores.

[21] El mayor es TAICO, cuyo *advisor* es el Banco Francés Cayman Ltd., que reunió 275 millones de dólares en 1992 y ha invertido unos 180 millones (Transener, Gas del Norte, Metrogas, Gas del Litoral, etc.). El Exxel Group administra cinco fondos independientes recolectados por el Banco Oppenheimer, con un valor total de 354 millones de dólares; fue lanzado inicialmente en 1992. El MBA (perteneciente al Merchant Bankers Asociados) es *advisor* de dos fondos: el Latin American (50 millones de dólares) y el Argentine Equity Investments (65 millones de dólares). Tiene participación en Cammuzzi (controlador de varias distribuidoras de gas), CTI, El Chocón, INECO y Tescorp. IRSA es un fondo administrado localmente con capitales centrales de QUANTUM (Soros International), lanzado en 1990 con fuertes intereses inmobiliarios y en el sector primario (controla, vía CRESUD, 14 estancias con un total de 345 000 has). The Tower Found (Banco Roberts) fue lanzado en 1995 con un capital de 65 millones y está orientado a empresas medianas de servicios, energía y comunicaciones. Finalmente, el CEI (Citibank Equity Investment) es el brazo industrial del Citibank. Inicialmente aparece como una filial dedicada a gestionar deudas incobrables (Celulosa, Alto Paraná, Puerto Piray) para luego extenderse a la adquisición de compañías privatizadas (Hotel Llao Llao, Sodigas, Altos Hornos Zapla, Coinlec). Información de *Apertura*, 1996, y *Prensa Económica*, 1995.

inicialmente desde lo financiero, tienen un alto impacto sobre la actividad real, no sólo por la dimensión del portafolio de empresas que controlan sino porque son activos competidores en las nuevas oportunidades de negocios.[22] De ese modo, los CE "tradicionales" deben enfrentarlos como competidores no sólo en los mercados de bienes sino también en lo que se refiere a nuevas inversiones.

2.3.3. Tamaño

Si bien los conglomerados económicos son siempre unidades empresariales grandes en términos de la economía nacional, existe una amplia dispersión en sus tamaños.[23]

Un primer conjunto de conglomerados está conformado por un reducido núcleo, cuyos integrantes superan largamente los mil millones de dólares de facturación anual, emplean más de 5 000 personas y operan con varias decenas de firmas coordinadas por un esquema organizacional tipo *holding* que, en la casi totalidad de los casos, tiene filiales en el exterior. Ejemplo de este conjunto son YPF,[24] Bunge y

---

[22] Nótese que estas organizaciones pueden disponer rápidamente de importantes fondos de inversión, compitiendo con CE que, si bien tienen cuantiosos activos fijos, no siempre cuentan con la liquidez necesaria.

[23] Existen varios problemas para determinar el real tamaño de un conglomerado. Manteniendo la idea de que la relevancia económica guarda una relación directa con la posibilidad de obtener rentas, todo indica que el concepto central es el poder de mercado que efectivamente tengan. En este plano, son relevantes los mecanismos de control y vinculación empresarial, sin que ello signifique un dominio total de los activos (incluso no es necesario tener mayoría accionaria). Otros problemas se relacionan con el tipo de indicador elegido para cuantificar la magnitud y amplitud de estas organizaciones. Los tradicionales indicadores de ventas, capital y empleo a menudo tienen el inconveniente de valuar de manera distinta a algunas actividades de servicios, como la bancaria. Todo ello reafirma el carácter de tentativo de las estimaciones siguientes, aunque la metodología utilizada, al excluir los servicios financieros y considerar la participación de las ventas de acuerdo con la participación del capital, claramente subvalúa la magnitud de estas entidades. Sobre los problemas metodológicos asociados con la captación de información económica de los conglomerados económicos puede consultarse Ryten (1996).

[24] Después de su privatización finalizada en 1992, este conglomerado encaró una profunda reforma reduciendo notablemente su cantidad de personal (pasó de 32 000 empleos en 1991 a poco más de 7 500 en 1996), desverticalizando su producción en favor de las áreas más rentables (subcontratando actividades de extracción a terceras compañías), modificando significativamente su red de comercialización y enfatizando

Born –una centenaria empresa con fuerte presencia internacional en el comercio de granos que factura más de 12 000 millones de dólares–, Techint –un conglomerado de más de 60 firmas con fuertes intereses en siderurgia, ingeniería y servicios y una clara proyección en Europa y Estados Unidos–, Pérez Companc –orientado a energía y petroquímica, entre otras actividades–, SOCMA (Sociedad Macri) –con intereses en automotriz, construcción y alimentos–, SCP (Sociedad Comercial del Plata) –energía, construcciones y servicios–, Arte Gráfico Argentino –impresiones y servicios–, COFAL (Compagnie Financière pour l'Amérique Latine) –automotriz– y Arcor –complejo alimentario integrado– aparecen como los conglomerados de mayor relevancia y proyección internacional.[25]

Un segundo conjunto de conglomerados incluye unidades que facturan entre 500 y 1 000 millones de dólares, están conformados por un decena de empresas y emplean entre dos y cinco mil personas. Sus perfiles productivos, inserción internacional y base técnica y productiva son altamente variables. Un conjunto de ellos Sancor, Mastellone –lácteos–, Oleaginosa Moreno y Urquía –aceites y comestibles– están vinculados con la dotación de recursos naturales mostrando un clara orientación hacia, y dependencia de, los mercados internacionales. Otros, en cambio, están asociados con el desarrollo de las industrias básicas o la metalmecánica y su sustentación recae con mayor énfasis en ventajas comparativas generadas. Acindar –aceros–, CIPAL (Compañía Inversora para América Latina) –complejo integrado de alumi-

su presencia en las primeras etapas de la petroquímica. Complementariamente encaró un activo proceso de internacionalización con la adquisición de yacimientos en diversos países latinoamericanos y con la compra, en 1995, de Maxus, una empresa que controlaba varias compañías en Estados Unidos e Indonesia. En varias inversiones, opera con socios internacionales, como Itchou, Dow Chemical y Petrobrás.

[25] Resulta difícil estimar el valor de mercado de algunos de estos grupos (problemas de criterios de valuación de activos, mezcla entre activos empresarios y otros de corte personal, etc.). Aun así, para los conglomerados más relevantes y considerando los montos pagados por ventas recientes de parte de algunos CE o grandes firmas y las valuaciones bursátiles, no es aventurado afirmar que superarían largamente los 2 000 millones de dólares cada uno. Cabe señalar además, que en algunos casos, el valor de mercado (como los activos netos) no guarda relación directa con la facturación por el valor intrínseco de las inversiones iniciales (pozos de petróleo o gas, la tierra, las canteras) altamente valoradas por el sistema bancario por su liquidez de realización o seguridad de largo plazo. De acuerdo a fuentes contables, Arcor tiene un patrimonio neto de 525 millones de dólares, SOCMA supera los 700 millones, SCP alcanza los 360 millones y Techint supera los 2 000 millones, mientras que el CEI llega a 1 054 millones.

nio–, IMPSA (Industrias Metalúrgicas Pescarmona) –metalmecánica de precisión y obras de ingeniería– son los casos más relevantes. Además en este universo califican grupos textiles y alimentarios en reconversión –como Alpargatas y QUINSA (Quilmes Industrial, S.A.).[26] Finalmente, existe una veintena de conglomerados que facturan menos de 500 millones de dólares y se componen de un número menor de firmas que los grupos anteriores. En algunos casos –como lácteos y textiles– aparecen como réplicas a menor escala, pero con mayor dinamismo, de CE de mayor tamaño; en otros, como los laboratorios medicinales[27] y algunas empresas de construcciones y servicios, muestran un fuerte dinamismo en el marco de los nuevos contextos productivos y regulatorios locales e internacionales. Los tamaños y las potencialidades operativas de estos conglomerados tiende a diferenciarlos claramente de las pocas grandes empresas individuales e independientes locales, asemejándolos en cambio a la lógica de funcionamiento de las subsidiarias de las ET. Sin embargo, aunque se califiquen como de tamaño grande –respecto de su pasado o de otras firmas locales– no se les puede dar esa calificación en el contexto de una economía globalizada, donde los referentes son los mercados internacionales.

Examinando el tamaño de los conglomerados respecto a sus competidores internacionales las conclusiones difieren si la comparación se realiza a nivel de *establecimiento productivo* (es decir, la planta local respecto a la internacional) o como *empresa* (considerando en este caso el conjunto de plantas controladas, esto es centrando el análisis en

---

[26] QUINSA es el *subholding* industrial del Grupo Bemberg, uno de los más antiguos y otrora poderosos de la Argentina. El *holding* central tiene sede en Luxemburgo y es controlado por los descendientes de la familia Bemberg (85%) y Heineken (15%). Su actividad fundamental es la producción de bebidas, contando con una amplia cantidad de emprendimientos productivos (en la industria del vidrio y envases) y financieros en Europa (Three Cities Research, TCR Group, Real Ltd., Terfín Limited, Sapla –todas en Francia–) y América Latina (Cervecería Chile; Maltería Oriental y Fábrica Nacional de Cerveza –Uruguay–, Paraguaya de Refrescos).

[27] En los últimos años y ante los cambios en el entorno económico y regulatorio (ley de patentes y ampliación del mercado), los laboratorios han ido abandonando lentamente sus procesos previos de integración hacia la farmoquímica para enfatizar las facilidades productivas de formulación final y la comercialización. Ello derivó en dos actitudes: i] un profuso número de acuerdos con compañías internacionales para la provisión de las moléculas y el acceso a terceros mercados, y ii] una expansión productiva (siempre a nivel de procesamiento final) en otros países latinoamericanos. Esto facilita los mecanismos de integración con las grandes compañías internacionales.

una visión netamente económica). Si se adopta el primer criterio, los casos locales mejor ubicados son los grupos asociados con la industrialización de productos primarios, especialmente aceites y otros alimentos, y en las empresas siderúrgicas ubicadas en nichos específicos de mercado.[28] Menos favorables son las posiciones de los conglomerados cuya actividad central es la automotriz, donde la disparidad en términos de tamaño es amplia. Algo similar ocurre con las actividades petroleras y los laboratorios medicinales, donde los grupos locales, individualmente sólo aparecen como pequeñas empresas desde la óptica de los líderes mundiales.[29]

Pero, más allá de las brechas a nivel de planta productiva, e incluso considerando que cada mercado cuenta con especificidades que, por lo general, operan como barreras "naturales" a la competencia (marcas, esquemas de comercialización, ubicación, etc.), cuando se compara los giros totales de los negocios surgen claras diferencias de tamaño. En ese sentido, es necesario recordar que los líderes internacionales en alimentos (Danone, Parmalat, Philip Morris), automotores (GM, Nissan), acero (Sumitomo, US Steel), medicinas (MSD, American Home Products, Roche) e incluso ingeniería mecánica y construcciones tienen un giro que supera largamente la magnitud de los grupos empresariales argentinos evidenciando la debilidad de éstos ante *take-overs* agresivos o una abierta competencia en el mercado.[30]

2.3.4. *Actividades y mercados*

A mediados de los años noventa, los conglomerados nacionales se distinguen por el desarrollo de una amplia gama de actividades (véase

---

[28] Siderca y Siderar (grupo Techint), Aluar (grupo CIPAL) y Acindar operan con técnicas y tamaños de planta ubicados en el promedio internacional. Los complejos del aceite (grupos Moreno y Urquía) también operan con plantas de tamaño internacional.

[29] La brecha se está ampliando luego de las recientes alianzas estratégicas internacionales. Por ejemplo, Novartis –Sandoz más Ciba– facturó, en 1995, unos 10 940 millones de dólares; Glaxo-Wellcome, poco más de 11 000 millones de dólares; mientras que el *holding* Roche vendió 9 420 millones de dólares y empleó 52 000 personas.

[30] Por ejemplo, si bien individualmente las plantas productoras de lácteos de Mastellone califican en el promedio de los estándares mundiales, su facturación mundial es de poco más de 800 millones de dólares, mientras que el complejo Danone internacional –nacido en 1966 como la unión de una empresa de envases y otras de vidrio, que se amplió en 1973 hacia el rubro alimentos– factura alrededor de 17 000 millones de dólares y emplea a unas 58 000 personas.

el anexo). Una visión de conjunto (véase el cuadro 2) indica que en sólo unos pocos casos operan dentro de una sola rama productiva; por el contrario, en la mayoría de los casos, y así queda reflejado en las áreas de negocios de los respectivos organigramas, tienen actividades en campos que no se conectan a través de las funciones de producción (servicios de limpieza y satélites de comunicación; ingeniería y construcciones y comercio, por ejemplo). En esos casos, el sustento de la existencia de conglomerados como forma de organización de la producción se relaciona con las sinergias generadas en áreas comunes tales como las finanzas, los aspectos de organización, los recursos humanos o la búsqueda de nuevos negocios.

Otro rasgo destacado es que gran parte de las articulaciones se dan desde las actividades productivas y, en mucho menor medida, desde las comerciales, mientras que la actividad bancaria no es el eje central de los negocios ni tampoco la palanca principal de la acumulación. Existen algunas excepciones como el caso del Banco Río de la Plata,[31] el que, sin embargo, opera internamente como una unidad de negocios más dentro del conglomerado, sin que ello implique desconocer su importancia.[32]

Centrando el análisis a nivel sectorial, las estimaciones de las actividades de los principales CE indica:

i] Fuerte concentración en las áreas de energía, petroquímica y, en menor medida, química fina y en alimentos. Casos puntuales de cierta importancia vinculados estrechamente con la última etapa de la industrialización sustitutiva aparecen en siderurgia y aluminio.

[31] Este banco (un *subholding* dentro del Grupo Pérez Companc, con depósitos por 2 700 millones de dólares) ocupa los primeros puestos en el sistema financiero local a inicios de 1996. Cuenta con 173 sucursales en todo el país y agencias en el exterior ubicadas en Nueva York, Grand Cayman, Londres y San Pablo. Internamente está vinculada al negocio de tarjetas de crédito (Banelco 20%, VISA, 6%), los fondos comunes de inversión (Delval), el comercio de acciones (Río Valores Sociedad de Bolsa), los seguros (Sur Seguros de Retiro, Sur Seguros de Vida) y el sistema de fondos de jubilaciones (Siembra AFJP). Otro caso, aunque mucho menos relevante, es el Banco del Suquía y su controlado el Banco Monserrat, ambos bajo la órbita de B. Roggio. A fines de 1995, contaban con 52 sucursales en todo el país y depósitos por 690 millones de dólares.

[32] Esto no impide que varios grupos cuenten con participación en entidades financieras que mejoran la competitividad de sus productos a nivel comercial vía facilidades crediticias al consumidor final. En otro orden, en los años ochenta se dieron varios casos fallidos de ampliaciones de los grupos hacia las actividades financieras; algunas de ellas incluso culminaron con la quiebra del conglomerado.

CUADRO 2

VENTAS DE LOS PRINCIPALES CONGLOMERADOS ECONÓMICOS SEGÚN RAMA DE ACTIVIDAD, 1995

(millones de pesos)

Grupo económico	Energía y petroquímica	Química	Papel/ Gráfica	Automó- viles/ Otros	Side- rurgia	Cemento	Alimen- tos	Textil y calzado	Meta- lúrgica	Ingenie- ría y construc- ción	Comuni- caciones	Trans- porte	Comercio	Agrope- cuario	Otros	Total
Acindar					567.5											567.5
Alpargatas							31.2	319.3		67.2						417.7
Arcor							718.1							41.8	75.2	835.0
Arte Grá- fico											434.0				553.8	987.7
Bagó		395.0														395.0
Bunge y Born							1 096.2						353.8			1 450.0
Cartellone							84.5		117.8							202.3
Catena							210.0									210.0
CEI	326.8		57.6		48.5		9.2				437.5				7.2	886.8
CEPA							225.0									225.0
CIPAL				107.9	399.9											507.8
COFAL				1 687.8												1 687.8
Corcemar						170.0										170.0
CORIM (IMPSA)				150.0					225.0		135.0	70.0		3.3	75.0	658.3
DyS							62.0					100.0	812.0			975.0
Exxel	135.0	92.4	110.0				155.0								157.6	650.0

CUADRO 2 *(continuación)*

Grupo económico	Energía	Química y petroquímica	Papel/ Gráfica	Automóviles/ Otros	Siderurgia	Cemento	Alimentos	Textil y calzado	Metalúrgica	Ingeniería y construcción	Comunicaciones	Transporte	Comercio	Agropecuario	Otros	Total
Fortabat						397.7										397.7
GATIC								363.2								363.2
Karatex								140.0								140.0
Lactona							145.0									145.0
Mastellone							843.1									843.1
Moreno							758.9									758.9
Peñaflor							340.3									340.3
Pérez Companc	515.9	561.1							166.2		116.6			47.7	59.5	1 467.0
QUINSA							753.0									753.0
RB				228.0												228.0
Roemmers		351.3														351.3
Sancor							878.3									878.3
SCP	535.6									151.8		4.5			37.4	729.3
Sidus		195.3														195.3
SOCMA				1 663.8			160.0			660.0	160.0				98.2	2 741.9
Suc. A. Williner							143.2							8.9		152.1
Techint	163.3				2 370.5	21.3				903.0	164.6	43.7	353.0			4 019.8
Urquía							495.3									495.3
YPF	3 747.0	1 207.1														4954.1

FUENTE: Banco de datos, Instituto de Industria, Universidad Nacional de General Sarmiento.

ii] Otras áreas de concentración son construcción, obras de ingeniería y comunicaciones, y transporte, casos estos últimos donde es evidente el remplazo del Estado por parte de los CE.[33]

iii] En otras actividades la presencia de los CE es escasa, particularmente en electrónica, farmoquímica y, en general, producción de bienes de capital. Es decir, en los sectores intensivos en tecnología que son líderes del proceso de desarrollo en las economías internacionalmente más dinámicas.

La lógica que guía la expansión de los CE se deriva, por un lado, de las capacidades previas y la dotación de recursos naturales y, por otro, de las condiciones de competencia en esos mercados (afectada en algunos mercados por las regulaciones públicas), elementos que inciden en su rentabilidad. En este sentido, los rasgos centrales del Plan de Convertibilidad –la estabilización del tipo de cambio a partir de un régimen de *currency board* y la radicalización de apertura externa–, así como el mantenimiento de algunos regímenes promocionales, influyen sobre la posición actual de los CE, sobre la que también inciden las modalidades de los procesos de desregulación y de privatización de empresas estatales. En esa lógica de expansión, cabe destacar:

i] La fuerte presencia de los CE en la generación y transmisión de energía y en las primeras etapas de la refinación se relaciona con los procesos de privatización, a los que los principales conglomerados locales accedieron en condiciones preferentes.[34] En estos casos, la competitividad guarda estrecha relación con la productividad y calidad de los pozos, aunque, en el marco de una economía abierta, encuentra su límite en los precios internacionales del crudo.[35] Esa

---

[33] Un elemento relevante en el área de telecomunicaciones es la conjunción de la privatización de medios de comunicación con la aparición de nuevas prestaciones (televisión por cable, satélites de comunicación) y un nuevo marco regulatorio.

[34] La captación de los principales pozos petroleros y de gas natural y las refinerías permitió un fuerte crecimiento de algunos grupos, como Pérez Companc, Techint y SCP. Considerando que YPF controla 64% de las reservas de petróleo y 42% de las de gas, la importancia de los CE queda demostrada al constatar que los cinco CE que le siguen detentan 18% de las reservas petroleras y 23% de las de gas natural. Las empresas restantes son extranjeras y varias de ellas están asociadas con los CE en inversiones específicas.

[35] Plantea además la necesidad de adquirir parte de las privatizaciones de otros países latinoamericanos con yacimientos de gas y petróleo (Ecuador, Venezuela, Perú, Bolivia, etc.) como forma de asegurarse fuentes futuras de provisión y crecimiento sostenido.

presencia induce, además, a la expansión hacia la construcción de sistemas de transporte, especialmente de gas, orientados a los mercados de los países circundantes. Así, los CE participan en forma asociada en los proyectos en ejecución que conectan a la Argentina con Chile y el sur de Brasil.[36]

ii] En el rubro de alimentos, la situación competitiva resulta de la combinación de las posibilidades que un mercado ampliado (especialmente el Mercosur) abre para las capacidades productivas desarrolladas previamente y de la presión que significa el ingreso de capitales externos. Nuevamente, en algunos casos como aceites y pesca, ello encuentra su límite en las condiciones de un mercado internacional de *commodities* bajo fuerte presión competitiva.

iii] En la industria automotriz existe con un régimen especial de apertura y complementación que facilitó el proceso de acumulación de los CE, especialmente en los primeros años del Plan de Convertibilidad, caracterizados por un fuerte crecimiento de la demanda.

iv] Muchas actividades de transportes y comunicaciones cuentan con mecanismos regulatorios específicos favorables a los CE, contenidos en las condiciones de los pliegos de licitación de las privatizaciones.[37]

v] La lucha competitiva es menos aguda en las pocas actividades restantes, que se concentran en el comercio o la industria metalmecánica de series cortas.[38]

---

[36] Las actividades de transportes y comunicaciones cuentan con mecanismos regulatorios *ad hoc*, contenidos en varios casos en las condiciones de los pliegos de licitación de las privatizaciones. La presencia de CE en esas actividades puede dar lugar a una sinergia particular. Gran parte de las ex empresas públicas requieren –y así está previsto en las condiciones de privatización– de cuantiosas inversiones en obras de infraestructura, las que pueden ser realizadas por las empresas de ingeniería y construcciones de los conglomerados. Así, la presencia –incluso minoritaria– de un CE como socio, además de captar la renta correspondiente, facilita una posterior relación como proveedor.

[37] La presencia de CE en actividades como comunicaciones y transportes da lugar a una sinergia particular. Gran parte de las ex empresas públicas requieren –y así está previsto en las condiciones de privatización– de cuantiosas inversiones en obras de infraestructura, las que pueden ser realizadas por las empresas de ingeniería y construcciones de estos conglomerados. Así, la presencia –incluso minoritaria– de un CE como socio, además de captar la renta correspondiente, facilita una posterior relación como proveedor.

[38] Además, cabe señalar que algunas de las actividades de los CE en las áreas de comunicaciones y obras de ingeniería se desarrollan en terceros mercados donde existen mejores regímenes de fomento y promoción sectorial. Por ejemplo, SOCMA

En síntesis, los CE se han ido perfilando como dominadores de mercados locales poco expuestos a la competencia externa –debido a regulaciones o a sus rasgos intrínsecos– o con fuerte base competitiva derivada de la dotación de recursos naturales; incluso no renovables, como los pozos de petróleo y gas. Esto los ubica convenientemente cuando se analiza la estructura de rentabilidad de las grandes empresas.[39]

La conformación de la trama de actividades que desarrollan los CE y su inserción en el mercado interno tiene como contrapartida un perfil específico de inserción internacional, en términos del flujo y la composición del comercio, tanto de bienes como de capitales y tecnología.

2.3.5. Inserción externa

En términos de flujos de comercio, si bien el balance consolidado de los conglomerados indica un fuerte carácter exportador, el análisis dentro del total revela heterogeneidad. Por un lado, aparecen con fuertes superávit los CE dedicados a la elaboración industrial de productos primarios (aceites, alimentos, etc.), con un marcado dinamismo en casos donde se requiere cierta sofisticación del producto (golosinas, lácteos, ciertos alimentos, etc.). Los conglomerados involucrados en la extracción y refinación de petróleo también exhiben rápidos crecimientos de sus saldos comerciales y algo similar ocurre con aquellos centrados en la siderurgia y el aluminio, compartiendo ambos tipos una fuerte correlación de sus exportaciones con la evolución de los precios internacionales. Por el contrario, los conglomerados con fuertes intereses en las industrias automotriz y farmoquímica presentan saldos negativos en su comercio exterior.

En otros términos, la especialización en sectores relativamente protegidos de la competencia externa tiene como contrapartida un comercio exterior en superávit para los conglomerados especializados

---

desarrolla la informática en Brasil a través de ITRON y una empresa que controla (PROCEDA), mientras IMPSANT desarrolla un sistema de comunicaciones en Colombia.

[39] Un reciente estudio de las 200 mayores empresas destaca que los mayores niveles de rentabilidad sobre ventas corresponden a dos tipos de empresas: los conglomerados de empresas locales y las asociaciones de éstos con firmas transnacionales (Azpiazu, 1996).

en actividades basadas en recursos naturales y déficit cuando su actividad principal es relativamente intensiva en los factores técnicos y productivos.

A este perfil de inserción externa vía comercio se agrega otro que se refiere a la *expansión productiva* de los conglomerados en el exterior. Un comportamiento como el anterior tiene antecedentes en la etapa sustitutiva, cuando firmas locales,[40] percibiendo el agotamiento del mercado nacional y contando con ventajas derivadas de su madurez técnica y productiva, efectuaron inversiones en el exterior como forma de revitalizar su proceso de acumulación. Si bien algunas de esas experiencias no prosperaron, otras perduraron y forman parte de la actual estrategia de expansión de los grupos. Pero, esto se da ahora en un contexto dominado por nuevas reglas de competencia en el mercado interno y por la posibilidad de acceso a mercados ampliados o a economías que encaran procesos de privatización. Nuevamente no existe un único parámetro de expansión, pero la revisión (véase el cuadro 3) de las principales experiencias en esa dirección indica:

i] Los conglomerados más relevantes retomaron sus inversiones hacia terceros mercados simultáneamente con la consolidación de las nuevas condiciones económicas internas (se trata de un proceso procíclico y complementario a la actividad interna).

ii] Los destinatarios primordiales de tales expansiones fueron los países del Mercosur (especialmente Brasil), otros países latinoamericanos (Chile, Perú, Ecuador, Colombia, etc.) y sólo, en unos pocos casos, Estados Unidos o países de la Unión Europea.

iii] Existen diversas lógicas de expansión. Un conjunto de firmas instala empresas de comercialización en terceros países y abastece desde la Argentina (Acindar, Bunge y Born, Alpargatas, etc.). Otras, como las empresas productoras de lácteos o los laboratorios, avanzan en el control de segmentos clave de sus procesos de producción o comercialización (cadena de frío o sistema de distribución, por ejemplo) en mercados externos, generalmente en asociación con firmas locales, como paso previo para la instalación de facilidades productivas. Un tercer grupo, que ya se había instalado en el exterior, expande su capacidad de producción en otros países mediante la creación o compra de firmas locales (Bunge y Born en Brasil, Arcor en Perú,

---

[40] Especialmente ubicadas en las ramas metalmecánicas, alimentarias, químicas y textiles.

SOCMA en Brasil, Techint en México e Italia).[41] Finalmente, los grupos dedicados a la producción de energía apuntan a captar recursos locales mediante su participación en los procesos de privatización encarados por varios gobiernos latinoamericanos (SCP en Bolivia, y Pérez Companc en Venezuela y Ecuador) o a insertarse en la red de comercialización (YPF en Chile y Perú).

El acceso a terceros mercados, especialmente aquellos que requieren grandes inversiones o el control de tecnologías complejas, ha llevado a la asociación de los CE con algunos grupos económicos de esos mercados.[42]

En suma, la ampliación del mercado mediante inversiones directas aparece como una estrategia de refuerzo del crecimiento futuro en una dinámica donde los procesos de apertura económica, privatización y ampliación de mercado son funcionales a la dinámica de los conglomerados. La magnitud de los desafíos técnicos y económicos y las regulaciones locales inciden para que estos avances cuenten, en la casi totalidad de los casos, con empresas asociadas que pueden ser propiedad de capitales locales (públicos o privados) o bien otras subsidiarias de firmas extranjeras.

La dinámica de posicionamiento de mercado, especialización interna e inserción internacional de los CE se inscribe en un proceso más complejo que se relaciona, por un lado, con las condiciones de entorno locales e internacionales y, por otro, con las respuestas que han ido modelando a lo largo de varias décadas. Lo ocurrido en el último lustro guarda relación con su proceso previo de surgimiento y consolidación; por ello a continuación se analizará su sendero evolutivo y su relación con los cambios operados en el contexto regulatorio y en la estructura productiva.

2.4. El IMPACTO DE LA APERTURA Y LOS CAMBIOS ESTRUCTURALES

Los actuales CE argentinos son el resultado de un proceso evolutivo que, en la mayoría de los casos, supera las cinco décadas (véase el

---

[41] Techint amplió su participación hasta tener poder de control en TAMSA (México) y adquirió el 37% de Dalmine en Italia.

[42] Asociaciones entre empresas argentinas y brasileñas, como las de SIDECO (SOCMA) y Andrade Gutiérrez, B. Roggio y Odebrecht, Acindar y Acesita, YPF y Petrobrás y Pérez Companc y Copesul son algunos ejemplos de esa estrategia.

CUADRO 3
INVERSIONES DIRECTAS EN EL EXTERIOR DE LOS CONGLOMERADOS ECONÓMICOS ARGENTINOS

Grupo económico	Actividad	País	Año	Empresa
Acindar	Comercialización	Brasil	1990	Acindar do Brasil
	Comercialización	Uruguay	1991	Acindar Uruguay
	Comercialización	Chile	1991	Acindar Comercial Chile
Alpargatas	Comercialización	Chile	1983	Comercial Textil
	Comercialización	Suiza	1985	Exportex Ansalt
	Finanzas/Holding	Suiza	1983	Alpargatas Ansalt
	Comercialización	Brasil	1986	São Paulo Alpargatas
	Calzado/textil	Uruguay	1890	Fab. Uruguaya de Alpargatas
	Comercialización	Brasil	1995	Alphabras
	Comercialización	Brasil	1995	Footline Ltd
Arcor	Producción alimentos	Paraguay	1976	ARCOPAR
	Producción alimentos	Chile	1981	Alimentos INDAL
	Producción alimentos	Uruguay	1990	Van Dam
	Producción alimentos	Brasil	1980	Nechar Alimentos
	Alimentos	Perú	1996	Arcor Perú
Astra	Extrac. de petróleo	México	s/i	Mexpetrol
	Transp. de petróleo	EU	s/i	Canopus International Corp.
	Financiera	Panamá	1987	Gemelos SA
	Extrac. de petróleo	Brasil	s/i	Astrafor do Brasil
	Extrac. de petróleo	Perú	s/i	Astra Andina
	Extrac. de petróleo	Islas Vírgenes	s/i	Phillips Petroleum
B. Roggio	Construcciones	Paraguay	s/i	B. Roggio Paraguay
Bridas	Holding	Islas Vírgenes	s/i	Bridas Energy Co

CUADRO 3 (*continuación*)

Grupo económico	Actividad	País	Año	Empresa
	Extrac. de petróleo	Turkmenistán	1992	Yashlar (joint venture)
	Extrac. de petróleo	Perú	1980	BEPSA
	Petróleo	Bolivia	1994	Bolipetro
	Comercializ. Gas	Uruguay	1992	Gaseba Uruguay
	Petróleo	Turkmenistán	1990	Bridas Energy
Bunge y Born	Alimentos	España	s/i	Bunge Ibérica
	Alimentos	Australia	s/i	Bunge Industrial
	Aceites vegetales	España	s/i	Arlesa
	Alimentos	Perú	1943	Molinos Santa Rosa
	Alimentos	Venezuela	s/i	Molinos Venezuela
	Alimentos	Brasil	1905	Molinos Santista
	Alimentos/comercial	Paraguay	1943	Molinos del Paraguay
	Inmobiliaria	Brasil	1928	Lubeca Inmobiliaria
	Comercial	EU	s/i	Bunge Co
	Textil	Brasil	1928	Grafanor
	Aceites Vegetales	Perú	s/i	Aceites Sidur
	Alimentos	Alemania	s/i	Bunge SA
	s/i	Bélgica	s/i	Sipef
	Finanzas	Suiza	s/i	Surfin Financiera
	s/i	Suiza	s/i	Bunge SA
	Alimentos	Bélgica	s/i	Bunge SA
	Alimentos	Francia	s/i	Bunge Co
	Alimentos	Canadá	s/i	Bunge of Canada
	Alimentos	Países Bajos	s/i	Royal Bunge

CUADRO 3 (continuación)

Grupo económico	Actividad	País	Año	Empresa
	Comercialización	Chile	1995	Molinos Chile
	Comercialización	Uruguay	1995	The Talwir Co
	Alimentos	Brasil	1995	CTM Citrus
COFAL	Comercialización	Brasil	s/i	Cia. Olivera Andrade
	Autopartes	Chile	s/i	Ind. e Conj. Mecánicos Aconcagua
	Autopartes	Chile	s/i	Ind. Automotriz Francomecanica
Comercial del Plata	Finanzas	Luxemburgo	s/i	Investolux
	Televisión	Chile	s/i	Cable Chile
	Agroquímicos	Chile	s/i	Agar Gross Andina
	Químicos	Chile	s/i	Parafina del Pacífico
	Extrac. petróleo	Nigeria	s/i	NIPOL SA
	Televisión	Chile	s/i	Sgo. Televisión por Cable
	Finanzas	Luxemburgo	s/i	Invar SA
Garovaglio y Zorraquin	Electrodomésticos	Brasil	s/i	Saiar do Brasil
	Electrodomésticos	Chile	s/i	Hometech
	Comercialización	Panamá	s/i	Cheminter
	Finanzas	EU	s/i	City Investment Incorporated
IMPSA	Autopartes	Brasil	1995	TCA
Pérez Companc	Petróleo	Venezuela	1995	Cia. Mixta San Carlos
	Petróleo	Venezuela	1995	Pet San Carlos
	Electricidad	Venezuela		Estimac y Empaques

CUADRO 3 (*continuación*)

Grupo económico	Actividad	País	Año	Empresa
	Construcciones	Chile	s/i	SADE Chile
	Ingeniería industrial	Colombia	s/i	SADE Colombia
	Comunicaciones	Rep. Dominicana	s/i	Data Proceso Dominicana
	Holding	s/i	s/i	Inter Rio Holding Enterprises
	Extrac. de petróleo	Venezuela	s/i	Corpoven SA
	Inversiones	Liechtenstein	s/i	Pecon Inversiones
	Ingeniería industrial	Rep. Dominicana	s/i	Sade Dominicana
	Ingeniería industrial	Ecuador	s/i	Sadelmi Ecuatoriana
	Bancos	Uruguay	s/i	Riobank Uruguay
	Bancos	Panamá	s/i	Banco Río Panamá
	Bancos	EU	s/i	Banco Rio New York
	Extrac. de petróleo	Bolivia	s/i	PEMSA
	Finanzas	s/i	s/i	Argentine Private Developmet Trust
	Banco	Reino Unido	s/i	Banco Río Londres
	Bancos	Islas Vírgenes	s/i	Banco Río Georgetown
	Comunicaciones	Panamá	s/i	Data Communication Panamá
	Bancos	Francia	s/i	Banco Río París
	Construcciones	Panamá	s/i	SADE Eng Construcciones
	Petróleo	Venezuela	1994	COROD

CUADRO 3 (continuación)

Grupo económico	Actividad	País	Año	Empresa
	Petróleo	Venezuela	1995	San Carlos
QUINSA	Alimentos	Chile	1994	s/i
	Alimentos	Bolivia	1994	s/i
SCP	Comercialización EG3	Ecuador	1995	COMDEC
	Comercialización EG·	Bolivia	1995	Petrodisa
SOCMA	Alimentos	Brasil	1995	Basilar
	Telefonía	Uruguay	s/i	Abiatar
	Electrónica	Brasil	1993	UNISA
	Computación	Brasil	1995	Proceda
	Constructora	EU	s/i	SOCMA Corporation
	Construcciones	EU	s/i	Sideco Americana
	Automotriz	Uruguay	s/i	Sevel Uruguay
	Comunicaciones	Uruguay	s/i	Abiatar
	Automotor	Uruguay	s/i	Sevel Uruguay
	Comunicaciones	Brasil	s/i	Proceda Brasil
Techint	Finanzas	s/i	s/i	Margall Finance
	Finanzas	EU	s/i	Ind Investment Inc
	Holding	Panamá	s/i	San Faustin
	Finanzas	s/i	s/i	Techint Financial Co
	Ingeniería industrial	Italia	1990	Giustina International
	Ingeniería industrial	Italia	1990	Breda Techint Machine
	Ingeniería industrial	Italia	1990	Casagrande Techint
	Construc. metálicas	Italia	s/i	Siderca Milan
	Finanzas	Panamá	s/i	Siderca International

CUADRO 3 (*continuación*)

Grupo económico	Actividad	País	Año	Empresa
	Siderurgia	México	1952	TAMSA
	Tubos	EU	s/i	TPT
	Construcciones metálicas	Italia	1988	Pomini
	Construcciones metálicas	China	s/i	Siderca Beijing
	Comercialización	Arabia Saudita	s/i	Siderca Dubai
	Inversora	Italia	s/i	Acciaerie e Ferrieri Lombarde
	Inversora	EU	s/i	Siderca Corp
	Inversora	Italia	s/i	Fitecomint
	Ingeniería industrial	Brasil	1947	Techint Eng SA Brasil
	Servicios médicos	Italia	1992	Techosp
	Envases de vidrio	Italia	1992	Dielve
	Limpieza	Italia	1992	Acqua
	Construcciones	México	1954	Techint México
	Ingeniería industrial	Italia	1990	CEI
	Ingeniería industrial	Italia	1945	Techint Milano
	Ingeniería industrial	México	s/i	COMEI SA
	Inversora	Uruguay	s/i	San Faustin Uruguay
	Inversora	Panamá	s/i	Finma
	Finanzas	Panamá	s/i	Techint Financiera Corp.
YPF	Transporte	Chile	1992	Oleoducto Transandino
	Petróleo	Grand Cayman	1992	AyC Holding Co

CUADRO 3 *(continuación)*

Grupo económico	Actividad	País	Año	Empresa
	Petróleo	EUA	s/i	YPF USA
	Petróleo	EUA	s/i	YPF Overseas
	Distribución de petróleo	Chile	s/i	YPF Chile
	Transporte petróleo	Chile	s/i	Petróleo Transandino
	Extracción	refinación de petróleo	EU	1995
	Servicios	Grand Cayman	1993	YPF International Ltd
	Petróleo	Perú	s/i	YPF Perú
	Refinación de petróleo	Perú	s/i	Refinería del Perú

FUENTE: Banco de datos. Instituto de Industria, Universidad Nacional de General Sarmiento.

cuadro 1). A excepción de un reducido número de organizaciones articuladas desde lo financiero (CEI, Exxel e IRSA), las empresas centrales de estas organizaciones y varias de sus satélites datan de muchos años. En ese sentido, pueden identificarse dos grandes etapas en su desarrollo: la primera se asocia al modelo agroexportador y la segunda al periodo de industrialización mediante sustitución de importaciones. Ambos son el punto de partida para examinar lo ocurrido en las últimas décadas.

2.4.1. *Los conglomerados en el modelo agroexportador y en la sustitución de importaciones*

Un pequeño grupo de CE tiene sus orígenes a fines del siglo pasado en el marco de la consolidación económica del país bajo el modelo agroexportador. Bunge y Born, Quilmes, Alpargatas y SCP son los casos más relevantes y tienen como centro a inmigrantes con fuertes vinculaciones con algunos mercados europeos.[43] Existen en estos casos varios elementos comunes: inicialmente operan en actividades manufactureras o de servicios, pero pronto se expanden hacia el sector agropecuario a través de la adquisición de tierras. Adicionalmente, encaran diversas actividades productivas donde sus pares son, generalmente, firmas extranjeras, cultivando en todos los casos estrechas relaciones con el poder financiero. Finalmente, la casi totalidad de estos conglomerados rápidamente se transnacionalizaron, inicialmente hacia los países vecinos, replicando en ellos sus esquemas productivos locales.

La base de estas formas de organización de la producción radicaba en la existencia de fuertes diferenciales de rentabilidad entre sectores, lo que inducía a que las empresas se diversificaran, invirtiendo fuera de su sector de origen. Un elemento explicativo adicional fue la

---

[43] En el caso de Bunge y Born, el eje central de articulación del grupo se produjo a través del comercio de granos –actividad en la cual pronto estructuró una afinada red que comenzaba en la región pampeana y terminaba en el mercado de Bruselas– expandiéndose posteriormente hacia la producción de alimentos y actividades conexas (bolsas, envases, etc.). Alpargatas, en cambio, aparece como una respuesta a la demanda interna de textiles utilizando tecnologías aportadas por inmigrantes extranjeros; posteriormente desarrolla esa cadena productiva. Un caso similar es el de Quilmes en el rubro bebidas. En cambio, SCP, que también comienza con la demanda del mercado interno (droguerías y combustibles), posteriormente se expande en diversas direcciones.

presencia de altos costos de transacción que obligaban a las firmas a integrarse verticalmente ante la virtual inexistencia de subcontratistas y proveedores. En cambio, no parece ser relevante la presencia de regulaciones públicas como impulsoras o promotoras de estas organizaciones; en todo caso, tal promoción se limitó a un débil control indirecto de las conductas predatorias en el mercado.

Varios de estos conglomerados vieron interrumpidos sus procesos de expansión al ponerse en marcha la estrategia de sustitución de importaciones a partir de mediados de los años cuarenta como efecto directo de políticas públicas que hacían del Estado el agente económico central en la asignación y distribución de los recursos. En ese sentido, el control del comercio exterior y un mayor control sobre las prácticas predatorias de mercado dieron como resultado, en algunos casos, la desarticulación de conglomerados y, en otros, una fuerte limitación de sus actividades. Pero, como contrapartida y en un marco regulatorio que apoyaba fuertemente el desarrollo manufacturero en una economía cerrada, aparecieron múltiples oportunidades que fueron aprovechadas por nuevos empresarios. De esta forma, en un par de décadas, en varios sectores surgen empresas medianas que serían la base de algunos de los actuales conglomerados.[44] Adicionalmente, cabe señalar la presencia del Estado como un actor poderoso en materia de creación de oportunidades de negocios, sea como contratista o como regulador de las normas que regían los mercados de bienes, servicios o financieros.

En suma, en las primeras etapas de la sustitución de importaciones, el cierre de mercado nacional y un nuevo papel del Estado replantean el entorno en que operan los empresarios. Por un lado, generan múltiples oportunidades de negocios que, en el marco de un sistema financiero estatizado y claramente pro industrial, facilitan el crecimiento bajo la forma de conglomerados. Por otro lado, la presencia del Estado como productor y asignador de recursos (precios, tarifas y tipos de cambio controlados) y de algunas filiales de empresas trans-

---

[44] Un número pequeño de ellas rápidamente comenzó a organizarse en conglomerados, siguiendo una lógica de expansión hacia mercados menos desarrollados, vinculados generalmente con su actividad central. Así, el Grupo Di Tella se inicia en la metalmecánica, para luego expandirse, local e internacionalmente, con varias empresas en este rubro hasta concluir, en los años sesenta, con la fabricación de automóviles. Acindar, desde inicios de los años cincuenta se expande en producciones relacionadas con siderurgia y metalmecánica. Algo similar ocurre con Techint, pero teniendo como eje la ingeniería y la construcción, además del acero, y Fabril Financiera en textiles.

nacionales contrapesaba el desarrollo de los incipientes intentos de conglomerización.

Las condiciones económicas de los años sesenta –ingreso de capitales externos, establecimientos de mecanismos promocionales explícitos a nivel sectorial, abandono estatal de algunas producciones metalmecánicas y del control del comercio exterior, y el énfasis en el desarrollo petrolero y de otras actividades de base– replantean las características del entorno, abriendo nuevas posibilidades de conglomeración. Nuevamente varios de los actuales CE (Pérez Companc, Bridas, Techint, CIPAL, etc.) expanden sus actividades, pero se va acentuando la relevancia que adquiere la articulación con el Estado en el proceso de expansión de estas organizaciones.

A lo largo del periodo que va desde mediados de los años setenta a fines de los años ochenta se produce la consolidación y una fuerte expansión de los CE.[45] En una economía cerrada –a excepción de un breve periodo a fines de los años setenta– con un sistema financiero que tendía a la desregulación y un Estado que lentamente fue perdiendo relevancia en términos productivos y financieros, las expansiones de los conglomerados –más allá de las razones organizacionales y tecnológicas– aparecen principalmente como resultado de la conjunción de dos factores que se retroalimentan: la articulación con el sector público[46] y la respuesta endógena de las firmas a las condiciones económicas de su entorno.

Respecto al primero de los temas, las vías por las que se canalizó la articulación entre expansión empresaria mediante conglomeración y el Estado son diversas:

i] La existencia de regímenes de promoción sectoriales (petroquímica, acero, aluminio, papel, etc.) basados en subsidios a los bienes de capital (diferimientos de impuestos y créditos "blandos" en el

---

[45] A lo largo de la historia, sólo unas pocas organizaciones de este tipo desaparecieron o quebraron. Los casos más destacados son el Di Tella en los años sesenta, Sasetru en los años setenta, y algunos grupos financiero-productivos (Banco ALAS y BIR y sus empresas vinculadas) a inicios de los años ochenta.

[46] En este sentido, varios de los conglomerados actuales tienen diferentes tipos de articulación con el Estado, tanto en el campo de las obras públicas, como en el de la energía o los insumos básicos. Pérez Companc, Bridas y Techint son algunos de los casos en los que la articulación pública-privada fue la base inicial de su acumulación de capital. Las formas específicas de esa articulación iban desde contratos públicos a reservas de mercado, en procedimientos que, por lo general, discriminaban entre sectores e, incluso, firmas.

marco de reservas de mercado) y al posterior proceso productivo (desgravaciones y/o diferimientos impositivos sobre las ventas o la adquisición de algunos insumos). Las empresas de mayor tamaño ya establecidas en el mercado tuvieron acceso preferencial a estos mecanismos. Complementariamente, se sancionan regímenes de promoción regional –también con base en diferimientos de impuestos– que reforzaron el proceso dándole un impacto territorial. Cabe señalar que estos regímenes alcanzaron su plenitud simultáneamente a la pérdida de poder del Estado en materia de control y operaron en un periodo de bajas tasas de crecimiento y elevada inestabilidad de precios.

ii] Las reservas de mercado, incluso en periodos de apertura de la economía, en actividades con fuerte presencia estatal u objeto de promoción sectorial, como el caso de los insumos básicos.

iii] La forma de resolver el problema planteado por la apertura de la economía, la posibilidad de libre endeudamiento externo y la posterior crisis de inicios de los años ochenta. Las expansiones de varios grupos efectuadas en el marco del proceso de apertura de fines de los años setenta se financiaron con fondos externos. Ante el proceso de ajuste asociado con la crisis de los años ochenta, el Estado optó por la estatización de la deuda externa privada y su conversión a pesos (para los originales tomadores) en el marco de un proceso de alta inflación.[47] Un procedimiento similar –aunque en moneda local y de menor magnitud– se instrumentó para las deudas privadas con las entidades financieras de desarrollo del sector público (especialmente el Banco Nacional de Desarrollo).

iv] Las nuevas condiciones regulatorias de acceso a recursos –gas, pesca e incluso algunos cultivos– que facilitaron la expansión de los agentes más dinámicos de la economía.[48]

v] Las favorables condiciones de precios y acceso a la provisión de insumos clave por parte de algunas actividades centrales de determinados conglomerados económicos.[49]

[47] Ello contribuyó a reducir en términos reales las deudas de los principales grupos, las que estaban asociadas con inversiones productivas de inicios de los años ochenta.

[48] Se inscriben en estos casos, los sistemas diferenciales de precios del gas para favorecer su utilización y las prohibiciones a la exportación de granos oleaginosos para deprimir su precio interno e inducir el desarrollo de la industria aceitera, cuyas exportaciones incluso estuvieron temporalmente favorecidas por un reembolso.

[49] El precio del gas y de la gasolina virgen por parte de la empresa petrolera estatal a las firmas de los dos polos petroquímicos; el precio de la energía eléctrica a los productores siderúrgicos y el precio del gas a las cementeras fueron los casos más

vi] Un marco regulatorio estatal débil frente a las tendencias a la concentración de mercado que operaban internamente, cuando los procesos recesivos facilitaban los mecanismos de absorción y *take-over* por parte de los CE mejor articulados con el aparato público en términos regulatorios y financieros.

Complementariamente, estos factores fueron reforzados por otros elementos endógenos a la lógica de las propias organizaciones. En un marco de crecimiento nulo y alta inestabilidad monetaria, el entorno económico envía señales equívocas a los operadores económicos, aumenta los riesgos y dificulta la toma de decisiones cotidianas generando altos costos de transacción. Una respuesta al riesgo es la diversificación, siendo el criterio general: cuando más disociadas están las actividades, menores son las posibilidades que estén simultáneamente en recesión, aunque ello genere costos de administración adicionales.[50] Necesariamente, los criterios de diversificación dirigirán los activos hacia nichos en los que puedan maximizar el control de mercado. La débil capacidad regulatoria del Estado (nacional y de las provincias) fue funcional para la creación de esos nichos de rentabilidad.

Las respuestas empresariales frente a la inestabilidad en los mercados proveedores basadas en la creación y absorción de empresas también fueron racionales en lo referente a la internalización de mercados distorsionados.[51] Así, en una economía donde los mercados de determinados insumos clave no funcionan eficientemente, las empresas tendieron hacia la conglomeración mediante la inversión en tales actividades.[52]

El resultado fue un proceso de concentración a favor de los conglomerados económicos, al tiempo que el Estado se debilita fuer-

destacados (siempre en el marco de una economía altamente inflacionaria que requería reajustes mensuales de tarifas).

[50] Una forma que se adoptó fue el "refugio" de los excedentes en la adquisición de tierras (expansión hacia el sector primario); otra fue la transnacionalización financiera y económica del ahorro.

[51] En épocas de alta inflación, gran parte de los CE operaba en mercados financieros paralelos (conocidos como "mesas de dinero"). Ello se refleja, en parte, en sus balances, donde los resultados que determinaban la posición final provenían del rubro "resultados no operativos".

[52] El caso de Arcor es paradigmático con sus desarrollos en cartón y papel y película de polietileno, frente a la escasa competencia existente en esos mercados. Esos desarrollos fueron facilitados por los mecanismos promocionales.

temente como árbitro y se produce una reducción del dinamismo o incluso una retirada de filiales de empresas multinacionales.[53] Desde el punto de vista de los CE, el proceso se tradujo en una fuerte expansión con gran diversificación de empresas e incluso territorial, alto endeudamiento y creciente necesidad de una reorganización administrativa de magnitud.

La mayoría de los CE tenía posiciones dominantes en los protegidos mercados en que operaban (Azpiazu, Basualdo y Khavisse, 1986; Basualdo y Azpiazu, 1989). Su estructura técnica y productiva combinaba empresas de larga data (originarias de grupos o adquiridas en los años ochenta) con plantas industriales de reciente lanzamiento cuyos estándares califican positivamente en el contexto internacional y tendían a conformar el segmento más competitivo de la actividad manufacturera local.[54] Los CE con gran diversificación productiva controlaban los pocos mercados dinámicos y rentables de los años ochenta y exhibían cierto grado de homogeneidad en senderos evolutivos de rápido crecimiento asociado a su articulación con el sector público.

2.4.2. Apertura, estabilidad y conglomerados económicos

Como se indicó anteriormente, a fines de los años ochenta y principios de los noventa, cambian sustancialmente las condiciones regulatorias locales en favor de una economía regulada por mercados abiertos a la competencia externa.[55]

[53] En el marco de un proceso de reestructuración de las matrices y de flujo de capitales a los centros desarrollados, y ante las persistentes condiciones económicas locales desfavorables, algunas filiales de empresas multinacionales se retiraron del mercado nacional (General Motors, Citroen, Eli Lily, etc.), mientras que otras retrajeron sensiblemente sus actividades.

[54] De hecho, la conjunción de una reducción del mercado interno, un esquema de precios relativos caracterizado por la sobrevaluación de la moneda extranjera y tarifas y salarios (en dólares) deprimidos, y las buenas condiciones de productividad física de sus empresas los ubicó rápidamente entre los principales exportadores industriales.

[55] El desmantelamiento del mecanismo promocional se efectuó rápidamente en los primeros años de vigencia del Plan de Convertibilidad. Sin embargo, a partir de 1992 diversos mecanismos de transferencia de recursos por diversas vías se mantuvieron en algunos sectores y se reinstalaron en otros. En ese sentido, inicialmente se estableció un régimen para la industria automotriz basado en un mecanismo diferencial de comercio exterior (comercio compensado y control de las importaciones); en otros

La pregunta central es cómo esas organizaciones, altamente diversificadas y claramente dependientes del Estado en su ritmo de acumulación previo, se ajustaron a las nuevas condiciones económicas y regulatorias. El tema gira en torno a si los CE podían enfrentar exitosamente los desafíos de una economía abierta a la competencia sin contar con mayores mecanismos públicos de subsidios. ¿Habían completado el proceso de consolidación tecnológica y productiva de la etapa del "capitalismo asistido" o, por el contrario, su dinámica de expansión estaba indisolublemente acotada por su articulación con el Estado?

A continuación, se describen los principales hechos que afectaron a los CE, para posteriormente analizar los tipos de senderos de ajuste/expansión que siguieron. No olvidando que el periodo bajo análisis es demasiado corto para evaluar plenamente una reestructuración de tal magnitud, el ajuste de los CE en el primer lustro de los años noventa tiene inicialmente dos etapas cuyo punto de ruptura es el "efecto tequila" en 1995.

En la primera etapa, se conjugan tres fenómenos centrales: 1] el lanzamiento y consolidación del Plan de Convertibilidad que cambia las condiciones de contexto, particularmente en lo referente al marco regulatorio; 2] las fuertes necesidades financieras públicas que inciden en la forma y velocidad de la retirada del Estado de la actividad productiva, y el replanteo de algunas regulaciones a mercados concretos; y 3] las condiciones del mercado internacional de bienes y de capitales de corto plazo, así como de las inversiones directas. Estos elementos se concretan en un mercado caracterizado por un fuerte aumento de la demanda y oportunidades inéditas de adquisición de activos e ingreso a nuevas actividades vía privatización; pero, bajo la presión de la mayor competencia externa, no sólo en los mercados de bienes finales, sino principalmente en nuevas oportunidades de negocios. La pregunta clave es cuán homogéneas fueron las respuestas de los CE, considerando los diferentes puntos de partida, estrategias, condiciones regulatorias y contextos internacionales.

casos, en los pliegos de licitación se establecieron convenientes condiciones de abastecimiento de algunos insumos. Finalmente, se produjo una elevación de los aranceles y el uso más difundido de los mecanismos de *antidumping*. A todo ello cabe añadir que, en 1995 y como respuesta al "efecto tequila", se relajaron algunos controles sobre el sistema bancario, como asimismo su relación con algunas firmas de determinados CE, facilitando el posicionamiento de este segmento empresarial.

2.4.2.1. Privatizaciones

En algunos casos, parte del impacto negativo de las nuevas condiciones –alza de las tarifas públicas reales, apertura, salarios crecientes, competencia externa, etc.– se vio relativizado por la forma que adquirió el "desguace" del Estado y por la activa participación de algunos CE en ese proceso. Los CE que participaron en la privatización de activos públicos en las siguientes áreas fueron:

i] Energía (Techint, Acindar, Fortabat, SCP, Pérez Companc, Bridas), petroquímica (Pérez Companc, YPF) y acero (Techint, CEI).

ii] El sistema telefónico (Pérez Companc, SCP, Techint).

iii] La concesión de las principales rutas del país, a través de un sistema de peajes (B. Roggio, Techint, SOCMA, Pérez Companc).

iv] El sistema de ferrocarriles y subterráneos sobre la base de un sistema de tarifas fijas y subsidios por áreas (B. Roggio, Pescarmona, Techint, Urquía, Bunge y Born). Los componentes del sistema de puertos y vías navegables también fueron privatizados o concesionados.

v] Las redes de agua potable y servicios públicos otorgadas en concesión (SCP, Meller, SOCMA).

vi] La casi totalidad de los medios de comunicación (Arte Gráfico Argentino, Multimedios).

De esta forma, en menos de tres años, más de un centenar de empresas fueron transferidas al sector privado, bajo distintas modalidades y con criterios no siempre similares. En varios casos, las regulaciones sectoriales previas fueron remplazadas por cláusulas de los pliegos de licitación o por la puesta en marcha de entes específicos de regulación. En este contexto, la fijación de las condiciones de ingresos de nuevos competidores (como en el caso de las telecomunicaciones), los niveles y mecanismos de ajustes de las tarifas (en teléfonos y uso de carriles marítimos y carreteros) e incluso las condiciones generales de las privatizaciones (plazos, precios, reservas de mercado, niveles de endeudamiento, etc.) favorecieron el posicionamiento de los CE reduciendo riesgos y generando elevadas rentabilidades. En otros términos, para algunos CE se reforzó y amplió el mecanismo de crecimiento asociado con la articulación con el sector público a través de la creación de condiciones especiales de mercado.

La participación de los CE en las privatizaciones no implicó la exclusión de otros agentes económicos –los capitales externos– que operan con gran dinamismo en un mundo que tiende a la globaliza-ción.[56] Por un lado, se hizo sentir la presencia de los nuevos CE de corte financiero que rápidamente captaron algunas de las áreas de elevada rentabilidad. Por otro, las privatizaciones de empresas de gran porte –servicios telefónicos, agua potable, ferrocarriles e incluso varias áreas petroleras– implicaron un monto de inversiones y un conoci-miento especializado que llevó a una fuerte presencia de capitales externos y, en unos pocos casos, obligó a la formación de consorcios con conglomerados locales. Así, sea bajo la exigencia de los pliegos de licitación, sea por libre elección, se producen dos fenómenos asocia-dos a las privatizaciones:

a] Un gran número de alianzas entre CE y subsidiarias de empresas multinacionales en actividades clave de la economía (véase cuadro 4).

b] Un fuerte entrecruzamiento entre varios conglomerados locales en algunas de las privatizaciones.[57]

En este contexto, la respuesta de los CE a las privatizaciones no fue homogénea. Desde su comienzo, algunas organizaciones deciden estratégicamente no participar en las mismas o hacerlo en menor medida. En otros casos, las decisiones empresarias apuntaron a parti-cipar exclusivamente en casos en los que los activos a enajenarse tenían relación con sus actividades principales y las adquisiciones permitie-ran alcanzar sinergia con algunas áreas de producción preexistentes.[58]

---

[56] A grandes rasgos puede afirmarse que, si bien las privatizaciones significaron incrementos sustanciales en los activos totales de un núcleo acotado de CE, no es menos cierto que, inicialmente, su participación no excluyó la presencia de sustantivos aportes de capitales externos. En efecto, considerando los valores de transferencias iniciales (efectivo más títulos públicos cotizados al valor de mercado cuando se efectuó la privatización) los datos indican que sobre un total de 2 055.7 millones de dólares transferidos en el área de petróleo y petroquímica, 41.6% fue captado por empresas pertenecientes a CE; en el área de energía eléctrica, sobre un total de 2 871.8 millones de dólares transferidos, la participación de los CE fue del 20.1%, mientras que en gas alcanzó a 42.9% de un activo cotizado en 1 840 millones de dólares.

[57] En las empresas telefónicas participan varios conglomerados (SCP, Astra, Techint); en Ferroexpreso Pampeano participan Techint y Fortabat. En CEI, grupo que participó activamente en el proceso, hay capitales del Banco República y del Grupo Whertein.

[58] Techint complementó sus producciones siderúrgicas con la ex empresa estatal SOMISA; Aluar integró su producción de aluminio a través del control de su fuente de energía (Futaleufú); Urquía completó el sistema de transporte de granos y aceites al puerto de Rosario a través de su participación en los ferrocarriles; Bunge y Born adquirió participación en terminales portuarias y silos (Neuquén y Bahía Blanca).

CUADRO 4
ASOCIACIONES DE LOS CONGLOMERADOS ECONÓMICOS CON EMPRESAS EXTRANJERAS

Compañía internacional	Origen	Compañía local	Actividad	Participación extranjera en el capital accionario (porcentajes)
Agra Co	EU	Pecom Agra (CNPC)	Agropecuaria	Vinculada
Alcatel	Francia	Telettra/Alcatel (Techint)	Comunicaciones	51
Amcorp SA	Sudáfrica	Minera Mincorp (CNPC)	Minería	49
Ampolex	Australia	CGC (SCP)	Petróleo	
Bell South/Motorola	EU	Movicom (SOCMA)	Telefonía	s.d.
BHP Petroleum	EU	CGC (SCP)	Petróleo	
British Gas	Reino Unido	Metrogas (Astra/CNPC)	Distribución gas	40
Burlington Northern Railroad	EU	Central Argentino (B Roggio)	Ferrocarril	s.d.
Cable et Radio	Francia	Telecom (CNPC)	Telefonía	
Camea (ARG)	Canadá	KICSA (CIPAL)	Manufac aluminio	Fusión de empresas
Canac Railway	EU	Ferrosur (Fortabat/Acindar)	Ferrocarril	Ninguna
CFI/Midland Bank	EU	Argentine Private Development Trust	Inversiones	s.d.
China Nat. Fisheries	China	Copedeca (Bridas)	Pesca	50
Corpoven SA	Venezuela	CNPC	Petróleo	50
Crow Corn	EU	Aluplata (CNPC)	Manufacturas metálicas	50

CUADRO 4 *(continuación)*

Compañía internacional	Origen	Compañía local	Actividad	Participación extranjera en el capital accionario *(porcentajes)*
CTM Citrus	Brasil	Molinos (ByB)	Alimentos	
Duke Power Co.	EU	Central Güemes (Acindar)	Electricidad	25
Electricité de France	Francia	Edenor (Astra)	Electricidad	25
Endesa	Chile	Central Costanera (CNPC)	Electricidad	50
Energy Development Co.	EU	CNPC-YPF El Tordillo	Extracción petróleo	12.5
Enron	EU	Transp. Gas del Sur (CNPC)	Distribución gas	25
Fiat	Italia	RIMACO (SOCMA)	Seguros	s.d.
Fiat Spa	Italia	CORMEC (SOCMA)	Motores	s.d.
G.I. Dupont	EU	Agar Cross (SCP)	Fertilizantes	
Gamesa	España	Matric. Austral (COFAL)	Autopartes	50
Gas natural SDG	España	Gas Nat. Bs As Norte (SCP)	Distribuc. de gas	51
GASCO	Chile	Dist Gas del Noroeste (Cartellone)	Distribución de gas	40
Houston Industries Inc.	EU	EDELAP (Techint)	Electricidad	49
Iberdrola	España	Dist Gas del Litoral (GyZ)	Distribución de gas	20
Iowa Interstate Railroad	EU	Ferroexpreso Pampeano (Techint)	Ferrocarril	2
Italgas	Italia	Dist. Gas Centro (SOCMA)	Distribución de gas	25
Koopers	EU	Ipako (GyZ)	Petroquímica	s/i

CUADRO 4 (*continuación*)

Compañía internacional	Origen	Compañía local	Actividad	Participación extranjera en el capital accionario (porcentajes)
Locwood Greene Engineers	EU	Altecnica (Alpargatas)	Obras de Ingeniería	50
Lyonnais des Eaux Dumez	Francia	Aguas Argentinas (SCP)	Agua potable	28
Mexpetrol SA	México	Mexpetrol Argentina (Astra)	Ext. de petróleo	s.d.
Miles	EU	MILAR (Arcor)	Encimas	s.d.
NEC	Japón	Pecom NEC (CNPC)	Telefonía	
Nike	EU	Nike Argentina (Alpargatas)	Calzado	51
Nova Gas	Canadá	Gas de los Andes (SCP)	Gas	
Novacorp International	EU	Transp. Gas del Norte SA (Tech/SCP)	Transporte de gas	25
Oxy Co.	EU	CNPC-YPF Puesto Hernández	Extracción petróleo	40
Pet Santa Fe	EU	CNPC-YPF El Tordillo	Extracción petróleo	20
Psi Resources/Chilectra	EU/Chile	Edesur (CNPC)	Electricidad	8
Quintana Minerals	EU	CGC (SCP)	Petróleo	
Quintana Petroleum	EU	Cía. General de Combustibles	Electricidad	28
Regie Renault	Francia	COFAL	Automotriz	33
Repsol SA	España	Astra-YPF Vizcacheras (Astra)	Inversiones	50
Samaho	Corea	Harengus (Bridas)	Pesca	
Shell	EU	Petroken (GyZ)	Petroquímica	51
Sintel	España	SIETEL (SOCMA)	Telefonía	s.d.

CUADRO 4 *(continuación)*

Compañía internacional	Origen	Compañía local	Actividad	Participación extranjera en el capital accionario *(porcentajes)*
Sirti Spa	Italia	Telsys (CNPC)	Servicios telefónicos	50
Societa Italiana per il Gas	Italia	Dist de Gas Cuyana (SOCMA)	Transporte de gas	25
Tractebel	Bélgica	Dist Gas del Litoral (GyZ)	Distribución de gas	40
Valeo	EU	Emelar (SOCMA)	Autopartes	
Waste Management	EU	Manliba (SOCMA)	Limpieza	41
Western Union Service	EU	ITRN (SOCMA)	Servicios de Comp.	s.d.

FUENTE: Banco de datos, Instituto de Industria, Universidad Nacional de General Sarmiento.

En otros, en cambio, predominó la decisión de ampliar un ya extenso rango de actividades. En esos casos, y teniendo en cuenta que estos cambios estructurales fueron realizados en un corto periodo de tiempo con una gran liquidez internacional, se recurrió fuertemente al endeudamiento externo, razón por la cual actualmente algunos conglomerados exhiben pesadas cargas financieras. En estos casos, los CE encontraron en el área financiera una palanca de desarrollo, incluso a costa de llegar fuertemente endeudados al inicio del "efecto tequila". En conclusión, sólo una decena de CE participaron activamente en el proceso de privatizaciones.[59]

2.4.2.2. Mercado y estrategias empresariales

En lo referente a la combinación entre mercado y estrategias empresariales, también se dieron al menos cinco diferentes tipos de comportamiento no excluyentes entre sí:

a] En los primeros años del Plan de Convertibilidad, pese al simultáneo dinamismo en la demanda interna, varias actividades de los conglomerados se vieron fuertemente afectadas por la apertura. Los casos más notorios fueron algunos insumos básicos, donde ciertas empresas registraron pérdidas durante varios años[60] e incluso algunos grupos se fueron desintegrando por venta de sus empresas (Richard en petroquímica y Celulosa y Massuh en papel).[61] Esta situación mejoró en 1993 y 1994 por la conjunción de medidas que restringían a las importaciones y el aumento de los precios internacionales.

b] Otros CE, en cambio, profundizaron sus estrategias de largo

---

[59] Por ejemplo, Bunge y Born, Quilmes y Alpargatas participaron escasamente en este proceso, mientras que otros grupos muy especializados o de menor tamaño (Mastellone, Arcor, Moreno, Peñaflor, Gatic, etc.) no registraron adquisiciones de activos públicos.

[60] Siderca y Acindar registraron fuertes pérdidas, al igual que Aluar, en los primeros años del Plan. Nuevamente aparece la importancia de la diversificación de portafolio en economías poco desarrolladas sujetas a fuertes vaivenes económicos. En ese sentido, es probable que los CE diversificados tuvieran subsidios cruzados en favor de sus empresas más castigadas por las adversas condiciones internacionales y el proceso de apertura.

[61] Se trata de casos en los que no se había completado el ciclo de inversiones productivas por obras inconclusas de las empresas centrales o de sus filiales y los mercados internacionales de *commodities* enfrentaron un periodo recesivo simultáneo a la apertura. Por lo demás, el tamaño de estas inversiones era sensiblemente menor al de las inversiones que realizan los líderes mundiales.

plazo, especializando sus actividades en áreas donde tenían ventajas, aprovechando el nuevo marco regulatorio que consolidaba un modelo de funcionamiento de la economía basado en menor riesgo, mayor estabilidad, inserción en un mercado ampliado y permanente competencia de inversionistas externos. A partir de ello, replantean su posición de largo plazo en un contexto ampliado dando lugar a un complejo juego de compras, ventas y fusiones de empresas. Grupos de las industrias alimentarias (Bunge y Born,[62] Arcor,[63] Urquía,[64] Moreno, Sancor y Mastellone), siderurgia (Acindar)[65] y textiles (Alpargatas y Karatex) actúan en esa dirección, muy influidos por las oportunidades de expansión hacia el Mercosur y el resto de América del Sur. La contrapartida de esta dinámica es el mayor peso que adquieren estas actividades en el contexto de los CE (véase cuadro 2). Por otra parte, este conjunto de CE tuvo una escasa participación en el proceso de privatización, tanto en términos de su magnitud económica, como de número de empresas.

c] Algunos CE expandieron sus actividades al compás de su participación en las privatizaciones, ampliando su rango de actividades mediante el ingreso a áreas donde no registraban antecedentes productivos; en otros casos completaron los procesos de integración "hacia atrás" o "hacia adelante" de las producciones que inicialmente fueron el centro de sus operaciones. En estos casos, la diversificación corrió en paralelo con el crecimiento de los activos totales y con el

---

[62] Bunge y Born se desprende en dos años de una decena de firmas (pinturas, petroquímicas, servicios) por un valor de poco más de 400 millones de dólares, para concentrarse y expandirse en la actividad alimentaria. Ingresa a los mercados locales de jugos, alimentos congelados y aguas, mientras se expande fuertemente en Brasil por la compra de empresas ya establecidas en el rubro. Organiza en una empresa central tanto la actividad del comercio de granos (Bunge y Born Comercial) como las de varias empresas alimentarias que controla (Vadial, Fanacoa, Tres Cruces y Mells), concentrando sus estructuras organizacionales. Como resultado de estos cambios, las ventas por empleado pasaron de 84 000 a 240 000 dólares anuales entre 1991 y 1995.

[63] Arcor profundiza su actividad con dos actividades: una fábrica de chocolates y un complejo alimentario completo; además expande sus actividades a Perú y Brasil.

[64] Urquía avanza hacia la producción de alimentos mediante la venta de aceites para consumo y la absorción de una empresa fabricante de pastas.

[65] Acindar se desprende de sus participaciones en la Central Güemes (electricidad) y en las asociaciones de fondos de jubilaciones y pensiones (AFJP), centrando su estrategia en ampliar la capacidad de algunas áreas (tubos con costura) y avanzar hacia la cadena de comercialización del acero (empresas de servicios y comercialización en Argentina, Chile y Brasil).

endeudamiento, principalmente externo. Parte del riesgo empresarial asociado con el alto endeudamiento se vio reducido por la elevada rentabilidad de algunas actividades –continuadoras de empresas estatales– que gozan de regulaciones específicas, por ejemplo, las telecomunicaciones y el sistema carretero.

d] Por su parte, otros CE (Techint, Arcor, Pérez Companc, Quilmes y, en menor medida, Roggio, Pescarmona, Multimedios y Sancor) profundizaron su proceso de crecimiento, combinando las privatizaciones con el aprovechamiento de los cambios de la demanda interna y la expansión hacia terceros mercados, principalmente Brasil y otros países latinoamericanos.[66] Los sectores donde esos conglomerados están centrando sus inversiones son alimentos, gasoductos y refinerías, algunas ramas petroquímicas, siderurgia y aluminio, y comunicaciones. La industria automotriz presenta un caso singular pues, además del dinamismo de la demanda interna y la plena conformación del Mercosur, la presencia de un régimen particular de promoción determinó sustancialmente la operatoria de SEVEL (SOCMA)[67] y CIADEA (COFAL).

e] Finalmente, en unos pocos casos donde se combinaron sucesiones familiares y la magnitud de los desafíos futuros, el camino fue la venta a grandes firmas internacionales.[68]

2.4.2.3. Las respuestas a nivel técnico y productivo

El comportamiento técnico y productivo de los CE, tanto a lo largo de los años ochenta como luego del proceso de apertura, puede exami-

[66] Las empresas de energía, petroquímica, la concesión de caminos y los sistemas de comunicaciones para ser privatizados en Brasil, Perú, Venezuela y otros países latinoamericanos aparecen como los proyectos de expansión más relevantes a nivel externo.

[67] Cuando la empresa socia (Fiat) decide volver a instalarse autónomamente en la Argentina, se replantea el campo de especialización de SOCMA.

[68] Como el caso de Astra donde la familia que controlaba la parte mayoritaria del paquete accionario vendió a REPSOL de España. Parte de la venta se asocia con la imposibilidad de expandirse hacia futuras explotaciones petroleras dado el elevado costo que ello implica (la plena explotación de un pozo demanda inversiones superiores a los 50 millones de dólares, lo que superaba las posibilidades de financiamiento equilibrado de una firma que facturaba poco más de 325 millones de dólares). Un dato adicional ilustra el problema de tamaño: la firma compradora, REPSOL, tiene una facturación de alrededor de 15 000 millones de dólares y ganancias por 730 millones de dólares en 1994.

narse en dos niveles: el hecho de operar como *holding*,[69] y lo ocurrido en términos de incorporación y generación de tecnología en las empresas individuales.[70] Las siguientes particularidades caracterizaron el comportamiento reciente:

a] Por su tamaño, los CE tienen acceso directo a créditos internacionales desde los años ochenta. Ese acceso y la presión de la apertura financiera llevaron a una rápida "puesta al día" de su ingeniería financiera. Los CE han desarrollado equipos altamente capacitados en esas operaciones; tales equipos, que se iniciaron durante la crisis de esa década, permitieron a los CE ubicarse eficientemente en el proceso de privatización, dada su capacidad de captar fondos en el mercado externo y operar en los mercados bursátiles internacionales.[71]

b] En algunos casos –Techint, YPF, SOCMA, Acindar, por ejemplo– la situación actual de los CE es el resultado de varias décadas de acumulación de acervos tecnológicos y económicos, que permite conocer y tener contactos estrechos con los principales proveedores internacionales de tecnología. Ello facilitó el proceso de "puesta al día" impulsado durante el Plan de Convertibilidad.

c] La mayor parte de los conglomerados ha efectuado inversiones de magnitud en las últimas décadas que derivaron en el establecimiento de facilidades productivas no alejadas de los estándares internacionales. A grandes rasgos, estos avances se produjeron a partir de una dinámica tecnológica que reconoce como eje central la importación de gran parte de los equipos y una mínima actividad local de "armaduría" y descodificación de los mismos. En los años noventa, se reforzó esa tendencia, especialmente en las industrias alimentaria, petrolera, de insumos básicos y del gas. En unos pocos casos, ello se tradujo en

---

[69] Las funciones corporativas comunes estables dentro de los organigramas de los grupos aparecen como los canales formales por donde se materializa la generación y captación de sinergias asociadas con el carácter público de algunos bienes: información, tecnologías de uso difundido dentro del grupo como las de tipo administrativo y organizacional, contactos empresariales, acceso al crédito, información sobre mercados e incluso marcas y prestigio. Obviamente, estos elementos son internalizables en el grupo, pero no de libre acceso a terceras instituciones económicas.

[70] En este caso, existe una gran disparidad entre las diversas empresas que conforman los principales CE, la que está asociada especialmente a la incorporación de empresas estatales, muchas de las cuales operaban lejos de los mejores estándares internacionales.

[71] Se debe recordar que parte de las privatizaciones se pagaron con títulos de la deuda pública.

el establecimiento de facilidades operativas totalmente nuevas –Molinos Río de la Plata de Bunge y Born, Siderar de Techint, Arcor, Acindar, Sancor– mientras que en otras se trató de inversiones adicionales al equipamiento ya existente.

d] Cambios organizacionales. Los CE, si bien tuvieron sus ejes operativos en un conjunto limitado de firmas a partir de las cuales se proyectó su crecimiento en diversas direcciones, replantearon sus formas organizacionales desde inicios de los años ochenta. Techint, SOCMA y Bunge y Born son representativos del movimiento que desplazó la organización desde firmas controladoras de otras empresas hacia la constitución de *holdings* con funciones claramente diferenciadas entre las actividades productivas y las corporativas. La expansión ocurrida en los años ochenta significó la incorporación o creación de un gran número de firmas, lo que, en muchos casos, implicó una notable diversidad de actividades con los consiguientes desafíos organizativos. Este hecho, junto a la "ola" de incorporación de nuevas empresas a partir de las privatizaciones y las nuevas condiciones de contexto derivadas del Plan de Convertibilidad, llevó a la adopción de profundas reformas organizativas en la casi totalidad de los casos.

e] Más allá de las especificidades de cada conglomerado, existen elementos comunes en este proceso tales como: i] una tendencia generalizada a que las reformas organizativas sean generalmente contratadas a consultoras de prestigio internacional y amplia experiencia (Price Waterhouse, Morgan Stanley, etc.); ii] una marcada coincidencia en separar las funciones estrictamente productivas de las de tipo corporativo (relaciones financieras, capacitación, diseño de estrategias, nuevos productos, etc.); iii] lentamente se va imponiendo la lógica de agrupar actividades por centros de negocios, en algunos casos consolidando actividades similares o relacionadas por función de producción y, en otros, separando por funciones administrativas –producción, comercialización, etc.-, y iv] en varios casos, estas reorganizaciones se constituyeron en un espacio ordenador del cambio generacional y el ingreso masivo de equipos de gerentes profesionales, lo que fue particularmente importante si se tiene en cuenta que buena parte de los CE tienen una fuerte impronta derivada de sus fundadores.

Todo ello induce a pensar que la consolidación de las nuevas formas organizativas tiende a generar niveles de excelencia –difícilmente medibles– concentrados en funciones fuera del área productiva, tales como financiamiento, comercialización e incluso organización, pero con fuertes impactos sobre ella.

Por su parte, en el interior de las empresas de los CE se produjeron modificaciones de relevancia que necesariamente operaron sobre las condiciones preexistentes, las que, a su vez, reflejaban el clima económico imperante en los años ochenta. Un tema central en ese sentido son las modificaciones en los grados de integración, considerando, por un lado, las diversas actividades que desarrolla un conglomerado y, por otro, el nivel de integración de cada una de las unidades que lo conforman. El punto de partida se dio en la década de los años ochenta, cuando la profusión de mecanismos promocionales directos e indirectos y la inestabilidad económica llevaron a una tendencia de crecimiento de los CE marcada por elevada diversificación y elevada verticalización de sus actividades.[72]

Las nuevas condiciones de entorno asociadas a la consolidación del Plan de Convertibilidad fueron modificando el perfil previo de funcionamiento. En un proceso altamente heterogéneo, impactado por el "efecto tequila" y aún no completado, la dinámica actual tiene los siguientes rasgos:

a] En las empresas de los principales conglomerados, se verifica un proceso de terciarización de actividades hacia empresas ya existentes en el mercado o creadas como desprendimientos de las actuales en el marco de fuertes reducciones de empleo. Seguridad, computación, transporte, generación de energía y servicios al personal son las principales áreas descentralizadas.

b] Este proceso no tiene su contrapartida en la creación o impulso de redes locales de subcontratación; en varias actividades –como la metalmecánica (especialmente automotriz), los bienes de capital y la electrónica– frente a la presencia de mercados ampliados y la estabilidad cambiaria, el cambio implicó una creciente participación de partes y piezas importadas; es decir, la desverticalización se inscribe en un proceso de integración a redes de subcontratación internacio-

---

[72] Por ejemplo, los escasos niveles de competencia con que operaban varios mercados, la inestabilidad en las cadenas de subcontratación (en términos de entrega, fiabilidad de los contratos, etc.), los reiterados y bruscos cambios de los precios relativos (incluido el tipo de cambio), generaron un clima propicio para la integración de actividades dentro de las empresas. Así, varios conglomerados crearon o absorbieron empresas destinadas a controlar la oferta de insumos clave, mientras que otros los produjeron internamente (generación de energía, por ejemplo).

nales que excluyen, en gran medida, a los abastecedores locales.

c] Simultáneamente, se verifica la apertura de los capitales de algunas empresas en el mercado accionario o hacia otros accionistas, aunque manteniendo el control mayoritario de las mismas.

d] En varios casos, las firmas profundizan y amplían sus actividades hacia cadenas de comercialización o hacia etapas posteriores con mayor valor agregado y clara diferenciación del producto. Es decir, incursionan "aguas abajo" buscando segmentar el mercado y crear vínculos con los clientes que permitan una mejor postura frente a la competencia externa.

e] Finalmente, en cuanto a corporación, varios conglomerados reforzaron o completaron sus actividades cubriendo nuevos segmentos ubicados "aguas arriba" o "aguas abajo" de su actividad original mediante la creación o compra de empresas, a veces asociada a la privatización. Es decir, a la vez que desverticalizan la producción en actividades específicas incrementan su participación en las distintas etapas de la cadena productiva con el fin de controlar los aspectos clave de la misma. En el nivel microeconómico, el proceso se concreta compartiendo el capital con nuevos agentes.

En suma, hasta fines de 1994, los CE habían comenzado a ejecutar procesos de ajuste heterogéneos a fin de adaptarse a las nuevas condiciones, modificando sus estrategias de inserción internacional, replanteando sus campos de actividad e incluso variando las formas de organización y los límites de las unidades operativas individuales.

Con este panorama y cuando la demanda interna comenzó a perder dinamismo por el "efecto tequila" en 1995, se modificaron sustancialmente las condiciones financieras internacionales –elemento clave en todo este proceso–, afectando a la economía nacional, ahora abiertamente expuesta a los mercados externos. En el marco de una profunda crisis financiera –los depósitos del sistema bancario se redujeron 30%– las conductas de ajuste de los conglomerados fueron resultado de causas directas (endeudamiento) e indirectas (caída de la demanda).

En términos de efectos directos, algunos conglomerados se vieron fuertemente afectados por la necesidad de refinanciar sus deudas. Esto reforzó en algunos casos la tendencia a desprenderse de activos como forma de ganar liquidez, mientras que en otros el tamaño de los emprendimientos permitió fortalecer su capacidad de acceso privilegiado al sistema de financiamiento internacional, diferenciarse del promedio local e incluso reforzar el proceso de concentración.[73] En la medida en que tiene acceso al financiamiento internacional, un conglomerado local puede ganar tiempo para aumentar su eficiencia interna, escalonar sus vencimientos, pagar menos intereses y así lograr, a mediano plazo, un fuerte crecimiento de sus activos netos.[74] En otros casos, los impactos financieros surgen de una reducción drástica y prolongada de su base de sustentación primordial: la demanda interna. Los conglomerados más pequeños ubicados en las producciones de bienes durables y bienes de consumo masivo fueron los que más sufrieron frente a tal reducción. Algunos fueron fuertemente afectados y quedaron al borde de la quiebra –Aurora, Gatic, Zanella, BGH– con una gran carga financiera que afecta seriamente su sendero de crecimiento, quedando en evidencia su endeblez financiera. Otros, por su magnitud, grado de diversificación o temprana estrategia de retirada de algunas actividades (SOCMA) replantean su esquema de crecimiento a largo plazo, reposicionándose en mercados de mayor potencial y necesariamente contemplando expansiones hacia Brasil, principalmente en agroalimentos.

2.5. LOS SENDEROS DEL AJUSTE DE LOS CONGLOMERADOS

A partir de estos hechos, con los matices y las superposiciones que son de esperar dada la diversidad de situaciones, pueden delinearse diferentes conductas luego de un lustro de apertura, privatizaciones y desregulación de la economía.

[73] Nótese que un conglomerado podía financiarse internacionalmente a un plazo de 3 años y a una tasa inferior al 10% anual, mientras que una firma local mediana (su potencial competidor) que se relacionaba con bancos locales lo hacía al 4% mensual a un plazo que, por lo general, no superaba el año.

[74] Algunos conglomerados, como SCP, frente a un muy fuerte endeudamiento y una gran diversidad de emprendimientos –varios de ellos en áreas nuevas que provenían de las privatizaciones– comenzaron a desprenderse de firmas controladas y vinculadas en un proceso altamente selectivo. SCP es un paradigma del crecimiento por medio de privatizaciones financiadas con endeudamiento, fundamentalmente en el exterior. En 1992, su patrimonio neto era de 169.2 millones de dólares frente a un activo total de 526.3 millones (con un endeudamiento de 357.1 millones); a fines de 1995 su patrimonio neto era de 350.5 millones, mientras que su activo total superaba los 1 100 millones (con un endeudamiento de 780 millones).

Un primer conjunto de conglomerados –con *conductas recesivas*– está conformado por organizaciones que no pudieron sostener exitosamente el ritmo competitivo y optaron por el cierre y venta o están en serias dificultades económicas. Existen distintas causas que explican estas conductas: i] CE que no habían completado su ciclo de inversiones o cumplido su ciclo de aprendizaje y se vieron enfrentados a la competencia externa en condiciones adversas de precios internacionales y terminaron siendo absorbidos por grandes compañías extranjeras (Celulosa, Massuh y Richard son los casos más relevantes); ii] organizaciones escasamente diversificadas que, luego de una expansión acelerada, vieron reducida su demanda interna sin contar con el adecuado sustento financiero, lo que limitó sensiblemente sus operaciones (Aurora, BGH, Zanella, etc.); iii] conglomerados que, aunque económica y financieramente sean sólidos, deciden estratégicamente –con base en la percepción de que enfrentan problemas insolubles de crecimiento a largo plazo– vender a grandes firmas internacionales (Astra, Peñaflor, Moreno).

Un segundo conjunto de organizaciones –con *conductas proactivas, de mediana diversificación, gran tamaño y crecimiento acelerado*– aprovechó el periodo de bonanza para ganar productividad y ubicarse en mercados internos y externos estratégicos. En algunos casos, ampliaron mínimamente su rango de actividades mediante las privatizaciones, aunque participaron activamente en aquellas áreas que complementaban sus actividades originales. Exhiben una gran solidez operativa y, basados en su tamaño, comienzan procesos masivos de internacionalización (Pérez Companc, Techint, Arte Gráfico, Acindar, CIPAL, Pescarmona). Otros profundizaron sus lógicas productivas, enfatizando en inversiones en sus áreas tradicionales, sin participar masivamente en las privatizaciones (grupos lácteos, Arcor, Karatex, Urquía, Quilmes, Moreno y laboratorios). Algunos CE se posicionaron individualmente frente a la nueva situación, mientras que otros lo hicieron en sociedad con firmas extranjeras, incluso para ingresar a terceros mercados. En todos los casos, su crecimiento fue ininterrumpido, el mercado externo tiene participación creciente en sus negocios y su referente financiero es la banca internacional. Completaron además el ciclo de recambio generacional estableciendo esquemas organizacionales con estructuras de *holding* que disminuyen la incertidumbre sobre este particular.

Un tercer conjunto de emprendimientos *con conductas proactivas* tendientes a la especialización replanteó, en el marco de cambios estratégicos de magnitud, sus áreas de actividad. Los casos más destacados son Bunge y Born –especialización en alimentos–, Alpargatas –concentración en textiles y calzados–, SOCMA –retiro parcial de automotores para concentrarse en alimentos y construcciones– y Pérez Companc –abandono reciente del grueso de su actividad financiera. Mediante esa estrategia, estos conglomerados, si bien redujeron sus niveles de facturación, se ubicaron en mercados ampliados con alto potencial de crecimiento.

Finalmente, un cuarto conjunto de conglomerados –con conductas proactivas, muy diversificados y con alto riesgo financiero– amplió considerablemente su cartera de negocios sobre la base de endeudamiento externo y acceso no selectivo a las privatizaciones, ingresando a actividades en las cuales no contaban con experiencia alguna (SCP y, en menor medida, B. Roggio son los casos más destacados). La esencia de esta estrategia consiste en usar el endeudamiento externo para sustentar un gran crecimiento del patrimonio neto, aun a costa de operar con alto riesgo.

Es difícil hacer un balance final de los efectos de las diferentes estrategias de ajuste. Por la magnitud de los activos involucrados, todo indica que los principales conglomerados han sorteado los problemas inherentes al "efecto tequila" sin que su proceso de acumulación haya sido seriamente afectado. Por el contrario, el análisis de algunos casos indicó que siguieron creciendo aceleradamente.[75] Asimismo, es evidente la presencia de un proceso de reacomodamiento de actividades en la búsqueda de fuentes de crecimiento independientes de su poder en el mercado interno y de su articulación con el Estado. Desde esa perspectiva, la estabilidad económica, la consolidación de los mercados ampliados y las privatizaciones en otros países latinoamericanos son funcionales a sus estrategias de acumulación. Sin embargo, esta dinámica tiene sus limitaciones, especialmente para los CE de menor tamaño. Aunque operen en actividades poco expuestas a la competencia o sustentadas por el control de recursos naturales, existe una competencia latente por parte de las grandes corporaciones que dominan esas actividades en el mercado mundial. Así, parecen irse

---

[75] Por ejemplo, entre 1993 y 1995 el patrimonio neto de Pérez Companc pasó de 1 294 millones a 1 729 millones de dólares; el de SCP, pese a su fuerte endeudamiento, creció de 284 millones a 350.5 millones de dólares, y el de YPF aumentó de 5 510 a 6 374 millones de dólares.

disociando lentamente de la etapa previa de "capitalismo asistido" –aunque siguen teniendo acceso privilegiado a los mecanismos promocionales– y enfrentan la regulación impuesta por la competencia de sus pares internacionales en el marco de una economía camino a la globalización.

Pese a estos avances, es pertinente la pregunta de si son suficientes las conductas de estos agentes y de las ET para lograr un *shock* de crecimiento luego que, en los años noventa, el país retomó una dinámica de crecimiento.

Una respuesta preliminar debe resaltar las debilidades de diverso tipo que se derivarían de basar el proceso de acumulación exclusivamente en estas organizaciones: i] su desarrollo está basado principalmente en actividades que generan escasas repercusiones sobre el resto del aparato productivo, siendo varias de ellas intensivas en recursos naturales no renovables; ii] no operan en actividades donde la acumulación tenga un sustento claramente tecnológico (electrónica y farmoquímica, entre otras); iii] su inserción exportadora se da principalmente en mercados altamente disputados y con base en productos poco diferenciados o, si son diferenciados, cuyas marcas son controladas desde el exterior, y iv] su tamaño, si bien creciente respecto al pasado, en la mayoría de los casos es pequeño respecto a los líderes internacionales de sus respectivos mercados. Aparece, nuevamente, la necesidad de una estrategia pública en la búsqueda de mecanismos que integren estos líderes del sector empresarial con el resto del tejido productivo con el fin de avanzar hacia actividades de mayor valor agregado. Es probable que, en ese diseño institucional, los nuevos perfiles empresariales resultado del proceso de cambio estructural demanden instituciones e instrumentos de política económica claramente distintos a los vigentes en la Argentina a mediados de los años noventa.

2.6. BIBLIOGRAFÍA

Acevedo, M., E. Basualdo y M. Khavisse (1991), *¿Quién es quién? Los dueños del poder económico*, Buenos Aires, *Página 12*/Pensamiento Jurídico.

Apertura (1996), "The Exxel Group", núm. 50, Buenos Aires, enero.

Azpiazu, D. (1996), *Élite empresaria en la Argentina*. Documento de Trabajo núm. 2, Proyecto sobre Privatización y Regulación en la Economía Argentina, Buenos Aires, FLACSO.

Azpiazu D., E. Basualdo y M. Khavisse (1986), *El nuevo poder económico en la Argentina de los años 80*, Buenos Aires, Editorial Legasa.

Basualdo, E. (1987), *Deuda externa y poder económico en la Argentina*, Buenos Aires, Editorial Nueva América.

Basualdo, E. y D. Azpiazu (1989), *Cara y contracara de los grupos económicos*, Buenos Aires, Editorial Cántaro.

Bisang, R. (1996), "Perfil tecno-productivo de los grupos económicos en la industria argentina", en J. Katz (ed.) *Estabilización macroeconómica, reforma estructural y comportamiento industrial. Estructura y funcionamiento del sector manufacturero latinoamericano en los años 90*, Buenos Aires, CEPAL/IDRC-Alianza Editorial.

Chudnovsky, D. (1996), *Los límites de la apertura*, Buenos Aires, Alianza Editorial.

Gatto, F. y G. Yoguel (1993), "Las PYMES argentinas en una etapa de transición productiva y tecnológica", en B. Kosacoff (comp.), *El desafío de la competitividad: la industria argentina en transformación*, Buenos Aires, Alianza Editorial.

Mercado (1996), "Las mil empresas líderes", *Mercado*, Buenos Aires, junio.

Ministerio de Economía (1996a), *Censo Nacional Económico 1994*, Buenos Aires, Secretaría de Programación Económica-INDEC.

——— (1996b), *Informe Trimestral. 3er Trimestre 1996*, Buenos Aires, Secretaría de Programación Económica.

——— (1997), *Informe Económico Año 1996*, Buenos Aires, abril.

Ministerio de Relaciones Exteriores y Culto (1996), *La Argentina de cara al mundo*, Buenos Aires, Secretaría de Relaciones Económicas Internacionales.

Prensa Económica (1995), "George Soros. El mayor inversor del mundo", *Prensa Económica*, año XXI, núm. 212. Buenos Aires, octubre.

——— (1996), "Ranking de las 1 000 empresas líderes", *Prensa Económica*, núm. 212, Buenos Aires.

Ryten, J. (1996), *La empresa y el grupo como unidad de observación*, INDEC, Buenos Aires, julio.

Schvarzer, J. (1996), *La industria que supimos conseguir*, Buenos Aires, Editorial Planeta.

2.7. ANEXO: PRINCIPALES EMPRESAS DE CINCO GRUPOS ECONÓMICOS

PRINCIPALES EMPRESAS DEL GRUPO TECHINT

División de actividad	Empresa, participación, actividad principal
División Productos Tubulares	Siderca (100%) caños sin costura Cometarsa (100%). Metalurgia Metalmecánica (100%). Varillas de bombeo Metalcentro (100%). Protectores de tubos SIAT (70%). Caños con costura TAMSA - México (31%). Caños sin costura Dalmine Italia (37%). Caños sin costura Conducid (20%). Roscado de tubos Confab - Brasil (30%). Caños con costura
División Productos Planos y Petróleo	Siderar (90%). Laminados planos Tecpetrol (100%). Extracción petróleo Losa (100%). Cerámicos
Ingeniería y construcciones	Techint S.A. (100%). Construcciones civiles SYUSA (100%). Servicios de ecología NATE (100%). Ingeniería de navegación Caminos del Oeste (100%). Peajes en caminos Edelap (23%). Distribución de energía Transportadora de Gas del Norte. Distribución de gas Ferroexpreso Pampeano. Transporte ferroviario Telefónica Argentina (7%). Telecomunicaciones Alcatel/Techint (49%). Equipos telecomunicaciones

PRINCIPALES EMPRESAS DEL GRUPO SOCMA

División de actividad	Empresa, participación, actividad
Construcciones	Sideco Americana (100%). Ingeniería y construcciones Ecogas (50%). Distribución de gas Autopista del Sol (33%). Concesionario de rutas Servicios viales (33%). Concesionario de rutas Manliba (55%). Limpieza Aseo (70%). Limpieza Central Térmica San Miguel (70%). Generación de energía Litsa (50%). Transmisión de energía. IECSA. Ingeniería de construcciones Torres de Bulnes. Inmobiliaria Crearurban. Inmobiliaria.
Alimentos	Canale (80%). Alimentos Coralco. Alimentos Basilar - Brasil. Alimentos
Automotores	Sevel Argentina (75%). Automotores Sevel Uruguay. Automotores Sevel Repuestos. Automotores Círculo de Inversores. Comercialización automotores Localiza. Alquiler de autos Eurolube(50%). Lubricantes
SOCMA Americana	Rimaco. Seguros Fax. Mayorista publicidad McAir Jet. Transporte aéreo
Informática y computación	Itron (100%). Computación ISC Bunker Ramo. Automatización bancaria Red Electrónica. Sistema electrónico de boletos transporte Sistemas Catastrales. Información geográfica Sepsa. Servicios de pago fácil Proceda - Brasil. Computación Unnisa - Brasil. Computación Movicom. Telefonía celular Abiatar - Uruguay. Telefonía celular.

PRINCIPALES EMPRESAS DEL GRUPO ARCOR

División de actividad	Empresa, participación, actividad
Golosinas y alimentos	Arcor S.A. Golosinas
	Candy S.A. Caramelos de gelatina
	Alica S.A. Preparados para flanes
	Arcor SAIC Caroya. Chocolates
	Aguila Saint. Chocolates
	Frutos de Cuyo. Procesado y envasado de verduras
	Arcor S.A. Mendoza. Dulces
	Dulciora S.A. Dulces
	Pancrek S.A. Galletitas
	Biscotti S.A. Galletitas
	Carlisa S.A. Pan dulce, alfajores
	Productos Naturales S.A. Aceites, esencias, sabores
	Nechar Alimentos - Brasil. Golosinas
	Van Dam - Uruguay. Golosinas
	Arcopar - Paraguay. Golosinas
	Alimentos INDAL - Chile. Alimentos y golosinas
	Arcor Perú - Perú. Alimentos y golosinas
	Ingenio La Providencia. Azúcar
Envases	Metalbox. Envases de hojalata
	Vitopel. Envases de polipropileno
	Covertlex. Envases productos alimenticios
	Fiexiprin. Impresiones de materiales de envases
Industriales	Cartocor. Cartón corrugado
	Vitople - Ideal. Tintas y cilindros de impresión
Energía	Central Arroyito. Energía
Agroindustria	Explotación ganadera. 167 000 Has.

Todas las empresas son controladas 100% por Arcor.

PRINCIPALES EMPRESAS DEL GRUPO PÉREZ COMPANC

División de actividades	Empresas, participación, actividades
Producción de gas y petróleo	Pérez Companc S.A. (100%). Petróleo Petróleo Pérez Companc (19.21%). Petróleo Servicio San Antonio (100%). Servicios petroleros Corod - Venezuela (50.78%). Servicios petroleros Oleoducto del Valle (23.1%). Transporte de hidrocarburos Terminales Marítimas (13.9%). Almacenaje de combustibles Mincorp (50%). Exploración minera Pérez Companc Inter (100%). Negocios externos Petróleo San Carlos (100%). Petróleo.
Transporte y distribución de gas	Transporte Gas del Sur (25%). Transporte de gas Gas Argentino (25%). Transporte de gas Metrogás (25%). Distribución de gas PASA (100%). Petroquímica
Petroquímica y refinación	Unistar (100%). Polímeros Petroquímica Cuyo (29.0%). Industria productos químicos Refinería San Lorenzo (57.5%). Refinería de petróleo Refinería del Norte (28%). Refinería de petróleo
Electricidad	Citelec (15%). Transporte de energía Transener (9.8%). Transporte de energía Yacylec (25%). Transporte de energía Distrilec/Edesur (19.6%). Transporte de energía
Telecomunicación	Pecom Nec (51%). Electrónica y comunicaciones Nortel Inversora (25%). Telecomunicaciones Telecom Arg (15%). Telecomunicaciones

PRINCIPALES EMPRESAS DEL GRUPO PÉREZ COMPANC *(continuación)*

División de actividades	*Empresas, participación, actividades*
Construcciones	Com-Ing (35.3%). Diseño y operaciones de telecomunicaciones
	Sade Ingeniería (99.99%). Obras de ingeniería
	Sirti Argentina (49.9%). Construcción de redes y telecomunicaciones
Otras Inversiones	Alto Palermo (99%). Inversiones inmobiliarias
	Emprendimientos Recoleta (50.99%). Inversiones inmobiliarias
	Nuevas Fronteras (37.31%). Hotelería
	Combustibles Nucleares (66.6%). Combustibles nucleares
	Fábrica Aleaciones Especiales (45.32%). Aleaciones
	Elenet (50.99%). Servicios
Agropecuaria	Pérez Companc Agropecuaria (100%). Agropecuario
	Pérez Companc Forestal (100%). Forestación y aserradero
	Pecom Agra (50%). Aceite de soja
Bancos/Finanzas	Banco Río (100). Finanzas
	Banelco (20%). Servicios bancarios
	Visa (5.88%). Tarjeta de crédito
	Delval. Fondo de Inversiones
	Río valores (99.9%). Sociedad de valores
	Sur Seguros de Retiro (51%). Seguros
	Sur Seguros de Vida (51%). Seguros
	Siembra AFJP (51%). Seguros accidentes de trabajo

PRINCIPALES EMPRESAS DEL GRUPO SOCIEDAD COMERCIAL DEL PLATA

División de actividades	Empresas, participación, actividades
Petróleo y derivados	Cía. General de Combustibles (95%). Petróleo EG³ (32.6%). Refinación y distribución de combustible Refinería San Lorenzo (42.5%). Refinería de petróleo DAPSA (50%). Refinación de petróleo Interpetrol (42.5%). Comercialización internacional de petróleo
Transporte y distribución de gas	Transportadora de Gas del Norte (15%). Transporte de gas Gas natural BANSA (17.5%). Transporte de gas Gas Andes (13.5%). Transporte de gas
Aguas	Aguas Argentinas (19.6%). Servicio de aguas Aguas Provinciales Santa Fe (19.2%). Servicios de aguas
Entretenimiento	Tren de la Costa (100%). Transporte turístico Dock del Plata SA (100%). Reciclado construcción Del Plata Propiedades (100%). Negocios inmobiliarios Telefe/Televe (20.8%). Productora de TV
Ingeniería y construcciones	CPC S.A. (100%). Construcciones McKee del Plata S.A. (100%). Construcciones Tel 3 S.A. (33%). Construcciones
Otras actividades	Ferroexpreso Pampeano (16.4%). Ferrocarriles Central Térmica Güemes (15%). Electricidad Transener S.A. (9.8). Transporte de electricidad Agar Cross (55.5%). Distribución de agroquímicos Investolux S.A. (100%). Inversiones Aylin Barrios (20%). Seguros

3. CAMBIANDO CON LA ECONOMÍA: LA DINÁMICA DE EMPRESAS LÍDERES EN BRASIL

RUY DE QUADROS CARVALHO
ROBERTO BERNARDES*

3.1. INTRODUCCIÓN

Desde comienzos de la década de los noventa, la economía brasileña está pasando por un proceso de grandes cambios, con significativas repercusiones sobre la dinámica del crecimiento y las decisiones de inversión en sus principales sectores productivos. Esta situación es resultado de la interacción de reorientación de la política económica con el proceso de globalización. La completa revisión de la política industrial y de comercio exterior –la apertura a las importaciones y la desregulación de mercados– la privatización de parte del sector productivo estatal y la implementación de una política de defensa de la competencia ampliaron significativamente la rivalidad en el mercado interno, al mismo tiempo que abrieron nuevas oportunidades de integración internacional. A partir de 1995, la estabilización de los precios contribuyó a presionar para que se produjeran cambios en el comportamiento de las empresas, al volver más transparente el proceso de formación de costos y precios. Finalmente, el rápido avance de la integración regional al Mercado Común del Sur (Mercosur), al ampliar los horizontes inmediatos de mercado, contribuyó a cambiar las determinantes de las decisiones empresariales.

La industria de transformación está entre los sectores más afectados por este proceso de cambios. Las empresas industriales han reaccionado mediante una amplia revisión de sus estrategias y políticas de operación. Esta revisión comprende fenómenos como la reestruc-

* Profesor del Departamento de Política Científica y Tecnológica del Instituto de Geociencias del la Universidad de Campinas (São Paulo) e investigador de la Fundação Sistema Estadual de Análise de Dados (SEADE), respectivamente. Este capítulo fue traducido del portugués por María Helena Charalamby, secretaria en la Unidad Conjunta CEPAL/ONUDI de Desarrollo Industrial y Tecnológico, Santiago de Chile. La última revisión del texto por los autores se realizó en mayo de 1997.

turación patrimonial, el establecimiento de alianzas locales e internacionales, el cambio en las formas de financiamiento, la reorientación de sus estrategias de producto y manufactura, y el establecimiento de nuevas relaciones con proveedores, clientes o consumidores. El resultado de estos cambios conforma lo que los analistas industriales y de gestión empresarial califican como reestructuración industrial.

Este capítulo tiene como objetivo explorar las características determinantes de ese proceso para un conjunto de empresas brasileñas líderes a partir de 1990, haciendo referencias someras a cómo esas empresas conquistaron sus posiciones de liderazgo. El énfasis en el periodo reciente también responde a que la posibilidad de sostener esas posiciones en el futuro estará determinada por las alternativas de acción (o inacción) que esas empresas elijan en este periodo crucial.

La evaluación de las estrategias de ajuste de las empresas líderes se concentró en los siguientes aspectos: a] estrategia de mercado, incluyendo inserción internacional, b] búsqueda y realización de alianzas y *joint ventures*, c] cambios en la estructura patrimonial, tales como fusiones, adquisiciones y ventas, d] estrategias tecnológicas y políticas de innovación de productos y marcas, e] estrategias de innovación de proceso y políticas de gestión de la producción, incluyendo cambios en localización, y f] relaciones con proveedores y clientes. Estos temas fueron estudiados a partir de fuentes secundarias, documentos provistos por las propias empresas e información recogida en entrevistas realizadas entre noviembre de 1995 y julio de 1996.

El capítulo está estructurado de la siguiente forma. La segunda sección presenta los criterios que se siguieron para elegir el conjunto de empresas líderes y hace una breve descripción de cada una de las empresas seleccionadas. La sección siguiente analiza los principales cambios que se han producido en la economía brasileña en la década de los años noventa. En la cuarta sección se presentan y analizan los resultados de la investigación para cada empresa. Finalmente, la quinta sección extrae las conclusiones que se pueden derivar respecto a las características dominantes de los procesos de ajuste de las empresas líderes y se hacen sugerencias de política.

3.2. UN GRUPO DE EMPRESAS LÍDERES

Para elegir un conjunto relevante de empresas líderes se siguieron los siguientes criterios: *a*] alta participación (*market share*] en el mercado interno; *b*] buen desempeño exportador, especialmente en lo que se refiere a la apertura de mercados para sus productos, y *c*] capacidad de innovación de productos o de procesos. Las empresas seleccionadas cumplen con dos de esos aspectos por lo menos.[1]

Considerando estos criterios, la muestra presenta diversidad respecto al origen de la propiedad del capital, combinando una mayoría de empresas nacionales con la presencia de algunas multinacionales y empresas del Estado. Este último criterio llevó a escoger una empresa recién privatizada, que permitiera evaluar los efectos de la privatización sobre la estrategia de ajuste. También era importante que la muestra incluyera una diversidad de sectores industriales. Con excepción de dos empresas productoras de autopartes, todas las restantes pertenecen a segmentos industriales diferentes, aunque algunas veces participan de un mismo complejo o cadena productiva.

Aplicando los criterios antes descritos, se llegó a una muestra cuyas características específicas son presentadas más adelante. El objetivo de esta sección es sobre todo resaltar las características de liderazgo que estas empresas demostraban antes del ajuste, algunos de los factores determinantes en la constitución de ese liderazgo, así como sus principales estrategias en la segunda mitad de los años ochenta. (El cuadro 1 presenta un detalle de los principales sectores de actividad, ventas, exportaciones y empleo de las empresas de la muestra en 1995.)

Fiat Automóviles

El grupo Fiat está presente en Brasil desde la década de 1950, aunque el inicio de las operaciones de la Fiat Automóviles, empresa líder del grupo, recién se inicia en 1976. En ese año es inaugurada la fábrica de Betim (Minas Gerais), la primera ensambladora de autos que se instaló

---

[1] Esta flexibilidad hizo posible considerar por lo menos una empresa importante por su liderazgo en el mercado interno, a pesar de tener poca presencia en el mercado externo; como asimismo el caso de una empresa exportadora con poca penetración en el mercado interno.

CUADRO 1

CARACTERÍSTICAS DE LAS EMPRESAS DE LA MUESTRA
(datos en millones de dólares y número de empleos)

Nombre de la empresa	Sector y segmento industrial	Ventas netas (1995)	Exportaciones (1995)	Empleo (1994)
Alpargatas-São Paulo Alpargatas S.A.	Textil y confecciones, productos varios	435.3	18.9*	17 000
Cacique-Cia. Cacique de Café Solúvel	Alimentos: café soluble	119.0	97.0	923
Clark-Equipamentos Clark Ltda.	Autopartes: transmisiones (cajas de cambio)	168.0	40.0*	2 683
Cofap-Cia. Fabricadora de Peças	Autopartes: anillos de pistón y amortiguadores	377.0	131.0	9 600
Ermeto-Ermeto Equipamentos Industriais Ltda.	Componentes para bienes de capital mecánicos: bombas y válvulas hidráulicas a aceite	22.0	0.7	646
Fiat-Fiat Automóveis S.A.	Automóviles y pick-ups	4 628.0	459.0	17 553
Gessy Lever-Indústrias Gessy Lever Ltda.	Productos de higiene y limpieza. Alimentos: productos variados	2 007.0	150.0*	11 000
Oxiteno-Oxiteno S.A. Indústria e Comércio	Productos petroquímicos intermedios	119.0	80.2	1 150
WEG-WEG Motores Ltda.	Bienes de capital: motores eléctricos bifásicos y trifásicos	241.0	65.0	4 476
Usiminas-Usinas Siderúrgicas Minas Gerais S.A.	Siderurgia: aceros planos y laminados	1 408.0	564.0	10 488

* Datos para 1994.

fuera del estado de São Paulo. Es importante destacar que el ingreso de Fiat en el mercado brasileño fue objeto de fuerte resistencia por parte de las ensambladoras ya instaladas en Brasil.[2] Desde el inicio de sus operaciones, Fiat adoptó una estrategia de mercado volcada hacia la especialización en vehículos pequeños y por ende de bajo costo. Entre las innovaciones de Fiat, destaca el lanzamiento de la primera familia de automóviles (basada en el modelo 147) y la producción del primer automóvil a alcohol (en 1979). Fiat también fue pionera en la adopción de técnicas de gestión modernas, especialmente orientadas a mejorar la productividad de la fábrica. Esto condujo a que, a finales de los años ochenta, iniciase una trayectoria de crecimiento de la productividad y se consolidó como la mayor exportadora de vehículos automotores de Brasil. Sin embargo, sólo a partir de 1990 inició el crecimiento de su *market share* en el mercado interno. La posición de liderazgo en el rubro de automóviles compactos sólo fue consolidada recientemente; en la actualidad, Fiat es el segundo mayor productor de automóviles en Brasil.

Cofap

Es una de las mayores empresas brasileñas de autopartes de capital nacional, y una de las mayores fabricantes de anillos de pistón. Fundada en la década de los años cincuenta, también es fabricante de amortiguadores y líder en ese mercado. Su principal planta se encuentra localizada en el municipio de Santo André (estado de São Paulo), también posee fábricas en el estado de Minas Gerais. Además de su carácter de líder del mercado y gran exportadora, la Cofap fue una de las empresas pioneras en adoptar técnicas modernas de gestión y, ya en 1984, inició un programa de calidad total. El desempeño exportador de la empresa, desde los años ochenta, ha sido notable por su capacidad de abrir nuevos mercados y de atender a clientes exigentes como BMW y la Mercedes Benz alemana. Es un ejemplo de empresa brasileña que invierte considerablemente en investigación y desarrollo e innovación tecnológica.

---

[2] En esa época, la entrada en éste u otros mercados dependía de autorizaciones gubernamentales.

Clark

Fue en la década de 1980 la mayor productora de transmisiones para vehículos instalada en Brasil; actualmente mantiene su liderazgo en el área de transmisiones para camiones. De origen y control norteamericano (originalmente perteneciente a Clark Equipment Corp.), la empresa se "abrasileñó" considerablemente, no sólo debido a la presencia casi exclusiva de ejecutivos brasileños, sino principalmente porque gozó de autonomía por encima de la media otorgada a una subsidiaria. Al inicio de los años ochenta se volvió conocida por ser pionera en la introducción del concepto de células de producción en Brasil. Desarrolló capacidad de innovación de productos, destacándose por el número de ingenieros e investigadores empleados.

Gessy Lever

Subsidiaria del grupo Unilever, opera en Brasil desde la década de 1930. Siguiendo la tradición del grupo, creció en Brasil a través de una política sistemática de adquisición de otras empresas, como Gessy, Anderson Clayton, Okuba y otras. Muy tempranamente se consolidó como líder absoluto en los mercados de jabones y jabón en polvo; también entró en el mercado de alimentos y productos de perfumería en la década de los años setenta. En los años ochenta ya era parte del grupo de las 15 mayores multinacionales con negocios en Brasil. Lo importante de ese periodo fue el inicio de una política agresiva de *marketing* y propaganda. De ahí surge la fama de ser una "escuela" para ejecutivos de esas áreas. Está asentada en São Paulo, aunque posee fábricas en varios estados del país.

Cacique

Fundada a mediados de los años sesenta, Cacique fue la empresa pionera en Brasil en la producción y exportación de café instantáneo. Ya en la década siguiente se convirtió en la mayor exportadora brasileña de ese producto. También fue la primera empresa del sector en exportar café instantáneo envasado y de marca. Poseedora de las marcas Cacique y Pelé, en los años ochenta fue pionera en el desarrollo de nuevos mercados en el Oriente y en el Este europeo. Sin embargo, su presencia en el mercado interno de café instantáneo siempre fue marginal, lo que la llevó a la búsqueda de diversificación hacia otros productos relacionados, como café en grano. Su fábrica se ubica en el estado de Paraná.

Alpargatas

Desde el comienzo de sus operaciones, São Paulo Alpargatas S. A., empresa fundada en 1907 por capitales extranjeros y nacionales, enfocó sus actividades hacia el sector de bienes de consumo de masa, siendo reconocida por una posición de líder en calzados y una presencia tradicional en confecciones, actuando principalmente en el área de lonas con 16 marcas diferentes. En la década de los años setenta, São Paulo Alpargatas fue pionera en la producción nacional de *denim* (índigo *blue*), lanzando la marca *USTop*.

Usiminas

Creada en 1956 como resultado de una *joint venture* entre el gobierno brasileño, el estado de Minas Gerais y la Nippon Steel, Usiminas se convirtió en la segunda empresa brasileña productora de aceros planos y la mayor de aceros laminados. En tanto Usiminas era estatal, estuvo entre las diez mayores empresas controladas por el Estado. Privatizada en 1991, se tornó una de las diez mayores empresas privadas del país. La fuerte presencia japonesa en sus años iniciales fue fundamental para consolidar un alto perfil de ingeniería y activi-dades de investigación y desarrollo. Fue la pionera en la comercialización internacional de servicios tecnológicos. A pesar del control estatal, consiguió mantenerse relativamente poco sujeta a la interferencia política en su gestión, lo que contribuyó para consolidar su política de inversión permanente en modernización. Su planta localizada en el municipio de Ipatinga tiene capacidad instalada para la producción de 3.5 millones de toneladas al año.

Oxiteno

Empresa perteneciente al grupo Ultra, uno de los principales en la industria petroquímica, Oxiteno comenzó a operar en la década de 1970, con plantas en São Paulo y en el Nordeste. Básicamente monopolista en la producción y comercialización de óxido de etileno, uno de los intermediarios petroquímicos más utilizados. En los años ochenta, Oxiteno desarrolló una importante actividad de investigación y desarrollo y asociaciones con institutos tecnológicos, siendo una de las pocas petroquímicas brasileñas que registran patentes con alto valor comercial. Parte de su paquete de control accionario, que pertenecía a Petroquisa del grupo Petrobrás, fue privatizado al inicio de la década de los años noventa.

WEG-Motores

La empresa fue fundada en 1961, en la ciudad de Jaraguá do Sul, estado de Santa Catarina, iniciando sus actividades en el ramo de motores eléctricos. Durante la década de los años sesenta y setenta, la expansión de sus actividades y la mejora tecnológica de sus productos fueron intensas, estimulando la apertura de una oficina en Alemania, en 1974, con el propósito de absorber tecnología. En ese periodo, empresas alemanas eran la principal fuente de tecnología de WEG y, también, sus principales competidores. En la década de 1980, WEG asume el liderazgo del mercado de motores eléctricos industriales trifásicos y monofásicos. La estrategia de diversificación de sus negocios se inició entonces con la formación de otras tres empresas: WEG Máquinas, WEG Accionamentos y WEG Automatización. Actualmente la empresa ocupa el quinto lugar entre los fabricantes mundiales de motores y es el mayor fabricante de motores eléctricos de América Latina.

3.3. LOS CAMBIOS EN EL CONTEXTO MACROECONÓMICO EN 1990-1995

Esta sección presenta una síntesis de la reciente evolución de la economía brasileña, concentrando su atención en la importante reorientación que ha tenido la política económica a partir de 1990. El objetivo es analizar los impactos de los cambios del ambiente macroeconómico sobre los determinantes del comportamiento de las empresas.[3] A comienzos del periodo, la reorientación de la política comercial e industrial brasileña en dirección a una estrategia denominada "integración competitiva", así como la revisión de la naturaleza y de los instrumentos de intervención estatal en la economía, desencadenaron cambios estructurales significativos. El aumento de la competencia en el mercado interno, el crecimiento del grado de apertura de la economía y la aparición de nuevas fronteras para las inversiones privadas a partir de la desregulación y la privatización son algunos de esos cambios. Con todo, el éxito de la política de estabilización, a partir de 1994, contribuyó significativamente para magnificar y profundizar estas transformaciones, a tal punto que el proceso de estabilización puede ser encarado como inicio de una segunda etapa.

3.3.1. Primera fase: apertura y recesión

Esta fase, inaugurada con el gobierno de Fernando Collor de Mello en 1990, marcó el inicio de un proceso de ajuste estructural de la economía brasileña. El aspecto más significativo y duradero de la política económica de este periodo fue la puesta en marcha de la apertura comercial, a través de un esquema de *phasing out* de tarifas y de amplia eliminación de barreras administrativas a las importaciones. Un segundo aspecto importante fue la amplia desregulación de la inversión en sectores productivos y de algunos mercados hasta entonces estrictamente regulados. Finalmente, cabe recordar la realización de la primera etapa de privatización, con la venta del control gubernamental sobre los sectores siderúrgico y petroquímico. A pesar de que estos cambios crearon una mayor presión competitiva sobre las empresas y abrieron nuevas oportunidades de inversión, esta fase se destacó por haber presentado la más baja tasa de inversión y una de las más graves recesiones de la historia reciente de la economía brasileña, cuyo principal determinante fue el fracaso de la política de estabilización y la crisis de confianza generada por algunas de las medidas de política adoptadas.

---

[3] Por lo tanto, no se pretende hacer evaluaciones de las tendencias de los principales agregados económicos, ni tampoco ser exhaustivo en la exposición de las nuevas medidas económicas.

La apertura comercial fue puesta en marcha como parte de un amplio conjunto de reformas en la regulación de la gestión de comercio exterior y de la inversión. En junio de 1990, algunos meses después de la ejecución de su primer programa de estabilización, el gobierno presentó su Política Industrial y de Comercio Exterior (PICE).[4] Se trataba de un conjunto de medidas que buscaba cambiar radicalmente el régimen de política industrial y comercial a la que la economía brasileña había estado acostumbrada durante décadas. A pesar de las fallas conceptuales y operacionales de la nueva política y, especialmente, a la falta de articulación de su realización en la gestión macroeconómica, no se puede negar que la PICE logró introducir una nueva agenda y alterar el ambiente de negocios en Brasil.

El objetivo explícito de la PICE era desplazar la prioridad de la política industrial de la internalización de la producción como un objetivo en sí mismo hacia la búsqueda de un desarrollo industrial basado en ganancias sistemáticas de productividad y en mejorar la calidad de los productos y los servicios. El fundamento de la política era el diagnóstico de que el patrón de industrialización anterior estaba agotado y se había vuelto uno de los determinantes de la crisis económica y del agotamiento financiero del Estado. En efecto, la política industrial de la fase anterior, con su corte *inward looking* y poca consideración a los criterios de eficiencia estática y dinámica, fue capaz de lograr la constitución de un parque industrial complejo y relativamente integrado, pero acumuló significativas deficiencias estructurales. Entre ellas, se destacan el bajo crecimiento de la productividad, la limitada capacitación tecnológica y la dependencia de un padrón de explotación de los recursos humanos. Estos factores, asociados al alto costo fiscal de los programas de fomento industrial y regional vigentes, contribuyeron a alimentar la espiral inflacionaria, reducir el horizonte de los negocios y provocar la retracción de las inversiones. La combinación de protección comercial excesiva con la concesión ilimitada de generosos montos de incentivos fiscales y crédito público subsidiado condujo a un comportamiento empresarial conservador, contrario al riesgo e innovación. Éste era el punto focal de la baja competitividad de la industria brasileña.

A partir de este diagnóstico, la puesta en práctica de la PICE intentaba introducir una estrategia de premio y castigo (*stick and*

---

[4] Para una síntesis y crítica de la política industrial y de comercio exterior de este periodo, véase Furtado (1994, pp. 74-85).

carrot) basada en el concepto de integración internacional y aumento de la competitividad (integración competitiva). Según esta estrategia, el gobierno debería aumentar la presión competitiva sobre los agentes económicos a fin de impulsarlos a buscar eficiencia productiva y calidad como manera de enfrentar la competencia. Tal presión (*stick*) sería consecuencia de la revisión de las barreras proteccionistas a las importaciones. Complementariamente, el gobierno buscó introducir un mecanismo regulador de la competencia más adecuado a las nuevas condiciones de mercado (ley de competencia). A los agentes dispuestos a modernizarse el gobierno les daría su apoyo a través de programas de reestructuración (*carrot*) y de apoyo a la capacitación tecnológica y a la de la productividad y la calidad.

El análisis de los dos principales instrumentos o medidas del PICE revela los dos aspectos de esa estrategia.

Apertura comercial. Entre 1990 y 1994 el gobierno federal procedió a una amplia liberalización de las importaciones: inicialmente se promovió la virtual eliminación de las barreras no arancelarias (regímenes especiales de importación y otras); a lo que siguió un cronograma de reducción progresiva de los aranceles de importación, que tenía como meta una tarifa modal de 20% en 1994, con tasas entre 0 y 40%; en la práctica, este cronograma fue acelerado y sobrepasado, de modo que a finales de 1994 la mediana del arancel ya se encontraba cerca del 14 por ciento.

Programa Brasileño de Productividad y Calidad (PBQP). Fue un esfuerzo de movilización, coordinado y articulado por el gobierno, que buscaba ampliar la concientización y la motivación de las empresas respecto a productividad y calidad, así como contribuir a la creación de las condiciones externas (difusión, financiamiento, formación de cuadros, etc.) para la adopción de métodos productivos modernos. Este programa, así como el *Programa de Apoyo a la Capacitación Tecnológica Industrial (PACTI)*, consideraba al mercado como principal referencia y a la empresa como el principal agente de la política tecnológica.

No obstante, en la práctica la contradicción con las metas de restricción del gasto público, determinadas por la gestión de corto plazo de la política de estabilización, terminó por hacer inviable cualquier inversión gubernamental significativa en las políticas de reestructuración. Durante esta primera fase, ellas funcionaron más como *slogans* o símbolos, que como programas efectivos. Por lo tanto, desde el punto de vista de su resultado e impacto sobre las empresas brasileñas, el aspecto realmente efectivo de la PICE fue la apertura comercial.

Otro aspecto importante de la política industrial del periodo, aunque no anunciado formalmente como parte de la misma, fue la amplia desregulación de la inversión y de los mercados llevada adelante por el gobierno. Al respecto dos medidas fueron significativas. Primero, el abandono de la polémica política nacional de informática, heredada de los gobiernos anteriores, especialmente en su aspecto central de *reserva del mercado* brasileño de bienes y servicios de informática para empresas controladas por capitales nacionales. En segundo lugar, se revocaron los últimos instrumentos y organismos gubernamentales (por ejemplo, el Consejo de Desarrollo Industrial, CDI) que regulaban las inversiones privadas en la industria de transformación.

En este periodo se inició el Programa Nacional de Desestatización, que efectuó importantes privatizaciones que alcanzaron a todo el sector de siderurgia y las participaciones del gobierno federal en la industria petroquímica. En 1991-1994, el gobierno vendió participaciones que le garantizaban el control en todas las grandes productoras de aceros planos y laminados (Usiminas, CSN, CST, Cosipa), así como en una de las principales productoras de aceros especiales (Acesita). También fue vendida la capacidad de control que ejercía Petroquisa (subsidiaria de Petrobrás) sobre las principales centrales de petroquímicos básicos (Copesul, PQU, Copene), así como una buena parte de los productores de insumos para fertilizantes (Nitrofertil, Ultrafertil, Fosfertil, Goiasfertil). También en petroquímica, el gobierno vendió su participación en más de una docena de empresas productoras de petroquímicos de segunda y tercera generación (Matos Filho y Oliveira, 1996).

Pese al profundo impacto que este conjunto de medidas tuvo sobre el ambiente de negocios en Brasil, las expectativas de crecimiento industrial con competitividad estuvieron lejos de realizarse. La recurrente espiral inflacionaria (cuadro 2) fruto del fracaso de los sucesivos paquetes antinflacionarios del gobierno de Collor, el efecto de medidas de restricción fiscal y monetaria sobre el nivel de actividad, así como la desconfianza generada por los impactos de estas medidas sobre el sistema financiero, contribuyeron a conducir a la economía brasileña a experimentar, entre 1990 y 1992, una de las peores recesiones de su historia reciente. La retracción de la actividad económica fue particularmente grave en la industria, donde se produjo una pérdida acumulada de más de 14% en el trienio considerado. La tasa de inversión sobre el PIB alcanzó su récord de baja en 1992, cayendo por primera vez a un nivel inferior a 14%. Paralelamente con estas tendencias, el periodo fue marcado por uno de los más bajos niveles de ingreso de inversión extranjera directa.

CUADRO 2

BRASIL: INDICADORES ECONÓMICOS, 1989-1995

	Dinámica productiva			Inflación
	Crecimiento del PIB (porcentajes)	Crecimiento del PIB industrial (porcentajes)	Tasa de inversión (porcentajes del PIB)	Índice general de precios (tasa anual)
1989	3.1	2.9	16.6	1 782.9
1990	-4.3	-8.2	15.5	1 476.6
1991	0.3	-1.8	14.6	480.2
1992	-0.8	-3.8	13.6	1 157.9
1993	4.1	6.9	14.1	2 708.5
1994	5.8	6.9	15.0	909.6
1995	4.1	2.0	16.6	14.8

FUENTE: Instituto Brasileño de Geografía y Estadística.

La combinación de la apertura comercial, aunque gradual, con recesión dio inicio a un violento proceso de ajuste en las empresas, en particular en el sector industrial. La recesión y las restricciones monetarias impuestas por la política antinflacionaria en los primeros años de la década dieron como resultado un altísimo número de quiebras y concordatos particularmente concentrado en las industrias medianas y pequeñas.

En la mayor parte de los casos, el proceso de ajuste de las empresas básicamente estuvo volcado hacia la reducción de costos y aumento de la productividad, acompañado por una simultánea reducción del tamaño del negocio. De ahí que esta fase está fuertemente marcada por la rápida difusión de programas internos de *racionalización* y disminución de actividades, combinando diversos enfoques, dependiendo de cada situación: focalización, *downsizing*, horizontalización y tercerización, entre otros.

Pese a lo anterior, hay aspectos significativos en esta fase de ajuste que van más allá de la simple reducción del tamaño. En primer lugar, la apertura del mercado de bienes y servicios de informática propició mayor acceso de las empresas a la incorporación de la automatización programable y otras tecnologías de base microelectrónica. Aunque en ese periodo la baja inversión dificultó la aceleración de la difusión de esas tecnologías, se podía notar un crecimiento de la participación de las mismas en los gastos de modernización (Quadros Carvalho, 1996). En segundo lugar, esta fase se caracterizó por el inicio de la difusión de técnicas de perfeccionamiento de la gestión de calidad industrial. El exponencial crecimiento de certificaciones de empresas industriales basadas en la norma ISO 9000 y la considerable difusión de programas basados en el concepto de *total quality control* (TQC) demuestran el avance de este proceso.[5] En tercer lugar, la apertura comercial creó condiciones para que las industrias comenzaran a utilizar más intensamente la oferta externa con el objeto de aumentar la competitividad de sus productos. En este sentido, lo que ocurrió en el sector automotriz es ejemplar. Por un lado, las empresas aceleraron el lanzamiento de nuevos modelos (especialmente a partir de 1993) y, para ello, contaron con la importación de componentes no producidos por la industria brasileña de autopartes con patrones competitivos de precio y calidad. Por el otro, la posibilidad de importar vehículos de modelos mayores y más caros permitió a las ensambladoras buscar la especialización de su producción en automóviles de menor tamaño y más relacionados con el perfil de ingresos del mercado brasileño.[6]

Finalmente, existieron elementos del proceso de reestructuración industrial de esa fase que justificaron su caracterización como un "ajuste defensivo" (Coutinho y Ferraz, 1994, p. 199), en el sentido de que las medidas de reducción de costos orientadas a la sobrevivencia en el corto plazo muchas veces prevalecieron sobre las orientadas hacia el crecimiento y la ampliación de las cuotas de mercado. Entretanto, también en esa fase se crearon muchas de las bases para la constitución de posiciones competitivas más duraderas, que han sido consolidadas más recientemente. Tal es el caso de muchas empresas líderes analizadas en la siguiente sección.

---

[5] Para una evaluación de los problemas y resultados de la adopción de técnicas de calidad en este periodo véase Fleury y Humprey (1993).

[6] Sobre los cambios estructurales y la globalización en la industria automotriz brasileña, véase Quadros Carvalho y Queiroz (1997).

Los resultados de esta fase de reestructuración pueden ser, en parte, evaluados por el reinicio del crecimiento de la productividad en la industria de transformación. Después de cinco años de estancamiento, la productividad del trabajo creció cerca de 34% entre 1991 y 1994.[7]

3.3.2. Segunda fase: estabilización y apertura

Esta fase puede ser resumida como de profundización de las reformas económicas y creación de un ambiente más favorable a la inversión y crecimiento. El aspecto central de esta fase, aún no concluida, ha sido el relativo éxito de la política de estabilización lograda por el Plan Real, basado fundamentalmente en la adopción flexible de un "ancla cambiaria". El periodo de estabilidad proporcionado por el Plan Real tuvo importantes implicaciones para la expansión de consumo y para la formación de precios de las empresas. La manutención y consolidación de la apertura comercial han sido otros aspectos significativos, aunque las restricciones de la balanza comercial han enseñado al gobierno a adoptar una posición más realista en la gestión de esa apertura. Otro aspecto importante en esta fase fue el desencadenamiento de las reformas constitucionales orientadas hacia cambios estructurales –la reforma económica, tributaria, administrativa y de la previsión social– considerados esenciales para la consolidación de la estabilidad. Hasta comienzos de 1997, sólo la reforma económica (reforma de las disposiciones constitucionales referentes a la regulación económica) ha sido realmente puesta en marcha. Finalmente, es de resaltar la continuidad del proceso de privatización y la consolidación del Mercosur.

Este conjunto de cambios fue resultado de la intensificación de la presión competitiva sobre las empresas brasileñas, no sólo debido al aumento de las importaciones, sino también a la entrada de nuevos competidores importantes. Este último aspecto está relacionado con la intensificación del flujo de inversión extranjera directa en el bienio 1995/1996, especialmente aquella relacionada con la adquisición total o parcial de las empresas brasileñas por parte de las empresas multinacionales, además de acuerdos de asociaciones de varios tipos. Por

---

[7] Para una presentación de los problemas y del debate sobre la medida de la productividad en la industria brasileña, véase Quadros Carvalho y Bernardes (1996).

lo tanto, otro aspecto relevante de esta fase ha sido la intensificación de la desnacionalización de las empresas y sectores clave de la industria brasileña. En lo referente al comercio exterior y la política industrial, dos puntos merecen atención. En primer lugar, el gobierno de Fernando Henrique Cardoso mantuvo la apertura comercial, así como la posición brasileña de "país con prácticas leales de comercio", en la consolidación del tratado de la OMC. Entretanto, el empeoramiento del déficit en la balanza comercial, a partir de 1995, llevó al gobierno a dar una marcha atrás en su política de importaciones. El hecho más significativo fue la adopción, en mayo de ese año, de un nuevo régimen para la industria automotriz. Se trataba no sólo de aumentar los aranceles de las importaciones de automóviles a 70% sino de una política de estímulo a la inversión de las ensambladoras y productores de autopartes en la producción local. Esto se debió a que el gobierno concedió incentivos a la importación de insumos y equipamientos a las empresas que se comprometieran con un determinado monto de inversión hasta 1999. Estas importaciones, así como la importación de vehículos con aranceles preferenciales (35%), están condicionadas al cumplimiento de compromisos de exportación. La situación del régimen automotor brasileño, a finales de 1996, presentaba un total de 150 programas (contratos) aprobados para empresas ensambladoras y de autopartes, totalizando compromisos de inversión de US$ 18.6 mil millones hasta 1999. Debido a la magnitud de su impacto sobre la economía brasileña, el régimen automotor se constituyó en la medida más importante de la política industrial desde la apertura comercial, aunque no sea presentada como tal por el gobierno. Además del régimen automotor, en 1996 también se adoptaron medidas de protección, a título de salvaguarda, para los sectores de textiles y de juguetes. Un segundo punto significativo en la gestión externa fue la consolidación del Mercosur. Al tiempo que se daba marcha atrás temporal en la apertura comercial en relación con otros socios comerciales, el gobierno brasileño concretó sus compromisos relativos al proceso de unificación comercial con los países del Mercosur (exceptuando los productos que forman parte de la lista de excepciones). En el periodo en consideración, esto condujo a un significativo crecimiento del flujo comercial con Argentina.

Con relación a la estabilización, la reducción de las tasas de inflación (véase cuadro 2) avala el éxito del Plan Real. El proceso de estabilización permitió que, en 1996, la inflación cayera a alrededor del 10%. La estabilización, así como las medidas en que se basa, ha tenido impactos significativos sobre las empresas. En primer lugar, destaca la consolidación de restricciones más estrictas en la formación de precios. La administración del "ancla cambiaria" tendiente a desvincular la desvalorización del real con la variación de los precios internos y la continuidad de la apertura comercial crearon límites estrechos para la formación de precios de productos sujetos a competencia de importaciones, presionando así los márgenes de beneficio. Además, la reducción de las ganancias financieras de las empresas derivadas de su gestión de efectivo durante periodos de alta inflación contribuyó para ejercer presión sobre la rentabilidad. Las empresas tuvieron que perfeccionar aún más su gestión de costos para compensar esta situación.

En segundo lugar, el impacto positivo de la estabilización en el aumento del poder adquisitivo de los estratos más pobres de la población llevó a un fuerte aumento de la demanda en los mercados de bienes de consumo no duraderos, particularmente en las áreas de alimentos, bebidas, productos de higiene y limpieza, y confecciones. En particular, la industria de alimentos tuvo un crecimiento de 20% en 1995. Evidentemente, el crecimiento del mercado de consumo trajo nuevas oportunidades para las empresas ya instaladas en el país; pero también propició la entrada de nuevos competidores nacionales y multinacionales.

El tema de inversión de empresas industriales multinacionales es otro punto de relevancia en el periodo posterior al Plan Real. De manera general, las reformas económicas, con la eliminación del tratamiento preferencial a las empresas de control nacional, así como la eliminación de trabas a la actuación de capitales extranjeros en áreas como minería y telecomunicaciones, hicieron a la economía brasileña más atractiva al capital extranjero, incluso para la inversión directa. Si se suma a esto el clima macroeconómico más estable, las oportunidades de crecimiento del mercado local (aumentado con la integración del Mercosur) e incluso la relativa pérdida de atracción de otras regiones del mundo, se entiende el significativo aumento del flujo de la inversión extranjera directa en los dos últimos años.

En el caso de la industria, una parte significativa de la inversión extranjera directa (alrededor de 40%) se ha concretado en la adquisición de empresas nacionales por empresas extranjeras.[8] Las dificultades enfrentadas por las empresas locales debido al impacto de globalización sobre sus mercados son muchas veces insuperables. Además del diferencial de costos financieros (relacionados con la diferencia entre las tasas de interés internacionales y domésticas) y de costos de producción (derivados de la escala), actuar globalmente puede exigir una capacidad financiera más allá del tamaño de muchos grupos empresariales nacionales. Esto explica en parte el enorme crecimiento de número de fusiones y adquisiciones de empresas industriales en el bienio 1995-1996.

3.4. ESTRATEGIAS DE AJUSTE DE LAS EMPRESAS LÍDERES

3.4.1. Fiat Automóviles

El cambio de estrategia de la Fiat de Brasil, a partir de los años noventa, es uno de los casos más notables de empresas que crecieron e incrementaron sus inversiones, sacando considerable provecho del nuevo contexto macroeconómico, particularmente de la apertura. Es a partir de este hecho como Fiat asume, definitivamente, una posición de liderazgo en la industria automotriz brasileña, si tomamos como criterio crecimiento y aumento del *market share* en el mercado interno.

Aun cuando los efectos de la apertura, de la desregulación y, posteriormente, de la estabilización hayan sido decisivos para la escalada del grupo Fiat en Brasil, es también importante evaluar esta dinámica considerando la estrategia mundial del grupo. Los negocios de Fiat en Brasil representan su mayor operación mundial fuera de Italia, tanto en términos de mercado como de producción. Más significativo es el hecho de que el grupo ve a su subsidiaria brasileña como uno de los centros de su estrategia de expansión para los próximos diez años. Las perspectivas de crecimiento de la industria automotriz mundial apuntan cada vez más fuertemente hacia los países de ingreso medio.

"Existe una faja de ingreso per cápita en que el crecimiento del

---

[8] Este punto será ejemplificado en la evaluación de las estrategias de empresas líderes, en la próxima sección.

número de automóviles por habitante es más rápido que el crecimiento del PIB. Brasil y gran parte de América Latina están en esta faja. Un poco más arriba o abajo están otros países en el este de Asia, los del Mediterráneo y de Sudáfrica. Será en estos países donde vamos a colocar el Palio.[9] Todos ellos seguirán la misma trayectoria en los próximos diez años." En el caso de América Latina, la expectativa del grupo es concentrar la mayor parte de su producción en Brasil, la que será complementada por una fábrica en Argentina.[10]

El desarrollo y lanzamiento del Palio forman parte del énfasis de Fiat en la innovación del producto para el segmento de automóviles compactos, uno de los elementos de la estrategia del grupo que contribuirían para mejorar su desempeño en los años noventa, tanto en términos de eficiencia productiva como de aumento de competitividad en el mercado brasileño. Otros componentes centrales de esa estrategia fueron una profunda reestructuración organizacional y tecnológica, la política agresiva de relocalización (en Minas Gerais) y desarrollo de proveedores y, finalmente, no menos importante, sus innovaciones en materia de comercialización de vehículos.

Los indicadores de liderazgo y desempeño de Fiat Automóviles apuntan hacia un vigoroso crecimiento en la década de los años noventa, que se basó especialmente en el crecimiento de su participación en el mercado interno, además de la manutención de su posición de principal exportador de automóviles brasileños. Aunque a finales de los años ochenta e inicio de los noventa las ventas de la Fiat se estancaron en alrededor de US$ 1.3 mil millones, el crecimiento a partir de 1992 fue muy rápido, alcanzando un máximo de US$ 5.5 mil millones en 1994 (véase cuadro 3). Este crecimiento fue acompañado de una impresionante expansión de las ganancias de la empresa. Sus beneficios netos presentaron tasas de crecimiento superiores a 100% desde 1992, alcanzando US$ 425 millones en 1995, correspondientes a una rentabilidad de cerca del 50% sobre el patrimonio neto real.

El desempeño de Fiat Automóviles en el mercado interno justifica la fama que algunos analistas le han atribuido de haber desestabilizado

---

[9] Palio es el modelo desarrollado por Fiat específicamente para competir en esos mercados en expansión.

[10] Además de Brasil, el Palio es producido o será producido en Argentina, Marruecos, Turquía y África del Sur.

la rígida y dura estructura oligopólica del sector en Brasil.[11] Como se ve más adelante, en el mercado de los automóviles Fiat sistemáticamente creció a costas de las cuotas de mercado de las demás empresas, llegando incluso a amenazar la posición de más de 40 años de liderazgo de Volkswagen en el campo de automóviles compactos.[12]

CUADRO 3
FIAT AUTOMÓVILES
(millones de dólares)

Años	Ventas netas
1989	1 400.0
1990	1 280.0
1991	1 270.0
1992	1 900.0
1993	2 750.0
1994	5 445.0
1995	4 628.0

FUENTE: Gazeta Mercantil.

El desempeño del mercado interno fue corroborado por la continuidad del papel de líder en las exportaciones. En el quinquenio 1991/1995, Fiat de Brasil exportó cerca de 800 000 vehículos, manteniendo una media de 55% del total de las exportaciones brasileñas de ese producto (en unidades). En valor, las exportaciones del periodo presentaron una media anual de US$ 480 millones. Efectivamente, Fiat Automóviles está entre los mayores exportadores privados del país (véase cuadro 4). Un aspecto importante, en este periodo, que también se manifestó en el caso de las demás ensambladoras, fue la progresiva concentración de las exportaciones en el mercado argentino.

¿Cuáles son las principales razones que llevaron a Fiat a ampliar y consolidar su posición de liderazgo en los años noventa? Según la opinión de un ejecutivo de la empresa entrevistado, confirmada por

[11] Véase, por ejemplo, Laplane y Sarti (1995).
[12] En efecto, en el último trimestre de 1996 por primera vez la venta de los modelos compactos de Fiat superaron a los equivalentes de vw.

otras informaciones disponibles, un conjunto articulado de estrategias de producto, *marketing*, manufactura y comercialización contribuyó para ese éxito. Fiat es la ensambladora brasileña que cuenta con la mayor integración y supervisión de su matriz internacional, con el correspondiente flujo de innovaciones gerenciales y tecnológicas. Pero si se debe priorizar, la política de producto y *marketing* de la empresa parece haber sido el factor preponderante para impulsar su crecimiento.

CUADRO 4

CUOTAS DE MERCADO DE LAS EMPRESAS TERMINALES EN EL MERCADO BRASILEÑO DE AUTOMÓVILES
(*porcentajes*)

Años	VW	Fiat	GM	Ford
1989	37.5	11.8	30.6	19.9
1990	39.9	16.7	26.3	16.6
1991	37.6	22.0	24.6	15.3
1992	39.6	22.3	25.7	12.1
1993	37.1	23.6	25.6	13.6
1994	35.7	28.2	23.9	12.1
1995	38.6	27.2	24.0	10.3
1996	36.5	32.0	25.1	6.3

FUENTE: Asociación Nacional de Fabricantes de Vehículos Automóviles (ANFAVEA).

Un aspecto central de esa estrategia ha sido la adecuación de la mezcla de producto al perfil de ingresos del mercado. A ello se debió la concentración de la empresa en el mercado de automóviles compactos, en particular aquellos con menos de 1 000 c.c. de cilindrada (llamados "autos populares", debido a los apoyos fiscales de que se benefician). Por producir un vehículo más liviano, por lo tanto más adecuado para recibir ese tipo de motor, Fiat se ubicó mejor en esa área, que fue la que presentó el mayor crecimiento en los últimos años. Fiat sistemáticamente estuvo al frente en innovaciones importantes en la producción de automóviles compactos, como por ejemplo el lanzamiento de inyección electrónica en vehículos populares (Mille Electronic) y en la introducción de motores a turbinas (Uno Turbo). La empresa aprovechó la apertura del mercado para perfeccionar y complementar su mezcla de producto, ya sea mediante la importación de componentes más sofisticados para mejorar la calidad de sus modelos o por la importación de vehículos terminados para atender otros segmentos del mercado.[13]

El paso más reciente en esa dirección fue el mencionado lanzamiento del Palio, en un proyecto que involucró una inversión de mil millones de dólares. Además de la innovación representada por ser un vehículo "global" volcado hacia mercados emergentes, su proceso de desarrollo también presentó aspectos innovadores para el contexto brasileño: la subsidiaria brasileña de la Fiat, así como los proveedores locales de autopartes estuvieron involucrados en el proyecto del nuevo carro, integrados en el esfuerzo de la matriz italiana.[14]

Con relación a la estrategia de manufactura, Fiat representa uno de los casos más interesantes en el país de diseminación de nuevas técnicas de organización de la producción en fábrica combinadas con nuevas formas de articulación con los proveedores. Fue una de las primeras empresas brasileñas que introdujo trabajo de grupo (*team-work*) en las fábricas, conjuntamente con la estructuración en minifábricas, creando el concepto de "fábrica integrada". En el desarrollo del programa de calidad total a partir de 1990, el número de horas anuales de entrenamiento por empleado creció de 30 horas/año a 70 horas/año en 1994. Además, la empresa invirtió en los últimos años cerca de 6 millones de dólares en informatización de la ingeniería de proyecto y procesos de manufactura, teniendo en vista adaptarse al concepto de "ingeniería simultánea".

Sin embargo, posiblemente el elemento más innovador de la estrategia de manufactura de Fiat sea su programa de "crecimiento hacia afuera", que implicó una completa reorganización de sus relaciones con los proveedores. Con la expansión de las ventas y de producción, Fiat buscó liberar espacios en la fábrica para el montaje de vehículos, a través de la transferencia de producción y montaje de componentes hacia proveedores que devuelven los productos ya probados y listos para ser instalados. Sustentado en el modelo "justo a tiempo", ese programa de expansión demandó proveedores localizados en las inmediaciones de las líneas de montaje. Para reducir el tiempo de

---

[13] En 1994-1995, el Fiat Tipo fue el modelo importado más vendido en el Brasil.

[14] Como ejemplo, se puede citar la participación de la Cofap (amortiguadores) y de la ITT de Brasil (frenos).

entrega de los insumos y componentes y el funcionamiento pleno del "justo a tiempo", Fiat invirtió cerca de US$ 2.5 millones en la implantación de un proceso automatizado para recibir componentes verificados mediante lectura óptica.

En esa dirección, uno de los casos más interesantes se produjo con Usiminas, proveedora de 15 mil toneladas mensuales de planchas de acero a Fiat. Usiminas se integró al "crecimiento hacia afuera" de la terminal a través del abastecimiento de planchas estampadas por Usistamp. Desde Turín, Italia, se enviaron 30 prensas a Usiminas, cedidas por la Fiat en régimen de comodato. Interesada en agregar valor a sus láminas de acero, la siderúrgica invirtió US$ 30 millones en la instalación de las prensas. La revisión de las relaciones de Fiat con sus proveedores la llevó a buscar su "minerización", esto es, el estimulo a la transferencia de proveedores para la región metropolitana de Belo Horizonte (capital del estado de Minas Gerais), en un radio de 100 km de la fábrica. En los últimos años, en la región de Betim se instalaron casi 53 fábricas de autopartes, que implicaron una inversión superior a US$ 130 millones, y se empleó a cerca de 18 mil trabajadores. La meta de la empresa es "minerizar" por lo menos 70% de sus proveedores hasta 1998.[15] Al mismo tiempo, tanto Fiat como otras ensambladoras están contribuyendo a jerarquizar más las relaciones con los proveedores, a través de la reducción del número de proveedores directos y del estímulo a fabricantes de sistemas integrados. Según informaciones recogidas, siguiendo criterios de calidad, Fiat redujo el número de proveedores de 510 en 1988, a 180 en 1995, teniendo como meta llegar a 100 proveedores en 1997.

La combinación de esos procedimientos explica el éxito de la empresa en hacer viable su expansión y en mejorar sus indicadores de eficiencia. Fiat es líder de productividad entre las ensambladoras brasileñas, con un crecimiento de la productividad física de cerca de 50% entre 1990 y 1995. Estas ganancias, junto al "crecimiento hacia afuera", hicieron viable la instalación de una cuarta línea de producción, elevando la producción diaria de 800 vehículos/día en 1989 a 2 000 vehículos/día en 1996, sin necesidad de inversión en una nueva fábrica. El modelo Uno y ahora el Palio tienen una escala de producción internacionalmente competitiva, superior a 250 000 vehículos/año.

[15] Ejemplos, en este sentido, son Osa/Plascar (paneles), Blindex (vidrios) y 3M (adhesivos).

Según Cunha (1995, p. 46), la planta brasileña de Fiat es bastante competitiva *vis-à-vis* sus equivalentes italianas, presentando, en 1992, diferencias de costo a su favor, que varían entre US$ 1 000 y US$ 3 000 dependiendo del modelo.

3.4.2. Cofap

Para Cofap, la permanencia en su posición de líder en los años noventa fue marcada por grandes desafíos. Como para las demás productoras de autopartes, la apertura de la economía, asociadas a la incorporación de la práctica de *global sourcing* por las ensambladoras instaladas en Brasil, llevó a la empresa a enfrentar la dificultad de mantener la actualización tecnológica y la calidad de sus productos en condiciones de drástica reducción del margen de rentabilidad. En 1995 y 1996, esos problemas fueron agravados por la presión de la valorización del real sobre su margen de beneficio en las exportaciones.

Entretanto, valiéndose de su tamaño y presencia en los mercados mundiales, la empresa adoptó una estrategia exitosa para mantener su liderazgo. Cofap ha enfrentando el *global sourcing* con una política de asociación con otros grandes productores mundiales, además de la integración de la manufactura de productos, buscando proveer sistemas integrados. La estrategia de la Cofap combina intensificación de actividades de actualización tecnológica de productos con políticas de producción volcadas hacia la drástica reducción de costos sin sacrificar la calidad. El objetivo de reducir los costos ha llevado a la empresa a una considerable relocalización de sus actividades, dirigiéndolas especialmente hacia al estado de Minas Gerais. No menos importante fue la reestructuración patrimonial del grupo, que contribuyó a su fortalecimiento financiero, el cual ha sido un factor positivo para hacer viables sus asociaciones internacionales.

El mantenimiento del liderazgo de Cofap en el mercado de autopartes puede ser demostrado por los indicadores de cuotas de mercado y desempeño exportador, a pesar de la reducción del total de las ventas de la empresa y del deterioro de su rentabilidad. En 1994, la empresa mantenía un liderazgo absoluto en los segmentos del mercado interno de sus principales productos, con 78% del mercado de anillos de pistón y 69% del mercado de amortiguadores. No obstante, las ventas en valor caían considerablemente. Al respecto, la empresa (así como el grupo del que forma parte) alcanzó su máximo de ganancias netas en 1989, con US$ 600 millones. En los años de la recesión (1990/1992) las ventas de Cofap se redujeron por la caída del mercado de automóviles, ya que las ventas para las ensambladoras locales han representado en promedio 45% de las ventas totales en los últimos cinco años.

CUADRO 5
COFAP
(*millones de dólares*)

Años	Ventas netas
1989	598.0
1990	501.0
1991	346.0
1992	318.0
1993	337.0
1994	387.0
1995	377.0

FUENTE: *Gazeta Mercantil.*

La ausencia de una recuperación significativa de sus ingresos después de 1992 está esencialmente ligada a la reducción de costos, márgenes y precios de autopartes impuestas por la política de *global sourcing* de las ensambladoras,[16] y no a problemas de demanda.[17] Esta situación ha sido también responsable por la caída de la rentabilidad de la empresa. La ganancia neta de Cofap descendió de US$ 58 millones, correspondiendo a 25% de rentabilidad sobre el patrimonio neto en 1989, a una pérdida de 14 millones (-6% sobre el patrimonio neto) en 1995; estando también los años 1990 y 1991 marcados por pérdidas. En 1994 y 1995, la presión sobre los márgenes fue ocasiona-

---

[16] Según el director financiero de la empresa, éste es el "efecto López", en una referencia a la política de compras introducida por el conocido (ex) ejecutivo de la Volkswagen.

[17] De hecho, aunque las ganancias de la Cofap jamás volvieron al nivel de 1989, su producción volvió ser de plena capacidad en 1992 (entrevista con el director de *Nuevos Negocios*).

da por dos factores. Internamente, el crecimiento de las ventas se dio por la expansión de las compras de las ensambladoras, reflejando el recalentamiento del mercado de vehículos. Esto ocurrió en perjuicio de las ventas de reposición en el mercado interno, que son más rentables. En el mercado externo, la valorización del real presionó adicionalmente el margen sobre las exportaciones.

A pesar de este último factor, Cofap continuó expandiendo su posición exportadora. Como se observa en el cuadro 6, en 1995 se produjo un salto de 30% en el valor de las exportaciones, para alcanzar US$ 131 millones. Los ejecutivos de la empresa insistieron en que Cofap adoptara una política de largo plazo hacia el mercado externo, orientada a la consolidación de sus cuotas de mercado y no a la rentabilidad a corto plazo. En 1995, la empresa exportó hacia 90 países, siendo el 21% del valor de las ventas externas destinadas al mercado americano y el 31% a los mercados de la Unión Europea. La penetración a la Unión Europea llevó a la Cofap a establecer, en 1991, un *joint venture* en Portugal (Cofap Europa), en la que tiene una posición mayoritaria. Según la opinión de los ejecutivos entrevistados, se trata de una de las fábricas de anillos de pistón más modernas del mundo.

CUADRO 6
COFAP
(millones de dólares)

Años	Exportaciones
1989	78.0
1990	90.0
1991	74.0
1992	95.0
1993	95.0
1994	108.0
1995	131.0

FUENTE: Cofap.

Mantener una posición líder en este difícil ambiente fue viable por la combinación de una política de alianzas y *joint ventures* internacionales, una complicada reestructuración patrimonial y el persistente mantenimiento de la excelencia tecnológica de productos y procesos. Valiéndose de su tamaño y posición, tanto en los mercados nacionales como internacionales de autopartes, en 1992 Cofap iniciaba una política de asociaciones con otros grandes productores internacionales de autopartes, para garantizar su participación en el abastecimiento de conjuntos completos (sistemas de suspensión y frenos, y *kits* de motor) en escala global.

El movimiento más significativo en esta dirección fue su asociación con la ITT Automotriz, que ganó el contrato de abastecimiento del sistema de suspensión y frenos del modelo Palio de Fiat, globalmente. Según la evaluación del director financiero de la empresa, este movimiento fue estratégicamente decisivo para el futuro de la empresa. La competencia para el abastecimiento de sistemas para modelos globales, como el Palio, exigen presencia también global de los proveedores (*follow source*). Aun para una empresa del tamaño de Cofap, las exigencias de capital y tecnología están por encima de sus posibilidades individuales. Alianzas, como la realizada con ITT, se imponen. Por otra parte, moverse en dirección al *global sourcing* de conjuntos es el único camino para mantenerse en primera línea de proveedores directos de las ensambladoras, evitando descender a un segundo nivel de proveedores de partes, que deben soportar presiones más fuertes sobre sus márgenes. El proyecto Palio garantizó a Cofap el ingreso en este universo de alianzas externas.

Otro movimiento estratégico más reciente, en la misma dirección, fue la participación de la empresa (con 33% de las acciones) en el grupo que adquirió el control accionario de Metal Leve, tradicional y bien posicionada productora brasileña de pistones y componentes vinculados. Este grupo fue dirigido por Mahle (50% de las acciones) y además contó con la participación de Bradesco (15% de las acciones), el mayor banco comercial privado del país.[18] A comienzos de 1997, aún no estaba definido el estatuto final de esta sociedad. Se firmó una carta proyecto para la formación de una nueva compañía, que englobaría a Metal Leve, la fábrica de pistones de Mahle en Brasil y la unidad de negocios de anillos y camisas de pistón de Cofap. En el supuesto de que esta sociedad sea exitosa, de ella podría resultar una de las mayores empresas mundiales proveedoras de *kits* completos de moto-

---

[18] Esta adquisición contribuyó para que el sector de autopartes fuera uno de los más activos, en 1996, en lo referente a reestructuración patrimonial. Lo mismo ocurrió en 1995.

res. Según la opinión del director financiero de la empresa, este modelo de alianza e integración con un grupo internacional fuerte es el mejor camino para garantizar la continuidad del grupo en el nuevo escenario internacional. Ese modelo debería también implantarse en el caso de los amortiguadores, en lugar del modelo de alianzas *ad hoc* para el abastecimiento de sistemas para determinados modelos. La asociación de Cofap con ARVIN en Brasil para producción de escapes, en la cual Cofap posee el 60% del control, fue un paso precoz en la misma dirección.

Las asociaciones internacionales de la Cofap fueron facilitadas por la reestructuración patrimonial del grupo en 1995-1996, la que llevó a que Bradesco asumiera 40% del control accionario y se volviera el mayor accionista en la empresa. Aunque ese banco no participa de la gestión de la empresa, su entrada fue importante para mejorar la imagen de la empresa, según la evaluación de sus ejecutivos. En primer lugar, porque está forzando la profesionalización de la gestión y la reducción del poder de interferencia de los parientes del fundador y presidente; en segundo, porque eleva la capacidad de autonomía financiera del grupo.

En relación con sus políticas de producto y manufactura, Cofap buscó el difícil camino de combinar excelencia tecnológica y calidad con reducción de costos. La empresa busca dar continuidad a su política de invertir 3% del total de sus ventas en investigación y desarrollo, lo que representó un desembolso total de US$ 48 millones en 1990-1994.[19] La continuidad de innovación del producto es considerada esencial para la sobrevivencia del negocio de anillos de pistón. En esta dirección, Cofap intentó innovar en dos aspectos. Primero, en la investigación en nuevos materiales, lo que la llevó al lanzamiento pionero de anillos de acero nitratado en 1994. Segundo, en la diversificación de su línea de productos para poder satisfacer las demandas específicas de sus clientes. En los últimos ocho años, Cofap introdujo más productos nuevos que en toda su historia anterior. Entre 1985 y 1994, la empresa incrementó en cerca de 50% el número de diferentes familias de productos (Quadros Carvalho, 1995, p. 44). La empresa intenta asociar innovación de productos con una amplia política de comercialización. Además del mantenimiento de oficinas especializa-

---

[19] Hay controversia sobre los montos de la inversión de Cofap en investigación y desarrollo. Arruda (1995) sugiere que podrían ser inferiores.

das en varias parte del mundo para la atención de clientes industriales, Cofap mantiene una vasta red nacional de comercialización para el mercado de reposición. Recientemente, la adquisición de parte del control accionario de Indufren (una de las mayores productoras argentinas de autopartes) tuvo como objetivo el aprovechamiento de la red de comercialización de esa empresa en Argentina.

La reducción de costos impuesta por las presiones mencionadas llevó a Cofap a adoptar, desde 1988, un radical proceso de *downsizing* y reestructuración interna, que implicaron la reducción del número de empleados de cerca de 20 000 en 1988, a 9 600 en 1995. En este proceso, el número de niveles jerárquicos se redujo a cinco en las áreas operacionales y a tres en las áreas administrativas. En términos de manufactura, la empresa consolidó su modelo de minifábricas y células de manufactura, y puso en marcha sistemas de mantenimiento productivo total. Fue incrementada la automatización de la manufactura: 80% de la inversión en equipos de mecanizado y control es realizado con tecnologías con control microelectrónico. El concepto de células fue extendido al programa de ingeniería simultánea, que contribuyó a una significativa reducción del *lead time* de los proyectos de ingeniería, de 15 meses en 1989, a 3 meses en 1994.

Una política complementaria de reducción de costos ha sido la transferencia progresiva de la producción de anillos y amortiguadores de la fábrica de Santo André (en el ABC de São Paulo) para las plantas de Itajubá (anillos) y Lavras (amortiguadores) en Minas Gerais. Aunque este proceso se inició en la década pasada, recientemente se ha desarrollado con gran intensidad. Según la evaluación de los directores, cerca de 50% del área productiva de la empresa se encuentra en Minas Gerais. Además de las ventajas y estímulos proporcionados por el gobierno minero y por las municipalidades, el diferencial de costo de la mano de obra fue señalado como determinante de este movimiento. En tanto que el salario medio en la fábrica de Santo André era alrededor de US$1 300 en 1995, en las fábricas mineras el salario medio no alcanzaba los US$ 600.

Los resultados de estas políticas se han manifestado en ganancias adicionales de productividad y calidad. El total de las ventas por empleado subió de cerca de US$ 32 000 en 1989, a US$ 40 000 en 1995. Los gerentes de fábrica reportan una ganancia de eficiencia de producción (reducción de tiempos muertos) de cerca de 20%, en el mismo periodo. Las fábricas de anillos de Cofap fueron las primeras del género en el mundo que recibieron certificación internacional de la ISO 9000, homologada por BVQI.

3.4.3. Clark

En su mayor parte, los problemas enfrentados por Clark en los años noventa son semejantes a los de Cofap. La presión de las ensambladoras por reducir costos creó dificultades para el financiamiento del esfuerzo tecnológico requerido para el mantenimiento del liderazgo. La diferencia fundamental se encuentra en el hecho que Clark de Brasil siguió el camino opuesto en términos de integración internacional, pues la subsidiaria brasileña se volvió independiente de la matriz norteamericana. Posteriormente, esta vía se volvió intransitable, lo que provocó que Clark fuera adquirida, y totalmente incorporada, por Eaton. El principal elemento de su estrategia de producto fue la adaptación y nacionalización del sistema mecánico de transmisión del Corsa, modelo compacto de General Motors. Además de la inversión en el proyecto Corsa, la empresa procedió a una significativa reducción de costos operacionales y aumento de la eficiencia en la manufactura.

Clark mantuvo su posición de líder en el mercado brasileño en los segmentos de transmisiones de tamaño mediano y mayor valor agregado. En 1994, su participación era de 100% en el abastecimiento para camiones medios, de 77% para camiones livianos y *pick-ups* y 56% para tractores agrícolas. En el *ranking* general de productores de transmisiones en Brasil, mantuvo el segundo lugar, después de ZF de Brasil. Entretanto, la retracción en la demanda de automóviles en 1991-1992 y la consiguiente pérdida de mercado de los modelos más antiguos de la General Motors (Opala y Chevette), cuya demanda representaba parte sustancial del total de las ventas de Clark, contribuyen a la caída del ingreso operacional neto para el promedio de esta década.

Como se observa en el cuadro 7, la empresa alcanzó un total de ventas de US$ 224 millones en 1989, manteniendo la media de los tres años anteriores. La recuperación que se esbozó a partir de 1992 no logró retomar el nivel de los años ochenta. Por otro lado, la retracción de las ventas internas fue compensada con el significativo aumento de las exportaciones. En 1994, Clark exportaba alrededor de US$ 40 millones, representando cerca del 23% de sus ventas totales. Operando como compañía limitada, la empresa no publica, ni proporciona, datos sobre su rentabilidad

CUADRO 7
CLARK
(millones de dólares)

Años	Ventas netas
1989	224.0
1990	161.0
1991	101.0
1992	133.0
1993	186.0
1994	173.0
1995	168.0

FUENTE: Gazeta Mercantil.

La evolución del control patrimonial de Clark es interesante, por la relativa originalidad que presenta. Una fusión entre la subsidiaria brasileña (Equipamentos Clark Limitada) y la matriz norteamericana (Clark Equipment) en 1994, llevó a la formación del holding Capco Automotive Products Corp. Según informaciones recogidas en entrevistas, la matriz no tenía más interés en el negocio de transmisiones para vehículos de carretera, lo que la condujo a su venta a otro grupo de controladores norteamericanos. Sin embargo, como éstos no controlaban ninguna otra compañía de la rama automotriz, Clark pasó a ser una empresa bajo control externo, pero con operaciones exclusivamente en Brasil. La empresa confiaba en su capacidad tecnológica y eficiencia productiva para ser competitiva local y globalmente. Entretanto, los determinantes del proceso de global sourcing, antes descritos, hacían cada vez más claros los límites para tal estrategia, sobre todo al ser adoptada por una compañía con ventas totales anuales inferiores a US$ 200 millones y con penetración internacional relativamente reducida y concentrada en el mercado norteamericano. En 1996, uno de los mayores clientes norteamericanos de Clark (Eaton Corp.) adquirió Capco, pasando entonces a integrar las operaciones de Clark Equipamientos y sus operaciones brasileñas. Eaton es una empresa productora de transmisiones, con presencia en varios países, y ventas globales cercanas a US$ 7 mil millones. La integración de Clark representó una sustancial expansión de sus negocios en Brasil. Hasta el momento de esta fusión, Clark intentó mantener su liderazgo mediante la innovación y actualización tecnológica de productos y la continua búsqueda de mayor eficiencia en la manufactura. Entre 1989 y 1994, la empresa incrementó sus gastos en investigación y desarrollo de 0.6 a 1.6% de sus ventas. Más significativa incluso fue la evolución de los gastos en ingeniería de proceso, con un crecimiento del 2 al 4% de las ventas en el mismo periodo. Entre 1985 y 1994, la empresa dobló el número de diferentes productos que coloca en el mercado. Algunas de las transmisiones recientemente lanzadas para camiones medianos fueron enteramente desarrolladas por la ingeniería de productos de Clark. En 1995, la empresa inició la inversión para la adaptación y producción de transmisiones del Corsa, el que es su principal apuesta para retomar un camino de crecimiento. La proyección es de que, cuando se alcance la capacidad plena, las ventas de transmisiones para automóviles saltarán del 2% actual a 20% del total de las ventas de la empresa.

En las manufacturas, la empresa dio continuidad a su papel pionero en la diseminación de nuevos conceptos de producción. La adopción de mantenimiento productivo total y de nuevas técnicas de preparación de máquinas condujo a una significativa reducción del tiempo medio de *set up* en la fábrica de 90 minutos en 1989, a 25 minutos en 1994. En este mismo periodo, la empresa logró duplicar la rotación de productos en proceso. Se obtuvo eficiencia adicional con la introducción de mayor autonomía en el trabajo de los operadores, ampliando el alcance de su radio de acción. Finalmente, Clark invirtió US$ 2.5 millones, entre 1994 y 1995, en la implantación de un sistema informatizado en red para integrar sus áreas de ingeniería, manufactura y administración. Los entrevistados consideraron que la implantación del sistema de informaciones integrado fue esencial, pues la presión para reducir costos demanda información en tiempo real para las células, en la planta de la fábrica. Las ganancias de eficiencia se han manifestado en la evolución de los indicadores de productividad. Entre 1989 y 1995, el total de las ventas por empleado pasó de 53 000 a 70 000 dólares.

3.4.4. Gessy Lever

El desempeño de la Gessy Lever en los últimos años y los cambios realizados en su estrategia constituyen un ejemplo típico de los efectos de la apertura y de la estabilización sobre los mercados oligopólicos de bienes de consumo de masa, y sobre las empresas que actúan en ellos. El crecimiento vigoroso de la empresa y el mantenimiento de su liderazgo en los mercados en que opera fueron resultado de una estrategia que apostó a mercados considerados de crecimiento promisorio, como el brasileño, especialmente en el área de los alimentos industrializados. Pero el cambio del ambiente macroeconómico también hizo que los mercados de Gessy Lever fueran más disputados. Su reacción ha sido el significativo aumento de las inversiones en nuevas áreas y en innovación de productos, *marketing* y reestructuración productiva.

Como se observa en el cuadro 8, el desempeño de Gessy Lever apunta hacia un notable crecimiento de casi 100% entre 1989 y 1995, cuando sus ventas netas superaron los US$ 2 mil millones. Igualmente, su rentabilidad mantiene una tendencia de crecimiento, alcanzando el *record* de US$ 128 millones en 1995 (20% sobre el patrimonio neto).

CUADRO 8
GESSY LEVER
(millones de dólares)

Años	Ventas netas
1989	1 061.0
1990	1 215.0
1991	1 150.0
1992	1 447.0
1993	1 534.0
1994	1 776.0
1995	2 007.0

FUENTE: *Gazeta Mercantil.*

Parte del crecimiento se basó en la diversificación de actividades y mercados. El evento más significativo en esta dirección fue la adquisición e incorporación de CICA S.A., por un monto de US$ 280 millones.

Esta empresa, previamente controlada por otro grupo internacional, era líder en el mercado de productos en conserva, siendo especialmente fuerte en el área de salsas de tomates y conservas dulces. Esta adquisición apalancó el liderazgo de Gessy Lever, expandiendo el conjunto de áreas en que ocupaba la primera posición.[20]

El desempeño de Gessy Lever y su inversión en una adquisición del tamaño de CICA deben entenderse en el contexto de la estrategia global del grupo Unilever, la que enfatiza el crecimiento basado en mercados en expansión de Asia y de América Latina, especialmente en aquellos de ingreso medio, donde la curva de crecimiento de la demanda de bienes de consumo personal industrializados (*packaged goods*) es más pronunciada. En el caso de América Latina, Brasil fue escogido como principal base regional. Esto explica el gran incremento de las exportaciones de la Gessy Lever, de US$ 7 millones anuales promedio en la década pasada, a US$ 150 millones en 1994. Estas exportaciones están concentradas en el abastecimiento de otros mercados de América Latina.

El cambio del contexto macroeconómico brasileño creó oportunidades de crecimiento a corto plazo convergentes con la estrategia global del grupo. El efecto redistributivo del ingreso derivado de la estabilización ha contribuido para un rápido crecimiento de los mercados en que actúa Gessy Lever. El mismo proceso de cambio atrajo competidores y tornó esos mercados más disputables. Grupos como Nestlé y Parmalat han adoptado estrategias bastante agresivas de expansión hacia nuevos mercados y han lanzado nuevos productos, sin olvidar la escalada de nuevas inversiones de Procter & Gamble (principal competidor mundial de Unilever) en Brasil.

El movimiento de los competidores ha generado un conjunto de respuestas y movimientos estratégicos de Gessy Lever, que combina una política agresiva de lanzamiento de productos y *marketing*, con una significativa inversión en reestructuración industrial y modernización de sus fábricas.

Según informaciones de ejecutivos entrevistados, Gessy Lever recientemente concluyó una amplia reestructuración organizacional, pasando de una organización funcional a una basada en negocios y procesos, integrando las principales funciones de cada proceso en

---

[20] Las posiciones de liderazgo de Gessy Lever en 1994 se daban en los mercados de detergentes en polvo (70%), margarinas (44%) y derivados de tomate (37%), así como de jabones de tocador y otros jabones, detergentes industriales y desodorantes.

cada negocio. Esto la ha llevado, para cada categoría de producto, a dos esquemas básicos: a] la integración de *marketing* con desarrollo del producto, fundamental para ampliar la capacidad de adaptar o generar innovaciones de importancia para el mercado brasileño y b] la integración de manufactura con la logística de compras y distribución, condición para flexibilizar la producción y disminuir el tiempo de llegada al mercado (*time to market*).

Dentro de la nueva estructura, la empresa incrementó considerablemente su actividad de desarrollo, adaptación y lanzamiento de nuevos productos.[21] En algunas áreas, Gessy Lever ha ido más allá de la tradicional práctica de *roll out* en el mercado brasileño de productos ya lanzados en el exterior. Esta tendencia es particularmente fuerte en la división de alimentos. En los últimos dos años, algunos nuevos lanzamientos fueron íntegramente desarrollados en Brasil. En 1996, la empresa anunció inversiones de US$ 4 millones en la creación de un centro de excelencia de alimentos industrializados. Además Gessy mantiene su perfil agresivo en *marketing* siendo el mayor anunciante brasileño con gastos de US$ 60 millones en 1995.

Asimismo la empresa reaccionó mediante el aumento de su eficiencia en costos y mejoría de la calidad. La expansión de la producción de detergente en polvo se debe a la construcción de una de las fábricas de detergentes más modernas del mundo, en Vespasiano, Minas Gerais. El crecimiento en mercados regionales más distantes se ha valido de la tercerización total de la producción, iniciativa inédita de la empresa en Brasil. Ésta se echó a andar en la mayor parte de las diez fábricas de la empresa entre 1992 y 1996 y consistió en un sistema radicalmente innovador de gestión de manufactura y organización del trabajo, basado en la constitución de grupos semiautónomos de operadores, esto es, grupos de obreros sin jefatura intermedia y con gran autonomía. Una sustancial inversión fue realizada en tecnología de información, orientada a la integración interfuncional y a la integración con proveedores y clientes.

Los resultados en busca de la racionalización y modernización se hicieron sentir en los indicadores de eficiencia. Las ventas por empleado subieron cerca de 50% entre 1990 y 1995, resultado del mantenimiento del nivel de empleo a pesar del sustancial crecimiento de las

---

[21] En una de las divisiones, el número de lanzamientos de productos totalmente nuevos en 1996 fue cuatro veces superior al número del año anterior.

ventas. En algunas fábricas, las ganancias de productividad física de los obreros fueron superiores a 100%, lo que se combinó con una considerable reducción de la tasa de rechazo de productos.

3.4.5. Cacique

La evolución de los indicadores de Cacique, para los años noventa, apuntan hacia una experiencia exitosa. La empresa presentó un notable crecimiento, manteniendo su liderazgo como mayor productor y exportador brasileño de café instantáneo. Sin embargo, a diferencia del caso de Unilever/CICA, este crecimiento no estuvo relacionado con el del mercado brasileño de alimentos. Para Cacique, el motor del crecimiento fue su exitosa estrategia de comercialización del café instantáneo con marca en los mercados emergentes del Este europeo, especialmente Rusia. Además, la empresa adoptó programas de modernización productiva que posibilitaron un considerable crecimiento de la productividad, contribuyendo al aumento de su rentabilidad.

El crecimiento de la Cacique puede verificarse en el cuadro 9. Después de una fase de retracción entre 1990 y 1991, el total de las ventas de la empresa creció sistemáticamente hasta alcanzar, por primera vez, los US$ 119 millones, en 1995. Este crecimiento ha estado acompañado por elevadas tasas de rentabilidad. En 1995, Cacique obtuvo una ganancia neta de US$ 10 millones, correspondiente a 25% del patrimonio de la empresa.

CUADRO 9
CACIQUE
(*millones de dólares*)

Años	Ventas netas
1989	78.0
1990	63.0
1991	31.0
1992	51.0
1993	68.0
1994	97.0
1995	119.0

FUENTE: *Gazeta Mercantil.*

El reciente desempeño está básicamente relacionado con su posición de liderazgo, respecto a los restantes productores brasileños, en la exportación de café instantáneo. Con relación al mercado interno, su posición continúa siendo poco significativa, al igual que sucede con los restantes competidores de Nestlé. Como se deriva de los cuadros 9 y 10, los valores exportados por la empresa representan, en promedio, cerca del 85% del total de sus ventas.

CUADRO 10
CACIQUE
(millones de dólares)

Años	Exportaciones
1989	69.0
1990	58.0
1991	28.0
1992	41.0
1993	44.0
1994	74.0
1995	97.0

FUENTE: Asociación Brasileña de la Industria de Café Soluble (ABICS).

El aspecto innovador del desempeño exportador de Cacique ha sido el sustancial crecimiento de las ventas hacia Rusia. Esta expansión ya se había esbozado a finales de la década pasada. La caída de ese mercado, que conjuntamente con el de Estados Unidos son los mayores mercados de la empresa, explica la disminución de sus exportaciones y del total de las ventas en el bienio 1990-1991. En 1995, la empresa exportó cerca de 10 000 toneladas de café instantáneo a Rusia, lo que representó casi 75% del valor total de sus exportaciones.

De acuerdo con lo expresado por el presidente de la empresa, el éxito de Cacique en el mercado ruso es el resultado de la estrategia de penetración pionera en esa plaza desde finales de los años setenta. A medida que avanzaba, la empresa incrementó sus relaciones comerciales en ese país, lo que le permitió el establecimiento de privilegiados canales de distribución con los mayoristas privados rusos. De esa forma, cuando se produjo el gran aumento de la demanda de café instantáneo envasado en los años noventa, la empresa se encontraba en una situación privilegiada para ser líder en el mercado. Entre 1992 y 1995, las marcas Cacique y Pelé fueron líderes indiscutidas en el mercado ruso.[22] Sin embargo, esta posición ha sido progresivamente amenazada por Nestlé, la mayor productora mundial y poseedora de la marca más fuerte del segmento. En los últimos dos años, esta empresa aumentó significativamente sus inversiones en *marketing* en el mercado ruso, lo que la llevó a compartir el liderazgo con Cacique de ese mercado, evaluado en 30 000 ton/año.

El futuro de Cacique en el mercado ruso, así como en otros de productos alimenticios de marca, está relacionado con la superación de su principal punto de fragilidad, es decir, su relativamente limitada capacidad en *marketing* e innovación en productos. En parte, esta limitación es cuestión de escala empresarial. El éxito mundial de Nestlé, su principal competidor, está asociado a la fuerza de su sistema de comercialización y *merchandising*, lo que le da ventajas de comercialización. Este sistema se basa en las economías de escala de Nestlé y la amplia variedad de productos que desarrolla y distribuye. Por su parte, Cacique no asumió completamente la "misión" de empresa productora y comercializadora de productos alimenticios de marca, estando aún muy influida por la mentalidad heredada del pasado, de empresa exportadora de *commodities*. Esta falta de definición obstaculiza el avance de su capacidad de *marketing*, así como la innovación de productos, tanto para el área del café como para otros segmentos del mercado de alimentos. Se puede concluir que las posiciones conquistadas por Cacique, en los últimos cinco años, pueden verse seriamente amenazadas en el futuro, si persistieran las limitaciones señaladas.

Finalmente, es importante destacar el esfuerzo de modernización y racionalización emprendida en la esfera de la manufactura. La empresa invirtió, en promedio, entre 1992 y 1994, 10% del total de sus ventas en el programa de modernización. En los últimos cinco años, fue considerablemente incrementada la automatización de los procesos de extracción y secado. La adopción del programa de calidad total y mejoría continua contribuyeron al crecimiento de la productividad. Entre 1989 y 1995, la productividad física en Cacique, considerando sólo el empleo en el área de producción, subió de 20 ton/año por empleado a 45 ton/año. Se debe destacar que, dada la naturaleza

---

[22] Cacique es una de las pocas empresas brasileñas, de control nacional, que exporta productos alimenticios de marca en volúmenes considerables.

del proceso productivo, no existen significativas posibilidades de tercerización o de subcontratación. Por lo tanto, se trata de verdaderas ganancias de productividad, que han apoyado el crecimiento de la rentabilidad de la empresa.

3.4.6. Alpargatas

La São Paulo Alpargatas pasa en los últimos años por un proceso de reorientación estratégica de sus negocios. Desde el inicio de la década de los noventa, frente a la globalización del mercado nacional y el ingreso de nuevos competidores, los problemas internos de gestión han exigido cambios profundos en su forma de operar en el mercado. Para defender su posición de liderazgo, la empresa inició un amplio conjunto de medidas y redefinió su estrategia competitiva, recurriendo a instrumentos que van desde racionalización de costos, focalización de negocios, asociaciones o alianzas comerciales y licenciamiento de marcas, a un amplio proceso de reestructuración patrimonial caracterizado, especialmente, por la creación de la empresa Alpargatas-Santista Textil S.A.

A comienzos de los años noventa, la empresa fue afectada drásticamente en su rentabilidad. En 1991, en el proceso recesivo desencadenado por el Plan Collor, la empresa acumuló pérdidas por US$ 38 millones, cifra que subió a US$ 83 millones en 1992. Desde entonces, ha pasado por diversos ajustes internos, administrativos, operacionales y legales, gracias a los cuales, a partir de 1993, pudo retomar la rentabilidad que la caracterizó en los años ochenta.

En lo relativo a la evolución de sus ventas, São Paulo Alpargatas, después de la recesión del inicio de la década, mostró una recuperación a partir de 1992. El ingreso operativo neto en 1993 fue casi el doble del de 1991. En 1994, impulsada por los efectos positivos de la nueva *joint venture* Alpargatas-Santista Textil y el aumento de la demanda provocada por el Plan Real, con la estabilización de la economía, la São Paulo Alpargatas alcanzó un total de ventas de 630.8 millones de dólares, lo que implicó un crecimiento de 67.3% en relación con el año anterior.

En 1995, un conjunto de factores influyó directamente en el comportamiento de las ventas de la empresa. Por un lado, las medidas adoptadas por la política económica para contener el consumo asociado a la acentuación de la competencia de los productos asiáticos y el aumento del mercado informal de confecciones. Por otro, São Paulo Alpargatas se volvió económicamente más vulnerable después del término de su asociación con Nike (una de las grandes fabricantes norteamericanas de calzado deportivo) en 1994, la que existía desde 1986. Este conjunto de situaciones terminó por condicionar negativamente la facturación, provocando una caída de 31.1% en el volumen de las ventas.

CUADRO 11
SÃO PAULO ALPARGATAS
(millones de dólares)

Años	Ventas netas
1989	773.7
1990	605.7
1991	376.5
1992	430.8
1993	377.0
1994	630.8
1995	435.3

FUENTE: Gazeta Mercantil.

A pesar de ser una empresa predominantemente volcada hacia el mercado interno (las exportaciones representaban menos del 5% de sus ventas en 1994), São Paulo Alpargatas está construyendo una estrategia competitiva más activa con relación a su presencia en el Mercosur. Para consolidar esa estrategia en Argentina, se constituyó una subsidiaria (Albrás) poseedora de la licencia de las marcas *All Star* y *Converse* y recientemente fue inaugurada Alpasur, que comercializará en ese país calzado deportivo fabricado en Brasil.

São Paulo Alpargatas ocupa el liderazgo entre las empresas de hilado/tejido integradas con confección,[23] así como Alpargatas San-

---

[23] También es la mayor fabricante de brin y *denim* brasileño, El mercado de *denim* está estimado en 200 millones a 250 millones de metros cuadrados por año. Este mercado está dominado por cuatro grandes empresas: Santista-Textil, Vicuña, Sudamtex y Alpargatas, que juntas alcanzan al 70% de las ventas.

tista es la líder entre las empresas de hilado y tejido integradas. São Paulo Alpargatas es también reconocida por su posición de líder en calzados, y su posición destacada en los mercados de lonas y cubiertas. Los segmentos de calzados, confecciones y lonas responden por aproximadamente 60, 10 y 6% de las ventas consolidadas, respectivamente. Sus marcas más conocidas son *Rainha*, *Topper*, *Samoa* y *Hawaianas*, en el sector de calzados y *USTop* en el ramo textil. Opera al por menor con las redes *Ralph Lauren*, actuando directamente en el mercado minorista a través de 31 tiendas (11 son tiendas de fábrica), localizadas en las principales ciudades del país. Entre otras marcas de Alpargatas, están *Arrow*, para camisas formales y las líneas deportivas *Generation* y *All Star*, entre otras. En 1995, São Paulo Alpargatas contrató una licencia exclusiva con Timberland (marca estadunidense de calzados) para la producción y distribución en los países del Cono Sur.[24]

La *joint venture* Alpargatas-Santista surgió en Brasil en 1994, como parte de la integración de la división de *denim* y brin de São Paulo Alpargatas con Santista Textil, perteneciente al grupo Bunge Brasil.[25] El surgimiento de la nueva empresa forma parte de una estrategia reactiva frente a la pérdida de *market share* en la última década, especialmente debido a la entrada de los tejidos asiáticos en el mercado nacional y al crecimiento de la economía informal. El objetivo estratégico fue establecer una posición en el Mercosur en el área de tejidos de *denim* y brin.

Para adaptarse a la reducción del mercado de 1991, fue inaugurada una nueva fase empresarial, amparada en un programa denominado Visión 2011. La gestión del grupo se sometió a un proyecto de reingeniería que abarcó, además del área industrial, las de administración, organización legal y finanzas. Se desactivaron siete fábricas, quedando 21 en Brasil y una en España. En el sector de confecciones, se aplicó una política de reestructuración y racionalización de costos,

---

[24] La expectativa de São Paulo Alpargatas es producir 40 mil pares de zapatos/mes a partir de 1996 y abrir 14 tiendas exclusivas de marca, 8 en Brasil, 4 en Argentina y 2 en Chile.

[25] La fusión con Santista reposicionó a São Paulo Alpargatas entre las mayores empresas de confección del mercado mundial, proporcionando condiciones para competir con las importaciones. La nueva empresa fue considerada, en el momento de su creación, la tercera empresa fabricante mundial de ropas de brin y la mayor de América Latina.

a través de tercerización (compra de productos a terceros). Esta estrategia consistió en producir líneas de ropa más rentables y complementar la oferta con productos fabricados por terceros, abandonando las marcas *Stravaganza*, *Top Plus* y *US Kids*. La empresa adoptó una estrategia de comercialización agresiva, diversificando productos y ocupando segmentos de mercado con mayor valor agregado, introduciendo nuevos diseños en productos tradicionales y aumentando las escalas de producción. De este modo, se concentró en su núcleo de negocios (*core business*), simplificando su estructura corporativa, tercerizando actividades y reduciendo las cargas financieras. Con la simplificación de la estructura, se economizaron US$ 60 millones en gastos administrativos entre 1989 y 1993. Mediante la reestructuración financiera, que incluyó la emisión de eurobonos y operaciones de *swap* de monedas y *hedging*, se redujeron los costos financieros en US$ 5 millones anuales.

En 1993, se inauguró una nueva fase con la profundización del programa de reestructuración interna que avanzó en los procesos de readecuación y venta de fábricas y otros activos y en la consolidación de la dirección en una única sede en São Paulo. Una vez más, el grupo disminuyó su número de empresas (de 22 a 10) y de fábricas (de 20 a 12). Asimismo, se dio una reducción en los niveles jerárquicos; de las ocho direcciones principales y 26 direcciones de división, quedaron solamente cuatro directores superiores y cuatro de división. Por otra parte, sus 20 razones sociales fueron reducidas a cuatro. Se aplicó un proceso de tercerización para el área jurídica y el cuadro de funcionarios del área de informática se redujo en un 50 por ciento.

Este proyecto, que terminó en 1994, mejoró la calidad y confirió rapidez a las informaciones contables, al tiempo que ayudó a minimizar la estructura de la organización y los costos administrativos fijos, habiéndolos reducido en 55% en los últimos cinco años. La eficiencia del proceso de reestructuración de la empresa puede ser apreciada por el desempeño del indicador de las ventas por empleado. Al comparar 1994 con 1991, que marca el inicio de esta fase de reestructuración, se verifica un aumento en 94.9% de este indicador, quedando demostrado el éxito económico de la estrategia adoptada. Con relación al cuadro de funcionarios, el proceso de reestructuración implicó una reducción de 34 500 mil empleados en 1991, a 17 000 en 1994.

CUADRO 12
SÃO PAULO ALPARGATAS
(*millones de dólares*)

Años	Ventas por empleado
1989	21.9
1990	22.9
1991	21.7
1992	26.6
1993	27.9
1994	42.3

FUENTE: *Gazeta Mercantil.*

En el periodo reciente, los dos mayores accionistas del grupo, Camargo Correa, con 35% de las acciones y Bradesco, con 21%, celebraron un acuerdo válido por diez años, eligiendo también un nuevo directorio. En esta fase empresarial Camargo Correa es la responsable por el proceso de gestión de la São Paulo Alpargatas aisladamente, o en sociedad con los otros accionistas. El objetivo es generar un ambiente favorable para la ejecución de un nuevo plan de reestructuración a fin de adecuar a la empresa a las nuevas reglas del mercado.

3.4.7. Usiminas

Usiminas fue la primera siderúrgica estatal de gran tamaño que se privatizó en el país, en octubre de 1991. Después de ello, la empresa inició una nueva etapa de desarrollo, saliendo a la búsqueda de nuevos socios comerciales, entrando en un proyecto de modernización tecnológica, mejoría de calidad y diversificación de la línea de sus productos, a partir de una nueva visión de *marketing*.

La extrema fragmentación de su capital que resultó de la subasta de privatización permitió que ningún socio tuviera aisladamente el control mayoritario de la siderúrgica. Con eso, no se produjo una modificación radical de su estilo de gestión, viabilizando el estilo denominado de "administración compartida". Usiminas pasó a ser administrada por un consorcio liderado por el Banco Bozano, Simonsen, en el que participan distribuidores de acero (Nippon Usiminas), el Club de Inversiones de los Empleados de Usiminas y otros bancos, tales como el Banco Económico, el Grupo Bamerindus, el Banco América del Sur y el BCN.

En 1993, la empresa promueve un programa de diversificación, ingresando en comercialización internacional (*trading*) y nuevos negocios, tales como asociaciones con grupos japoneses e ingleses para avanzar en el mercado latinoamericano. La empresa ya era rentable antes de pasar al área privada. Pero, libre de las trabas del Estado, se volvió más ágil y dinámica. Estando en libertad para definir sus propias estrategias, creó condiciones para acompañar la tendencia mundial de diversificación de productos y servicios.[26]

Hasta la privatización, los negocios de la Usiminas se restringían al acero. Después se amplió su mezcla de productos y creó, en 1994, el sistema Usiminas, integrado por nueve empresas controladas y cuatro asociadas (Cosipa, Fasal, Usimec, Siderar, Usimpex, Consul, Overseas, Fundición São Francisco Xavier, además de la propia Usiminas). El grupo alcanzaba un total de ventas anuales de US$ 3.8 mil millones y generaba 35 mil empleos directos y 210 mil indirectos.

Con la compra de la Fasal, la mayor distribuidora de aceros de Minas Gerais y la adquisición de 60% de la distribuidora Río Negro, con sede en São Paulo, pasó a operar en la distribución de acero. La compra de estas empresas es parte de la estrategia de verticalización y diversificación de los negocios en el área siderúrgica.

De acuerdo con el análisis de un ejecutivo entrevistado, "en la condición de estatal, Usiminas era rentable, pero fue con la privatización como la empresa pudo ser reestructurada y reorganizarse, adquiriendo mayor flexibilidad, agilidad, rapidez en las negociaciones. Hubo ganancias de flexibilidad para la adquisición de insumos, equipamientos y materiales, y autonomía para las operaciones financieras."

Usiminas ha enfocado sus ventas hacia clientes o sectores prioritarios para la empresa, sobre todo hacia aquellos que adquieren productos de mayor valor agregado, como los sectores automovilístico y de electrodomésticos. Los resultados obtenidos en términos financieros han sido positivos. La siderúrgica ha mostrado una tendencia de

---

[26] Esta estrategia de competencia ha sido observada en empresas líderes mundiales, como la Nippon Steel, que obtiene 30% de sus ingresos a partir de servicios no relacionados con la producción de acero.

crecimiento, como surge del indicador de ingresos netos de operación. En 1994, se alcanzó el máximo de las ventas, con US$ 1.5 mil millones (cuadro 13). En el último año de gestión estatal, 1991, la empresa obtuvo una ganancia neta de US$ 60 millones. Con la privatización, las ganancias registraron una trayectoria creciente, de US$ 123 millones en 1992 a US$ 335 millones en 1995.

CUADRO 13
USIMINAS
(millones de dólares)

Años	Ventas netas
1989	773.7
1990	1 386.0
1991	1 346.0
1992	1 382.0
1993	1 207.0
1994	1 497.0
1995	1 408.0

FUENTE: *Gazeta Mercantil.*

Después de la privatización, Usiminas amplió su participación en el mercado brasileño de láminas de acero de 45 a 49%, consolidando así su liderazgo. La empresa es responsable del abastecimiento de 70% de láminas gruesas utilizadas por la industria naviera y 60% de las láminas al frío usadas por la industria automovilística (su abastecimiento de productos para Fiat, creció de 75 a 85%, en 1994-1995). La empresa se ha definido fundamentalmente como proveedora del mercado interno. Sin embargo, exporta a cerca de 25 mercados, principalmente Japón, Taiwán, Tailandia, Malasia y Singapur.

Una de las principales estrategia adoptadas para la consolidación de la posición del mercado en los años noventa ha sido la disminución de los costos de producción, basándose en la mejoría de los procesos productivos. Se hace hincapié en la estrategia tecnológica, teniendo en cuenta la agregación de valor a los productos. En este sentido, se intensificaron los esfuerzos en investigación y desarrollo y en asociaciones con el objetivo de alcanzar mayor actualización tecnológica; al mismo tiempo, se invirtieron US$ 10 millones en un nuevo sistema de informática para integración de las redes por fibra óptica. El antiguo *mainframe* fue remplazado por 25 redes locales, distribuidas entre oficinas, sede y fábricas. Usiminas desarrolló además, un sistema de información *on line* en funcionamiento desde mediados de 1991. Cerca de 50 empresas clientes y proveedores están conectadas directamente a la computadora central de Usiminas, permitiendo al cliente hacer su consulta directamente desde su escritorio y acompañar todo el proceso del pedido.

CUADRO 14
USIMINAS
(*millones de dólares*)

Años	Exportaciones
1989	451.0
1990	439.0
1991	499.0
1992	543.0
1993	469.0
1994	564.0

FUENTE: *Gazeta Mercantil.*

La empresa posee 32 certificados de calidad, entre ellos el ISO 9001, adquirido en 1992. Usiminas recibió ese año el certificado de conformidad del sistema de calidad global de la siderurgia, emitido por Det Norske Veritas (DNV), sociedad con sede en Noruega, especialista en el área de certificación naval.

También invirtió US$ 11 millones en un proyecto de inyección de *finos de carbón* en sus tres altos hornos, siendo la primera vez que esa tecnología fue aplicada en una siderurgia brasileña integrada a coque, lo que permitió una economía de US$ 24 millones anuales, con la reducción de la importación de coque de 500 mil toneladas a 300 mil toneladas.

La empresa ha destinado cerca de 0.6% del total de sus ventas a investigación y desarrollo lo que equivale a una inversión de cerca de US$ 10.8 millones por año. Como ejemplo de desarrollo propio, se puede citar los aceros no revestidos con mayor resistencia mecánica destinados a la industria automotriz y a plataformas marítimas. Los esfuerzos han sido dirigidos hacia la galvanización, que es un área completamente nueva, y los aceros con contenido de carbono ultra bajo. Esos aceros, denominados USIIF, están en fase de desarrollo industrial y aún no se fabrican en Brasil. El objetivo de estas inversiones es capacitar a la empresa para producir aceros más nobles, volviendo más competitiva la línea de laminados en caliente y también renovándose en el campo de aceros recubiertos. Las inversiones realizadas en hornos de alta tecnología permitieron aumentar la producción de laminados en frío en 15%, para atender la demanda de la industria automovilística nacional. Como ya se mencionó, Usiminas y Fiat Automóviles formalizaron un acuerdo para que parte de las carrocerías de los automóviles Uno, Fiorino y Tempra, sean estampadas en las instalaciones de la siderúrgica, en un volumen total de 6 mil toneladas por mes.

Merece atención un ejemplo de los efectos positivos provenientes de un programa de alianza para la calidad entre Siemens y Usiminas, que permitió a la primera una economía de US$ 500 mil en el año fiscal 1993/1994. Esta alianza comenzó en 1991 cuando Siemens decidió reducir su base de proveedores, escogiendo 26 empresas auditadas con base en las normas ISO 9001, y estableció medidas orientadas a la corrección de deficiencias. Usiminas terminó recibiendo el certificado internacional y el primer premio de proveedor del año de Siemens. Por ello, en la actualidad la lámina de acero con un espesor máximo de hasta 25.4 milímetros suministradas por Usiminas a la fábrica de máquinas rotativas de Siemens no pasan por inspección o ultrasonido, yendo directamente a la línea de producción. Para láminas con espesor mayor, Siemens sólo exige el certificado de ultrasonido emitido por la misma Usiminas.

Desde su privatización hasta 1994, la Usiminas redujo en un 48% su estructura organizacional, disminuyendo los cargos de jefatura de 422 a 202. La reducción alcanzó al conjunto de empleados, que pasó de 12 480 en 1991 a 9 300 en 1995. Esas dos medidas permitieron que la productividad pase de 380 a 424 toneladas/hombre/año. Las inversiones en el área técnica llevaron a Usiminas a consolidarse como proveedora de alta tecnología siderúrgica en Brasil y en otros países de América Latina. Los ingresos por la comercialización de esos servicios alcanzaron a US$ 15.2 millones en 1995, el doble del valor registrado en 1993. Por cada dólar gastado en la adquisición de nuevas tecnologías, la empresa vendió US$ 6 en servicios tecnológicos.

A través de varias medidas adoptadas para reducir costos, se logró un ahorro global de US$ 15 por tonelada de producto terminado.

Además, Usiminas redujo de 26 a cinco días el plazo para concretar una compra, lo que permitió reducir precios y aumentar los plazos de pago a sus proveedores o realizar crecientes ganancias no operacionales en el mercado financiero.

3.4.8. Oxiteno

En 1993, la cuota de control de la Oxiteno que correspondía a Petroquisa fue privatizada a través de una estrategia de ingeniería financiera montada por el Citibank, Bradesco y Unibanco. Con eso, el Grupo Ultra se tornó el principal controlador pasando de 21 a 65% de las acciones, seguido por el Grupo Monteiro Aranha, con 25.5% y la empresa Lokab que mantuvo 8.52% de las acciones. Oxiteno se convirtió en el mayor componente del patrimonio del grupo Ultra en el ramo químico. Sin control mayoritario, el Grupo Ultra no podría concluir el proyecto de integración de Oxiteno y de su filial Ultraquímica.

Con eso, el grupo pasó a diseñar su nuevo perfil petroquímico. Su principal característica fue adoptar una posición privilegiada para la integración a partir del óxido de etileno, con el objetivo de consolidar su liderazgo en los segmentos en que actúa (como etoxilatos o acrilatos), en términos de mercado, tecnología o aplicaciones. Los mayores usuarios de esos productos son las siguientes áreas: químicos agrícolas, fluidos hidráulicos, cosméticos, pinturas, detergentes, aceites químicos, alimentos, resinas, azúcar y alcohol y el sector textil. En 1994, Oxiteno participaba con 80% del total del mercado de glicoles, 70% en etanolaminas y 65% en éteres glicólicos butílicos.

El grupo Ultra está estructurado como una organización multidivisional. Aunque las principales actividades (química, gas o transportes) están a cargo de empresas individuales, existe un elevado grado de planificación y control centralizado. Eso impone límites a la autonomía de las empresas, que podrían ser asimiladas a divisiones.

Como señala Queiroz (1995, p. 13), el alto grado de cohesión entre las empresas del grupo y la influencia decisiva del mismo en el proceso de crecimiento y diversificación de Oxiteno (se verifica una integración plena entre los cuadros gerenciales de la empresa y del grupo) constituyó un elemento crucial para la realización y el éxito de la estrategia competitiva. Según ese autor, los puntos de sustentación de esta estrategia fueron: "la nacionalización y control de las empresas originalmente tripartitas; la asociación con líderes tecnológicos, orientadas a una posterior absorción de tecnología; asociación con líderes de mercado (por ejemplo, con Henkel), buscando evitar que el tamaño del mercado fuese a perjudicarla; asociación con empresas integradas hacia adelante, buscando seguridad en la colocación del producto (como en el caso de Oxiquimica con Henner Hermann)".

La política de formación de los recursos humanos, así como el uso de tecnología propia es considerada estratégica, no existiendo restricciones absolutas a otras fuentes, tales como licencias. En vista de eso, las actividades de investigación y desarrollo ganan prestigio dentro del grupo. La política de asociación con líderes tecnológicos en determinadas inversiones cumple también la función de ampliar el acervo de tecnología a ser posteriormente internalizada.

Después de acumular US$ 48 millones de pérdidas entre 1990 y 1992, Oxiteno registró ganancias netas de US$ 15 millones en 1994. Las ventas muestran un aumento de 22%, en 1994 en comparación con 1990, alcanzando a US$ 172 millones. Entretanto, en 1995, se presentó una caída en las ventas de 30.8% en relación con el año anterior, registrando sólo US$ 119 millones.

CUADRO 15
OXITENO
(millones de dólares)

Años	Ventas netas
1989	64.7
1990	141.0
1991	58.0
1992	113.0
1993	140.0
1994	172.0
1995	119.0

FUENTE: *Gazeta Mercantil.*

Desde su fundación, Oxiteno actúa en el área de comercio exterior, vendiendo sus productos a más de 40 países. Las exportaciones consolidadas del grupo han mostrado una trayectoria ascendente pasando de US$ 39 millones en 1992 a US$ 80 millones en 1995. Los principales mercados internacionales son China, la Unión Europea, Estados Unidos y Canadá. En 1995, las ventas al mercado externo representaban alrededor de la cuarta parte de la producción de la empresa.[27]

Oxiteno mantenía, hasta la apertura comercial, una posición monopólica en el mercado interno de óxido de etileno, su producto intermedio original. Hasta 1990, Oxiteno fue una empresa extremadamente rentable. A partir de 1991, comenzó a mostrar una baja debido a la caída de la demanda interna, entre otros factores. La apertura del mercado y la nueva política industrial coincidirían con un exceso de oferta de productos químicos en el mercado internacional. La reducción de la protección arancelaria y la entrada de nuevos competidores (Estados Unidos, México y Venezuela) obligaron a Oxiteno a reducir rápidamente sus precios.

En 1991, Oxiteno contrató los servicios de consultoría de la International Finance Corporation para rediseñar la empresa. Una de las recomendaciones de la consultora fue la de incorporar a Ultraquímica Nova S.A., para acompañar la tendencia mundial del sector. La conclusión principal en cuanto al camino por recorrer fue profundizar en los ramos de las *commodities* petroquímicas, avanzando en productos especializados, elaborados a partir de insumos que ya eran producidos por la empresa. En otros términos, no bastaba producir insumos intermedios básicos, como el óxido de etileno; era el momento de buscar nichos en que los márgenes de ganancia fuesen mayores. La salida serían los productos hechos a pedido (*customized*).

En esa dirección, las estrategias puestas en práctica por Oxiteno estuvieron caracterizadas por la verticalización de la producción, incluyendo productos químicos especializados y más rentables y de mayor margen de ganancia. Los productos especializados, que representaban 11% de las ventas en el mercado interno, pasaron a respon-

---

[27] Los datos del cuadro 15 se refieren exclusivamente a Oxiteno S.A. Indústria e Comércio, razón social de la casa matriz localizada en São Paulo. Si se consideran también las ventas de la subsidiaria localizada en el Polo Petroquímico de Camaçari (Oxiteno del Nordeste), el total de las ventas tuvo la siguiente evolución: 1992, US$ 233 millones; 1993, US$ 256 millones; 1994, US$ 288 millones, y 1995, US$ 265 millones.

der por 41% de las mismas, aumentando la línea de productos, de 40 a 600 ítems. Las áreas superpuestas y las líneas menos rentables fueron eliminadas. Dentro de esta estrategia fue desactivada la fábrica de Triunfo, con el objeto de detener pérdidas anuales de US$ 8 millones. Oxiteno pasó por un proceso de reestructuración, con la reducción de cuadros y niveles jerárquicos, tercerización y revisión de políticas comerciales. La decisión de disminución del cuadro de funcionarios fue motivada por la duplicidad de departamentos y funciones; fueron unificadas las áreas de recursos humanos, compras y finanzas.

La estrategia de liderazgo de la empresa ha sido enmarcada por importantes mejorías tecnológicas, modificaciones de proceso, adición de nuevas instalaciones y modernización de todo el sistema de control. Las inversiones fueron efectuadas para remover cuellos de botella en las líneas de producción, resultando en ganancias de productividad. Los gastos anuales en investigación y desarrollo son del orden de 2% del total de las ventas y los gastos en educación y capacitación corresponden a 0.25% del total de las ventas brutas. En esa dirección están previstos, para los próximos años, lanzamientos de nuevos productos, realizando inversiones de US$ 28 millones en la preparación de plantas industriales. Oxiteno, a través de la adquisición de tecnología de la empresa japonesa Mitsubishi Petrochemical, se prepara para lanzar un producto inédito en el mercado brasileño, fundamental para la fabricación de tintas y resinas: el ácido acrílico.

3.4.9. WEG-Motores

A pesar de formar parte de uno de los sectores más problemáticos de esta fase de la economía brasileña –el de los bienes de capital– WEG-Motores ha presentado una trayectoria de crecimiento y consolidación de su liderazgo. Lo interesante en este caso es que, hasta el momento, su estrategia no ha seguido las características de los otros casos examinados. En WEG no se ha producido la formación de alianzas o *joint ventures* con otros grupos o empresas nacionales o extranjeras. Además de eso, mantiene un alto grado de verticalización, tercerizando apenas actividades menores. Según la visión de la dirección de WEG, esto es justificado por la particularidad de su posición geográfica y por el alto grado de calidad y productividad de su manufactura. La principal novedad fue la intensificación de sus gastos en monitoreo tecnológico, desarrollando nuevos productos y entrenamiento de recursos humanos. Otro aspecto innovador, también responsable del crecimiento de las ventas externas, fue el establecimiento de oficinas comerciales y asistencia técnica en varios países industrializados. En efecto, la evolución del total de sus ventas ha representado un aumento sustantivo. La empresa viene, desde 1992, obteniendo avances significativos pasando de cerca de US$ 135 millones ese año, a US$ 241 millones en 1995.

CUADRO 16
WEG-MOTORES
(*millones de dólares*)

Años	Ventas netas
1989	178.0
1990	198.0
1991	146.0
1992	135.0
1993	170.0
1994	213.0
1995	241.0

FUENTE: WEG-Motores.

En cuanto a las exportaciones, buscó llevar adelante una estrategia de ampliación de mercado, con la adaptación de los motores a los requerimientos del mercado externo.[28] Así como el comportamiento del total de las ventas de la empresa, la evolución de sus exportaciones ha seguido una trayectoria ascendente. En 1990, WEG exportaba cerca de US$ 27 millones, valor que equivalía a 14% del total de sus ventas. En 1994 y 1995, este valor había aumentado a 25% totalizando US$ 65 millones. Los principales mercados para sus productos son los de América del Norte en un 35% y América del Sur en 34.6%. Mantiene filiales en Estados Unidos, Bélgica y Japón. La empresa domina 40% del mercado argentino dentro de su área. El crecimiento de las exportaciones, a partir de 1994, fue acompañado por el aumento del número

---

[28] En 1987 se creó Trading WEG Exportadora.

de empleados en la WEG, que pasaron de 3 743 en 1993, a 4 480 en 1994 y 5 300 en 1995.

CUADRO 17
WEG-MOTORES
(millones de dólares)

Años	Exportaciones
1989	27.0
1990	23.0
1991	31.0
1992	30.0
1993	46.0
1994	65.0

FUENTE: WEG-Motores.

La trayectoria de competitividad de WEG se caracteriza por algunos aspectos interesantes. Uno de ellos corresponde a la estrategia de verticalización para la producción de componentes, hilos de cobre y de barniz esmaltado, servicios de fundición, estampado e inyección de piezas de aluminio, entre otros. Las inversiones en verticalización se justifican por la distancia de WEG de los otros centros industriales, que encarecía las compras externas, y por la precariedad de los servicios prestados por los proveedores locales. De esa manera, los costos de producción y provisión internos son más bajos. La experiencia de WEG muestra que no siempre la estrategia de tercerización es el mejor camino para problemas de costos de producción.

Otro aspecto importante fue la consecución de políticas de inversión y de diversificación en dirección a las nuevas tecnologías. Hay un severo control de calidad de los productos; todos los motores pasan por el Centro Tecnológico y reciben una batería de *tests* en aparatos de tecnología sofisticada; también pasan por ese proceso los materiales utilizados en la línea de producción, para asegurar la calidad final del producto. WEG recibió diversos premios en esa área, como el Premio Petrobrás de Calidad y el Premio de Proveedor de la Asociación Brasileña de Productores de Máquinas Herramienta (ABIMAQ), y obtuvo la homologación de dos certificados ISO 9000 por Inmetro. Sus inversiones en investigación y desarrollo corresponden en promedio a 3% de las ventas totales al año. WEG es conocida por su excelencia en el área de manufactura, con dominio completo del ciclo de producción, desde el diseño de proyectos hasta su desarrollo. Su sector de herramientas es considerado uno de los mejores en la industria nacional.

Desde otro punto de vista su estrategia está centrada en la capacitación tecnológica gracias a fuertes inversiones en innovación, programas de calidad total, formación y capacitación de recursos humanos y educación básica. Las inversiones en entrenamiento y educación suman cerca de US$ 1.5 millones por año.

Las oportunidades de mercado visualizadas para el futuro son ubicadas en la demanda potencial proveniente de la necesidad de expansión de la provisión de energía eléctrica, el énfasis en la conservación de la energía y el programa de privatización del sector energético, que implicará una recuperación de las inversiones en el sector.

3.4.10. Ermeto

La trayectoria reciente de Ermeto es interesante debido a las enormes dificultades ocasionadas por la apertura y globalización a las empresas nacionales medianas en las áreas industriales más frágiles en términos de competitividad, como la de bienes de capital. A pesar de mantener su liderazgo, la empresa vio comprimirse su mercado interno debido a la reducción de la demanda de los segmentos donde actúa. Por diferentes razones, los clientes de la empresa, productores de bienes de capital, han tenido dificultades que los han llevado a una baja en sus ventas. A diferencia del caso de WEG, Ermeto, a pesar de su posición de líder y de una razonable capacitación tecnológica, no disponía ni de la escala ni de la presencia anterior en el mercado internacional, que le permitiese compensar la caída del mercado interno con el crecimiento de sus exportaciones.

A pesar de haber hecho un gran esfuerzo de revisión de sus políticas de producto y manufactura, haberse tornado más eficiente y flexible, y ampliado su oferta de productos y servicios, Ermeto no pudo resistir la adquisición e incorporación por uno de los mayores competidores estadunidenses. Dos aspectos pesaron decididamente en la resolución de venta: *a*] el agravamiento de la crisis financiera consecuente del aumento progresivo de su endeudamiento y *b*] la visualización de un escenario crecientemente más difícil en términos de mantenimiento del liderazgo, a la par que las nuevas tecnologías de producción, más intensivas en capital, comienzan a ser incorporadas por los grandes competidores externos, que recientemente iniciaron su penetración en el mercado brasileño.

El cuadro 18 demuestra la retracción de las ventas de Ermeto en esta década. Después de alcanzar su máximo histórico en 1989 (US$ 52 millones), el total de las ventas de la empresa sufrió una brusca caída, acompañando la recesión de los tres años siguientes. Así, se mantuvo en promedio por debajo de US$ 25 millones, en el trienio, a pesar de la reactivación económica en el país.

CUADRO 18

ERMETO

(millones de dólares)

Años	Ventas netas
1989	52.0
1990	35.0
1991	19.0
1992	20.0
1993	23.0
1994	29.0
1995	22.0

FUENTE: Ermeto.

Dos factores han sido los responsables de la retracción de Ermeto. En primer lugar, la caída de las ventas a sus principales clientes, consecuencia de las dificultades que muchos segmentos productores de bienes de capital han enfrentado. Algunos de esos segmentos, como el de máquinas para carreteras y terraplenes, fueron afectados por la retracción en el gasto público en infraestructura en los años recientes. En el área de máquinas industriales, muchos de los clientes de Ermeto perdieron *market share* para bienes de capital importados. En segundo lugar, la competencia con productos importados condujo a la reducción de precios de sus principales líneas de válvulas y conexiones. Debe agregarse incluso que la estrategia de la empresa, desde su mejor época, no contempló la diversificación de las ventas hacia el mercado externo. Entre 1990 y 1994, Ermeto presentó un mediocre desempeño exportador, con una media anual de US$ 800 mil. Por lo tanto, el exportar para compensar la caída del mercado interno no era una alternativa viable para la empresa.

Como resultado de la presión de los productos importados sobre los precios de los componentes para bienes de capital, los márgenes brutos y netos fueron comprimidos y la rentabilidad de la empresa también cayó. La rentabilidad también se vio comprometida por el endeudamiento y los crecientes costos financieros. Con excepción de 1994, cuando la empresa presentó un beneficio neto inferior a 1 millón (0.34% sobre el patrimonio neto), los demás años de la década fueron marcados por pérdidas que variaron entre US$ 2.5 millones (1993) y US$ 21 millones (1991).

A pesar de todas estas dificultades, la empresa cree que mantuvo su posición de liderazgo en el mercado interno hasta 1995. Ese año, Ermeto estimaba detentar la mayor cuota (17.3%) del competido y fragmentado mercado brasileño de componentes hidráulicos (conexiones, tubos, válvulas, registros, comandos y bombas), siendo seguida de cerca por su principal competidor (Rexroth), con 13.6%. Según evaluación de la empresa, los componentes importados representaban cerca de 10% del consumo nacional aparente, excluyéndose los componentes incorporados en bienes de capital importados. En ausencia de estadísticas sobre este mercado específico y heterogéneo, es difícil evaluar el grado de precisión de esos números. Otro punto de dificultad es que muchos de los competidores de Ermeto no producen sólo o principalmente componentes, sino bombas u otros mecanismos completos.

De cualquier manera, es importante comprender que el mantenimiento del liderazgo de Ermeto durante el periodo de crisis estuvo basado en una amplia reestructuración de sus políticas de producto y manufactura. Desde el inicio de la apertura y la caída del mercado local de bienes de capital, Ermeto intentó orientar estas políticas hacia la diversificación y *customization* de productos, así como hacia la mejoría de su calidad. Sobre la base del incremento de los gastos en ingeniería de producto (cerca de 2% de las ventas en 1994), así como una rápida incorporación de automatización microelectrónica en manufactura, la empresa cambió completamente las características básicas de su oferta. Pasó de una estrategia de comercialización basada en una mezcla de productos rígida de tipo "productos de catálogo" al abastecimiento flexible de productos y servicios adecuados a las necesidades de los clientes. Este cambio la llevó a un sustancial aumento en la variedad de los productos fabricados, de cerca de 150 diferentes productos en 1989 a más de 350 en 1994. Esta diversificación se dio con la incorporación simultánea de productos de mayor complejidad y valor agregado, como válvulas de comando y control (hasta entonces, la producción y comercialización de productos más simples –conexiones– representaban 70% o más de las ventas totales de la empresa).

La viabilidad técnica y económica de esa estrategia de diversificación y aumento de la complejidad de productos fue garantizada por la rápida incorporación de máquinas herramienta de control numérico computarizado acopladas a sistemas CAD/CAM. En 1994, Ermeto presentaba un índice de densidad de difusión de equipamientos de base microelectrónica de 75%,[29] lo que representa un grado de difusión extremadamente elevado para los patrones brasileños. Además de eso, la empresa desarrolló su propio sistema (formalizado) de auditoría y garantía de calidad, buscando actualmente su certificación ISO. Otro aspecto significativo fue la introducción de una variante del sistema de organización celular de manufactura, denominado *featuring cells* (células virtuales), más adaptado a la gran inestabilidad y variabilidad de la mezcla de productos de la empresa.

Con estos cambios, Ermeto logró obtener ganancias significativas de eficiencia. Por ejemplo, entre 1989 y 1994, se produjo una reducción de dos tercios de los tiempos muertos de fabricación relacionados con la preparación de máquinas para maquinado. Aunque el crecimiento de la productividad física no se haya traducido en los indicadores convencionales, ella de hecho ocurrió. La cantidad de metal maquinado por hora/persona no cambió esencialmente en ese periodo, pero los productos fabricados –de mayor complejidad– exigían mayor intensidad y calidad de trabajo por tonelada de metal. No obstante, la reducción del tamaño de la empresa también se tradujo en una reducción del empleo de cerca de 15% en el periodo considerado.

A pesar de este esfuerzo, los intentos de ajuste de Ermeto no garantizaron la sobrevivencia de la empresa. A comienzos de 1996, la

---

[29] La densidad de difusión es definida como el porcentaje de producción física manufacturada (en el caso, maquinada) a través de equipamientos de base microeléctronica (Quadros Carvalho, 1995, p. 29).

dirección de la empresa se había decidido por la venta del control y se encontraba en negociaciones con posibles compradores. Entre ellos, uno de los interesados era el mayor competidor estadunidense en el área de hidráulica de aceite. Dos factores pesaron en esta decisión. En primer lugar, un proceso de endeudamiento creciente, originado por los pasivos acumulados durante la recesión de 1991-1992, que inhibían las inversiones para profundizar el ajuste. En segundo lugar, la dirección evaluó que la empresa, además del problema financiero, no tenía escala para hacer frente a las inversiones requeridas para la actualización impuesta por los competidores que dominan la frontera tecnológica.

En esta industria, se avanza rápidamente desde procesos de maquinado de las parte de metal (en el cual está basada la manufactura de Ermeto) hacia procesos basados en deformación (forja de precisión). En este sentido, el caso de Ermeto es ilustrativo de una lección esencial de los procesos de globalización, sobre todo para empresas de alcance estrictamente local: ajuste, eficiencia, calidad e incluso capacitación tecnológica pueden ser insuficientes, cuando lo que la competencia exige es capacidad financiera y escala, para hacer viables las inversiones necesarias para el mantenimiento del liderazgo de una empresa en una fase de ruptura tecnológica.

3.5. CONCLUSIONES

En esta sección, se sistematizan las conclusiones sobre las características más importante del proceso de ajuste de las empresas líderes brasileñas examinadas en las secciones anteriores. El énfasis recaerá sobre la relación entre los cambios estructurales en la economía brasileña y la reorientación de la política económica, por un lado, y las estrategias de ajuste de las empresas, por otro. Las conclusiones prestarán especial atención a las principales lecciones para la formulación de la política industrial y de comercio exterior que se puedan extraer de las mismas.

Respecto a las relaciones entre el cambio estructural de la economía y el ajuste de las empresas líderes destacan dos conclusiones generales, que se complementan entre sí. En primer lugar, la transformación del ambiente macroeconómico tuvo un fuerte impacto sobre las empresas y produjo una fuerte alteración en sus estrategias y políticas. Considerando el conjunto de casos, el efecto común más evidente de los cambios en el contexto en el que operan las empresas ha sido la intensificación de la presión competitiva sobre las mismas, especialmente en el mercado interno. El ajuste en las empresas ha sido profundo y extenso y ha dado lugar a un patrón de crecimiento e inversión más volcado hacia el aumento de la productividad y la adquisición de capacidades tecnológicas que el predominante en la fase anterior de la industrialización brasileña. En la medida en que ese ajuste ha sido la respuesta a la presión competitiva, se puede afirmar que los cambios de régimen de política económica han contribuido a la formación de un nuevo patrón de industrialización, a través de modificaciones de las estrategias y prácticas de las empresas.

En segundo lugar, es necesario calificar la conclusión anterior. Aunque existen tendencias comunes en las nuevas estrategias de las empresas líderes que son comunes a la mayoría de ellas, los efectos concretos de la presión competitiva, así como los ajustes particulares llevados a cabo por las empresas, siguieron patrones distintos, no homogéneos. Existen varias alternativas para clasificar esas diferencias; sin embargo, en este trabajo se considera que la más importante es la referente al crecimiento o decrecimiento del tamaño de las empresas.

Hay dos grupos bien diferenciados en este sentido: cuatro de las empresas estudiadas sufrieron un ajuste que fue marcado por la reducción de sus ventas totales, en las ganancias y en el empleo, en tanto que otras cuatro se reajustaron en condiciones de crecimiento, esto es, con expansión del ingreso y de las utilidades y manteniendo o aumentando sus niveles de empleo. Estas diferencias se derivan de variables determinadas por los distintos sectores productivos o segmentos de mercado en que se encontraban, de la existencia o ausencia de políticas sectoriales y de la capacidad acumulada anteriormente por cada empresa.

El cambio más significativo del ambiente económico operado desde 1990 ha sido la intensificación de la competencia de las empresas. Sin duda, la principal fuerza en este sentido ha sido lo que Simões de Almeida (1996) calificó como "el gran cambio institucional" en la economía brasileña, esto es, la apertura comercial iniciada con la Política Industrial y de Comercio Exterior en 1990. Desde 1994, las características de la estabilización brasileña han contribuido a intensificar la competencia, ya sea por el efecto del tipo de cambio sobre la competitividad de las importaciones y exportaciones, o por la atracción de nuevos competidores internacionales provocada por la vuelta al crecimiento, por lo menos en determinados mercados. Los casos estudiados en este capítulo confirman la importancia del estímulo de la competencia para inducir a las empresas a buscar mayor competitividad a partir de estrategias que valorizan las capacidades tecnológicas y de mercadeo.[30] En contraste con el aumento de la competencia, la nueva política industrial fue mucho más débil en lo referente a la creación de instrumentos y mecanismos para apoyar la competitividad empresarial. El único programa horizontal realmente digno de considerar por su alcance e impacto fue el Programa Brasileño de Calidad y Productividad (PBQP). Como ya se señaló anteriormente, el PBQP fue un programa de movilización que contribuyó a la diseminación de los esfuerzos para aumentar la calidad en la industria brasileña.

¿En qué medida se pueden identificar elementos comunes en los ajustes de las empresas líderes frente a los nuevos desafíos del ambiente económico? Los casos estudiados apuntan a cinco tendencias principales.

En primer lugar, es posible constatar el crecimiento de la importancia atribuida por las empresas a los mercados externos y a las exportaciones. Empresas que ya tenían tradición exportadora, como la Fiat, WEG, Cofap, Usiminas y Cacique, intensificaron sus esfuerzos para consolidar mercados externos. La mayor parte de las empresas de la muestra para las cuales las exportaciones eran marginales (o eran consideradas simplemente como alternativa al mercado interno) ampliaron sus exportaciones y buscaron desarrollar sistemáticamente mercados y clientes en el exterior, como es el caso de Clark, Gessy Lever y de Oxiteno. A pesar de una política cambiaria que tendió a sobrevaluar la moneda nacional, para la mayoría de las empresas líderes el periodo 1990-1995 fue de crecimiento de las exportaciones, incluso para aquellas cuyas ventas estaban creciendo concomitantemente en el mercado interno. Otro aspecto sobresaliente, especialmente a partir de 1994, ha sido el crecimiento de la participación relativa del comercio de esas empresas con países del Mercosur,

---

[30] Sobre la importancia del mantenimiento de un contexto con fuerte rivalidad y competencia como elemento clave de la competitividad sistémica de una economía, véase Porter (1990) y Posas (1996). Lall (1992) llama la atención al papel de las importaciones como fuerza para mantener un ambiente de competencia.

especialmente Argentina. La creación o consolidación de una participación importante en el mercado regional ha sido una prioridad para la mayoría de las empresas de la muestra. Una importante lección ofrecida por algunas de las empresas líderes (WEG, Cofap, Cacique, Usiminas) es que la creación de una red propia de filiales comerciales y de asistencia técnicas a los clientes en el exterior es un factor de éxito en la expansión de las exportaciones. El conocimiento más detallado de esas experiencias puede hacer importantes aportaciones en el diseño de una política de promoción comercial, lo que el gobierno brasileño considera como una de las áreas que deben recibir atención en sus esfuerzos de fomento a las exportaciones.

Un segundo elemento bastante frecuente en los casos de ajuste aquí investigados es la reestructuración patrimonial, en forma de ventas, adquisiciones o fusiones. Asociada a este proceso, algunos casos muestran una tendencia a la desnacionalización de las empresas brasileñas y a la concentración de capital. La mayor parte de los casos de reestructuración patrimonial aquí analizados tienen relación con la adquisición por compañías transnacionales de empresas brasileñas o de compañías controladas por otras transnacionales. En el caso de la venta de las empresas brasileñas, aun cuando razones de pobre desempeño frente a las nuevas condiciones de competencia puedan ser algunos de los motivos determinantes (por ejemplo, la Ermeto), las exigencias de escala para inversión y para participar de un patrón de competencia generalizada pueden ser el principal inductor (como, por ejemplo, el caso de la compra de Metal Leve y parte de la Cofap por la empresa alemana Mahle). Esta tendencia a la concentración a escala internacional se hace sentir también en las empresas de control internacionalizado pero con actividades exclusivamente locales, como en la venta de Clark a Eaton, y en la venta de CICA a la Unilever por Cragnotti Partners. En un grupo menor de empresas (Oxiteno y Alpargatas), los procesos de reestructuración patrimonial se centraron en la fusión de empresas o de parte de ellas, buscando fundamentalmente la ampliación de escalas de producción y la reducción de costos. La aceleración en la desnacionalización de empresas brasileñas,[31] sugiere la urgencia de desarrollar un mejor seguimiento de este proceso por parte de los responsables de las políticas industrial,

---

[31] Esta aceleración se basa en relevamientos periódicos realizados por empresas de consultoría, algunos de los cuales han sido divulgados por la prensa brasileña, por ejemplo en la *Folha de São Paulo* y la *Gazeta Mercantil*.

tecnológica y de comercio exterior, considerando dos tipos de implicaciones. A corto plazo, este proceso puede tener impacto sobre la naturaleza de las actividades tecnológicas desarrolladas en Brasil. Esto hace más necesario el perfeccionamiento de la legislación de control de la inversión extranjera directa, considerando dar estímulos a la profundización de las actividades tecnológicas realizadas en el país. De manera correlativa, este proceso puede tener efectos a medio y largo plazo sobre los flujos de comercio exterior de estas empresas, así como sobre el monto del valor agregado en el país.

La mayor apertura de las empresas líderes hacia el exterior también se ha reflejado en algunas iniciativas de asociaciones, ya sea con empresas transnacionales o con socios locales de otros países. Como estrategia de penetración en mercados externos, asociaciones como las de la Cofap en Portugal y en Argentina, o como la de Alpargatas en este último país, se han revelado fructíferas. Estas experiencias también han dejado lecciones para la política de promoción comercial brasileña. Así, el caso de la Oxiteno apunta en la dirección de asociaciones con empresas transnacionales que dominan tecnologías avanzadas, a fin de producir productos de mayor valor agregado tanto en el mercado nacional como en el regional.

El énfasis en la innovación de productos es el tercer punto, y posiblemente el más importante, que se presenta de manera generalizada en las estrategias de ajuste. No existe empresa de la muestra que no haya ampliado significativamente su mezcla de productos y servicios en esta década. Este cambio casi siempre ha ido acompañado del aumento de sus capacidades tecnológicas. Las características asumidas por este cambio varían de acuerdo con el segmento de la industria en que la empresa está inserta. En las empresas productoras de *commodities* intermedios (Usiminas, Oxiteno), la búsqueda se ha orienta io en el sentido de la diversificación de los servicios y productos de mayor valor agregado. Los productores de bienes de capital (WEG) o componentes de bienes de capital (Ermeto), además de haber ampliado los diseños de los productos ofrecidos, también han trabajado el nicho de los servicios a los clientes. Para los productores de autopartes (Cofap, Clark), esta última tendencia significa integrarse cada vez más en los esfuerzos de diseño de las empresas ensambladoras terminales o de los consorcios productores de sistemas de piezas para automóviles. Finalmente, en el caso de las empresas productoras de bienes de consumo, el crecimiento del mercado asociado a la competencia de las importaciones se tradujo en un enorme desafío de corto plazo de actualizar su mezcla de productos, al mismo tiempo que mejorar la calidad. El caso de la industria automotriz (Fiat) es ilustrativo. En los años noventa, la industria automotriz brasileña lanzó más del doble del número de nuevos modelos lanzados en los años ochenta (Quadros Carvalho y Queiroz, 1997). En el caso de la Unilever de Brasil (Gessy Lever), la renovación no se restringe al lanzamiento de nuevas marcas, sino que también comprende la mayor capacitación de la filial brasileña en materia de innovación del producto. Esto se concreta en la integración de la gestión local de la innovación de patrones y técnicas usadas globalmente por el grupo, y en la construcción de nuevos centros de desarrollo de producto en el país. En suma, la innovación de producto es un elemento crucial de las estrategias competitivas, por lo menos para las empresas líderes.

La renovación de la mezcla de productos de las empresas ha ido acompañada de un salto en la calidad de los métodos y técnicas de producción. Éste es el cuarto punto común de ajuste. Entre las empresas líderes, técnicas como *total quality control*, *total productive maintenance*, grupos de perfeccionamiento, *just-in-time* (cuando es pertinente) han sido asimiladas y llevadas a la práctica. Algunas de esas empresas son pioneras en Brasil en la puesta en marcha de tales técnicas, como son los casos de Clark en manufactura celular y de Gessy Lever en la realización de grupos semiautonómos. En esa misma dirección, se comprobó un perfeccionamiento generalizado de la calidad de los productos en esas empresas (muchas con certificación ISO 9000), además del aumento de la productividad física del trabajo. Aunque las inversiones no han crecido de manera generalizada es común que se concentren en equipos de producción de base técnica actualizada, la mayor parte con control microelectrónico.

El quinto y último punto, el cual no siempre está presente, pero es significativo, es la tendencia a la desconcentración geográfica de esas empresas, especialmente en lo que se refiere a nuevas inversiones. En este sentido, aunque es un fenómeno que se desarrolla en diversas regiones del país, el estado aparentemente más favorecido en este proceso es Minas Gerais.[32] El fenómeno no se restringe al impacto de

---

[32] Un relevamiento realizado recientemente por el Ministerio del Trabajo, sobre la base de registros administrativos, apunta a Minas Gerais como el estado en que se creó el mayor número de nuevos puestos de trabajo en la industria de transformación en 1996 (*Folha de São Paulo*, 3 de marzo de 1997).

la inversión de Fiat, aunque el proyecto de *minerização* de proveedores de la empresa tenga su peso. Empresas de otros segmentos han buscado instalarse en este estado, como es el caso de la nueva fábrica de detergentes de la Gessy Lever (la más moderna en este sector) en el municipio de Vespasiano en la zona metropolitana de la capital del estado (Belo Horizonte). La ubicación de las numerosas nuevas plantas automotrices anunciada en el marco de la política gubernamental (Régimen para la Industria Automotriz) confirma la tendencia a la descentralización de la actividad industrial en dirección a los estados de Rio Grande do Sul, Santa Catarina, interior de São Paulo, Río de Janeiro, Minas Gerais y Bahia.

La desconcentración no ha sido determinada por los estímulos fiscales a la instalación de nuevas fábricas, aunque ellos puedan haber incidido en la ubicación final de las plantas que ya se había decidido radicar fuera de la zona metropolitana de São Paulo. Otros factores –como infraestructura física y tecnológica, y mercado de trabajo– parecen haber pesado más en la decisión de invertir. Una lección importante en este sentido es que los estados se habrían beneficiado más si hubieran coordinado sus esfuerzos para la utilización de recursos en favor del desarrollo de la infraestructura y la oferta de recursos humanos en lugar de embarcarse en una costosa "guerra fiscal".

Volviendo al examen de las diferencias entre los tipos de ajuste de las empresas líderes, ya se señaló que en cuatro empresas de la muestra (Cofap, Clark, Alpargatas y Ermeto) el ajuste se dio en condiciones de decrecimiento (ajuste regresivo). En otros términos, estas empresas se han caracterizado por la caída en sus ingresos, ganancias y empleo. Por el contrario, para otro grupo de cuatro empresas (Fiat, Gessy Lever, Cacique y WEG), se puede hablar de un ajuste expansivo, una vez que éste se manifestó en crecimiento de los ingresos, ganancias y el mantenimiento o la expansión del empleo. En este grupo, sólo la Cacique presentó caída en el nivel de empleo. La Usiminas y Oxiteno están en situación intermedia; aunque no han tenido crecimiento de sus ingresos, la productividad y las ganancias crecieron en relación directa con la reducción del empleo, situación que fue influida por el proceso de racionalización desencadenada por la privatización.

Los determinantes sectoriales –la existencia o no de políticas sectoriales específicas– así como la capacidad acumulada de cada empresa, tuvieron un papel preponderante en la definición de esas trayectorias diferenciadas. Si bien en un primer momento la apertura comercial tuvo impacto sobre todas las empresas, tuvo distintos desdoblamientos a lo largo de los años noventa. La protección temporal concedida al segmento ensamblador de la industria automotriz, a través de la reducción de los aranceles de importación para las empresas terminales establecidas en el país a cambio de compromisos de inversión y exportaciones tuvo un peso decisivo para que la Fiat, así como el resto de las ensambladoras, invirtiera en la expansión de sus actividades productivas locales. Por el contrario, para el sector de autopiezas, que recibió un tratamiento totalmente distinto, la competencia abierta e intensa de las importaciones en los años recientes tuvo un impacto mucho más severo. Por más que fueran bien estructuradas y modernas, empresas como la Cofap y la Clark no tuvieron el mismo impulso para hacer frente a los desafíos simultáneos de la competencia de los productos importados en el mercado interno y del *global sourcing* en el mercado externo. La propia escala de estas empresas, además de su mayor dificultad de acceso a capital con bajo costo en los mercados financieros externos (al menos en comparación con las empresas mundiales de mayor tamaño), representó una restricción para su expansión.

En bienes de consumo no durables, los tamaños y capacidades financieras diferentes de las empresas también influyeron. Alpargatas tuvo dificultades para acelerar su modernización para competir con textiles y confecciones importados, no sólo debido a su menor acceso a nuevas tecnologías y marcas, sino también a sus limitaciones financieras. Por otra parte, Gessy Lever se valió del tamaño del grupo Unilever para apalancar su inversión para ampliar la capacidad instalada, adquirir nuevas empresas y renovar su línea de productos. En los casos de las industrias de bienes de capital, el acceso de la WEG a los mercados externos y su capacidad acumulada en tanto líder en la producción de motores eléctricos en América Latina fueron decisivos para superar las dificultades de retracción del mercado interno combinada con la entrada de las importaciones. Para la Ermeto, la ausencia de esta alternativa selló su destino en dirección al ajuste regresivo y, por consecuencia, a la desnacionalización. Igualmente, la Usiminas se valió de su capacidad, tamaño y acceso a mercados externos (incluso de capitales) para preparar la estrategia que le permitió mantener ingresos y al mismo tiempo desplazarse hacia productos y servicios más nobles.

Este último punto sugiere una lección más. El Régimen de la

Industria Automotriz, la ola de desnacionalización de empresas brasileñas y las dificultades presentes en determinados sectores (bienes de capital, por ejemplo) apuntan hacia la necesidad de que las políticas horizontales de modernización industrial sean complementadas por políticas de competitividad sectorial, que ayuden en la coordinación del proceso de ajuste de los sectores más importantes de la industria, tomando en consideración las particularidades de cada sector en términos de naturaleza de la competencia, requisitos de capital para inversiones y acceso a fuentes de financiamiento y a tecnologías y marcas.

3.6. BIBLIOGRAFÍA

Arruda, M. (1995), *Grupo Cofap*, Informe del proyecto "Grupos Económicos de la Industria Brasileña y la Política Económica: Estructura, Estrategias y Desafíos", Campinas, São Paulo, FUNDAP, FECAMP, UNICAMP e IE.

Coutinho, L. y J. C. Ferraz (coordinadores) (1994), *Estudo da competitividade da indústria brasileira*, Editora Papirus.

Cunha, A.M. (1995), *Estratégias de empresas trasnacionais na economia brasileira nos anos 80 e 90*, tesis de maestría presentada al Instituto de Economía de la UNICAMP, Campinas, São Paulo.

Fleury, A. y J. Humprey (coordinadores) (1993), *Recursos humanos e a difusão e adaptação de novos métodos para a qualidades no Brasil*, texto para discusión núm. 326, Instituto de Investigación Económica Aplicada (IPEA), Río de Janeiro.

Furtado, A. (coordinador) (1994), *Capacitação tecnológica, competitividade e política industrial: uma abordagem setorial e pôr empresas líderes*, texto para discusión núm. 348, Instituto de Investigación Económica Aplicada (IPEA), Río de Janeiro.

Lall, S. (1992), "Technological Capabilities and Industrialization", en *World Development*, 20 (2).

Laplane, M. F. y F. Sarti (1995), "A restruturação do sector automobilístico brasileiro nos anos 90", *Revista Economía y Empresa*, Universidad Mackenzie, vol. 2, núm. 4, octubre/diciembre.

Matos Filho, J.C. y C. W. de A. Oliveira (1996), *O processo de privatização das empresas estatais brasileiras*, texto para discusión núm. 422, Instituto de Investigación Económica Aplicada (IPEA), Río de Janeiro.

Peres, W. (1993), "Internacionalización de empresas industriales latinoamericanas", *Revista de la CEPAL*, núm. 49, abril, Santiago de Chile.

Porter, Michael (1990), *The Competitive Advantage of Nations*, Londres, MacMillan.

Possas, M. L. (1996), "Competitividade: fatores sistêmicos e política industrial-Implicações para o Brasil" en A. B. Castro, M.L. Possas, y A. Proença (coord.), *Estratégias empresariais na indústria brasileira: Discutindo mudanças*, Río de Janeiro, Forense Universitária.

Quadros Carvalho, R. y S. Queiroz (1997), "Restructuring and Globalization in the Brazilian Automotive Industry", en *Anales del V Coloquio de GERPISA - New Spaces for the Automobile Industry*, París, junio.

Quadros Carvalho, R. (1996), *Coping with change in the economy: new technologies, organizational innovation and economics of scale and scope in the Brazilian engineering industry*, texto para discusión núm. 422, Instituto de Pesquisa Económica Aplicada (IPEA), Río de Janeiro.

Quadros Carvalho, R. y Bernardes, R. (1996), "Restruturação Industrial, produtividade e desemprego", *Revista São Paulo em Perspectiva*, vol. 10, núm. 1, enero, São Paulo.

Queiroz, S. (1995), *Grupo ULTRA*, Informe del proyecto "Grupos Económicos de la Industria Brasileña y la Política Económica: Estructura, Estrategias y Desafíos", Campinas, São Paulo, FUNDAP, FECAMP, UNICAMP e IE.

Simões de Almeida, Eduardo (1996), *Mudança institucional e estrutural na economia brasileira do início dos anos 90: Uma abordagem evolucionista*, Tesis de maestría, São Paulo, FEA, USP.

4. LAS ESTRATEGIAS DE LOS GRANDES GRUPOS ECONÓMICOS BRASILEÑOS

REGIS BONELLI*

4.1. EL CAMBIO ESTRUCTURAL EN LA ECONOMÍA EN LOS AÑOS NOVENTA

El ajuste del sector externo realizado en Brasil en la primera mitad de los años ochenta como respuesta a la crisis de la deuda no creó las condiciones para la recuperación de un sendero de crecimiento económico. Al contrario, uno de los principales resultados del proceso de transferencia de recursos hacia el exterior que caracterizó ese periodo fue un conjunto de desajustes que se tradujo en un insatisfactorio desempeño económico, pérdida de control sobre el proceso inflacionario y, dada la evolución del valor agregado, reducción de la capacidad de crecimiento. Esto porque la contrapartida de los grandes superávit comerciales externos obtenidos después de 1982 fue una grave crisis fiscal, cuyo origen se encuentra en el proceso de sustitución de deuda externa por deuda interna asociada a la transferencia de recursos hacia el exterior. De esa forma el ajuste externo se reflejó en los desequilibrios económico-financieros del sector público. Por ende, de ese proceso se originó la reducción de la capacidad de ahorro del Estado pese a la reducción de los gastos públicos. A pesar de eso, se observaron crecientes necesidades de financiamiento y un aumento de la deuda interna derivado de la necesidad de pagar altos intereses. Ello absorbió el ahorro e inhibió la inversión privada. Por lo tanto, una de las principales consecuencias de la década perdida de los años ochenta fue la desarticulación del financiamiento del desarrollo,

* Investigador visitante de la Dirección de Investigaciones del Instituto de Investigación Económica Aplicada (IPEA), en Brasilia y Río de Janeiro. El autor agradece al equipo del DPES, del área de planificación del Banco Nacional de Desarrollo Social (BNDES), por los comentarios a una primera versión. Agradece también al profesor Luciano Coutinho y a la Fundación para el Desarrollo Integral de Programas Socio-económicos (Fundap) por el acceso al valioso material mencionado en la bibliografía, utilizado en la elaboración de este texto. La última revisión de este capítulo por su autor fue realizada en septiembre de 1997.

agravado por un contexto de expectativas volátil debido a la inestabilidad político-institucional y a un ambiente de inflación crónicamente elevada. Obviamente, todo esto dificultó enormemente la gestión de la política económica.

La recesión de la economía brasileña a inicios de los años noventa reflejó este cuadro de desequilibrios, que llevó a las empresas a una gestión volcada hacia acciones de corto plazo y cautelosa en cuanto a las decisiones de producción, empleo e inversión. Este periodo fue acompañado de grandes cambios en la economía, que finalizan, en 1994, en un proceso de estabilización que pone término a cerca de 15 años de altísima inflación y casi nulo crecimiento del PIB. Además de eso, Brasil viene llevando a cabo una liberalización comercial y financiera y procesos de desregulación del mercado que hubieran sido impensables hasta hace pocos años. La reacción de los grandes grupos económicos a esos procesos, después de años de enorme inestabilidad económica e institucional,[1] es de gran interés para evaluar el futuro del capitalismo brasileño.

Al terminar la crisis institucional después del alejamiento del presidente Collor a fines de 1992, se produjo un cambio positivo de las expectativas de corto plazo. Ese cambio fue motivado por el discurso del nuevo gobierno, basado en la redefinición de las prioridades de la política económica en el sentido de eliminar la recesión, con una política monetaria menos rigurosa e intentos de recomponer el poder adquisitivo de la población, contribuyendo a cambiar tanto las actitudes de las empresas como de los consumidores. En la época ya existían factores objetivos que sustentaban la recuperación del nivel de actividad: mayores gastos del gobierno en salarios y el reajuste de los

---

[1] Después de 40 años de crecimiento acelerado, los años de 1981 a 1992 fueron de estancamiento económico, con saltos de crecimiento en algunos subperiodos. En los 12 años mencionados, el PIB apenas creció 16% acumulado y la población cerca de 26%, lo que llevó a una declinación del ingreso per cápita de aproximadamente 8%. La industria brasileña producía en 1992 menos que en 1980. La tasa de inversión a precios constantes de 1980 cayó de niveles de 23.3% del PIB en promedio para los años setenta a cerca de 18.3% en los años ochenta y apenas 13.6% en 1992. Además, las recesiones de 1981-1983 y de 1990-1992 no tuvieron impacto alguno sobre la inflación, dados los mecanismos de indexación cada vez más generalizados. El resultado fue que en 1993, en vísperas de la adopción del Plan Real, la inflación llegó a 2 600%, a pesar de los cinco planes de estabilización experimentados entre 1986 y 1992. La mayoría de éstos imponía congelamiento de precios y salarios y rupturas de contratos, sin conseguir ningún resultado excepto aumentar la incertidumbre entre los agentes económicos y disminuir la credibilidad en los sucesivos gobiernos y equipos económicos.

jubilados, el aumento del salario mínimo en septiembre de 1992 y una política salarial más flexible en las empresas privadas.

En contraste con la recesión del trienio 1990-1992, el desempeño del periodo 1993-1996 es más que satisfactorio. El PIB creció cerca de 18.5% acumulado en este periodo o 12% en términos per cápita. Las tasas de inversión se elevaron, aunque moderadamente, llegando a cerca de 16.5% del PIB (a precios de 1980) en 1996-1997. La calidad de la inversión mejoró sustancialmente, en la medida en que una cuota cada vez mayor de los gastos en inversión de capital está dirigida a equipos, especialmente importados, en los que el contenido tecnológico es superior. La productividad de la mano de obra, especialmente industrial, presentó tasas inéditas de crecimiento. La inflación medida por el índice de precios al consumidor disminuyó considerablemente, llegando a 10% en 1996 y cerca de 6% en 1997. El cuadro 1 resume algunos indicadores del desempeño de los dos periodos mencionados.

CUADRO 1
CRECIMIENTO DEL PIB, LA INVERSIÓN Y LA PRODUCCIÓN INDUSTRIAL

Sectores	1990-1992	1993-1996
Producto Interno Bruto	–1.63	4.3
Formación bruta de capital fijo	–7.20	11.4
Industria de bienes de capital	–8.06	2.8
Industria de bienes intermedios	–4.52	3.7
Industria de durables de consumo	–4.99	17.3
Industria de no durables de consumo	–2.46	3.9
Industria de la construcción	–7.88	4.1

FUENTE: Instituto Brasileño de Geografía y Estadística (IBGE).

El desempeño industrial a partir de 1993, en particular, es prueba de la fortaleza empresarial frente al cuadro previo de recesión y apertura del mercado en el que vivieron las empresas. La difusión de programas de contención de los gastos y racionalización de los métodos productivos y perfiles organizacionales, buscando elevar la productividad, perfeccionar la calidad de los productos y disminuir las necesidades de capital financiero ayudan a explicar ese buen desempeño.

La reforma del Estado iniciada en 1990 tiene un aspecto fundamental para los propósitos de este estudio: el programa federal de privatización. Entre 1991 y 1995 fueron privatizadas las ocho empresas siderúrgicas integradas, las participaciones en las petroquímicas y las fábricas de fertilizantes anteriormente de propiedad del Estado. En 1996 se inició la venta de las distribuidoras de energía eléctrica y de las redes ferroviarias federales, proceso que, en este último caso, terminó en 1997. En este año aun se produjeron las privatizaciones de la Compañía Vale do Río Doce (CVRD), un enorme conglomerado en torno de la minería de hierro, las subastas de las concesiones de telecomunicaciones (telefonía móvil), y la privatización de algunos bancos y concesionarios de servicios públicos de los estados, por ejemplo, la Light en 1996 y la Companhia Estadual de Gás/CEG, ambas de Río de Janeiro, y la Companhia de Electricidade do Estado de Bahia (COELBA).

Contra este telón de fondo, se desarrollan las nuevas estrategias empresariales de los grandes grupos económicos. Esas estrategias están fuertemente condicionadas por diversos cambios, destacándose la reducción del papel del Estado como productor; una nueva política de comercio exterior, con la apertura de la economía; cambios en la política industrial, con la desactivación de diversos esquemas de protección e instrumentos adoptados en el pasado; nuevo papel de la política cambiaria en la fase de estabilización, donde el tipo de cambio no está más indexado a la inflación pasada; el efecto de la estabilización sobre la demanda y el desempeño del sector productivo, en especial, sobre el sector financiero; la privatización de las empresas en los tres niveles del gobierno; un contexto internacional crecientemente globalizado en lo referente a flujos de capitales, que impone nuevas reglas de conducta y limita las estrategias posibles. Esos desafíos condicionan estrategias y oportunidades para todos los agentes económicos y en particular para los grupos empresariales. Antes de examinarlas más en detalle, se analizará el contexto industrial en que se desenvolvieron.

4.2. LA DINÁMICA DEL PATRÓN DE CRECIMIENTO INDUSTRIAL

Una de las características más marcadas del desempeño industrial en la última década es la relativa estabilidad de la estructura industrial, medida a precios constantes.[2] Los principales cambios dignos de

---

[2] La selección distingue los años de alta inflación abierta o reprimida (1985-1989)

registro se refieren a la pérdida del peso de las industrias de vestuario, calzados y artículos de tejidos, textil y mecánica. En conjunto, esas ramas detentaban en promedio 16.1% del valor de la producción industrial en 1985-1989. En el periodo 1993-1996 esa proporción disminuyó a 13.3%. Como la producción industrial promedio prácticamente no aumentó en ese periodo,[3] el nivel medio de producción de este grupo disminuyó entre los dos periodos considerados, implicando una sensible reducción de la producción per cápita.

La contrapartida de la reducción de la participación de estas ramas es el aumento del peso de un pequeño conjunto de industrias. Las principales ganadoras fueron, sorprendentemente, las relacionadas con tres rubros: bebidas, perfumería, jabones y velas, y tabaco,[4] cuya participación aumenta de 2.6% del total en 1985-1989 a 3.5% en 1994-1996. En segundo plano aparecen algunos rubros con mayor peso en la estructura de producción, cuyo desempeño fue, de hecho, el factor responsable por las (modestas) tasas de crecimiento de la producción observadas en el periodo como un todo: extracción de minerales, productos alimenticios, material eléctrico y de telecomunicaciones, papel y cartón, y material de transporte. En estos casos la participación pasa de 31.8 a 34.7 por ciento.

Tres factores explican esas diferencias del crecimiento: el desempeño exportador en la mayor parte del periodo, especialmente hasta 1994 (casos de minería, papeles y cartones y tabaco),[5] cambios en los patrones de consumo y difusión de nuevos productos alimenticios y de higiene y limpieza (casos de bebidas, alimentos, perfumería, jabones y velas); y aumento del ingreso asociado a los resultados del Plan

de los de recesión (1990-1992) y de los de recuperación del nivel de actividad (1993-1996). El total de la industria incorpora la minería y la industria de transformación.

[3] El índice de producción real del trienio 1994-1996 fue apenas 5% superior al del trienio 1985-1987, periodo de elevado nivel de actividad industrial asociado al Plan Cruzado de 1986.

[4] La calificación de "sorprendente" se justifica cuando se compara este desempeño con lo observado históricamente, pues en la experiencia pasada el desempeño industrial fue ampliamente liderado por ramas de los complejos metal-mecánicos y químicos. A los no durables les cupo un papel muy pequeño en la explicación de la tasa de crecimiento agregada de largo plazo.

[5] La participación de las exportaciones en el valor de la producción aumentó de 21 a 28% entre 1985-1987 y 1994-1996 en el caso de la minería, de 12 a 29% en papel, y de 39 a 74% en el caso de tabaco (estimaciones basadas en valores a precios constantes de 1985).

Real (material eléctrico y de comunicaciones, material de transporte y productos alimenticios).

PARTICIPACIÓN EN EL VALOR BRUTO DE LA PRODUCCIÓN TOTAL INDUSTRIAL
(porcentajes)

	Medias anuales*		
	1985-1989	1990-1992	1993-1996
Total Industria	100.00	100.00	100.00
Extractiva de minerales	4.43	5.25	5.15
Industria de transformación	95.58	95.99	95.30
Minerales no metálicos	2.97	2.98	2.83
Metalúrgica	13.36	12.90	13.06
Mecánica	7.05	6.05	6.30
Material eléctrico y comunicaciones	5.98	5.97	6.76
Material de transporte	6.94	6.43	7.71
Papeles y cartones	2.72	3.12	3.05
Caucho	1.65	1.78	1.79
Química	19.09	18.36	17.71
Farmacéutica	1.19	1.11	1.07
Perfumería, jabones y velas	0.91	1.11	1.12
Productos de materiales plásticos	1.90	1.81	1.80
Textil	5.41	5.31	4.59
Vestuario, calzados, artículos tejidos	3.68	2.92	2.47
Alimentos	14.46	16.97	16.56
Bebidas	1.15	1.58	1.67
Tabaco	0.58	0.75	0.71
Otros**	6.01	5,85	6.10

FUENTE: Instituto Brasileño de Geografía y Estadística (IBGE), Censo Industrial y Encuesta Industrial Mensual, Producción Física (PIM-PF).
* En porcentaje del valor de la producción a precios constantes de 1985.
** Residuo que incluye los rubros: madera, muebles, pieles y cueros, editorial y gráfica, e industrias diversas.

Las mayores tasas de crecimiento promedio anual para el periodo como un todo son: bebidas (6.1%), productos de perfumería, jabones y velas (4.5%); material eléctrico y de comunicaciones (3.8%), productos de tabaco (3.0%), minería (2.7%); productos alimenticios (2.4%), papeles y cartones (2.3%); caucho (2.1%) y material de transporte

(2.1%). En el extremo opuesto existen los casos en que la producción real en 1996 fue inferior a la de 1985: textiles, vestuario, calzados y artículos de tejidos. Todos estos rubros fueron severamente afectados por la apertura comercial, como se desprende de los coeficientes de participación de las importaciones en el consumo aparente (Moreira y Corrêa, 1996).

El análisis según la categoría de uso de los bienes permite evaluar el desempeño industrial desde otro ángulo. En el cuadro 2 y la gráfica 1 se observa que el desempeño de las diversas categorías de uso fue muy semejante hasta 1992. Entre 1985 y 1990, en particular, los niveles de producción se mantuvieron prácticamente inalterados. Eso se refleja en el resultado para el total de la industria, que revela un virtual estancamiento entre esos años. La recesión de 1990-1992, como era de esperarse, afectó más fuertemente a los bienes de capital e intermedios, a pesar del aumento de las exportaciones de diversos ítems entre estos años. A su vez, los bienes de consumo tenían en 1992 aproximadamente el mismo nivel de producción agregado de 1985.

A partir de 1992 se inició una recuperación basada en la demanda de bienes de consumo duradero, siendo el año más dinámico, ¡cuando la producción de la categoría creció casi 30%! En los años siguientes, la expansión fue generalizada en todas las categorías, con excepción de los bienes de capital. En este caso, debido esencialmente a la competencia de las importaciones, la producción se estancó en 1995 (como ocurrió con los bienes intermedios) y disminuyó en 1996. El resultado final es que el nivel de producción de bienes de capital era en 1996 del mismo orden de la observada en 1985, es decir 11 años atrás.

Volviendo a las diferentes industrias, lo que desafía la imaginación y la interpretación es por qué algunas ramas (por ejemplo, material eléctrico, material de transporte, productos alimenticios, productos de perfumería, caucho) tuvieron buen desempeño competitivo en la fase de apertura en tanto que otros (especialmente mecánica, química, textil y vestuario y calzados) tuvieron un retroceso.

Una cuestión compleja como ésa no admite respuestas simples. Diversos factores pueden ser los responsables tanto por los casos de éxito como por los de fracaso. En los casos de material eléctrico y de transporte, por ejemplo, las estructuras internas de producción de las empresas se modificaron sustancialmente por la sustitución de materias primas, partes y componentes producidos internamente por

CUADRO 2

PRODUCCIÓN INDUSTRIAL POR CATEGORÍA DE USO

(promedio de 1985=100)

	1986	1987	1988	1989	1990	1991	1992	1993	1994	1995	1996
Industria en general	110.9	111.9	108.3	111.4	101.5	98.9	95.2	102.3	110.1	112.1	113.7
Bienes de capital	121.9	119.7	117.2	117.5	99.3	98.1	91.3	100.1	118.8	119.1	102.1
Bienes intermedios	108.3	109.6	107.2	109.9	100.3	98.0	95.6	100.8	107.4	107.6	110.5
Bienes de consumo	111.1	111.1	107.2	111.1	105.2	107.4	101.6	111.9	116.9	124.0	129.9
Consumo durable	122.6	113.9	114.6	117.3	110.5	115.7	100.6	129.9	150.1	171.1	189.9
Consumo no durable	109.1	110.5	105.6	109.7	104.0	105.9	101.9	108.7	110.8	115.3	118.8

FUENTE: Instituto Brasileño de Geografía y Estadística (IBGE), *Encuesta Industrial Mensual, Producción Física* (PIM-PF).

GRÁFICA 1
ÍNDICES DE PRODUCCIÓN REAL POR CATEGORÍA DE USO DE LOS BIENES, 1985-1996
(1985 = 100)

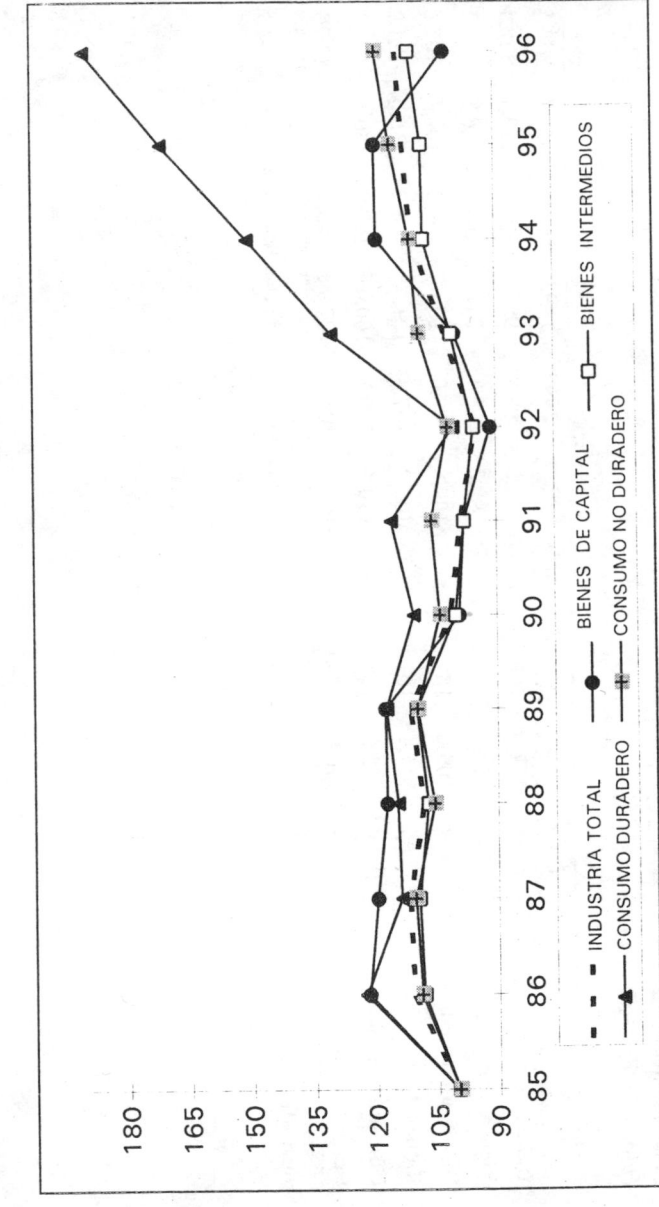

importados. A pesar de la caída del valor agregado con relación al valor de la producción implícita en ese cambio, las ganancias de producción más que compensaron la sustitución de generación de valor local por las importaciones. Una prueba de esto es el enorme crecimiento de la producción nacional de bienes de consumo duradero, a pesar del impresionante aumento de la competencia de las importaciones. Además de eso, se beneficiaron de las ganancias del ingreso real después del Plan Real, habiendo reducido precios relativos ya antes de su implantación. Son también industrias cuyas técnicas de producción se aproximan a las *mejores prácticas* internacionales y cuya canasta de bienes producidos puede considerarse moderna. De la misma forma, sus estructuras gerenciales son generalmente más modernas y los sectores son dominados por las empresas transnacionales. Ésos fueron casos de éxito también en términos de ganancias de la productividad después de 1990.

Por otro lado, los sectores rezagados (principalmente textil, vestuario y calzados y mecánica) no siempre fueron capaces de sacar provecho de la oportunidad de contar con materias primas importadas de alta calidad y precios bajos, dada la valorización del real frente al dólar.[6] Las razones para eso son varias, y van desde el grado de integración vertical –que históricamente es alto en Brasil– a las estructuras gerenciales obsoletas, menor tamaño de las plantas y descuido de temas como eficiencia, productividad y competitividad.

Esos aspectos influyeron profundamente el desempeño y delimitaron las estrategias de expansión de los grandes grupos empresariales a partir de finales de los ochenta. Los que fueron capaces de adaptarse a las nuevas condiciones de competitividad y de financiamiento tuvieron un desempeño superior sobre los demás. También obtuvieron ganancias los que diversificaron su actuación hacia afuera y los que, encontrándose más directamente amenazados por la competencia externa, sustituyeron materia prima nacional por importada. Pero, en el futuro la competitividad empresarial dependerá de la concreción de un nuevo ciclo de inversiones (Motta Veiga y Bonelli, 1997).

Es importante recordar los efectos negativos del periodo de alta inflación sobre la competitividad de la producción. A esto podría agregarse el debilitamiento del aparato regulatorio e institucional del Estado que acompañó la crisis macroeconómica, y la permisividad con

---

[6] Recientemente diversas empresas pasaron a usar hilos importados en sus actividades de tejeduría.

relación a la ineficiencia y a la transferencia de aumentos de costos a precios asociada a la cultura inflacionaria. Eso compone un complejo cuadro de relaciones entre alta inflación y degradación de la competitividad. Además, a lo largo de la década de los años ochenta e inicio de la de los noventa se amplió la heterogeneidad entre los grupos líderes en los diferentes sectores y la masa de pequeñas y medianas empresas. Durante todo el periodo de la crisis de la deuda y de la altísima inflación, la dimensión macroeconómica se impuso a las demás, comprometiendo esfuerzos e iniciativas para superar deficiencias competitivas entonces ya identificadas en los planos estructural y regulatorios.

En el combate a la alta inflación gana importancia el uso del tipo de cambio como ancla nominal de precios internos, mecanismo que afectó negativamente la competitividad de las exportaciones. El recurso a este mecanismo se reveló fundamental para la estabilización de precios, dada la liberalización comercial.

A pesar de las limitaciones macroeconómicas, la estabilización proporcionó una reanudación de las inversiones, aunque modesta. Según investigaciones de la CNI/CEPAL (1997), en el periodo 1995-1997 se volvió a niveles de inversión industrial de entre 3 y 3.5% del PIB, frente a sólo 2.8% en 1992-1993. La misma investigación apunta hacia un "cambio significativo en la composición de las inversiones de las empresas, en los últimos años". De hecho, según este texto, "en el periodo 1997-1999, predominarán proyectos en nuevos productos y de expansión y construcción de nuevas plantas, reduciéndose la importancia de las inversiones de reposición".

La transformación de esta tendencia en un nuevo ciclo sostenido de inversiones depende de la reducción de la incertidumbre macroeconómica, especialmente en lo referente al costo de la inversión determinado por las altas tasas internas de impuestos. En este campo, la elevación de la tasa de ahorro interna es el objetivo esencial, dependiente de la aprobación de las reformas constitucionales en áreas políticamente sensibles: previsión social, régimen tributario y administración pública.

En lo que se refiere a política industrial, la economía pasó por una drástica reducción de los instrumentos de alcance sectorial típicos del periodo de sustitución de importaciones, habiendo sobrevivido apenas algunos incentivos regionales y concentrándose los de cuño sectorial en la industria automotriz, bienes de capital e informática. Aun así, y dadas las preocupaciones con la balanza comercial, es previsible un mayor dinamismo de la política industrial de cuño sectorial en el futuro próximo, sobre todo en sectores modernos, efectiva o potencialmente, deficitarios en términos de comercio exterior (equipo de telecomunicaciones) o en sectores tradicionales vulnerables a la competencia externa (textiles y confecciones).

Después de 1994, la exposición de la producción interna a la competencia externa comenzó a actuar como mecanismo de selección entre sectores y segmentos, rediseñando el mapa industrial a la luz de los criterios de la competitividad internacional. En este sentido, sancionó las deficiencias competitivas de un conjunto de sectores que ya venían perdiendo peso en la estructura industrial entre 1985 y 1992 (como es el caso de las industrias de la cadena textil, calzados y mecánica), y produjo un impresionante aumento en el coeficiente de penetración de importaciones en las industrias de material de transporte, mecánica, y material eléctrico y de comunicaciones.

Por otro lado, la reducción del sesgo antiexportador con la liberalización comercial condujo a que ganasen peso en las exportaciones los sectores de bienes de consumo e intermedios intensivos en recursos naturales, al mismo tiempo que se volvían deficitarias las balanzas comerciales tanto de sectores intensivos en mano de obra (hilado y tejido), como en capital (sectores de la cadena química/petroquímica). El reciente desempeño del comercio exterior confirma la hipótesis de que la apertura contribuyó a reforzar el patrón de especialización de las exportaciones brasileñas, basadas en la combinación de abundancia de recursos naturales y escalas adecuadas de producción. Al mismo tiempo, contribuyó a esbozar un patrón de especialización de las importaciones centrado en bienes de capital intensivos en tecnología y en bienes de consumo durables.

Los procesos de reestructuración en curso en sectores tan heterogéneos como petroquímica, automotriz y de autopartes, alimentos, textiles, calzados y electrodomésticos y electrónicos son respuestas ofensivas en este nuevo contexto y combinan: i] nuevas inversiones en ampliación y modernización en sectores existentes (petroquímica, automotriz, bebidas); ii] reestructuración empresarial con impactos sobre la escala dominante en diversos sectores (fusiones en petroquímica, adquisiciones por empresas extranjeras en electrodomésticos, autopartes y alimentos); iii] entrada de nuevos actores con proyectos nuevos (autopartes, electrónica de consumo, equipos de telefonía, alimentos), y iv] relocalización de plantas y aumento de capacidad productiva en sectores tradicionales en regiones geográficas con menor costo de producción, especialmente en el componente de mano de obra (textiles, confecciones y calzados).

4.3. LA EVOLUCIÓN DE LOS GRANDES GRUPOS ECONÓMICOS

Los análisis de la evolución de los grupos empresariales enfrentan de entrada una enorme dificultad: la legislación brasileña no considera el concepto de grupo económico a efectos fiscales o cualquier otro. Por lo tanto, diversos grupos, incluso algunos de los más importantes en términos de capital, patrimonio neto o ventas, no tienen existencia jurídica formal. Eso implica que la composición y/o identificación de los grupos depende, en gran medida, del arbitrio de quien realiza el análisis y de la habilidad de identificar empresas bajo un mando único o compartido por agentes comunes.

Además de eso, las comparaciones de importancia cuantitativa de grandes grupos económicos brasileños a lo largo del tiempo son enormemente dificultadas por dos tipos de factores. En primer lugar, por el intenso proceso inflacionario y su efecto sobre los estados contables de las empresas y grupos. En segundo lugar, por los cambios en la legislación y forma de presentación de los balances, que dificultan la comparabilidad especialmente en el caso de los grupos financieros. Las fuentes de información a nivel agregado que utilizan datos en valores corrientes –los "Balances Anuales" de la *Gazeta Mercantil* (GM) y de la revista *Exame*– permiten llegar a diversas conclusiones de interés.[7] Los criterios de agregación de las empresas en grupos, usados por esas bases de datos son, presumiblemente, consistentes en el tiempo. En este marco, una caracterización de los grandes grupos económicos privados permite destacar los siguientes aspectos:

Control familiar. Casi 90% de los 300 mayores grupos nacionales privados son de control familiar, es decir, son administrados por uno o más miembros de la familia controladora. Gran parte de estos grupos surgió a comienzos del siglo y ganó fuerza a partir de los años treinta, en la fase de la industrialización acelerada de la economía brasileña asociada al proceso de sustitución de importaciones, estando

---

[7] En esta sección se utilizan informaciones de la *Gazeta Mercantil*. Los valores en dólares son los estimados por esa publicación.

ahora en segunda, tercera o cuarta generación.

Crecimiento. La participación relativa y absoluta de los principales grupos económicos privados nacionales en la economía aumentó entre finales de los años ochenta y la actualidad. La suma del patrimonio neto (PN) de los 100 mayores grupos privados pasó, en valores corrientes, de US$ 28.5 mil millones a US$ 61.6 mil millones, entre 1989 y 1995. Dadas las estimaciones del PIB de US$ 400 mil millones y US$ 716 mil millones respectivamente, se obtiene un aumento de participación de 7.1 a 8.6%, aunque debe tenerse en cuenta que los 100 mayores grupos en cada año no son necesariamente los mismos.[8]

Inestabilidad. Existe inestabilidad o volatilidad en el conjunto de grupos pertenecientes al mayor rango de tamaño. Los cambios fueron particularmente notables en los años noventa. De los 100 mayores grupos según patrimonio neto en 1983, apenas 12 no estaban entre los 100 mayores en 1989. Pero, de los 100 mayores en 1983, al menos 26 ya no existían en 1995.[9] Estas "desapariciones" del estrato de mayor tamaño se deben a tres motivos:

i] Los movimientos de fusiones y adquisiciones que tuvieron lugar en esos años (ejemplos: Santista, Brahma, Simão, Oxiteno, Verolme y Bernardo Goldfarb eran empresas individuales en 1989; en 1995 eran parte de algún grupo). En este tema se destacan las compras de empresas brasileñas por extranjeros. Según investigaciones recientes, el mayor número de ejemplos se encuentra en el rubro de alimentos, bebidas y tabaco (44 fusiones y adquisiciones por empresas extranjeras de un universo estudiado de más de 1 000 empresas), seguido del sector financiero (26 de un total de 720), química y petroquímica (26 de un total de 4 205), electrónica (21 de un total de 4 000), seguros (18 en relación a 108), autopartes (16 de 540), farmacéutica (14 de 893), informática (11 de 136) y del sector energético (8 de 13).[10]

---

[8] La participación del ingreso neto de operaciones de los 100 mayores grupos en el PIB fue del orden de 10.3% en 1995. Existen problemas para estimar datos comparables correspondientes a otros años debido a los cambios en la legislación sobre presentación de balances anuales; el caso es especialmente grave si se desea incorporar en la comparación a los bancos y a las grandes empresas de construcción civil (*empreiteiras*).

[9] La selección de ese periodo se debió, por un lado, a la disponibilidad de datos: el último año es 1995. En cuanto al año inicial, se prefirió 1989, a pesar de la extremadamente elevada inflación de ese año, a 1990, debido a la fuerte recesión.

[10] De acuerdo con el informe de investigación en la *Gazeta Mercantil* del 30 de septiembre de 1997, p. C-1.

ii] La reducción del tamaño del grupo ya sea por venta de empresas, extinción, quiebra, por estar en concordato judicial u otro motivo que justifique la no presentación de los balances contables de las empresas respectivas (CRA –en concordato de 1993 a 1996–, Cutrale, Cevekol, Cotia, y los Bancos Económico, Nacional y Bamerindus).

iii] Por cambio de razón social o fusión con otro grupo o empresa, resultando indirectamente en el primer ítem (ejemplos: Tratex/Rural, Severino P. da Silva/Paraíso, Hansen/Tigre).

Esa inestabilidad fue objeto de un análisis reciente (Almeida, 1997), el que concluyó que: i] de los 120 mayores grupos privados nacionales existentes a fines de 1996 no menos de 37 habían sido vendidos o habían cambiado su forma original a partir de 1985, al tiempo que otros 16 cambiaron su dirección ejecutiva;[11] ii] el conjunto resistió a la aceleración inflacionaria de los años ochenta e inicios de los años noventa –de los grandes grupos, sólo Matarazzo[12] desapareció–, periodo en que los conglomerados financieros subieron bastante en el ordenamiento de grandes grupos según tamaño; iii] la reducción del volumen de empleo asociada a la reestructuración defensiva comenzó antes de 1990; iv] de los 37 grupos desaparecidos, 7 corresponden a bancos intervenidos o vendidos al llegar al límite de su capacidad financiera después de la estabilización –lo que pone al descubierto deficiencias operacionales y la incapacidad de sobrevivir en un régimen de inflación baja–, y v] la única adquisición abierta en la bolsa de valores, fue la de la empresa de bebidas Brahma por parte el grupo Garantía, mientras que las demás resultaron de negociaciones entre acreedores para la transferencia de la propiedad.[13]

Según ese estudio, una de las razones para el éxito del modelo en gestación es la fuerza de los bancos. La participación de los conglome-

---

[11] Casi dos tercios de los que profesionalizaron su cúpula ejecutiva aprovecharon el recambio generacional para hacer tales cambios.

[12] Desde su creación a partir de actividades comerciales en los años treinta, el Grupo Matarazzo adoptó un patrón de diversificación sectorial excesivo. Así, ya en los años cuarenta ingresó en la producción de una amplia gama de bienes de consumo no durables, aunque contando con pocos recursos tecnológicos, pequeña escala en muchas líneas de producción y baja capacidad organizativa. Al mismo tiempo, y al igual que otras empresas nacionales, llegó a tener un nivel excesivo de integración vertical. Con el aumento de la competencia en los años cincuenta, esa estrategia mostró ser fatal y el grupo se desintegró gradualmente a lo largo de dos décadas.

[13] Esto es, un tercio de los mayores grupos empresariales cambió de control; ¡y todo se dio fuera de la Bolsa de Valores!

rados financieros en el capital industrial aumentó continuamente con el tiempo, principalmente por la oportunidad de realizar créditos de cobranza dudosa. De esto resultó "..una articulación de bancos, aseguradoras y fondos de pensión en polos productivos bien capitalizados y agresivos" (Almeida, 1997, p. 61). Eso se aplica, obviamente, a los conglomerados financieros que sobrevivieron en el régimen de baja inflación.

Importancia de los bancos y grandes empresas constructoras (empreiteiras).
El análisis de los mayores grupos privados nacionales revela también la gran importancia de los grupos de base financiera y de las grandes empresas de la construcción pesada en el conjunto de los mayores grupos en términos de patrimonio neto. Esos dos conjuntos tienen intereses y participación crecientes en las industrias manufactureras y de minería. Así, por ejemplo entre los bancos, el ITAUSA (segundo mayor patrimonio neto en 1995) tiene inversiones significativas en las industrias electrónica, química, de material de construcción y de inmuebles. Bradesco (tercer mayor patrimonio neto en 1995) tiene intereses en siderurgia, autopartes y minería. Entre las grandes constructoras, la Andrade Gutierres está en minería, química y petroquímica, y en telecomunicaciones vía su subsidiaria AG Telecom, aunque 80% de sus ganancias tengan origen en la construcción. La Camargo Corrêa (cuarto mayor grupo en 1995) tiene participación en las industrias de minerales no metálicos, metalurgia, textil, cueros y electrónica, además de carnes y agropecuaria. La Odebrecht (quinto mayor grupo privado nacional) tiene participación importante y creciente en petroquímica, además de química, informática y telecomunicaciones.[14]

Diversos de estos grupos atravesaron grandes dificultades con las recesiones de inicio de los años ochenta y noventa, y, especialmente en el caso de los grupos financieros, con la estabilización a partir de mediados de 1994. Más recientemente casi todos los grupos financieros y de la construcción pesada han manifestado interés en las concesiones, particularmente en el área de las telecomunicaciones, actuando en consorcio con grupos (en general extranjeros) poseedores de

---

[14] La diversificación de las empresas de construcción pesada fuera de su hábitat natural fue motivada principalmente por la reducción de la inversión estatal que se observa en el país desde los años ochenta, con la crisis de la deuda, y más recientemente con la crisis fiscal del Estado. Algunas de las mayores empresas, incluso, llegaron a atravesar por grandes dificultades (por ejemplo, la CRA, que estuvo en concordato entre 1993 y 1996). Otra salida fue la realización de obras en el exterior.

tecnología específica. Éste es un nuevo aspecto de la concentración en la economía brasileña: inversiones en nuevas áreas de negocios por capitales antes invertidos en segmentos cuyo potencial de crecimiento ya no es el mismo que en el pasado. Se trata de una nueva diversificación de la conglomeración en estos grupos.

El cuadro 3 resume la distribución según tamaño del subconjunto de grupos financieros y de las grandes constructoras pertenecientes a los 100 mayores grupos privados de capital nacional en 1989 y 1995.[15] Los ordenamientos de los grupos de este subconjunto son similares, aunque la correlación no es perfecta. Al analizar en detalle las series, se verifica que existen importantes cambios de orden.[16]

Internacionalización. El periodo desde finales de los años ochenta ha sido fuertemente marcado por el movimiento de internacionalización de las actividades de los grupos (Bielchowsky y Stumpo, 1996). La apertura de filiales en el exterior caracterizó especialmente a los grandes grupos, destacándose la instalación en paraísos fiscales. Una reciente investigación (BNDES, 1995a) identificó 117 grupos económicos privados[17] que tenían 402 subsidiarias en el exterior. De éstas, 199 fueron localizadas en paraísos fiscales, correspondiendo a 67 grupos. En segundo lugar, destacan los países de América del Sur, con 114 subsidiarias, estando 75 en los países del Mercado Común del Sur (Mercosur), y 69 en Estados Unidos. El movimiento de instalación en el exterior se aceleró en los años noventa. La forma de instalación de subsidiarias productivas en el exterior priorizó la compra o asociación (64% de los casos), correspondiendo el porcentaje restante a la implantación de nuevas unidades. El empresariado brasileño sigue en el exterior un patrón de control accionario semejante al adoptado en la mayoría de las empresas en el país.

---

[15] El cuadro omite el hecho de que los grupos no son necesariamente los mismos en las dos fechas. De hecho, un análisis más detenido revela que sólo 61 de los 100 mayores están presentes en ambas fechas.

[16] Los casos más notables de subidas en ese ordenamiento entre 1989 y 1994 fueron: el grupo BBM (de base petroquímica), que pasa del lugar 61 al 24, el grupo Bozano-Simonsen (financiero) de 48 a 13; el grupo Wembley (confecciones de tela), de 57 a 23; el grupo João Santos (cemento, comercio), de 37 a 7; el grupo Rezende Alimentos (productos alimenticios) de 60 a 30. En el sentido inverso, destacan los casos del grupo CCN (construcción naval) que pasa de 22 a 61, y el grupo Varig (aviación comercial), de 5 a 34.

[17] De éstos, 74% se encontraban entre los 300 mayores grupos según patrimonio neto, de acuerdo al "Balance Anual" de la *Gazeta Mercantil*.

CUADRO 3
DISTRIBUCIÓN DE LOS GRUPOS BANCARIOS Y LAS CONSTRUCTORAS ENTRE
LOS 100 MAYORES GRUPOS SEGÚN EL PATRIMONIO NETO

Ubicación en el ordenamiento	Base financiera (bancos)		Construcción pesada (constructoras)	
	1989	1995	1989	1995
Hasta 20	6	6	6	4
21 hasta 40	3	3	0	0
41 hasta 60	3	4	1	1
61 hasta 80	4	2	2	0
81 hasta 100	1	1	0	0
TOTAL	17	16	9	5

FUENTE: *Gazeta Mercantil*, Balance Anual, varios números.

En cuanto a la distribución sectorial, "aunque la estrategia de internacionalización haya sido adoptada por grupos de diversos sectores de la economía, se verifica una cierta variación en cuanto a la naturaleza de la actividad desempeñada por cada empresa en el exterior... Las unidades comerciales son más frecuentes entre grupos económicos de sectores de minería, mecánica, papel y celulosa y alimentos, en tanto que unidades productivas son más comunes entre los grupos de metalurgia, material de transporte, química y construcción" (BNDES, 1995a).

Otra reciente investigación de la KPMG[18] muestra que las empresas nacionales que buscaban internacionalizarse efectuaron 25 adquisiciones de empresas extranjeras en 1992-1996. Por otra parte, esa investigación también indica que menos de 1% de las empresas brasileñas se internacionalizaron mediante los procesos de fusiones y adquisiciones que tuvieron lugar en ese quinquenio. Considerando los 13 sectores que concentraron la mayor parte de tales operaciones, el número de las empresas que fueron compradas o se asociaron a empresas internacionales llega a cerca de 200, en un universo de alrededor de 63 mil empresas.[19]

[18] Véase *Gazeta Mercantil*, 30 de junio de 1997, p. C-1.
[19] En este sentido, la investigación de la KPMG muestra que el movimiento de fusiones entre las empresas nacionales fue más intenso que el de internacionalización. El número de fusiones y adquisiciones entre las nacionales fue de 266 casos, además de los 25 de compra de empresas en el exterior (principalmente en el sector de autopartes y, en términos geográficos, el Mercosur).

La investigación del Banco Nacional de Desarrollo Económico y Social (BNDES) mencionada anteriormente permite una mejor caracterización del proceso de expansión de grupos brasileños en el exterior al analizar detenidamente 30 grupos (24 de base manufacturera).[20] Según esta fuente, el movimiento de expansión que se inicia a finales de los años sesenta con el crecimiento de las exportaciones estaría recientemente alcanzando una nueva fase en la que el establecimiento de subsidiarias en el exterior es un complemento de la actividad exportadora, reflejando la necesidad de consolidar una salida para su potencial de crecimiento. La inversión directa pasa entonces a asumir un papel de sustituto de la inversión en el país; esa inversión se da muchas veces en asociación con grupos locales, aunque se observa una resistencia a la pérdida del control accionario. Las principales motivaciones para invertir en el exterior han sido: i] ganar competitividad mediante una ubicación próxima al mercado consumidor; ii] aprovechar las oportunidades generadas por el proceso de integración regional, y iii] desarrollar alianzas estratégicas con empresas locales.

Papel de los fondos de pensión. Desde finales de los años ochenta, los fondos de pensiones, principalmente estatales, han tenido un enorme crecimiento y concentrado un muy elevado monto de capital. Esos fondos buscan inversiones diferentes a las tradicionales en el sector inmobiliario y en participaciones accionarias minoritarias. El bajo rendimiento de las primeras y la alta volatilidad de las acciones llevaron a que progresivamente buscaran realizar inversiones directas en empresas. Este proceso se ha profundizado durante las privatizaciones posteriores a 1990. Los fondos de pensión de los empleados de Banco do Brasil, de Petrobrás, del BNDES, de Eletrobrás, del Banco Central y otros han sido particularmente activos en la adquisición del control de empresas, incluyendo su participación en el capital en numerosas empresas, especialmente en los sectores de metalurgia y minería.[21]

---

[20] Algunos de los grupos investigados están entre los seleccionados para el análisis de la sección siguiente, razón por la cual se omite su identificación.

[21] Algunos ejemplos son: CSN, Usiminas, Cosipa, Vale do Río Doce, Acesita, Perdigão, el conglomerado Paranapanema-Eluma-Paraibuna-Caraíba y la Belgo-Mineira.

4.4. LAS ESTRATEGIAS DE LOS GRUPOS

Esta sección analiza la evolución de largo plazo de algunos conglomerados para identificar sus estrategias de crecimiento. Para este análisis se examinan pares de grupos con características semejantes y especialización en áreas relativamente similares, para poder contrastar sus opciones estratégicas. Los pares seleccionados son: en la industria de papel y celulosa, Suzano/NemoFeffer y Klabin; en textil y confecciones, Vicunha y Alpargatas; en sector alimentos, Sadia y Perdigão; en la siderurgia, la Belgo-Mineira y Gerdau. Para iniciar el análisis, se estudia al grupo Votorantim, por su carácter casi paradigmático de la evolución del gran capital brasileño. Este conjunto de nueve grupos estudiados realizaban más de una cuarta parte del patrimonio neto de los 100 mayores grupos privados en 1995 y casi un quinto del ingreso neto de operaciones correspondiente, habiendo ambos porcentajes experimentado un fuerte crecimiento entre 1989 y 1995 (véase cuadro 4).

4.4.1. Votorantim

Introducción.[22] Este grupo ocupa la primera posición, de acuerdo a patrimonio neto, entre los grupos económicos privados brasileños. Su patrimonio neto era de 2.3 mil mdd en 1989 y de casi 6 mil mdd en 1995, según el Balance Anual de la *Gazeta Mercantil*. En 1996 alcanzó, según datos de la revista *Exame*, a 5 700 mdd.[23] Al igual que otros conglomerados, se caracteriza por poseer una estructura gerencial y de dirección de tipo familiar. Actualmente congrega cerca de 60 empresas productivas en seis centros de negocios: cemento, papel y celulosa, metalurgia, agroindustria (naranja y azúcar), química y actividad financiera. Su capacidad técnica es más fuerte en las áreas de cemento (es el mayor productor brasileño y posee el mayor complejo de América Latina), minerales no ferrosos, y papel y celulosa (es el tercer productor brasileño de papel).

---

[22] El análisis de Votorantim está basado en Silveira (1996) y otras investigaciones que utilizan diversas fuentes.

[23] Esa reducción se debe, probablemente, a la variación del tipo de cambio.

CUADRO 4

PARTICIPACIÓN DE LOS NUEVE GRUPOS EMPRESARIALES SELECCIONADOS EN EL TOTAL DE LOS 100 MAYORES GRUPOS ECONÓMICOS PRIVADOS NACIONALES
(porcentajes)

	1989	1995
Patrimonio neto	21.5	26.8
Ingreso neto de operaciones	11.3	17.2

FUENTE: *Gazeta Mercantil,* Balance Anual, varios años.

Aunque el grupo mantiene el control accionario de sus empresas, tiene importantes asociaciones con otros grupos nacionales y extranjeros (Banco Real y Bradesco, CSN, Petroquisa, CVDR, Alcan, Klabin, Camargo Corrêa, etc.). A pesar de la diversificación de sus actividades, las empresas del grupo vienen atravesando procesos de reducción de cuadros desde finales de los años ochenta, como ocurre en casi todas las grandes empresas brasileñas. Adicionalmente, está prestando especial atención a los programas de calificación de empleados y a los de aumento de la calidad para obtener certificaciones del tipo ISO 9000.

Historia. El grupo inició sus actividades durante la primera guerra mundial como una empresa en el área textil. La fábrica textil Votorantim (1917) si bien fue comprada en asociación, en seguida pasó a control individual, siendo en la época una de las mayores del país con más de 5 000 trabajadores. El gran impulso para la consolidación de la organización fue dado por el yerno del fundador, José Ermírio de Moraes, que con el tiempo adquirió el control del grupo.

La década de 1930, con la intensificación de la sustitución de importaciones, abrió diversas oportunidades, iniciándose en 1933 la construcción de una gran fábrica de cemento en Sorocaba. En 1935, el grupo, asociado a Klabin y a otro socio, rompió el monopolio del Grupo Matarazzo en la producción de rayón al fundar la Cía. Nitro Química Brasileña. El ingreso en la producción química fue resultado de la actividad textil y abrió nuevas oportunidades de inversión, incluso en la producción de explosivos durante la segunda guerra mundial. También en la década de los años treinta, el grupo inició actividades en la siderurgia con la fundación de la Siderúrgica Barra Mansa (SBM) en 1937, cuya producción inicial era de hierro para diversos usos, principalmente en la construcción civil.

En la década de 1940, la expansión de las actividades priorizó la producción de cemento, pero los estímulos a la industrialización durante la segunda guerra mundial crearon condiciones para inversiones también en los sectores: i] textil, con la creación de S.A. Tejidos Votex (1944) para comercializar telas; ii] químico, con la expansión de la producción del rayon y otros productos químicos, incluso con una nueva empresa, la Votocel, creada en 1948 para producir papel transparente; iii] siderurgia, con la ampliación de la SBM para la producción de acero y laminados; iv] mecánica, en 1944, cuando la SBM se transformó en una empresa independiente (Industria y Comercio Metalúrgica Atlas) cuya producción de máquinas y equipamientos se destinaba a las demás empresas del grupo; v] refractarios, iniciándose la producción con IBAR (1942) y Cerámica Bicopeba S.A. (1945), y vi] metalurgia de minerales no ferrosos, con la producción de aluminio por la Compañía Brasileña de Aluminio (CBA), fundada en 1941.

Crecimiento y diversificación. La rápida expansión de la demanda de cemento en los años cuarenta y cincuenta estimuló la creación de nuevas empresas, además de expandir la principal fábrica de cemento, cuya nombre se volvió S.A. Industrias Votorantim (1950).[24] Al inicio de la década de 1950, el grupo había consolidado su liderazgo en la producción de cemento, siendo ésa su principal actividad. En los años sesenta e inicio de los años setenta, su cuota de mercado disminuyó dada la expansión de otras empresas. Entretanto, su posición se fortaleció con la compra del control accionario de la Cemento Portland Itaú (1977), entonces la segunda cementera del país, y otras cuatro subsidiarias. Además de reforzar la posición de liderazgo del grupo, esta compra transformó a Votorantim en gran productor mundial de cemento. Continuando con su estrategia de ampliación y expansión, el grupo adquirió, en 1979, la participación que la Cemento Cauê poseía en la Irajá, asumiendo su control. Lo mismo sucedió con Cemento Tocantins. Esas compras permitirían ingresar en la producción de nuevos tipos de cemento: blanco y de alta resistencia.

En aluminio, la Votorantim formó en 1955 un complejo industrial que le abrió el camino de la diversificación en el área de minería, principalmente en el ramo de minerales no ferrosos. Al final de la

---

[24] En esas décadas, se crearon la Catarinense de Cimento Portland (1943), la Cimento Portland Poty (en Pernambuco en 1944), la Cimento Portland Gaúcho (en Rio Grande do Sul en 1947) y la Cimento Portland Rio Branco (en Goiás en 1953).

década de 1960, inició la exploración de zinc en Tres Marías (estado de Minas Gerais) y posteriormente la explotación del níquel en Níquel Tocantins (1980). Para abastecer la fábrica de Niquelandia con carbón vegetal, el grupo extendió sus actividades en el área forestal, creando la Mantiqueira Agro-Florestal.

En el área química, la estrategia de la Nitro Química Brasileña en los años cincuenta, sesenta y setenta, fue la diversificación de la producción, con la instalación de unidades para producir neumáticos y celulosa de pelusa de algodón (*linter*). Además de estas actividades, la Votorantim mantiene negocios en la agroindustria de azúcar y alcohol, cuya producción inicialmente provenía de las fábricas de São José (Recife) y Tiúma (San Lorenzo da Mata), ambas en el estado de Pernambuco. En 1980, un consorcio de grupos brasileños, que incluyó al Grupo Votorantim, adquirió la Hacienda Bodoquena (Mato Grosso do Sul), para producir azúcar y alcohol.

Así, hasta los años ochenta la principal característica de la estrategia del grupo fue la diversificación, principalmente en los sectores de insumos básicos. En minerales no metálicos poseía 14 empresas, responsables por parte apreciable de la oferta de cemento, cal para construcción civil y cal industrial, además de las empresas productoras de refractarios (IBAR, NE y Bicopeba). En la metalurgia, las principales empresas eran la CBA (aluminio), la Minera de Metales (zinc) y la SBM. En química, poseía la Nitro Química y la Igarassu (fibras, rayón, soda, cloro, fosfato). Además de esas actividades, el grupo era propietario de empresas de equipamientos pesados (Metalúrgica Atlas) y de yacimientos de minerales.

En la primera mitad de los años ochenta, sin embargo, las inversiones fueron sustancialmente reducidas, dado que la crisis en el sector cemento se prolongó por varios años.[25] Para mantener la rentabilidad del capital dada la capacidad ociosa, los precios del cemento fueron frecuentemente reajustados por sobre la inflación. En este periodo, la expansión de Votorantim en las actividades cementeras quedó limitada a la adquisición de competidores y ampliación de su actuación en las regiones que presentaban carencia en la oferta del producto.[26]

---

[25] En 1985 la producción brasileña de cemento estaba 25% abajo de los 27 millones de toneladas de 1980. En 1989 la producción seguía estancada en 25 millones de toneladas.

[26] A partir de 1985, el Grupo aumentó su actuación en las regiones sur y nordeste. A inicios de 1986, fue adquirida la Cemento Santa Rita S.A. En 1988, el grupo inauguró

El relativo estancamiento de los sectores cemento, textil y metalurgia en la segunda mitad de los años ochenta llevó a inversiones en nuevas áreas de negocios, entrando en el área de papel y celulosa con la adquisición de la Guatapará de Papel y Celulosa, posteriormente CELPAV.

Papel y celulosa, agroindustria y química. La compra (vía privatización) de Guatapará en 1991 permitió que la Votorantim iniciara una nueva unidad de la CELPAV destinada a producir papel periódico y para imprenta. El año siguiente adquirió la Industria de Papel Simão, entonces el cuarto mayor grupo productor de papel. Con esa adquisición, en sólo cuatro años Votorantim se convirtió en el quinto mayor productor nacional de celulosa. A inicios de 1995, se consolidó la unión de la Simão, especializada en productos más sofisticados como papel para imprimir dinero, con la CELPAV, productora de papel y celulosa. Resultado de ese proceso de fusión entre la firma de capital abierto (Simão) y la de capital cerrado (CELPAV) nació la tercera mayor empresa de todo el sector: la Votorantim Celulosa y Papel (VCP).

La estrategia de diversificación también conduciría al grupo a la agroindustria de jugo cítrico concentrado, lo que, en la década de los años noventa, impulsó a la Votorantim a construir dos fábricas de la empresa Citrovita.

A finales de los años ochenta, los nuevas inversiones en el sector químico también formaban parte de la estrategia de diversificación. En 1987, la Nitro Química Brasileña asumió el control accionario (54%) de Samica Aislantes (Ceará), fabricante de cintas y placas aislantes, quedando el resto de las acciones con la BBC Brown Boveri. Actualmente la Nitro Química trabaja con un grupo de productosique presenta fuerte interrelación y elevada diversificación vertical y horizontal. Ésta fue una característica general de los grupos antes de la apertura comercial: verticalización para disminuir su dependencia de materias primas.

Diversificación posterior a 1990. Además de las empresas ya citadas, la Votorantim mantiene actividades en los sectores financiero, de

una nueva planta en el estado de Paraíba con capacidad de producción de 1.2 millones de toneladas de cemento por año. Al año siguiente las inversiones en S.A. Industrias Votorantim permitirían elevar su producción de 10 millones a 13 millones de toneladas anuales. En 1991, el proyecto que se presentaba como la última frontera a consolidar en el negocio del cemento se concentró con la finalización de la fábrica de cemento de Mato Grosso.

bienes de capital y de almacenaje, distribución y comercialización. En el área financiera se destaca el Banco Votorantim, que presta apoyo financiero a las empresas del grupo, a pesar de que éste tradicionalmente financia sus inversiones con ganancias retenidas.

En el sector de bienes de capital mantiene, entre sus principales empresas, la Atlas S.A., una organización de gran tamaño destinada a la producción de máquinas y equipamientos industriales. Las empresas del sector de almacenaje, distribución y comercialización cumplen el papel de hacer viable la producción industrial, proveyendo servicios masivamente a una amplia gama de productos, especialmente cemento.

A partir de 1991, los esfuerzos de la Votorantim se concentraron en la consolidación y mejoramiento de sus negocios. En vista de la apertura comercial, las estrategias del grupo tendieron a dar más atención a las metas de productividad y competitividad, siendo desactivados los activos en el área textil, ya bastante depreciados.

Orientación hacia el exterior. A partir de 1987-1988, el grupo ejecutó proyectos de expansión y diversificación orientada al mercado externo, además de los ya existentes en aluminio y acero. Las exportaciones de nuevos sectores aumentaron su importancia en el total de ventas del grupo, especialmente dada la declinación de los precios (por exceso de oferta) de diversas *commodities* industrializadas en el mercado mundial al inicio de los años noventa. La estructura de las exportaciones en 1994 revela esa diversificación: metalurgia (46%), papel y celulosa (34%), química (13%) y agroalimentos (7%).[27] Con relación a la principal actividad del grupo (cemento), su estrategia hacia el Mercosur es concretar asociaciones con otros productores, especialmente de Argentina. El bienio 1994-1995 representa el inicio de una nueva fase de internacionalización. Como soporte a las ventas externas, buscando aproximación con los clientes y evitar intermediarios, el grupo instaló filiales para operaciones internacionales en Asia, Europa y Estados Unidos.

Contexto macroeconómico, financiamiento e inversiones en infraestructura. El endeudamiento del grupo es históricamente bajo, aunque aumentó en los años noventa debido a la adquisición del Banco

---

[27] Las exportaciones en la metalurgia son de lingotes de aluminio, níquel electrolítico, zinc, perfiles de aluminio y acero; en papel y celulosa, de papeles para imprimir y escribir y papel celofán; en química, de rayón y nitrocelulosa, y en el sector agroalimentario, de jugo de naranja concentrado.

Votorantim. En general, sus empresas apoyan las inversiones mediante la generación interna de recursos.

El grupo tiene cierta preocupación en lo referente a la política energética, pues teme una elevación de los precios que pueda comprometer la competitividad de los segmentos de minerales no ferrosos, intensivos en energía. También en esta área, la estrategia ha sido aumentar la integración hacia atrás, buscando mayor eficiencia y autonomía, lo que se concreta en el interés en participar de los programas de privatización de las empresas del sector eléctrico. El interés en internalizar la producción de energía revela la permanencia de una de las estrategias más importantes: la búsqueda de sinergia con las actividades vinculadas a sectores intensivos en capital, como, por ejemplo, lo que ocurrió en el proceso de crecimiento de la empresa Atlas, productora de bienes de capital para el propio grupo.

La estrategia respecto al sistema portuario no es diferente. Por razones muy semejantes, además de lo trivial, o sea, debido a los elevados costos de los puertos brasileños con relación a los de otros países, el grupo tiene interés en aumentar su integración vertical participando en la privatización del sistema portuario o en la construcción de terminales privadas. El grupo también ha mostrado interés en los servicios públicos de telecomunicaciones y de transporte.

Una tentativa (frustrada) de concentración de actividades en dirección del trinomio minería-celulosa-aluminio se dio en mayo de 1997 cuando el grupo intentó adquirir en la subasta de privatización el control de la Cía. Vale do Río Doce, en asociación con mineras extranjeras y otros inversionistas. Esta adquisición hubiera significado reforzar sus *core business*, aunque a costa de un elevado endeudamiento. La cautela, una vez más, prevaleció al final de la subasta.[28] Finalmente, aún no es claro por qué la Votorantim no participó de la privatización de la gran siderurgia en el periodo 1991-1995, perdiendo espacio frente a los grupos Gerdau, Mendes Júnior/Açominas y Belgo-Mineira en la producción de laminados no planos.

Más recientemente la expansión del grupo en la actividad cementera viene siendo enfrentada por el ingreso del grupo suizo Holderbank, líder mundial en el área, que adquirió el grupo brasileño Paraíso

---

[28] Como se analiza más adelante, la empresa estatal fue adquirida por un consorcio liderado por el Grupo Vicunha –un ejemplo de audacia y uso del endeudamiento como forma de aumentar el control sobre empresas en diversas áreas de negocio y diversificar actividades.

en 1996. A mediados de 1997 la filial Holdercim detentaba cerca de 13% del mercado, contra 42% de la Votorantim (*Gazeta Mercantil*, 9 de septiembre de 1997).

4.4.2. *Suzano/NemoFeffer*

El grupo Suzano está constituido por cerca de 40 empresas actuando, principalmente, en los sectores de papel y celulosa y petroquímica.[29] En 1995, era el sexto grupo en términos de patrimonio neto (US$ 730 millones). El grupo es de control familiar, pero su gestión está profesionalizada. Actualmente se encuentra en segunda posición en el sector celulosa y papel en términos de volumen de producción.

Historia. El grupo nació en 1923 con la creación de la empresa León Feffer & Cía., que comercializaba papeles nacionales e importados. A esta actividad siguieron una empresa gráfica y una pequeña fábrica de productos de papel. En 1939 la empresa inició la producción de papel y en 1946 ya operaba tres máquinas, iniciando investigaciones para la producción de celulosa sobre la base de flora nativa. En 1951 implantó su primer complejo forestal. La compañía Suzano de Papel y Celulosa surgió en 1956. La planta operaba tres máquinas de papel y cartones para embalaje y tenía condiciones para desarrollar la tecnología de celulosa de fibra corta a escala industrial. En 1957, la Suzano comenzó la producción pionera de celulosa de eucalipto, utilizada para fabricar papel para imprenta y escritura. En los años cincuenta, durante el gobierno de Juscelino Kubitschek (1956-1960), la Suzano aumentó su capacidad productiva en celulosa blanqueada e instaló una cuarta máquina, siendo los financiamientos del BNDES importantes para esa expansión.

En los años sesenta el grupo desarrolló programas de reforestación y aumentó la producción de celulosa y papel de la unidad Suzano. En los setenta nuevamente aumentó su capacidad productiva en celulosa, acompañando el fuerte crecimiento de la economía, e instaló la mayor máquina de cartón de América Latina, pasando a ser líder en ese segmento. En este periodo amplió su inserción en el mercado de papeles para imprimir y escribir, y modernizó sus equipos, al instalar nuevas máquinas y al introducir un proceso de revestimiento de los papeles.

---

[29] El análisis de este grupo está basado en Naretto (1995) y en investigación propia.

La estrategia de diversificación hacia afuera del sector de papel fue definida en 1974 al asumir participación en las empresas petroquímicas de termoplásticos Politeno y Polipropileno (Camaçari, Bahia) ingresando en sectores considerados prioritarios por el gobierno. A finales de los años setenta, los negocios abarcaban las áreas de papel, celulosa, madera, gráfica, minería, petroquímica, comercio y exportación.

El grupo modificó su estructura corporativa al comienzo de la década de los años ochenta al constituir un *holding* para centralizar los negocios de la familia y, abajo de ése, otro *holding* de capital abierto para concentrar las actividades industriales (la Cía. Suzano). En los años ochenta y noventa la *holding* Suzano continuó concentrando su expansión en los complejos de madera, celulosa y papel, y de química y petroquímica, con diversificación e integración intrasectorial (segmentos del mercado de celulosa, papel para embalajes *kraft* y cuero sintético). Además, el grupo se expandió hacia áreas conexas (minería, industria de papel, gráfica y productos de papel) y otras (inmobiliaria, comercio nacional e internacional).

Un cambio de estrategia tuvo lugar a mediados de los años ochenta buscando crecer en otras regiones mediante la asociación con la Cía. Vale do Río Doce en el proyecto Bahia Sul. Eso implicó aumentar la inserción en el mercado externo de celulosa y papeles *commodities*. Esta asociación para aprovechar la base forestal perteneciente a la Florestal Río Doce implicó establecer una industria de celulosa blanqueada de fibra corta integrada a equipamientos de generación de energía y a una máquina de papel periódico y para imprenta. La ejecución del proyecto se inició en 1989 y terminó en 1993.

La Cía. Suzano no participó en la subasta de privatización de la CELPAV (1988), adquirida por la Votorantim. El ingreso de este competidor con gran potencial financiero alteró las posiciones competitivas en este segmento, donde la Cía. Suzano, Votorantim, Champion y Ripasa se disputan el liderazgo.

A principios de los años noventa la recesión interna e internacional provocó la contracción de los mercados y la caída de los precios del papel y de los productos químicos, al tiempo que aumentaba la competencia. La apertura del mercado interno también implicó la entrada de nueva competencia y pérdida de rentabilidad. Igualmente la Suzano continuó con los proyectos iniciados, reestructurando su gestión y organización para reducir costos.

Además, el proceso de privatización en la petroquímica en los años noventa le permitió aumentar su inserción en segmentos de segunda generación en los cuales previamente actuaba (termoplásticos) o no (caucho sintético), y en los complejos petroquímicos. El grupo amplió sus negocios y su capacidad de oferta en diversos sectores mediante adquisiciones e inversiones facilitadas por su acceso a capitales externos. Así, presentó a lo largo de las últimas dos décadas una trayectoria de acelerada expansión de su capacidad productiva, ventas y patrimonio, a pesar de las intensas fluctuaciones macroeconómicas.

Estrategias de mercado y de financiamiento. El grupo fue pionero en la exportación de papeles para imprimir y escribir fabricados con celulosa de eucalipto. No obstante, se caracterizó por concentrar las ventas en el mercado interno –incluso porque la localización de la Cía. Suzano cerca de la mayor metrópoli del país favorecía esa opción. Después de la localización en Bahia, con la conclusión de Bahia Sul y la expansión en el polo petroquímico de Camaçari, el grupo aumentó su inserción externa. El crecimiento de las exportaciones de celulosa y papel comenzó en la década de los años setenta.

Actualmente el grupo se encuentra ubicado en la segunda posición en términos de tonelaje producido, después del grupo Klabin. En la petroquímica, en el contexto de la privatización, también se volvió un actor relevante por su inserción y articulación con los demás grupos que operan en ese sector. Esa estrategia de especialización intrasectorial ha hecho que se mantenga la división de la industria del papel que se configuró históricamente entre los dos mayores grupos del país: Klabin y Suzano/NemoFeffer. Mientras, la Cía. Suzano invertía en las áreas de papeles para imprenta, de escribir y cartones, el grupo Klabin actuaba en las áreas de papeles para embalajes, para periódicos y sanitarios. Como estrategia secundaria, parte de la generación de los recursos de la Cía. Suzano se orientó hacia una política de adquisiciones y diversificación intersectorial, con compra de participaciones en empresas de otros sectores.

El grupo Suzano/NemoFeffer centró sus estrategias de financiamiento en la generación interna de recursos y en el financiamiento oficial por el sistema BNDES, especialmente a lo largo del periodo 1960-1985. A partir de la segunda mitad de los años ochenta, también utilizó otros instrumentos para captar recursos, tanto en el país como en el exterior: la conversión de la deuda externa y la colocación de acciones y obligaciones, incluyendo ADR en el mercado estadunidense y eurobonos.

4.4.3. Klabin

Introducción. El grupo Klabin es el mayor productor brasileño de papel, ocupando una posición de liderazgo en varios segmentos. Sus actividades se concentran en papel y celulosa, donde actúa de forma integrada en la producción de celulosa de fibra larga y corta, papeles periódico, para imprenta, para embalaje y para fines sanitarios, reciclaje de papel y la conversión de papeles en productos para higiene, cajas de papel, bolsas para uso industrial y embalajes. En 1995 era el 15o. grupo privado nacional, con un patrimonio neto de US$ 1.7 mil millones, mientras que en 1989 ocupaba el lugar 13, con un patrimonio de US$ 588 millones (Balance Anual, *Gazeta Mercantil*). El BNDES participa tradicionalmente como fuente de financiamiento de las inversiones, teniendo un papel de importancia como principal ruente de recursos en la expansión desde los años cincuenta hasta comienzos de los años ochenta.

El grupo es de control familiar y está formado por el *holding* Industrias Klabin de Papel y Celulosa (IKPC), cuyo control pertenece a las familias Klabin, Lafer y Piva a través de la Klabin Hermanos y Cía. (59% del capital con derecho a voto). El grupo Monteiro Aranha participa con 20%. El mercado interno representa la mayor parte de las ventas (80% en valor y 70% en volumen), siendo la participación de la celulosa en el total de casi 50 por ciento.

Historia. El grupo se destaca por ser pionero en la producción de celulosa y papel. La Klabin Hermanos y Cía. fue creada para actuar en los sectores de tipografía e importación de materias para escritorio. Cuatro años después inicia la producción de papel para imprenta y embalaje con el arrendamiento de una fábrica de papel. En 1909 se crea la primera fábrica del grupo, la Cía. Fabricadora de Papel. En la década de los años treinta, durante la industrialización acelerada, surgen dos proyectos. Primero, la adquisición de una fábrica de porcelanas en 1931. Tres años después es fundada la Klabin do Paraná (IKPC), primera fábrica integrada de papel y celulosa del país, y fue adquirida la Hacienda Monte Alegre, cuya reserva forestal sirvió para suplir a la IKPC. El inicio de las operaciones, sin embargo, sólo se produjo en la inmediata posguerra, en 1946. La producción de papel de embalaje se inicia seis años después, en la Fabricadora de Papel.

Los años del Plan de Metas de la administración Kubitscheck fueron de fuerte expansión para el grupo, con la ampliación de la producción de celulosa y la implantación de nuevas fábricas de papel. Nuevas inversiones se producirían sólo en 1967, con la adquisición de fábricas de papel, junto con la constitución de la Papelão Ondulado do Nordeste. Dos años después se inaugura la Papel e Celulose Catarinense (PCC), productora integrada de celulosa de fibra larga y de papel *kraft*.

Las adquisiciones ganarían nuevo impulso en las décadas de los años ochenta y noventa, entre ellas destacan las de: i] Riocell, fábrica de celulosa volcada básicamente a la exportación, en 1982,[30] ii] Bates Papel y Celulosa en 1984, iii] Cia. Papeleira do Sul por parte de Riocell en 1985, iv] Cia. Celulose da Bahia en subasta de privatización en 1989, y v] Cia. de Papeis (Copa) en 1991. Adicionalmente, Klabin adquirió la participación de Votorantim en la Riocell en 1996,[31] y se desarrolló un proyecto para implantar una fábrica de bolsas de papel en la Argentina para aumentar su participación en ese país. La estrategia de integración vertical, iniciada en los años treinta, se completó al comienzo de los años ochenta.

En 1988 se inicia la internacionalización por la instalación de una empresa del grupo en Amberes. Ese año se vende Klabin Cerámica, lo que implica una concentración de esfuerzos y recursos en las actividades principales. En 1994 se crea la Bacell, cuyas operaciones se inician dos años después, dedicada a la producción de celulosa soluble de alta calidad para los sectores textil y de productos de higiene, esencialmente para el mercado externo. Eso es resultado de una estrategia para agregar valor a la producción aumentando la participación de productos más sofisticados en el *mix* de producción. Sin embargo, la Klabin viene perdiendo posición relativa en el mercado nacional del papel como un todo debido al crecimiento de sus principales competidores, los grupos Suzano/NemoFeffer y Votorantim, que tienen fuerte presencia en segmentos del mercado tales como papeles para imprimir y escribir.

---

[30] Esta operación se concretó, en una subasta de privatización, mediante de la KIV Participações (formada por los grupos Klabin, Iochpe y Votorantim).

[31] La parte de Iochpe en la Riocell había sido adquirida por los fondos de pensión Previ y Petros en el año anterior.

4.4.4. Vicunha

Introducción.[32] Vicunha es el mayor grupo textil nacional y un verdadero "tigre" entre los grupos económicos brasileños de base industrial. De ocupar el 26o. lugar en términos de patrimonio neto en 1989 (356 millones), el grupo llegaría a los US$ 1 286 millones en 1995 (19a. posición entre los privados nacionales). Sin embargo, su actuación en el último bienio fue más impresionante que lo que este avance en el *ranking* da cuenta, considerando: i] su asunción (compartida) del control de la Compañía Siderúrgica Nacional (CSN) en 1996,[33] empresa adquirida en subasta de privatización en 1993 mediante un consorcio en el que participaron el grupo bancario Bamerindus, fondos de pensión y otros socios e inversionistas;[34] ii] su rápida diversificación, mediante control de las empresas CSC, Metalic (envases de hojalata; localizada en el nordeste), Inal, Metalúrgica Matarazzo, Cegás; iii] la obtención de concesiones, vía subasta, de la telefonía celular en los estados de Bahia y Sergipe (Banda B) en julio de 1997; iv] la adquisición, por intermedio de la CSN, de 25% de la propiedad del *holding* que controla la Cía. Vale do Río Doce, habiendo ganado la subasta de privatización, disputada con la Votorantim, en mayo de 1997; v] la adquisición de 7.25% de las acciones con derecho a voto de la Light, concesionaria de energía eléctrica de Río de Janeiro; vi] la obtención de la concesión, a través de la CSN, para explorar la terminal de carbón del puerto de Sepetiba y vii] la importante participación, obtenida en subasta, en tres de las seis redes ferroviarias recientemente privatizadas (12.5% en la Centro Atlântica, 20% en la Sudeste y 20% en la

---

[32] Este análisis está basado en Ruiz (1995a) y en investigación propia.

[33] La inversión en la privatización de la Cía. Siderúrgica Nacional (US$ 160 millones, 9.1% del capital) demostró la determinación del grupo de diversificarse hacia industrias distantes de las actividades textiles y con posibilidades de inserción en el mercado externo. Justificando esa incursión en una actividad distante del área principal del grupo, sus propietarios afirmaron que ése era un buen negocio, pues la estructura productiva de la CSN era competitiva internacionalmente, con amplias líneas de productos, además de contar con el financiamiento del BNDES.

[34] Disputas en la dirección de la CSN, entre representantes de Vicunha y de Bamerindus, llevaron a que este banco, cuya posición financiera quedara extremadamente débil por efecto de Plan Real, vendiese su participación al primero. El Bamerindus sería posteriormente vendido al Hong Kong and Shanghai Banking Co. (HSBC). Los recursos para el *take-over* de la CVRD provinieron de otro gigante financiero: el banco Bradesco.

Nordeste).[35] Todo este proceso de expansión elevó fuertemente su endeudamiento.

Además de esta diversificación hacia nuevas áreas, el grupo Vicunha detenta una posición tradicional en seis sectores principales: i] fibras artificiales, sintéticas y polímeros (5 fábricas); ii] hilos, tejeduría y tintorería (29 fábricas y dos tiendas); iii] confecciones (4 fábricas y 17 tiendas); iv] comercio minorista y servicios (4 fábricas y 14 tiendas); v] financiero (Banco Fibra y seis oficinas), y vi] agroindustria y pecuario (15 haciendas). El grupo tenía en 1995 cerca del 40% del mercado nacional de fibras artificiales e hilos sintéticos y 40% de la producción de *denim* (índigo *blue*), siendo el tercer mayor en el mundo.

Vicunha es un grupo que tuvo la visión y supo aprovechar las oportunidades abiertas por sus ventajas competitivas y por las instituciones locales al cambiar gradualmente sus proyectos hacia la región nordeste. A ello contribuirían las áreas de la infraestructura cedidas por los gobiernos estatales, así como los incentivos federales, estatales y locales; la disponibilidad de mano de obra más barata, factor importante en las industrias textil y de confecciones; los costos portuarios más baratos para la movilización de la producción; y las tasas de interés diferenciales para financiamientos, así como la vinculación con agencias federales como la Superintendencia para el Desarrollo del Nordeste (Sudene). En la década de los años noventa, después del intenso crecimiento del grupo en los años ochenta,[36] su dirección inició la diversificación de actividades, al prever dificultades debido a la concentración en la producción textil, pese a que su patrón tecnológico estaba muy por encima de la media del sector. Desde entonces el grupo se caracteriza por una estrategia de diversificación de tipo conglomerado, donde la lógica de la gestión de portafolio es el principal elemento para determinar la dirección de la diversificación. Como casi todos los demás casos analizados en este capítulo, es un grupo bajo control familiar de su gestión.

Historia. Vicunha surgió de la asociación de las empresas de hilandería Campo Belo (familia Rabinovich) y de tejidos Elisabeth (familia Steinbruch). A partir de relaciones comerciales –la Campo Belo proveía hilos a la textil Elisabeth– las empresas identificaron un

---

[35] En esta última, Vicunha se quedó con 40%, la CVRD con 20% y el banco Bradesco, por medio de ABS, con 20 por ciento.

[36] Las ventas habrían aumentado de cerca de US$ 300 millones en 1980 a 1 200 millones en 1990.

potencial de crecimiento en el sector por medio de su asociación para la adquisición y constitución de nuevas empresas de hilandería y tejeduría. En 1966 las dos empresas se unieron para constituir la Textil Brasibel. Pero, fue un año después que se formó el grupo Vicunha, cuando nuevamente se asociaron en la adquisición de Lanifício Varam (posteriormente Vicunha S.A.), en la época el mayor de América del Sur, que se encontraba en dificultades financieras.[37] En el periodo 1966-1969 las dos empresas adquirieron cinco firmas textiles, todas ellas en dificultades económicas y de gestión. En 1970, junto a los grupos Otosh y Baquit, fundaron la hilandería Finobrasa en la ciudad de Fortaleza. En 1974 arrendaron las fábricas de tejidos Textília y la Tinturaria Brasileira de Tecidos (TBT). En 1977 se asociaron al grupo Renner y fundaron la Textil RV y la Artefactos Têxteis RV. Con los grupos italianos Timavo e Higstil fundaron la Timavo do Brasil S.A., empresa especializada en terminaciones y tintura de mallas. Ya a finales de los años setenta, el grupo inició el proyecto de instalación de Vicunha Noreste, fábrica de tejidos de algodón y mixtos.

En 1980 el grupo Vicunha concentraba todos sus activos en el sector textil (hilandería y tejeduría). Su estrategia era especializarse en textiles para aprovechar economías de escala. Eso permitía, junto con la compra de pequeños y medianos productores, aumentar su participación en el mercado. En las adquisiciones, el objetivo declarado era diversificar la producción de hilos y tejidos hacia los segmentos de moda femenina y de *denim* para la fabricación de *jeans*. A finales de los años setenta y comienzos de los ochenta, Vicunha alcanzaba una cifra de ventas similar a los mayores grandes grupos del sector de textil y confecciones: Hering, Artex, Alpargatas y Santista. Como sus empresas presentaban poco endeudamiento, la recesión de 1981-1983 no afectó a Vicunha con la misma intensidad que al resto del sector.

En 1982 el grupo compró la Fiação Brasileira de Rayon/Fibra S.A. controlada por el grupo italiano SNIA-Viscosa y que respondía por la producción nacional de viscosa, teniendo importante participación en el mercado de fibras de nylon. En el mismo año Vicunha se asoció nuevamente a la Renner y compró parte de Lee Confecciones. Así, quedó clara la estrategia de integración vertical de la producción de tejidos, tanto artificiales como sintéticos.

En los años 1983-1984 fueron adquiridas la Tejeduría Santa Barbara

---

[37] Una curiosidad: el Lanifício Varam era el productor de tela casimir marca Vicunha, con buena imagen en el mercado y terminó dándole el nombre al grupo.

y la Veludos JB, y se creó la Campo Belo NE. Se formó otra asociación con el grupo italiano Felice Bronzoni para el control de la textil Timavo. En asociación con el banco Bradesco y Lee Confecciones, se constituye la Vicunha Nordeste. También en 1984, Vicunha compró las acciones de Lee Confecciones propiedad del grupo Renner. En esa época, la Lee había ampliado su participación en el mercado y anunciaba la construcción de una nueva unidad en Fortaleza. En 1986, la empresa anunció inversiones para ampliar su capacidad con la intención de conquistar la segunda posición en el mercado de *jeans*, donde el líder era *USTop* (Alpargatas).[38]

La compra de competidores en condiciones financieras y administrativas precarias llevó hasta 1989 a la incorporación de por lo menos otras seis empresas, todas de la industria textil. Además de eso, los planes de expansión del grupo continuaron en 1988-1989 con inversiones en la producción de algodón pluma en Vale do Açu (Río Grande do Norte). En 1989, Vicunha inició la implantación de la fábrica integrada Elisabeth Nordeste (Ceará). En esa época ya contaba con 17 empresas con 35 unidades fabriles en diez estados, y poseía tres entre las diez mayores empresas textiles del país (Elisabeth, Fibra y Vicunha).[39]

Un poco antes (1986) el grupo iniciaba la formación de una estructura financiera con la adquisición de la corredora y distribuidora Fibrasa. En 1988 fue comprada la patente del grupo Comind y creado el Banco Fibra, transformándose al año siguiente en banco múltiple. Esa incursión en el área financiera fue justificada para facilitar la captación y utilización de los recursos financieros generados por sus

---

[38] Otras inversiones fueron: la instalación de una fábrica en Fortaleza para fabricación de tejidos destinados a la línea deportiva; la construcción de una planta en Natal destinada a la producción de tejidos industriales; la conclusión de Finobrasa Maranhão para la fabricación de hilos peinados de algodón; la continuidad del proyecto de plantación de algodón irrigado en el Vale do Açu, y la duplicación de la unidad de Vicunha NE, que fabricaba *denim*. Todas estas inversiones fueron realizadas en el Nordeste, en parte con recursos financiados por la Sudene a través del Finor.

[39] Además de esos proyectos el grupo pretendía instalar en la región nordeste otras unidades industriales: la Textilia Nordeste, para terminaciones de tela; la Vila Prudente Nordeste, para la producción de tela de algodón de color; la Fibra Nordeste, en el Polo Petroquímico de Camaçari y la Campo Belo Nordeste. Esa preferencia por la región nordeste se justifica por el menor costo de mano de obra con calidad similar a la de la región sur, la proximidad de las fuentes de materias primas (algodón) y los incentivos fiscales.

empresas. Los recursos para inversiones, por lo tanto, eran predominantemente propios y la política financiera del grupo siempre fue marcada por el bajo endeudamiento y elevados índices de liquidez. Con pocas excepciones, los recursos fueron destinados preferentemente a las actividades textiles.

La política de adquisiciones continuó en los años noventa con la Dunas Textil (Ceará), hilandería de algodón que actuaba en el área de artículos de cama, mesa y baño. La Vicunha planeó aumentar la capacidad y además instalar una tejeduría, una tintorería y una unidad de acabamiento y confección, verticalizando totalmente la producción. De esa forma, el grupo entraba en un segmento del mercado en que no actuaba previamente. Este ingreso significaba competir con Artex (empresa que creó la Dunas), Teka y Santista, empresas líderes que abastecían cerca de la mitad de ese mercado. Otra adquisición fue la textil Fantex (especializada en telas con diseños tipo escocés y listadas) que pertenecía al grupo japonés Itoh Corporation.

En 1994 el grupo inició la implantación de la nueva unidad de producción de *denim* con una planta en Ceará, la Pacajus Textil, además de otro proyecto para la producción de brin, con apoyo del BNDES y de la Sudene. Al mismo tiempo, un resultado de la apertura comercial fue el abandono de las plantaciones de algodón pluma en el Vale do Açu bajo el argumento que, aunque ese algodón era de excelente calidad, su costo era muy alto, principalmente si se comparaba con el importado, cuyo arancel de importación fue reducido a cero.

4.4.5. Alpargatas

La textil São Paulo Alpargatas fue fundada en 1907 por la empresa inglesa Edward Ashworth & Co., con participación minoritaria de un grupo escocés liderado por Robert Fraser, quien había fundado en 1883 en Argentina una empresa similar con el mismo nombre: Alpargatas.[40] En 1913, con la apertura del capital, la empresa se volvió una sociedad anónima y, desde ese año, sus acciones fueron negociadas en la bolsa de valores de São Paulo. En 1938 el grupo inglés se retiró de la Alpargatas brasileña y el control accionario pasó a la Alpargatas argentina, entonces como matriz y mayor base industrial. La familia

---

[40] El análisis de este grupo está sustentado en Ruiz (1995b) y en investigaciones basadas en diversas fuentes.

Fraser no ejerció sus derechos de suscripción en los subsecuentes aumentos de capital. En 1948, cuando la fragmentada participación de los capitales nacionales se tornó mayoritaria, se nacionalizó la empresa. En ese periodo, el grupo pasaba por una fase de crecimiento con diversificación de sus líneas de productos, comenzando, por ejemplo, a producir brin.

A inicios de los años sesenta fue inaugurada una fábrica en São Paulo para la fabricación de las sandalias Havaianas, un producto popular que se volvió líder de ventas en el sector calzados. En 1968, el grupo inició su expansión en dirección al Nordeste, con la Alpargatas Nordeste S.A. En 1972 fue pionera en la fabricación de *denim*, lanzando el pantalón *USTop*, y convirtiéndose en la principal productora nacional de *denim*. En el transcurso de esa década la expansión continuó a ritmo acelerado, con diversificación y dispersión regional de las unidades. Siempre en el rubro de confecciones, calzados y tejidos, comenzó a redefinir su *mix* de productos en dirección a segmentos más sofisticados, acompañando los cambios de la demanda, crecientemente constituida por la población urbana con niveles más elevados de ingreso.[41]

Con la ampliación del número de plantas, multiplicación de líneas de productos y segmentos de mercados, la estructura administrativa de la empresa fue revisada. Las dos divisiones originales (calzados y manufacturados textiles) se dividieron en seis: *jeans*, camisas, calzados patronizados, artículos deportivos, colchas y lonas. El crecimiento del grupo, asumiendo posiciones de liderazgo en las áreas de calzado y confecciones, se produjo paralelamente a un movimiento de mayor fragmentación del capital. Hasta finales de la década de los años setenta, el mayor accionista individual (el grupo Brasmotor) poseía aproximadamente 10% del capital con derecho a voto, pero no ejercía una intervención importante, ya sea en aporte de nuevo capital o en las decisiones rutinarias o estratégicas de la empresa.

A finales de la década de los años ochenta, la Alpargatas contaba con 28 fábricas empleando a un total de 34 mil empleados. En ese periodo, las decisiones representaron la continuidad de la estrategia utilizada en los años setenta; esto es, la producción, en gran escala de un amplio abanico de productos con precios reducidos y poca sofisti-

---

[41] Estos cambios condujeron a la creación de la línea Topper de artículos deportivos, la incorporación de la Rainha Calçados, la instalación de Alpargatas Confecciones Nordeste S.A. para la producción de camisas y Alpargatas Calzados Sur S.A. en São Leopoldo (Rio Grande do Sul), destinada a la producción de calzados de cuero.

cación y calidad. Paralelamente se mantuvo una política de aumento de la inserción en los segmentos de mayor nivel de ingreso. En 1984 y 1985 fueron adquiridas una subsidiaria en el norte, la Amapoly Industria y Comercio Ltda. y otra en Paraíba, la Borracha (caucho) y Esponja S.A. (BESA). En 1986, con la expansión acelerada del consumo que siguió al Plan Cruzado, las inversiones fueron ampliadas con la construcción de tres nuevas unidades fabriles. El año 1986 marca el inicio de la estrategia de conquistar segmentos de mayor poder adquisitivo: fueron licenciadas las marcas *Arrow* para camisas masculinas y *Nike* para zapatillas deportivas. Con la reversión de la expansión del mercado interno en 1987-1988, el grupo procuró dirigir su excedente de capacidad productiva hacia el mercado externo. Pero, en 1988 las exportaciones representaron apenas 6% de las ventas. A finales de 1989, por medio de BESA, el grupo adquirió la Nordeste Calçados (Norcalsa) a fin de aumentar su capacidad productiva en la línea de calzados deportivos (rebautizada Alpasa). La sofisticación de las líneas de productos prosiguió con la incorporación de Terra S.A., especializada en calzados masculinos de cuero, segmento en que aún no operaba.

A inicios de los años ochenta, el control del grupo São Paulo Alpargatas estaba compuesto por un conjunto fragmentado de pequeños accionistas (77% del capital) y otro conjunto de grandes inversionistas (grupo Brasmotor y Banco Garantía, con 23%). En el transcurso de la década, la participación de los pequeños accionistas cayó continuamente. En 1990, 75% del capital estaba bajo el control de grandes inversionistas: la constructora Camargo Corrêa, y los bancos Bradesco e Itaú.

En 1990, debido a los efectos del plan de estabilización, las ventas se retraerían acentuadamente, siendo la división de confecciones la más afectada, seguida por la textil. Las exportaciones también se retraerían, en parte debido a la sobrevalorización del tipo de cambio y a la estrategia de disminución de sus exportaciones con marcas de terceros. Al mismo tiempo, las actividades de exportación e importación siempre fueron de poca importancia para el grupo, estando determinado el interés en el comercio exterior por la presencia o no de incentivos y restricciones gubernamentales.

Desde finales de los años ochenta, el grupo venía cambiando su política de marcas, reforzando a las tradicionales y lanzando otras dirigidas a públicos diferenciados: hombres (Paco Rabane), mujeres

(Cacharel), jóvenes (Fido Dido) y niños (Osh Kosh B'Gosh). Esa estrategia también se reflejaba en la política de exportación que, hasta aquel momento, se basaba en la venta de grandes volúmenes, poca diferenciación de marcas y baja rentabilidad. A partir de 1989, la exportación pasaría a estar más diferenciada por marcas.

En 1991, con la recesión y la apertura comercial, el grupo intensificó una reestructuración que planeaba desde 1989.[42] Esto condujo al cierre de plantas industriales y eliminación de personal. En 1993, Alpargatas volvió a invertir, adquiriendo la Ancora, una fábrica de zapatillas infantiles (Bublegummers). También en el área de calzado, las inversiones en publicidad de sandalias de goma (Samoa) fueron intensificadas, con el objetivo de aproximarse a la líder en el rubro, la marca Rider (de la Grendene). Este segmento ganó peso en las ventas totales del grupo.

En lo referente a alianzas estratégicas, el énfasis fue la tentativa (frustrada) de la fusión entre Alpargatas de Brasil y Alpargatas de Argentina, a partir del estímulo dado por las oportunidades abiertas por el Mercosur. En 1994 se produce la alianza de Alpargatas con la Moinho (molino) Santista (del grupo argentino Bunge y Born) en la creación de una nueva empresa destinada a la producción de *denim* y brin: la Alpargatas Santista.[43] Uno de los determinantes de esa asociación fueron las elevadas escalas de producción de las modernas unidades de hilado y principalmente la capacidad financiera combinada de los dos grupos. En la reestructuración de la base productiva, plantas más antiguas y con menor escala de producción fueron cerradas, línea de productos de pequeña importancia en las ventas fueron eliminadas, además de la reducción del cuadro de trabajadores y de los niveles jerárquicos.

Frente a las inversiones externas en activos fijos destaca una pequeña base productiva en Argentina relacionada con las actividades

---

[42] En ese año, la Alpargatas adquirió también el derecho de licencia de ropas masculinas y de explotación de franquicias de Ralph Lauren, avanzando en la dirección de volverse una empresa de *marketing*, y lanzó una nueva línea de calzado femenino, Futura, para competir en el mercado de la clase de más alto ingreso. Esta línea de comercialización prosiguió con inversiones en los sistemas de franquicias y selección de puntos de venta.

[43] El control de esa empresa fue dividido entre los dos socios: correspondiendo 45% del capital votante a cada uno, siendo el restante 10% propiedad del banco Bradesco. La totalidad de las acciones preferentes quedaron en poder de Santista, que posteriormente las vendió al público.

comerciales desarrolladas dentro del Mercosur. El espacio económico relevante para el grupo Alpargatas es el mercado interno brasileño. Otro aspecto se refiere a las importaciones. La apertura comercial abrió la oportunidad para desarrollar una activa política de compras en el exterior. Con la reducción de los aranceles, se abría la posibilidad de importar una gama mayor de productos, principalmente en segmentos como camisas deportivas y mallas, además de materias primas, particularmente las fibras de algodón (menor precio y mejor calidad) y algunas fibras sintéticas y artificiales (menor precio). Sin embargo, de hecho se produjo una caída de las importaciones hasta 1995, lo que sugiere que la estrategia no se echó a andar. Otra dimensión destacada dentro de las relaciones internacionales es el alto grado de exposición del grupo a variaciones en la tasa de cambio, dado que buena parte de sus deudas habían sido contratadas en el exterior. La valorización del tipo de cambio posterior a la implantación del Plan Real fue claramente benéfica al permitir una reducción del endeudamiento externo. Sin embargo, la principal estrategia financiera era invertir con capitales propios; en segunda instancia con capitales de terceros y, finalmente, con recursos absorbidos mediante la emisión de acciones.

Considerando sus tres áreas de actuación (calzados, textil y de confecciones), la estrategia del grupo puede describirse, de modo general, como defensiva. Así, como se señaló anteriormente, en la actividad textil, optó por asociarse a la textil Santista del grupo Bunge y Born, haciendo un intento de preservar su participación en el mercado interno, un objetivo válido también para la Santista. El denominador común de ese impulso a asociarse fue la expansión del grupo Vicunha en el área de tejidos de *denim* y brin.

4.4.6. Perdigão

El grupo Perdigão es el segundo en importancia en el sector de carnes de ave y porcina a nivel nacional, alcanzando el 18% del mercado de carnes industrializadas, con exportaciones de cerca de un cuarto de sus ventas –después de haber logrado 35% en 1992– mayoritariamente dirigidas al Sudeste asiático y al Oriente medio. El grupo produce también derivados de soja (aceite). Con un patrimonio neto de US$ 228 millones en 1989, era el 5o. grupo nacional. En 1995, al iniciar su reestructuración, su patrimonio era de US$ 392 millones, y ocupaba el lugar 52o. Esa reestructuración ocasionó el cierre de empresas así como la profesionalización de la gestión, anteriormente de tipo familiar. Implicó también una reducción del empleo total de 16 700 en 1989 a 10 580 en 1995.

Historia. Perdigão es un grupo relativamente reciente. Su origen data de 1934, con la fundación del almacén Ponzoni, Brandalise y Cía. Sus actividades industriales se inician en 1940, con la adquisición de un frigorífico de porcinos, transformado en sociedad anónima cinco años después. La entrada al sector de aves se da en 1955, con la apertura de una fábrica de raciones alimenticias y el inicio de criaderos y mataderos de aves. El nombre Perdigão se adopta en 1958 y la Perdigão Alimentos S.A. se constituye en 1974.

Los años 1977 a 1981 (es decir, antes de la recesión de los años ochenta) y de 1984 a 1989 (antes de la recesión de 1990-1992) son de importantes adquisiciones de otras empresas. En general, la década de los años ochenta se caracterizó por el rápido crecimiento de la producción, de cerca de 20% al año. En 1982 el grupo lanza al mercado una nueva variedad genética de ave, el *chester*, que alcanza los 3.2 kilos en 58 días y que logró gran éxito entre los consumidores. Sin embargo, el endeudamiento, las restricciones crediticias y el aumento de los impuestos dieron lugar a un cuadro adverso en 1989.

El inicio de los años noventa se presentó con grandes dificultades, con la adopción de programas de racionalización, cambios de los procesos decisorios y de calidad y productividad. Ello no evitó que el grupo tuviese pérdidas por cuatro años consecutivos (1990-1993). Se optó, por lo tanto, por una reorganización societaria y financiera bajo la inspiración del banco J.P. Morgan. Todo eso resultaría en el cambio del control accionario en 1994, después de diversas negociaciones y acuerdos; ese control fue adquirido por un conjunto de fondos de pensión liderados por la Previ/Banco do Brasil. El inicio de un programa de optimización se da en 1995, conjuntamente con la gestión profesionalizada, mientras que la implantación de nuevas unidades industriales se inicia en 1996.

Desde el punto de vista del *mix* de producción, se observa a partir de 1992 una clara tendencia al aumento de los productos de mayor valor agregado en el ingreso neto de operaciones, con caída de la soja en grano y derivados y de las aves enteras. Actualmente el grupo dispone de 12 unidades de matanza e industrialización, 2 de procesamiento de soja, 7 fábricas de raciones para animales y 8 granjas para criar aves. La cadena productiva coordinada por la Perdigão cuenta con cerca de 7 000 productores integrados, responsables de la engorda de aves y porcinos según contratos de largo plazo. Además de proveer los principales insumos (pollitos y lechones, raciones) el grupo da asistencia técnica y garantiza la compra del producto final. El grupo cuenta también con 14 centros de distribución para los cerca de 48 000 puntos de venta de sus productos. La logística de transporte desempeña un papel de importancia en las operaciones, habiendo sido subcontratada a terceros.

La evolución del grupo en los últimos años revela su estrategia de concentrarse en el negocio principal: producción y comercialización de productos de proteína animal. Dentro de éste, intenta mantener su marca asociada a productos de calidad, elevando la participación de los productos más elaborados en el *mix* de comercialización, preservar su participación en los mercados externos y desarrollar nuevas líneas de aves especiales para crear nuevos nichos de mercado.

4.4.7. Sadia

La Sadia es el líder nacional en el rubro de carnes de aves y porcinos y es el quinto en términos mundiales. En 1989 era el 28o. grupo nacional en términos de patrimonio neto (US$ 348 millones), siendo el 30o. en 1995, con un patrimonio de US$ 770 millones. El control está en manos de la familia Fontana.

El grupo está formado por 14 empresas y 24 unidades industriales agrupadas en tres unidades de negocios: granos y derivados (*commodities*), carnes al natural (*semi-commodities*) y productos industrializados. La Sadia cuenta con 20 centros de distribución en Brasil y cinco en el exterior (uno en el Mercosur). Su distribución alcanza cerca de 150 mil puntos de venta en el país y sus productores asociados llegan a 18 mil.

Sus ingresos por exportaciones son cerca de 18% del total, habiendo sido alrededor de 28% en 1992. Contrariamente a la mayoría de los demás grupos, el volumen de empleo disminuyó relativamente poco desde finales de los años ochenta: de casi 32 mil empleados en 1989 a alrededor de 30 mil en la actualidad. Las ventas brutas en 1996 llegaron a cerca de US$ 3 mil millones. En el trienio 1994-1996, las ventas totales experimentaron un aumento significativo, habiendo crecido entre 50 y 60% con relación a los años anteriores como resultado del aumento del consumo asociado al Plan Real.

Historia. Las actividades de la Sadia tuvieron origen en Concordia (Santa Catarina) en 1944 con un matadero de porcinos y un molino de trigo. La adopción del sistema integrado de creación de porcinos data de 1952 (1961, para la aves, siendo pionero en el país), y al año siguiente se inaugura en São Paulo la primera planta procesadora de maíz y trigo. En 1955 se crea una empresa aérea (hoy Transbrasil), que ya no pertenece al grupo. En 1964, se avanza hacia la diversificación con la creación de un matadero de bovinos, la Frigobrás. La exportación de derivados de porcinos se inicia en 1968, y en 1971 la Sadia abre su capital, controlando cinco empresas. La diversificación hacia el área de soja ocurre en 1979, y al año siguiente es creada la Sadia Trading. Seis años después se inician las actividades de refinación de aceite de soja. En 1989 se incorpora el Frigorífico Mouran, ampliándose la participación en el segmento de bovinos. Dos años después se produce la diversificación hacia los segmentos de pastas y margarina. En 1992 se adquieren la Conabra y la Copasa (del grupo Zahran) y al año siguiente se forman *joint ventures* con el grupo J. Macedo (alimentos secos, pastas y harinas) y con la Granja Tres Arroyos, mayor productora de aves de Argentina, formando la Sadia Sur. La internacionalización prosigue en el trienio siguiente con iniciativas que van desde la apertura de una oficina comercial en Estados Unidos a la inauguración de un centro de distribución en Argentina, pasando por la construcción de nuevas unidades en el área de industrializados y en una de productos empanados y salames.

Estrategia. El grupo Sadia es uno de los mayores conglomerados de alimentos de América Latina, posición lograda sobre la base de una sólida reputación de calidad de marca, liderazgo en el sector de carnes, elevada escala de producción y eficiente red de distribución. Su liderazgo en Brasil es absoluto en aves y porcinos (seguido por la Perdigão),[44] teniendo el segundo lugar en bovinos y el tercero en soja. La Sadia ha buscado una especialización en la industria de alimentos para maximizar las sinergias con las cadenas de derivados de la soja y el maíz.

Como en el caso anterior, una línea estratégica fundamental es agregar valor a la producción mejorando la pauta de productos fabri-

[44] En la producción de aves, detentaba el 13% del mercado en 1995, contra 6% de la Perdigão y otro tanto de la Ceval.

cados. En este sentido, los cambios en los años noventa no fueron drásticos. En particular, en esta década el grupo perdió participación en el área avícola, dada la competencia de empresas regionales. Lo opuesto se observa en las áreas de porcinos y soja. Como estrategia de competencia ha reforzado el lanzamiento de nuevos productos: los industrializados, en particular, conseguirían crecer al 17% anual entre 1991 y 1995. Para lograr una menor exposición en el área de carnes *commodities*, el grupo ha buscado especialización en todos los segmentos de la industria de carnes, así como en alimentos que tienen sinergia con el segmento de carnes elaboradas, llegando hasta la producción de "comidas preparadas".

Desde el punto de vista de las inversiones, recientes y programadas, la Sadia ha intentado cambiar su perfil de endeudamiento, aumentando los créditos contratados en el exterior, habiendo realizado un contrato con la International Financial Corporation. El financiamiento interno ha sido de poca importancia en los últimos años, habiendo usado principalmente recursos propios en las inversiones del bienio 1995-1997. Las exportaciones también han servido para compensar riesgos en los pasivos en moneda extranjera.

4.4.8. Belgo-Mineira

Introducción.[45] El grupo centrado en la *holding* Compañía Siderúrgica Belgo-Mineira (CSBM) era el 12o. en patrimonio neto en 1989 (US$ 713 millones), pasando al 9o. lugar en 1995 (US$ 2 110 millones). El grupo está basado en la siderurgia, siendo el mayor fabricante de alambre de América Latina. Hace décadas sigue una estrategia de integración vertical, que lo llevó a las actividades de reforestación, minería (en este caso sobrepasando las necesidades de producción para consumo propio) y transformación de acero. Una reestructuración desde finales de la década pasada redujo el volumen de empleo de aproximadamente 24 mil a cerca de 14 mil entre 1989 y 1995, especialmente en la empresa matriz. La productividad física se duplicó en el periodo.

Además de la empresa matriz, que acumula funciones de *holding* y operacionales —desarrolladas en una fábrica integrada que produce y lamina aceros no planos y dos trefilerías (Contagem y Sabará) que los

---

[45] Análisis basado en Pinho (1995a) y en investigaciones del autor.

trasforman en productos trefilados– la gran mayoría de las empresas controladas directa o indirectamente por el grupo también operan en la misma cadena productiva, sea como proveedoras de insumos, sea como consumidoras, transformando el acero en productos más elaborados. Las proveedoras actúan en dos actividades distintas: extracción de minerales y producción de carbón vegetal. La S.A. Mineração de Trindade (Samitri) y su filial Samarco operan en la minería, principalmente en la extracción y beneficio del mineral de hierro y, en menor escala, de manganeso.

Las actividades de reforestación y producción de carbón son desarrolladas por la CAF, nombre general que reúne tres razones sociales: Cía. Agrícola y Florestal Santa Bárbara, CAF Florestal y CAF Nordeste. Entre las empresas que utilizan el acero fabricado por la CSBM se encuentran fabricantes de alambres comunes (Jossan, en Bahia), alambres finos (BEMAF), tornillos (Brazaço Mapri y Metalúrgica Norte de Minas, MNM), hilos de acero para neumáticos radiales (BMB) y productos de acero en general (CIMAF).

Historia. La CSBM fue constituida en 1921, resultado de la asociación de la siderúrgica luxemburguesa Arbed con un grupo de empresarios del estado de Minas Gerais que, cuatro años antes, fundaron la Cía. Siderúrgica Mineira, de la que la nueva empresa heredó las instalaciones, un alto horno y una oficina mecánica en Sabará. Agregando a ello una acería, la CSBM inició la construcción de una fábrica de mayor tamaño en João Monlevade (Minas Gerais), embrión de la planta actual. Entraron en operación sucesivamente el primer alto horno (1937) y la acería Siemens Martin (1938) y los equipos de laminación y trefilado (1940). Esta fábrica puede considerarse el primer proyecto de tamaño realmente moderno de la siderurgia brasileña. Es de resaltar que la fábrica pionera de Sabará, tenía la peculiaridad de alimentar sus altos hornos con carbón vegetal en vez de hacerlo con carbón mineral, el agente reductor principal de la siderurgia en este siglo.

La expansión de la fábrica en las décadas siguientes fue marcada por iniciativas importantes desde el punto de vista tecnológico. La CSBM operó la primera sinterización en América del Sur (1949) y fue pionera en todo el continente americano en la operación de una acería al oxígeno (1957). Paralelamente, se procuró integrar la producción verticalmente. En 1952 fue adquirida la Samitri, cuya misión inicial era proveer mineral de hierro. A partir de 1962 Samitri comenzó a exportar. Esa misma orientación llevó a la constitución de la Samarco

(1973).[46] En términos de integración hacia atrás también se ampliaron las actividades de reforestación a fin de proveer la madera necesaria para la producción de carbón vegetal, lo que ya había dado origen, en 1957, a la primera de las compañías agroforestales (CAF). El grupo aprovechó los incentivos fiscales existentes para expandir su base forestal y ampliar su margen de autoabastecimiento, principalmente durante la década de los años setenta.

El comienzo de las actividades de trefilado de Contagem es otro momento importante en la historia del grupo, que ya actuaba en el mercado de los trefilados desde 1940, cuando se iniciaron las operaciones de su primera trefilería. Su presencia en esta área fue reforzada con la implantación de la CIMAF en 1947. Sin embargo, sólo en 1968, con la instalación de un laminador de alambre de gran tamaño, la concentración de las operaciones en el mercado de los trefilados se definió claramente. En consecuencia, otros mercados de la siderurgia de no planos, en especial productos para construcción civil, fueron relegados a un nivel de menor importancia. El comienzo de la producción de hilos de acero para neumáticos radiales en 1975, a través de la controlada BMB fue un paso adicional en la dirección trazada en la década anterior.

Estrategias de mercado y orientación comercial. El objetivo es actuar en mercados de mayor valor agregado, promoviendo la integración hacia adelante. Inversiones en las dos trefilerías operadas por la CSBM reafirmaron esa orientación de la empresa, que sería reforzada en la década de los años ochenta con la operación de una serie de unidades industriales incorporadas al grupo.

Habiendo concentrado la actuación en el mercado de los trefilados, el grupo atendía, incluso antes de la incorporación de la Mendes Júnior Siderúrgica (MJS) y su trefilería, cerca del 50% de la demanda en el mercado de alambres. Domina también el mercado de clavos de acero a través de la CIMAF, de tornillos de uso en automóviles y autopartes, y de hilos de acero para neumáticos radiales (BMB). En contrapartida, su participación en el mercado de otros productos siderúrgicos no planos es pequeña.

Un cambio en la orientación del grupo tuvo lugar en 1993 con la compra de parte de las instalaciones en la privatización de Cofavi,

---

[46] En asociación con la minera estadunidense Utah Mining, una subsidiaria del mayor grupo australiano con actuación en la minería, la Broken Hill Proprietary (BHP).

participación en Dedini[47] y, principalmente, la incorporación de la MJS, en 1995, indicando que la estrategia de expansión horizontal mediante la adquisición de competidores ganó importancia. Eso no parece haber implicado interrupción de la opción por la integración vertical de las operaciones en las líneas de mayor valor agregado, pero se debió a dos factores. Por un lado, la evaluación que la concentración en el mercado de los trefilados, decidida tres décadas atrás, había reducido el espacio para el crecimiento del grupo en la siderurgia. Por otro, ganó peso la amenaza que significó la ampliación del grupo Gerdau en el mercado de aceros no planos comunes.[48]

El proceso de diversificación de la CSBM generó subsidiarias sin vinculación directa con la actividad siderúrgica. Las principales empresas con ese perfil en el grupo son: i] la Belgo Mineira Comercial Exportadora (Bemex), *trading company* del grupo, que concentra las actividades de exportaciones de la CSBM y ii] la Belgo Mineira Sistemas (BMS), orientada hacia el desarrollo de sistemas y servicios de procesamiento de datos.[49] El grupo también participa en el capital de tres agropecuarias, una distribuidora de títulos y valores mobiliarios (Picchioni Belgo-Mineira DTVM, PBM) y una corredora de seguros (Portominas Administradora y Corredora de Seguros) y, de forma minoritaria, en el capital de dos empresas en el exterior productoras de hilos de acero (Estados Unidos) y carburo de hierro (Trinidad y Tobago).

La competitividad de la CSBM ha sufrido por la escala relativamente reducida de sus operaciones. Hay importantes economías de escala en la fase de reducción que han posibilitado a algunas fábricas integradas, con producción en el rango de cuatro a diez millones de toneladas,

---

[47] La Dedini es una fábrica menor, con un tamaño compatible con la escala mínima de operaciones semintegradas. Su acería pasó por un proceso de modernización concluido en 1993, pero sus líneas de laminación son menos actualizadas. Sin embargo, disfruta de una importante ventaja competitiva derivada de su localización en São Paulo. Además de la proximidad con el mayor mercado consumidor del país, esa situación geográfica permite acceso fácil a un insumo crítico para fábricas de este tipo: la chatarra.

[48] Desde 1980, con la expansión de Cosigua, la construcción de la Cearense y las adquisiciones de Hime, Cimetal, Usiba, Piratini, Cosinor y Pains (estas cuatro últimas mediante privatizaciones), este competidor expandió enormemente sus operaciones. Véase más adelante.

[49] Esta última posee dos asociadas: la BMS-Malc, dedicada al mercado de automatización industrial, y la BMS Software. El grupo también posee en el ramo de la informática la Compex, una empresa de pequeño tamaño en el área de comercialización de software para microinformática.

compensar las ventajas de minifábricas no integradas. El tamaño de la CSBM no permite aprovechar de esas ganancias de escala ya que no es suficiente para alcanzar el tamaño mínimo de una productora de coque. Las dos unidades más recientemente incorporadas al grupo son fábricas semintegradas. La MJS es probablemente la siderúrgica más moderna de todo el segmento productor de aceros no planos comunes en el país. Enteramente construida durante el último gran periodo de inversiones de la siderúrgica brasileña, sólo tiene rival a su altura en la mayor planta del grupo Gerdau, la Cosigua.[50]

La CSBM detenta el 17% de la capacidad de producción de aceros laminados no planos comunes en Brasil. Considerando a las demás fábricas vinculadas al grupo con equipos para laminación (MJS y Dedini), el segmento controlado por la Belgo-Mineira sube a 40%.[51] Ese porcentaje, aunque elevado no permite un adecuado poder de negociación del grupo en los mercados en que actúa. En función de la diversificación de productos, la Belgo-Mineira tiene presencia significativa en otros mercados.

En cuanto a la gestión financiera, el comportamiento es cauteloso. Después de un periodo en que se intenta amortizar los préstamos que ayudaron a costear la expansión de la década de los años setenta, siguió un periodo de bajo endeudamiento y holgada liquidez. De allí resultaron bajos niveles de apalancamiento financiero y endeudamiento, y una participación importante del financiamiento de largo plazo en el conjunto de pasivos. En ese contexto, los principales mecanismos de financiamiento de las inversiones han sido los recursos generados internamente, aportes de los socios externos, emisión de acciones (muchas veces restringidas a los accionistas ya existentes, dada la buena liquidez) y, en el caso de algunas compañías controladas, asociación con otras empresas.

Con relación al destino de los productos del grupo, existe una clara diferencia entre las empresas mineras y las empresas industriales. En tanto que la Samarco y Samitri están casi enteramente volcadas a las exportaciones, la política de comercialización de productos industria-

[50] No obstante, una vulnerabilidad importante de MJS proviene de la desproporción entre la acería con capacidad de 600 mil toneladas anuales y la línea de laminación, dos veces mayor. Esto la hace dependiente de la producción de insumos por Açominas.

[51] La estructura industrial del segmento de aceros no planos comunes presenta en la actualidad una situación de virtual duopolio, dado que el grupo Gerdau posee 46% de la capacidad de producción.

les ha priorizado el mercado interno. Esa caracterización genérica no excluye la existencia de diferencias importantes en los coeficientes de exportación de productos siderúrgicos —básicamente alambre— y trefilados. En los trefilados, las exportaciones son de poca relevancia y tienen carácter anticíclico, siendo en su casi totalidad realizadas por la Bemex. En el mercado interno, los clientes de las empresas industriales son atendidos por el área de ventas, en tanto los demás productos cuentan con una red de decenas de representantes comerciales.[52]

Conclusión. Cambios estratégicos recientes. Las inversiones realizadas en los últimos 15 años revelan un predominio de proyectos hacia la modernización e integración vertical, en lugar de una expansión de la capacidad en siderurgia y minería. Ese cuadro fue parcialmente alterado con la incorporación al grupo de unidades siderúrgicas anteriormente rivales de la CSBM. En ambos casos, la orientación es coherente con el exceso de capacidad que predominó en los mercados internos e internacionales de acero durante el periodo. Fue, sin embargo, la compra de las instalaciones de Cofavi (1993) la que inauguró para el grupo Belgo-Mineira un cambio en su estructura, la cual tendría continuidad en 1994 con la adquisición de 49% del capital de la Dedini y en 1995 con el arriendo con opción de compra de la Mendes Júnior Siderurgia (MJS). Esas iniciativas marcaron un cambio de orientación, que pasó a adoptar la expansión horizontal en la industria de aceros no planos por medio de la adquisición de competidores como uno de sus ejes centrales. De esta manera, la Belgo-Mineira presentó una respuesta al desafío del crecimiento de Gerdau, empleando las mismas armas que habían permitido la expansión de ese grupo en década anteriores, como se verá a continuación. Dada la incapacidad de superar la crisis estructural de la siderurgia, que deprime sus mercados a escala internacional desde hace casi dos décadas, las estrategias de expansión horizontal naturalmente tienden a privilegiar la adquisición de competidoras en perjuicio de la construcción de nuevas fábricas.

---

[52] Esa estructura de distribución es menos desarrollada que la del grupo Gerdau, por ejemplo. Tal desventaja sola no es tan grave porque una significativa cuota del mercado de la Belgo-Mineira es para consumo industrial.

4.4.9. Gerdau

Introducción.[53] La Gerdau era el 16o. mayor grupo privado nacional en términos de patrimonio neto en 1989 (US$ 515 millones), con 16 mil empleados. En 1995 alcanzaban la 18a. posición con US$ 1 473 millones, y cerca de 12 mil empleados. Al igual que lo sucedido con las siderúrgicas privatizadas, sus ganancias de productividad fueron notables. Hasta la privatización de la Usiminas y de la CSN, Gerdau era el mayor grupo privado de la siderurgia brasileña. El grupo, cuyo control es familiar,[54] opera actualmente nueve empresas siderúrgicas en varios estados del país. Ocho de ellas (Cosigua, Riograndense, Pains, Usiba, Açonorte, Guaíra, Cearense y Comesa) actúan en el área de aceros no planos comunes, y la Aços Finos Piratini se dedica a la producción de aceros no planos especiales.[55] El conjunto de las unidades actualmente en operación proporciona una capacidad anual de producción de 4.2 millones de toneladas de acero bruto, de las cuales cerca de 600 mil provienen de las plantas localizadas fuera del país.[56] Después de la venta a la IBM de la parte que el grupo poseía en la GSI, *joint-venture* formada en 1986 para actuar en el mercado de procesamiento de datos, su especialización en actividades siderúrgicas se volvió incluso más nítida. Apenas una empresa de otro ramo merece mención: la reforestadora y maderera Seiva Florestas e Industrias, que fue incorporada a la Cía. de Industrias Florestais do Rio Grande do Sul (Cifsul) y otros activos forestales del grupo.

Historia. El origen de Gerdau se remonta a 1901, con la compra de la Fábrica de Pregos (clavos) Pontas de Paris, productora de clavos y ganchos, por el núcleo original de la familia que aún hoy la controla. De esta empresa se origina la Metalúrgica Gerdau, actualmente una

---

[53] Este análisis está basado en Pinho (1995b) y en investigaciones del autor.

[54] Además de las fábricas localizadas en Brasil, el grupo adquirió a partir de fines de la década de los años setenta seis siderúrgicas localizadas en el exterior, constituyendo, por lo tanto, uno de los grupos de capital privado nacional de más amplia internacionalización: Siderúrgica Laisa e Industria Nacional Laminadora (Inlasa), ambas en Uruguay; siderúrgica Aza e Industria del Acero (Indac), las dos situadas en Chile; y las canadienses Courtice Steel y Manitoba Rolling Milis.

[55] La Comesa y Piratini pasaron por procesos de incorporación a Usiba y la Riograndense, respectivamente; sin embargo, son unidades productivas autónomas.

[56] También pertenece al grupo la mayor distribuidora de acero del país: la Comercial Gerdau que posee una extensa red de filiales. Eso le permite disponer de una red de distribución que es uno de los pilares de su política comercial.

de las *holdings* del grupo. En 1948, con el objeto de hacerse independiente de las importaciones de materias primas básicas, la Metalúrgica Gerdau resolvió integrar y diversificar su producción, adquiriendo el control accionario de Siderúrgica Riograndense, fundada diez años antes. En esa época, la Riograndense operaba apenas una unidad de producción, localizada en Porto Alegre. En 1955, se inició la construcción de una segunda unidad, la fábrica do Vale de los Sinos, con algunos de los equipamientos más modernos de la época. Esta planta fue pionera en América Latina en la utilización del proceso de laminado continuo (1961).

A finales de la década de los años sesenta y comienzo de los setenta, se inician las operaciones en múltiples unidades industriales. En 1968 la Metalúrgica Gerdau y la Riograndense asumieron el control accionario de Açonorte. Tres años mas tarde, la Guaíra (Paraná), fundada en 1946 fue adquirida por el grupo. En el mismo año, tendría lugar la iniciativa más significativa. En asociación con la alemana Thyssen el grupo adquirió la Cía. Siderúrgica de Guanabara (Cosigua), en aquel momento no más que un proyecto de fábrica semintegrada en implantación en el distrito de Santa Cruz (Río de Janeiro). Los primeros equipamientos comenzaron a operar en 1972. Durante la década de los años setenta, la expansión de esta fábrica, decidida sobre la base del crecimiento del consumo interno de acero de uso estructural y de los ambiciosos programas gubernamentales en el ámbito de la siderurgia, constituyó la principal estrategia de Gerdau. El proyecto de ampliación entraría en plena operación sólo en 1984, cuando la acciones de la Thyssen habían sido totalmente adquiridas por el grupo Gerdau.[57] A partir de entonces, esa fábrica disputaría con la de João Monlevade de la CSBM y con la MJS, entonces recién inaugurada, la condición de la mayor fábrica de no planos del país.[58]

Al terminar los años setenta la estructura productiva del grupo Gerdau ya presentaba varias de las características que la distinguen:

[57] La compra de la participación de la Thyssen se produjo en 1979.

[58] Además de la Cosigua, también la Riograndense y Açonorte fueron expandidas, en menor medida, durante la década de los años setenta. En este periodo se produjeron por lo menos tres otras importantes iniciativas del grupo Gerdau: i] la construcción por la Guaíra de una nueva acería, localizada en Araucária (Paraná); ii] la incorporación de la Comesa (1974), también una minifábrica, instalada en Atalaia (Alagoas), y iii] la implantación de una nueva fábrica semintegrada, la Siderúrgica Cearense (Fortaleza), finalizada en 1982. A pesar del pequeño tamaño de esas últimas dos plantas, ejercieron un papel estratégico en el refuerzo de la posición del grupo en el mercado del nordeste.

opción por fábricas semintegradas, producción segmentada en múltiples plantas de diferentes tamaños, búsqueda de ventajas competitivas en mercados regionales y actuación concentrada en el rango de productos más simples, especialmente los destinados a la construcción civil. La estructura de distribución comienza al constituirse con la Comercial Gerdau, en 1969.

Estrategias comerciales. Sectores como la construcción civil y la agropecuaria, grandes consumidores de productos siderúrgicos y trefilados básicos como barras reforzadas, clavos y alambres, presentan mayor dispersión geográfica que la industria metalmecánica, principal cliente para los demás productos fabricados por el grupo. De este modo, se configura el espectro comercial en un mercado espacialmente más distribuido que en el caso de los productos de consumo industrial. Por otro lado, los insumos más importantes para la siderurgia semintegrada (chatarra y electricidad) también tienen una oferta razonablemente desconcentrada en términos espaciales. Además de eso, las escalas mínimas en este proceso son menores.

La dispersión geográfica de los mercados de insumos y productos y los tamaños mínimos de las plantas son factores fundamentales para entender la relación entre las estrategias comercial y productiva del grupo. Ellas muestran la racionalidad, en el caso de los principales mercados atendidos por éste, de una estructura de producción descentralizada, más cercana a los consumidores y supliéndose de insumos provistos localmente. La producción regionalizada puede gozar de una ventaja con relación a competidores como la CSBM, que poseen una estructura de producción más centralizada: las diferencias de costo de transporte. Las estrategias comerciales del grupo están volcadas también a agregar, a la ventaja conferida por esa estructura de producción en las regiones nordeste y sur del país, los beneficios de una poderosa red de comercialización. La Comercial Gerdau cuenta con medio centenar de filiales actuando en el mercado interno.[59]

Elemento también importante de las estrategias del mercado del grupo Gerdau en los años ochenta fue el peso creciente de los productos más elaborados de uso industrial, generalmente trefilados. Ese movimiento, apoyado en varias adquisiciones de empresas, no fue

---

[59] La Comercial Gerdau no sólo comercializa laminados no planos provenientes de las fábricas del grupo, sino también aceros planos, ejecutando operaciones de desbobinamiento, corte y doblaje de láminas de acero solicitadas por los clientes.

suficientemente fuerte como para retirar los productos estandarizados (laminados y trefilados) de la posición central en el *mix* de producción; pero estableció la diversificación y el perfeccionamiento de la línea de productos como una importante vertiente de acción del grupo. Asociada a ella, se ha dado énfasis creciente a la mejoría de los servicios posventa y a respetar los plazos estipulados. A finales de la década de los años ochenta la adquisición de otras metalúrgicas fue interrumpida, pero el proceso en favor de alcanzar un mejor *mix* del producto no fue suspendido, aunque tomó una dirección algo diferente. La principal iniciativa en ese sentido fue la adquisición de la Piratini, que propició la entrada en el segmento de aceros especiales.

La paulatina expansión del grupo le aseguró la participación mayoritaria en el mercado nacional de aceros no planos comunes. Actualmente las fábricas del grupo Gerdau concentran 52% de la capacidad de las acerías del segmento. Considerando también la existencia de plantas que apenas laminan acero adquirido a terceros, su cuota decrece un poco, permaneciendo, sin embargo, en 45% de la capacidad total de las líneas de laminación de no planos comunes en 1994. Con relación a la distribución de las ventas entre los mercados externos e internos, se repite el patrón de utilizar a las exportaciones como variable de ajuste anticíclico a las oscilaciones del mercado interno.

Estrategias productivas y patrimoniales. La expansión horizontal tuvo un papel central en las inversiones del grupo, habiendo sido realizadas fundamentalmente por intermedio de la compra de competidores. Como resultado de esta estrategia la capacidad de producción de acero aumentó desde finales de la década de los años setenta en cerca de 230% (considerando las unidades que se encontraban en operación en 1995). La maduración, en la primera mitad de la década de los ochenta, de inversiones en ampliación y/o construcción de fábricas decididas en los años setenta tuvo una contribución importante en ese crecimiento. Entretanto, no menos de 64% de ese aumento proviene de la incorporación de unidades adquiridas a otras empresas, en Brasil o en el exterior.

La adquisición de empresas ya constituidas, varias durante recesiones, minimizó los requisitos de capital. De esta manera, se pudo evitar el costo de una batalla competitiva para ocupar el mercado de esos productores, costo que no habría sido pequeño en una situación con importante exceso de capacidad. En algunos casos las adquisiciones permitirían penetrar nichos de mercado anteriormente no atendidos por el grupo, complementando la línea de productos ofrecida por la amplia estructura de distribución ya establecida.[60] Las iniciativas de integración vertical durante la década de los años ochenta alcanzaron también la provisión de insumos, habiendo sido adquiridas tres empresas que actuaban en la producción no integrada de acero obtenido directamente del alto horno.

Por lo tanto, la compra de competidoras fue el mecanismo más importante utilizado por el grupo para operar, tanto su movimiento de expansión horizontal en la siderurgia (segunda mitad de los años ochenta), como el flujo y reflujo de su proceso de integración vertical durante todo el decenio. Esto no significa, sin embargo, que inversiones de otro tipo no hayan sido llevadas a cabo después de concluir los proyectos iniciados en la década pasada, especialmente en la Cosigua y la Riograndense. Tampoco fueron despreciables los proyectos de ampliación de la capacidad, aunque estuviesen volcados básicamente a líneas específicas de producción y se hayan caracterizado por su carácter incremental en fábricas ya en funcionamiento.

La trayectoria en la primera mitad de los años noventa presenta rupturas con relación a la de los años anteriores, especialmente en lo que se refiere a la asociación con la IBM[61] y la integración orientada a abastecer a las acerías del grupo de carga metálica. Sin embargo, hubo continuidad en uno de los ejes más característicos pues se dio seguimiento a la agresiva conducta de expansión horizontal en su principal mercado de actuación, privilegiando casi siempre la adquisición de competidores. En otros casos, lo que se puede destacar fue un cambio de énfasis. Ciertas líneas de acción, como la internacionalización y la modernización de la estructura productiva, claramente subieron posiciones entre las prioridades.

Los efectos de la recesión a inicios de los años noventa afectaron ostensiblemente a la industria de la construcción, reflejándose inmediatamente en la producción principal del grupo. El desempeño del mercado interno explica por qué, incluso habiéndose ampliado las exportaciones y la capacidad productiva (con la incorporación de la Usiba a finales de 1989), la producción de acero del grupo disminuyó

---

[60] Entre los ítems incorporados a la línea producida por el grupo se incluyen pantallas soldadas y cadenas.

[61] La participación de 70% en la GSI fue vendida a su socio original, la IBM (20% en 1993 y 50% en 1994).

en 1990, elevando el grado de capacidad ociosa de sus acerías a cerca de 25%, nivel muy alto para la siderurgia. La reacción a ese cuadro fue una reestructuración de considerable alcance. Algunas unidades industriales fueron desactivadas en 1990,[62] así como paralizadas las operaciones de altos hornos. Su desactivación representó un cambio en la estrategia de ampliar la cuota de la carga de las acerías abastecida por el arrabio fabricado por el grupo. La reducción de las dificultades en el abastecimiento de chatarra, asociada a la operación a ritmo más lento de las acerías eléctricas en el país, parece haber sido el principal determinante de ese cambio de orientación. Además de ello, las condiciones del mercado del arrabio también se modificaron. Simultáneamente, se redujeron las cotizaciones externas del producto, como consecuencia de la recesión internacional y de la creciente competencia de proveedores del Este europeo, y los costos sufrieron aumentos en virtud del término de los incentivos fiscales, que beneficiaban la reforestación y, por lo tanto, la producción de carbón vegetal. Si, por un lado, la alternativa de exportación se dañó con el deterioro de la competitividad externa del arrabio nacional, por otro lado, se facilitó el abastecimiento de eventuales consumidores brasileños del producto. En ese contexto, es posible entender por que cambió tan rápidamente la estrategia del grupo Gerdau en cuanto a unidades productoras de arrabio.

A pesar de esos cambios, el principal eje de acción estratégica del grupo Gerdau tuvo continuidad en la década de los años noventa. Otras siderúrgicas fueron adquiridas, aumentando sustancialmente la capacidad de producción de laminados. La expansión horizontal en la siderurgia de no planos volvió a tener una posición prioritaria en las estrategias del grupo, creciendo principalmente a través de la compra de competidoras.[63]

---

[62] La más importante de ellas era, sin duda, la acería de Nova Iguaçu, que fue incorporada a la Cosigua en el momento de la adquisición de la Siderúrgica Hime. Esa planta respondía por cerca del 9% de la capacidad de producción de acero del grupo Gerdau en esa época.

[63] La primera adquisición de empresas en la década de los años noventa fue la de la siderúrgica pernambucana Cosinor, rematada en subasta de privatización en noviembre de 1991 por US$ 14.1 millones, pagados en certificados de privatización. Diez meses después de su incorporación la planta fue dividida, siendo vendidas la fundición, la caldera y la fábrica a la Simione Metalúrgica. La planta siderúrgica también fue vendida un poco más tarde. La Cosinor operó apenas tres meses bajo el control de la Gerdau. El destino dado a los activos de la empresa sugiere que el interés del grupo era garantizar

En febrero de 1992, otra siderúrgica fue adquirida en subasta de privatización: la Aços Finos Piratini.[64] Distinto a lo ocurrido con la Cosinor, el grupo dio continuidad a las actividades de la Piratini, con la modernización de su fábrica. Otra importante transacción se dio en febrero de 1994, cuando Gerdau adquirió la Korf del grupo alemán Metallgesellschaft, empresa que tenía el control de cerca del 70% del capital de la Siderúrgica Pains.[65]

Por lo tanto, la participación del grupo Gerdau en la industria brasileña de aceros no planos comunes, medida por la capacidad de producción de acero bruto, pasó de 44% en los años ochenta a 52 a mediados de los años noventa. La adquisición de competidoras fue, una vez más, el principal determinante de esa ampliación de la cuota de mercado, aunque la expansión de la Usiba, también haya contribuido.[66] En el conjunto de la siderúrgica brasileña, la parte controlada

el control de la producción de acero en el nordeste, donde su participación creció con la compra de Usiba (1989). Más que cualquier otro argumento, este proceso muestra la importancia de la búsqueda de ventajas competitivas en mercados regionales en el conjunto de las estrategias de la Gerdau.

[64] El valor de la operación fue de US$ 107.4 millones, estableciendo uno de los mayores márgenes sobre el precio mínimo obtenido en todo el Programa Nacional de Privatización: 153%. El pago se realizó mayoritariamente con certificados de privatización; sin embargo, esta vez se incluían *debentures* de la Siderbrás y títulos de la deuda agraria. La Piratini es la primera empresa del grupo volcada preferentemente a la fabricación de aceros especiales, mostrando iniciativas de ennoblecimiento la mezcla de producción. Entretanto, consideraciones de orden local también deben haber sido importantes en la evaluación que el grupo realizó de la fábrica de Rio Grande do Sul: al incorporar a Piratini, Gerdau pasó a controlar toda la producción de acero en la región sur. Siguiendo el ejemplo de lo que ya hiciera la Nordeste, ganó una posición de negociación favorable en otro importante mercado regional. Nótese que, aunque capaz de producir aceros especializados, la Piratini, como el resto de las productoras de aceros especiales, también fabrica ítems no sofisticados con el objetivo de optimizar la ocupación de las instalaciones. Su producción competía con aceros fabricados por la Riograndense. Dentro de esa perspectiva, la compra de la fábrica de Rio Grande do Sul sigue el mismo sendero de las otras adquisiciones del grupo.

[65] Además de Pains y de KTS, la adquisición de la Korf transfirió al grupo Gerdau el control de Pains Forestal y de empresas de distribución y transporte de acero. Pains era una de las cinco mayores empresas de aceros no planos comunes, respondiendo por el 7% de la capacidad productiva de ese segmento y competía con la Gerdau en importantes nichos del mercado (particularmente en perfiles para la construcción civil). Eso ayuda a entender la importancia de esa adquisición, sirviendo también para explicar por qué la transacción estuvo bajo examen del Consejo Administrativo de Defensa Económica (CADE), órgano de defensa de la competencia.

[66] El aumento de la participación del grupo en el conjunto de la capacidad de

por el grupo aumentó en el mismo periodo de 11 a 13%. Aunque importantes, esos números revelan una evolución del que era el mayor grupo privado de la siderurgia menor de la que podría esperarse durante este periodo de las grandes oportunidades ofrecidas por el proceso de privatización de las mayores fábricas brasileñas. De hecho, si la Gerdau, por un lado, se mostró activa en las subastas que transferían el control de las empresas de tamaño menor (de ésas, sólo la Cofavi y la pequeña Cosim, escaparon a su control); por otro, estuvo completamente ausente de las privatizaciones de las siderúrgicas integradas de gran tamaño. La explicación de tal comportamiento debe buscarse en el propio tamaño de estas empresas. Su adquisición hubiera exigido un fuerte aumento del endeudamiento o alternativamente asociarse y compartir el control con otros agentes.

Con la incorporación de cuatro empresas en el exterior se profundizó el proceso de internacionalización del grupo. En 1995, se localizaba en el exterior 14% de su capacidad de producción de acero bruto, seis puntos porcentuales más que en el año 1990.

Las empresas del grupo, con excepción de aquellas incorporadas más recientemente, combinan un perfil de endeudamiento moderado y elevada liquidez. El mantenimiento de ese cuadro y la realización de un monto sustancial de inversiones (poco más de US$ 1.2 mil millones entre 1985 y 1994) han sido conciliados por el montaje de una estructura de financiamiento cuidadosa y flexible. Los principales instrumentos utilizados son las ganancias retenidas, la emisión de acciones y créditos de largo plazo. Los recursos generados internamente son un elemento importante en el financiamiento del grupo, como, además, es usual en prácticamente todos los grupos.

Las condiciones de operación de sus principales empresas y la posición de negociación favorable en la mayoría de los mercados en que actúa permitirían al grupo un margen de rentabilidad superior a la media del sector. Eso contribuyó a la buena aceptación en el mercado accionario de las frecuentes emisiones de papeles de sus empresas de capital abierto. Tales emisiones fueron conducidas de manera que no pongan en riesgo la autonomía de los controladores y los diversos lanzamientos de acciones preferenciales se explican dentro de esa perspectiva. Completan la lista de mecanismos de

producción de aceros no planos comunes se debió también al cierre de las acerías de empresas como Aliperti y la Ferroeste.

financiamiento adoptados por Gerdau los préstamos de largo plazo por parte del BNDES e instituciones extranjeras.

4.5. CONCLUSIONES

Las trayectorias de los grandes grupos industriales brasileños se confunden, como no podría dejar de ser, con la propia historia de la industrialización del país.[67] En ambos casos, se observan grandes transformaciones desde el inicio de la actual década, provocadas por un conjunto de factores que incluyen: recesión e inicio de la liberalización comercial en 1990-1992, reforma del Estado y privatización y estabilización económica después de 1994.

Los efectos acumulados de estos procesos se hicieron sentir claramente después de la recesión iniciada en 1994. A esto se sumó la reforma del Estado, especialmente el proceso de privatización, cuya importancia para la expansión de varios grupos no debe ser minimizada. La estrategia defensiva adoptada por la industria desde el inicio de los años noventa tuvo como contrapartida aumentos de la productividad de la mano de obra en todo el periodo hasta el presente.[68] Como no podría dejar de ser, el conjunto de estas transformaciones tuvo implicaciones para la competitividad de la producción manufacturera y para las estrategias de los grandes grupos.

La apertura comercial amplió la brecha entre los sectores que eran internacionalmente competitivos y los no competitivos antes de la reforma del régimen. La contribución de la apertura al proceso de reestructuración industrial ha sido, por lo tanto, en el sentido de distinguir con mayor nitidez a las industrias según criterios de competitividad. Sin embargo, otros factores también estuvieron presentes y contribuirían para compensar los efectos de la apertura: i] el crecimiento del ingreso resultante de la estabilización –por efecto de

---

[67] Es interesante, por su semejanza, la comparación con el caso argentino, véase el capítulo correspondiente en este mismo libro.

[68] El concepto de reestructuración defensiva es desarrollado en Coutinho y Ferraz (1994). En términos de los grupos analizados en este capítulo, la reestructuración defensiva implicó una enorme reducción en los cuadros de personal en prácticamente todos ellos. Alpargatas, por ejemplo, redujo en 50% el número de trabajadores empleados en cuatro años (de 34 mil trabajadores en 1989-1991 a 17 mil en 1994).

riqueza asociada a la valorización del tipo de cambio y a las elevadas tasas de intereses– y la difusión de nuevos patrones de consumo, que posibilitaron la expansión tanto de las importaciones como de la producción doméstica, beneficiando, incluso, sectores con deficiencias competitivas, como los de bienes electrónicos de consumo y de automóviles; ii] la expansión del comercio entre los países del Mercosur, particularmente intensa en áreas como la mecánica, material de transporte y química/petroquímica, a pesar de que la posición externa de Brasil se haya deteriorado después de 1994, reflejándose en los aumentos de los coeficientes sectoriales de penetración de las importaciones en el mercado interno, y iii] la creación de incentivos a las inversiones y a la producción local, con énfasis en el régimen automotriz, y la concesión aislada de protecciones a sectores muy amenazados por las importaciones.

El resultado es que varios grupos pasaron de un comportamiento defensivo a comienzos de la década a estrategias más ofensivas actualmente. Eso fue posible –entre otros factores como la reestructura de organización por la que atravesaron prácticamente todas las grandes empresas brasileñas– por el fin de la inestabilidad asociada a la fase de alta inflación.

El grupo Votorantim, en particular, es un ejemplo de cómo el proceso inflacionario y tasas de interés elevadas condujeron a un ajuste defensivo en las unidades financieras, en este caso de *holdings*, cuya función primordial es vincular los programas de inversión de los grupos y la capacidad de apalancamiento de cada uno de ellos. Se combinó con ese hecho la dificultad, por lo menos en los años ochenta, de acceso al crédito externo.[69] Como se vio, la privatización –en la cual tuvieron un papel preponderante los fondos de pensión, especialmente de entidades estatales– ofreció alternativas de crecimiento. No es claro, sin embargo, por qué la Votorantim estuvo ausente de las subastas de privatización de la siderurgia, dado su interés en la producción de aceros no planos. Pero es previsible que tenga una participación relevante en las futuras privatizaciones de la infraestructura (energía, puertos y telecomunicaciones).

---

[69] Actualmente eso es más fácil para los grupos capaces de *securitizar* las exportaciones o de colocar títulos en el mercado internacional de capitales. Esas prácticas son recientes para los grandes grupos brasileños, que en general crecieron a través de un proceso de autofinanciamiento fundado en el poder de mercado que tuvieron, o tienen, en los diferentes sectores donde actúan, como monopolistas o monopsonistas.

A continuación, se contrastan las estrategias empresariales de los grupos analizados, tomándolos en pares según su área principal de actuación. El caso de la Votorantim, por paradigmático, puede ser usado como elemento de comparación y contraste.

Gerdau y Belgo-Mineira: énfasis en adquisiciones y privatizaciones. El proceso de privatización de la siderurgia brasileña, incluso antes de las subastas iniciadas en 1991, fue un factor de naturaleza institucional que benefició la adquisición de empresas competidoras. La privatización proporcionó atractivas oportunidades a las empresas que competían directamente con las estatales. Actualmente 92% de la capacidad de laminación de la siderurgia brasileña está bajo control de cinco grupos de gran tamaño: Usiminas, CSN, Acesita, Belgo-Mineira y Gerdau. En el segmento de aceros planos comunes, donde los grupos concentran sus operaciones, Belgo-Mineira y Gerdau controlan 87% de la capacidad de las acerías. Entre las empresas independientes de tamaño relevante, quedan SBM (Votorantim) y la Itaunense.[70]

En otros segmentos de la siderurgia brasileña hay empresas independientes de mayor tamaño: Mannesmann, la Companhia Siderúrgica de Tubarão (CST) y Açominas/MJS,[71] las dos últimas productoras de semielaborados para exportación. Las controladoras de la CST y de la Mannesmann, grandes bancos nacionales y uno de los mayores grupos de la industria metalmecánica alemana respectivamente, tienen un considerable tamaño económico, lo que hace a las eventuales transacciones dependientes de los intereses y las estrategias de agentes de fuerte poder financiero. Esos obstáculos no se dan en el caso de Açominas, ya que las dificultades enfrentadas por dos de sus principales accionistas, los grupos Mendes Júnior y Económico (adquirido por el Excel) hicieron posible el cambio del control, como se dio mediante su arrendamiento por la Belgo-Mineira.

Antes de la privatización de la gran siderúrgica estatal en los años noventa, el grupo Gerdau dejó evidente su interés por adquisiciones en esta área, dada su activa participación en las privatizaciones en la década anterior. En este punto su estrategia difirió de la adoptada por la Belgo-Mineira, que sólo recientemente comenzó a actuar más activamente con la adquisición de Cofavi y el arrendamiento de la MJS. En general, como se vio, mientras Gerdau se expandió adquiriendo

---

[70] Minifábrica cuya capacidad no supera las 138 mil toneladas de acero bruto al año.

[71] Hasta 1995, el propietario de la MJS era el principal accionista y controlaba a Açominas.

competidores, la Belgo-Mineira optó por asociaciones con empresas locales orientadas a asegurar mercados. En este proceso, concentró más su foco de interés que el grupo Gerdau, cuyo abanico de actividades fue más que justificado por la búsqueda de sinergias en la producción. El exceso de oferta en la siderurgia es lo que explica las estrategias de adquisiciones.

Suzano/NemoFeffer y Klabin: especialización y diversificación. El examen de la estrategia productiva del grupo Suzano/NemoFeffer en el complejo de celulosa y papel muestra algunas similitudes con la estrategia del grupo Klabin. Ambos se expandieron y verticalizaron al máximo el espectro productivo de sus unidades fabriles principales, de la extracción de madera a la fabricación del papel, agregando valor a la producción manufacturera. Además, desarrollaron una producción diversificada de papel y se insertarían en la etapa de conversión con equipamientos instalados en la propia unidad principal (Cía. Suzano) o en unidades complementarias más próximas a los mercados consumidores (Klabin). En consecuencia, ejecutaron proyectos asociados volcados a la producción de celulosa para exportaciones, la Klabin con la adquisición de la Riocell (en sociedad con Iochpe y Votorantim) y la Suzano con la creación de Bahia Sul.

La diferencia entre las estrategias de Suzano/NemoFeffer y de la Klabin está en que la primera amplió su diversificación intersectorial, especialmente al definir en los años setenta una nueva inserción industrial en la petroquímica y al montar un portafolio de acciones de empresas de otros sectores, en tanto que el grupo Klabin optó por la especialización sectorial y se deshizo de su tradicional inserción en el sector de cerámicas.

El camino de expansión trazado por el grupo Suzano/NemoFeffer fue puesto a prueba al inicio de la década de los noventa. El grupo fue seriamente afectado por la contracción de los mercados internos y externos, y la consecuente retracción en los precios, en papel y petroquímica. La competencia aumentó no sólo por la reducción de la demanda, sino también por la apertura del mercado y por la entrada de nuevos competidores de peso (especialmente la Votorantim en el área de papel de imprimir y escribir) que disminuyen su rentabilidad.

A pesar de ese contexto, el grupo Suzano/NemoFeffer tuvo que dar continuidad al proyecto Bahia Sul, que estaba a medio camino. Este grupo rápidamente aumentó su grado de endeudamiento, evolución que afectó igualmente el resultado consolidado de la Suzano.

Pero, a pesar de ello, ésta aprovechó la oportunidad de las privatizaciones para aumentar su inserción en la petroquímica. Se puede considerar osada la estrategia de conjugar los objetivos de crecimiento con una doble inserción sectorial, en sectores de elevada intensidad de capital, en un momento de fuerte competencia a nivel nacional e internacional. La participación en subastas de privatización de control accionario estatal en las empresas petroquímicas ha permitido al grupo consolidar su posición en las empresas de segunda generación, en segmentos en que actuaba (termoplásticos) o no (caucho sintético) y en los respectivos proveedores de primera generación (centrales petroquímicas). Los objetivos de aumentar la coherencia e integración entre las diversas participaciones en el sector, así como aumentar su influencia y participación en la gestión de las empresas, bajo el principio de desarrollar alianzas y no liderazgos, están siendo alcanzados. Claramente, Suzano se diversificó muy lejos de su negocio central, al contrario que la Klabin.

Perdigão y Sadia: concentración y reestructuración. Las estrategias aquí también han sido semejantes, con énfasis en la diferenciación de productos y obtención de calidad en la producción, especialmente para exportaciones. Ello debido a que: i] la inserción externa es importante para ambos grupos, y ii] la dimensión de calidad adquiere enorme relevancia en este contexto. Las estrategias de diversificación se suceden dentro de las áreas principales de actuación, habiendo tanto fuerte competencia como concentración de actividades en torno de las cadenas de productos alimentarios. Se trata, además, de un sector en que la penetración de las exportaciones ha sido modesta, no amenazando la posición de ninguna de las empresas de los grupos analizados. La Sadia, tal vez, por ser más diversificada y contar con control profesionalizado desde hace mucho tiempo, tiene la delantera en términos de participación en el mercado.

Vicunha y Alpargatas: audacia y amenaza de las importaciones. Al contrario de prácticamente todos los demás sectores analizados, en este caso la competencia de las importaciones presentó desafíos a la expansión de los grupos. La historia de las industrias textil y de confecciones en esta década revela que, así como la mecánica, estos sectores constituirían casos en que la penetración de las importaciones con la apertura impuso fuertes pérdidas de mercado y mucha competencia.

En ambos grupos las materias primas importadas (y hasta de artículos terminados, en el caso de las confecciones) representaron una forma de elevar la competitividad de la producción. Vicunha ha tenido un comportamiento más osado que Alpargatas, cuya estrategia de crecimiento puede ser definida como cautelosa.[72]

Las fusiones y adquisiciones fueron la norma en la expansión de largo plazo, con algunas diversificaciones dentro de las principales áreas de concentración de las actividades productivas. Sin embargo, Vicunha supo sacar más provecho de la relocalización de las plantas en zonas favorecidas por la política económica y caracterizadas por poseer mano de obra barata, habiendo sufridos menos los efectos de la recesión 1990-1992. En este sentido, fue un grupo pionero en materia de relocalización.[73]

En resumen, las estrategias empresariales de los grupos en los años noventa reforzaron en muchos casos la tendencia que ya venía dándose: reestructuración patrimonial por fusiones, adquisiciones y ventas de empresas. La inserción externa y, en especial, el Mercosur (en términos de crecimiento de las ventas y creación de asociaciones y subsidiarias) también ganaron importancia para algunos grupos (*commodities* alimentarios, papel y celulosa, textiles, minerales no ferrosos y productos siderúrgicos semielaborados).

La apertura comercial y la recesión de comienzos de la década, a su vez, fueron responsables por una intensificación de la presión competitiva sobre las empresas, sin precedentes en la historia brasileña. Este proceso prosiguió con la profundización de la apertura durante el inicio de la estabilización. Aunque el financiamiento de las inversiones sobre la base de ganancias retenidas continuó siendo la norma (perdiendo peso el crédito oficial en los años noventa para la mayor parte de los económicos), se asistió a nuevas formas de adquirir recursos como *securitización* de exportaciones, colocación de acciones en bolsas de valores en el exterior y colocación de obligaciones, entre otras.

En lo que se refiere a la reforma del Estado, la respuesta de los grandes grupos económicos de base industrial no fue homogénea. En

---

[72] Los dos grupos no compiten directamente, excepto en *denim*. Y, curiosamente, uno de los dueños de Alpargatas (Bradesco, que detenta 21%, junto con la constructora Camargo Corrêa, que tiene 55%) es socio en varias iniciativas recientes de Vicunha. El análisis comparado se justifica por el hecho de que ambos actúan en el área textil y de confecciones, aunque el área principal de Alpargatas en los últimos años sea de calzados, especialmente populares.

[73] Esto recuerda el modelo de sobrevivencia de la gran textil norteamericana que emigró, en la primera mitad de este siglo, de la rica región del nordeste para el empobrecido sur, de mano de obra barata y poca organización sindical.

realidad, sólo un conjunto de grupos de base industrial ha tenido importancia en las privatizaciones hasta ahora. En este proceso se hizo sentir con gran peso la presencia de los conglomerados financieros y las grandes empresas de construcción pesada. Además de eso, cada vez más, las privatizaciones incluyen alianzas entre grupos locales y filiales de transnacionales, habiendo también cruces entre grupos de base industrial y de base financiera en este proceso.

La participación en las privatizaciones, como se vio, asumió diversas formas y tuvo diversos énfasis. La agresividad de algunos grupos se manifestó tempranamente, ya en los años ochenta, e hizo parte de su estrategia general de adquisiciones (Gerdau, por ejemplo). En otros casos, se manifestó recientemente con más ímpetu y osadía (Vicunha, por ejemplo). Un comportamiento más conservador parece caracterizar otros casos (Votorantim, Alpargatas y Belgo-Mineira, por ejemplo). Y ha recibido poco interés por parte de los grupos del sector alimentos (Sadia y Perdigão).

Las estrategias de los grupos analizados –todos ellos exitosos en términos de ajustes previos– se encuadran en tres categorías principales. Primero, los pertenecientes a los sectores más competitivos, en los cuales el ajuste y crecimiento son aún recientes y donde la cautela guía las opciones tecnológicas y de mercado (caso de los grupos del sector alimenticio, Sadia y Perdigão, y de la siderurgia, la Belgo-Mineira, por ejemplo). Segundo, aquellos con conductas orientadas a la especialización y a la integración vertical, como los productores de *commodities* dependientes de la demanda externa (papel y celulosa, como Suzano, Klabin y Votorantim, por ejemplo). Tercero, los más decididamente tendientes a la adopción de estrategias de diversificación con alto riesgo financiero y endeudamiento, externo o no, que han ampliado la cartera de negocios ingresando decidida y poco selectivamente en las privatizaciones (Vicunha, por ejemplo).

La expresión clave para entender este último tipo de estrategia parece ser la manifestada por dirigentes del grupo Vicunha, los que al ser indagados en 1993 sobre por qué participarían de la subasta de privatización de la Compañía Siderúrgica Nacional, una empresa de un ramo de actividad tan distante de su *core business*, contestaron: "Porque es un buen negocio."[74] Desde entonces esta explicación puede aplicarse a otras diversas iniciativas del grupo. En qué medida

---

[74] Citado en Ruiz (1995a), basado en información de la *Gazeta Mercantil*.

esto anuncia una nueva mentalidad estratégica por parte del gran capital brasileño es una pregunta cuya respuesta aún no está clara. Hasta ese momento, una diversificación tal caracterizaba sólo, o principalmente, a los grupos de base financiera, cuyos objetivos estratégicos parecen ser diferentes de los grupos de base industrial.[75]

No es exagerado afirmar, por lo tanto, que la estrategia de Vicunha se aproxima a una estrategia de inversión de cartera, más que a una esencialmente industrial. En este sentido, es muy atípica dentro del paradigma de evolución del gran capital brasileño en este final del siglo. Se registra que el estilo de actuación de los grandes fondos de pensión y de los grupos de base financiera es esencialmente el mismo, con marcada diversificación de las inversiones, como sería de esperarse.[76]

En resumen, el análisis de las tendencias estratégicas de los grandes grupos privados brasileños muestra que, de manera retórica, el componente principal es la "especialización para enfrentar los desafíos de la globalización". Sin embargo, existen razones para creer que, aunque el lema "crecer en los sectores ya conocidos" sea el usual, eso no implica que no haya una apertura del abanico de actividades más común que lo que indicarían los discursos de los líderes empresariales.[77] La búsqueda de sinergias es frecuentemente apuntada como la razón para una cierta "diversificación en la concentración". Este capítulo sugiere que perseguir la especialización no siempre fue la estrategia seguida en los hechos por los principales grupos económicos brasileños de base industrial. Con frecuencia se sucedieron desvíos de ruta que no siempre fueron corregidos.

Además, intensas reestructuraciones patrimoniales bajo la forma

---

[75] La diversificación de inversiones de agentes con aversión al riesgo es típica de entidades financieras –lo mismo es válido para las inversiones de portafolio de agentes individuales– y fue objeto de un importante trabajo de Tobin hace 40 años. ¿En qué medida es también aplicable a la inversión industrial, donde la búsqueda de sinergias, la integración vertical y otros factores de economía industrial tienden a favorecer la concentración en torno de la actividad manufacturera?

[76] Un aspecto interesante de las inversiones de estos fondos, principalmente los de las empresas estatales, es su destacada participación en subastas de privatización en esta década.

[77] Sin embargo, el monto de recursos que puede ser clasificado como diversificación de las firmas privadas brasileñas en los ingresos de las privatizaciones acumuladas entre 1990 y 1994 fue de apenas cerca del 5% del total. Nótese que el capital extranjero alcanzó a menos que eso: 4.2%. Véase Canuto, Rabelo y Silveira (1977), cuadro 2.

de fusiones y adquisiciones[78] han acompañando el movimiento de varios grupos en una dirección más en favor de la diversificación siguiendo un movimiento fuertemente estimulado (o posibilitado) por las privatizaciones. No hay indicaciones de que esta tendencia se esté agotando. Al contrario, fusiones y adquisiciones, con o sin participación de capital extranjero (aunque principalmente con) son una característica de las estrategias de los grupos.

En rigor, la privatización ha permitido y estimulado importantes acuerdos entre grupos de capital privado nacional de base industrial o de la construcción pesada, grupos financieros, fondos de pensión nacionales y grupos extranjeros, financieros o no. Los nuevos recursos financieros posibilitados por estos arreglos han permitido superar, de esa forma, uno de los principales obstáculos al crecimiento de los grupos en el pasado, a saber, su excesiva dependencia de recursos internos a las empresas para el financiamiento de inversiones y para apalancar su expansión. De la misma forma, el financiamiento por agencias financieras oficiales no ha tenido en los últimos años la misma importancia relativa que en el pasado.

Aquí como en otros aspectos del desarrollo reciente de los conglomerados, los factores causales son una compleja gama de procesos que necesariamente incluyen la estabilización y la reforma del Estado, principalmente la privatización, y las aperturas comercial y financiera.

4.6. BIBLIOGRAFÍA

Almeida, M. de (1997), "Capitalismo em transe", *Exame*, julio, "Maiores e melhores de 1997".

Bielschowsky, R. y G. Stumpo (1996), "A internacionalização da indústria brasileira: Números e reflexões depois de alguns anos de abertura", en R.

---

[78] Entre 1992 y el primer semestre de 1997 se sucedieron cerca de mil transacciones de este tipo, de las cuales poco más de la mitad fue con participación de empresas extranjeras. El valor llegó a cerca de US$ 33 mil millones, de los cuales cerca del 61% provenían de recursos externos. Y aunque el monto asociado a la empresas extranjeras en las privatizaciones sea relativamente pequeño –dadas las restricciones que han prevalecido hasta ahora– la tendencia es a su aumento con la privatización en las áreas de telecomunicaciones y de energía eléctrica. Véanse los resultados de la investigación de KPMG reportada en la *Gazeta Mercantil*, 31 de julio de 1997, "El capital externo manda en fusiones y adquisiciones".

Baumann (org.), *O Brasil e a economia global*, SOBEET, Editora Campus.

BNDE♦(1995a), "Caracterização do processo de internacionalização de grupos económicos privados brasileiros", BNDES/AP/DEPES/GEPES 1, mimeo, Río de Janeiro, noviembre.

———— (1995b), "Análise de estratégia de grupos económicos", AP/DEPES, varios números.

Canuto, O., F. M. Rabelo, y J. M. Silveira (1997), "Economic Openness and Business Groups in Brazil: An Evolutionary Approach", mimeo, Instituto de Economia, Unicamp.

CNI/CEPAL (1997), *Investimentos na indústria brasileira 1995-1999: Características e determinantes*, Río de Janeiro, Departamento Económico de la Confederação Nacional de Industrias y Oficina de la CEPAL en Brasil.

Coutinho, L.G. y J.C. Ferraz (coord.) (1994), *Estudo da competitividade da indústria brasileira*, São Paulo, Papirus, Ed. da Universidade Estadual de Campinas.

Exame (1997), "As 500 maiores empresas do Brasil", São Paulo, julio.

Gazeta Mercantil (varias fechas), *Balanço Anual*, São Paulo.

Moreira, M. M. y P. G. Corrêa (1996), *Abertura comercial e indústria: O que se pode esperar e o que se vem obtendo*, texto para discusión, 49, DEPEC/AP/BNDES, octubre.

Motta Veiga, P. y R. Bonelli (1997), *Análise dos fatores condicionantes da competitividade do setor industrial brasileiro*, Informe de investigación en proceso, Río de Janeiro.

Naretto, N. (1995), "Grupo Suzano/NemoFeffer", en Unicamp (1995, 1996).

Quadros Carvalho, R. y R. Bernardes (1997), "Cambiando con la economía: Estrategias de ajuste de empresas brasileñas líderes", capítulo incluido en este libro.

Pinho, M. (1995a), "Grupo Belgo-Mineira", en Unicamp (1995, 1996).

———— (1995b), "Grupo Gerdau", en Unicamp (1995, 1996).

Ruiz, R. M. (1995a), "Grupo Vicunha", en Unicamp (1995, 1996).

———— (1995b), "Grupo Alpargatas", en Unicamp (1995, 1996).

Silveira, J. M. F. J. (1996), "Grupo Votorantim", en Unicamp (1995, 1996).

Unicamp (1995 y 1996), Informes del proyecto "Grupos económicos na indústria brasileira e a política económica: Estrutura, estratégias e desafios", Campinas, São Paulo, Fundap, Fecamp, Unicamp e Instituto de Economia/NEIT.

5. EL LIDERAZGO EN LAS GRANDES EMPRESAS EN CHILE

MARIO CASTILLO A.

RAÚL ÁLVAREZ L.*

5.1. INTRODUCCIÓN

En las últimas dos décadas, las empresas chilenas se han desenvuelto en un sistema económico cada vez más complejo y competitivo, cuyo proceso de reforma y liberalización se ha orientado fundamentalmente hacia la internacionalización de la economía y la desregulación de mercados de servicios públicos. La internacionalización operó inicialmente mediante una agresiva estrategia de inserción comercial, que permitió expandir las exportaciones y diversificar mercados y productos. En una segunda etapa se ha avanzado en una internacionalización en el plano productivo a través de alianzas estratégicas con socios externos, así como la inversión directa en diversos países de América Latina. A lo anterior se agrega una creciente inserción en el mercado internacional de capitales mediante la colocación de acciones de empresas chilenas en el exterior.

En lo referente a desregulación de mercados, destaca el proceso de privatización de las empresas públicas iniciado a mediados de los años ochenta, que coincidió con el desarrollo del mercado local de capitales. Las reformas liberalizadoras realizadas en los sectores de monopolio estatal, tales como electricidad, telecomunicaciones y navegación aérea, los abrieron a la inversión privada y permitieron desarrollar un nuevo conjunto de grandes empresas privadas en el país.

En el contexto de América Latina, Chile es percibido como un interesante laboratorio de estrategias empresariales, como consecuencia del aprendizaje asociado a los procesos de liberalización y apertura, y al ensayo, aplicación y rectificación de estrategias competitivas para hacer frente a la mayor competencia y rivalidad en los mercados. Por

* Subgerente de Estudios de la Corporación de Fomento a la Producción (Corfo) y gerente de Outsourcing Consultores de Empresas, respectivamente. Ambas organizaciones operan en Santiago de Chile. La última revisión de este capítulo por los autores se realizó en octubre de 1997.

este motivo, se ha perfilado como una base de operaciones para empresas transnacionales interesadas en expandirse en el mercado latinoamericano.

La creciente competencia y apertura al exterior que han debido enfrentar las empresas chilenas han impactado fuertemente en sus prácticas y conductas de funcionamiento, poniendo a prueba sus estrategias de negocios, modelos de gestión y estructuras organizativas. Entre la diversidad de estrategias corporativas es posible distinguir, según el ciclo de "diseño del negocio" (*business design*), las estrategias de empresas líderes, las estrategias de empresas retadoras y las estrategias de empresas seguidoras.

El objetivo de este capítulo es analizar un conjunto de empresas líderes en Chile, abordando tres temas principales. En primer lugar, determinar los principales factores que hacen que ciertas empresas sean consideradas líderes. En segundo lugar, evaluar sus enfoques de gestión estratégica y cómo éstos han ayudado a enfrentar procesos de cambio y a lograr un buen posicionamiento competitivo. Y, en tercer lugar, determinar los efectos dinámicos que ese liderazgo genera sobre el sistema productivo y qué tipo de políticas públicas, si corresponde, pueden maximizar su impacto.

Los elementos que se expondrán se basan en el análisis de un conjunto de empresas chilenas líderes y su contexto relevante. Para ello, además de realizar un exhaustivo análisis del material disponible, se entrevistó a empresarios. Asimismo, se contó con información empírica proveniente de un trabajo anterior sobre estrategias competitivas en medianas y grandes empresas en el país (Castillo, Dini y Maggi, 1996).

5.2. ESTRUCTURA Y ESTRATEGIAS EMPRESARIALES

5.2.1. Base empresarial y consolidación de los grupos económicos

La estructura empresarial que predomina en la economía chilena está caracterizada por la alta concentración de la producción en grandes empresas, la participación decreciente de empresas de menor tamaño y la ampliación de la base exportadora. Estimaciones preliminares indican que las grandes empresas concentran el 75% de las ventas y el 95% de las exportaciones de Chile.

Se estima que existen alrededor de 470 mil empresas privadas en Chile, de las cuales unas 400 mil son microempresas (ventas anuales menores a 75 mil dólares); alrededor de 65 mil, pequeñas y medianas (ventas menores a tres millones de dólares), y 5 mil grandes empresas. Cabe señalar que las diez empresas privadas más grandes del país realizan ventas anuales de entre 1 800 y 2 500 millones de dólares, situándose entre las 75 empresas latinoamericanas con mayor utilidad en el primer semestre de 1996 (diario *Estrategia*).

Los antecedentes sobre el proceso de reorganización empresarial en Chile durante las últimas dos décadas muestran una progresiva consolidación de los grupos económicos, así como una fuerte participación de empresas extranjeras. El ajuste estructural que operó en los años setenta y ochenta, en el que la competencia entre empresas fue el factor disciplinador de la conducta económica, llevó a una "selección natural" de empresas y, por lo tanto, a una tendencia a la concentración en grandes conglomerados.

Sin embargo, dadas las bajas barreras a la entrada y salida que enfrentan los grupos económicos en el país, también se ha producido una significativa movilidad; como es natural en un sistema competitivo, diversos grupos económicos han emergido, crecido, consolidado y desaparecido en las últimas dos décadas (Sánchez y Paredes, 1996).

Ese proceso se ha caracterizado por la presencia de diversos conjuntos de grupos: los tradicionales, que ya existían en los años sesenta; los grupos maduros que tuvieron su origen en la segunda mitad de los años sesenta, y los grupos nuevos que surgen en los años ochenta. Entre los conglomerados tradicionales se encuentran el Grupo Matte, el Grupo Angelini y el Grupo Luksic, los cuales están plenamente consolidados. Entre los grupos de los años setenta, están el Grupo BHC, el Grupo Claro y el Grupo Cruz Blanca, cuyo crecimiento estuvo vinculado a la primera ronda de privatizaciones y que enfrentaron una severa crisis financiera en el año 1982. Entre los grupos nuevos, destacan el Grupo Enersis, el Grupo Sigdo Koppers y el Grupo CAP.

Estimaciones preliminares indican que los principales grupos económicos participan con más del 30% del PIB generado por el sector privado. Además, los cinco principales grupos económicos participan en unas 100 grandes empresas en el país.[1]

---

[1] Para un detalle de esas empresas, véase el anexo II.

5.2.2. Áreas de cambio en empresas exitosas

Aunque no hay una base sólida de datos microeconómicos sobre los procesos de cambio en empresas exitosas de mayor tamaño en Chile, existe evidencia empírica que permite sustentar algunas hipótesis. Cabe señalar que, aun cuando el país es considerado un paradigma de reforma económica, la mayor parte de los análisis se han concentrado en la evaluación exhaustiva de los factores macroeconómicos y relegado a un segundo plano el estudio de las reformas dentro de las empresas.

Aun aceptando que la disciplina macroeconómica, la orientación al exterior y la desregulación de mercados son factores explicativos del proceso de transformación económica de las últimas décadas, no es posible desconocer la contribución de los aumentos de eficiencia microeconómica generados por innovaciones, cambios en las estrategias corporativas y nuevas prácticas de gestión. Una evaluación a partir de evidencia empírica permite plantear la hipótesis de que Chile presenta un nivel intermedio de modernización empresarial, constatándose áreas de avance acelerado y otras de cambio más lento (Castillo, Dini y Maggi, 1996).

Áreas de cambio acelerado y agentes líderes

La presión de la competencia ha llevado a la mayoría de las empresas a emprender cambios acelerados en tres ámbitos clave: estilos de gestión, estructura organizativa y desarrollo de estrategias comerciales. Este proceso puede ser considerado como una primera fase de modernización que tiene como propósito fundamental crear o reforzar defensas frente a la competencia o, en el mejor de los casos, desarrollar movimientos ofensivos con un cierto contenido de innovación.

La evidencia muestra que los cambios en los estilos de gestión están asociados a la tendencia a profesionalizar los equipos directivos y gerenciales, mostrando como rasgo distintivo el desarrollo y la práctica de métodos de trabajo en grupo. Es importante resaltar que, en gran parte de las empresas, el trabajo en equipo y la participación se circunscriben principalmente a los niveles ejecutivos.

Por su parte, los cambios organizacionales, se orientan a tres ámbitos específicos: i] la simplificación de las estructuras administrativas, permitiendo que las empresas operen con estructuras menos jerárquicas y más flexibles, ii] la descentralización, que se traduce tanto en la creación de centros de costos como en establecimiento de nuevas filiales, y iii] la creación de nuevas funciones que generalmente se vinculan a las áreas de planificación estratégica y control de calidad.

Una tercera área de cambio acelerado está constituida por las estrategias de desarrollo comercial. La disciplina de la competencia obliga, en un primer momento, a desplegar esfuerzos significativos en materia de comercialización y apertura de nuevos mercados, que se traducen generalmente en estrategias de diferenciación de productos, desarrollo de nuevos productos, compra de licencias y alianzas comerciales estratégicas, todas las cuales se inscriben en el desarrollo de programas estratégicos de *marketing*.

En todo este proceso, el liderazgo asumido por los gerentes generales surge como una variable central, pues ellos son determinantes en la definición de los nuevos estilos de trabajo y lideran las tendencias de la profesionalización de la gestión y la desverticalización de los procesos de toma de decisiones. Uno de los rasgos significativo de los ejecutivos en el país es su competencia técnica y su capacidad para trabajar en equipos.

Áreas de cambio paulatino y estilos de liderazgo

Así como se constata que existen áreas de cambio acelerado en las empresas chilenas, también se advierten ámbitos de rezago frente a lo que son las mejores prácticas empresariales a nivel internacional. En particular, destaca las carencia en gestión de recursos humanos, modernización de procesos e innovación tecnológica.

En la mayor parte de las empresas chilenas, las nuevas prácticas referidas a la descentralización y al trabajo en equipo no se han extendido al conjunto de la organización apreciándose una baja participación de los trabajadores. Por una parte, en muchas empresas las relaciones laborales son percibidas como un factor de confrontación más que como una posibilidad de cooperación. Por otro lado, aunque en la mayoría de las empresas grandes existe un alto índice de afiliación a sindicatos, éstos generalmente asumen un papel centrado en revindicaciones laborales y tienen poca capacidad de hacer propuestas. A lo anterior se agrega la baja prioridad que se otorga al entrenamiento del personal y a los sistemas de incentivos y de reconocimiento.

Otra área rezagada se encuentra en la fuerte tendencia de las empresas a centrarse en los resultados de corto plazo, asignando menor importancia al análisis y el mejoramiento de procesos; también se verifica una evidente subutilización de las herramientas de rediseño y modernización de procesos.

En lo que se refiere a innovación, aun cuando la apertura económica favoreció una acelerada transferencia tecnológica, los alcances y la profundidad de esta renovación no son claros. Generalmente, las innovaciones en tecnología de productos están determinadas por el énfasis en lo comercial, ubicándose lo tecnológico en un nivel inferior. Por su parte, la tecnología de proceso está frecuentemente relacionada con la *mera* renovación de la maquinaria y equipo, siendo la innovación una excepción.

Estos resultados también son consistentes con los antecedentes sobre Chile presentes en el último Informe Mundial de Competitividad (IIMD, 1996). En el factor "gestión empresarial", el país logra la novena posición entre los 48 países evaluados en 1996, siendo ése uno de los factores más destacados de su competitividad. En cambio, se ubica en las posiciones 23 y 27 en los factores "recursos humanos" y "ciencia y tecnología", que son considerados frenos a su desarrollo competitivo.

Aunque el análisis de la gestión empresarial muestra, sin lugar a dudas, un aumento significativo en la eficiencia de operación, los rezagos antes señalados también sugieren la hegemonía de ciertos estilos de gestión. Una posible caracterización sería calificar al estilo de liderazgo como de corte "transaccional" o asociado a transacciones, el que enfatiza la importancia de los resultados, privilegia el logro de objetivos, maximiza la eficacia de los recursos, establece los acuerdos necesarios para lograr las metas, y da premios y castigos en función de ellas. De acuerdo con un estudio realizado por Soler & Lértora Consultores, este estilo de liderazgo es una de las principales debilidades que se observa en los ejecutivos chilenos.

Empresas de carácter más innovador apuntan hacia un estilo de liderazgo "transformador", el que privilegia las necesidades y valores de sus seguidores, considera al trabajador como individuo con necesidades de realización y lleva a incrementar la madurez y la motivación de sus colaboradores. Existe conciencia en muchas empresas de la necesidad de avanzar hacia estilos de liderazgo más participativos; sin embargo, es un proceso que recién está en sus inicios. Una encuesta

reciente realizada a las principales consultoras del país referente a la
calificación que diversas empresas obtendrían en cuanto a la gestión
de sus recursos humanos (oportunidad laboral, seguridad en el trabajo, identificación con la empresa, canales de comunicación y clima
laboral) concluyó que, de las nueve que sobresalían en esas áreas, ocho
eran de capital extranjero y sólo una de capital nacional (revista *Qué
Pasa*, 1996).

5.3. IDENTIFICACIÓN DE LAS EMPRESAS LÍDERES

5.3.1. *Veinte empresas líderes*

De acuerdo con el marco de análisis de este trabajo,[2] el éxito empresarial no es sinónimo de liderazgo. Si bien las empresas son instrumentos técnicos para alcanzar determinadas metas y se las juzga desde un
punto de vista técnico y financiero, el liderazgo, concebido como
grupo o práctica, tiene una naturaleza institucional pues incorpora
valor más allá que los requerimientos técnicos y financieros y es el
receptáculo del idealismo grupal. A partir de lo anterior, se define a
una empresa como líder cuando proyecta una imagen institucional
positiva en su comunidad, imagen que se basa en sus características
en materia de organización, estructura, cultura, estilos y liderazgo. Por
lo tanto, el liderazgo se debe concretar no solamente dentro de la
empresa (identidad), sino también en su imagen, es decir en la
percepción que el público tiene de ella.

A partir de la información disponible, se definió el liderazgo empresarial como un factor que combina conceptos intangibles como la
capacidad de gestión, la imagen y la reputación, e indicadores de
desempeño económico. Los indicadores a considerar son los siguientes:

i] *Indicador de desempeño*: empresas con mayor nivel de utilidades
(beneficios) en el último ejercicio.

ii] *Indicador de capacidad de gestión*: mejores empresas en innovación
e incorporación de tecnología, según opinión de la comunidad empresarial.

---

[2] Para una revisión de los principales conceptos sobre gestión estratégica y liderazgo, véase el anexo I.

iii] *Indicador de imagen*: empresas más elogiadas por la comunidad empresarial.

iv] *Indicador de reputación*: mejores empresas en seriedad y solvencia de acuerdo con la opinión de la comunidad empresarial.

En resumen, serán consideradas como líderes las empresas que han alcanzado las mayores utilidades en el último ejercicio y sean evaluadas favorablemente por la comunidad empresarial en cuanto a capacidad de gestión, imagen y reputación. A partir de estos criterios se obtiene el siguiente *ranking* de empresas líderes y factores de liderazgo (véanse cuadros 1 y 2).

CUADRO 1
RANKING DE EMPRESAS LÍDERES EN CHILE

Núm.	Nombre de la empresa	Ordenamiento según resultados
1	Empresa Nacional de Electricidad (ENDESA)	1
2	Compañía de Teléfonos de Chile (CTC)	2
3	Compañía de Petróleos de Chile (COPEC)	4
4	Compañía Manufacturera de Papeles y Cartones (CMPC)	7
5	Enersis	3
6	Compañía Chilena Metropolitana de Distribución de Electricidad (Chilectra)	5
7	Embotelladora Andina (Andina)	9
8	Compañía Chilena de Generación Eléctrica (Chilgener)	8
9	Sociedad Química y Minera (Soquimich)	16
10	Empresa Nacional de Telecomunicaciones (Entel)	45
11	Cruz Blanca	70
12	Compañía de Acero del Pacífico (CAP)	90
13	Manufacturas de Cobre (Madeco)	106
14	Sonda	
15	Compañía de Cervecerías Unidas (CCU)	
16	Empresa El Mercurio (El Mercurio)	
17	Celulosa Arauco y Constitución (CELCO)	6
18	Industria Azucarera Nacional (IANSA)	32
19	Maderas y Sintéticos (Masisa)	71
20	Compañía Tecno Industrial (CTI)	103

FUENTE: Elaboración propia sobre la base de datos financieros para el primer semestre de 1996 y una encuesta a 155 directores y gerentes de empresas (diario *La Segunda*, 1995). No se consideraron empresas del sector financiero ni filiales de empresas transnacionales.

CUADRO 2
FACTORES DE LIDERAZGO

Núm.	Empresa	Sector	Desempeño	Gestión	Imagen	Reputación
1	ENDESA	Eléctrico	X	X	X	X
2	CTC	Telecomunicaciones	X	X	X	X
3	COPEC	Combustible	X	X	X	X
4	CMPC	Forestal	X	X	X	X
5	Enersis	Eléctrico	X	X	X	X
6	Chilectra	Eléctrico	X	X		X
7	Andina	Bebidas	X		X	X
8	Chilgener	Eléctrico	X	X	X	X
9	Soquimich	Minería	X	X		
10	Entel	Telecomunicaciones	X	X	X	X
11	Cruz Blanca	Holding	X	X	X	
12	CAP	Holding	X	X	X	X
13	Madeco	Manufactura	X			X
14	Sonda	Software		X	X	X
15	CCU	Bebidas		X	X	X
16	El Mercurio	Periodístico			X	X
17	CELCO	Forestal	X			
18	IANSA	Agroindustria	X			
19	Masisa	Forestal	X			
20	CTI	Electrodoméstico	X			

FUENTE: Elaboración propia sobre la base de datos financieros para el primer semestre de 1996 y una encuesta a 155 directores y gerentes de empresas (diario *La Segunda*, 1995). No se consideraron empresas del sector financiero ni filiales de empresas transnacionales.

A partir de los datos obtenidos es posible sostener, en primer lugar, que el liderazgo empresarial no está asociado exclusivamente a los resultados financieros de las empresas. De aquellas identificadas como líderes sólo 12 se encuentran entre las 50 con mejores resultados en el primer semestre de 1996, e incluso cinco no se encuentran entre las primeras 100 empresas de ese *ranking*.

Un segundo aspecto que llama la atención es la consolidación de sectores emergentes en los que se sitúan importantes empresas líderes, como el eléctrico y las telecomunicaciones. Éste es un cambio importante respecto a la situación prevaleciente en el país hace 15 años, cuando predominaban las empresas productoras de materias primas homogéneas y de uso generalizado (*commodities*) que se concentraban en los sectores forestal, pesquero y minero. Las fuertes fluctuaciones de los precios internacionales de estas materias primas afectaron fuertemente a esas empresas, destacando la ausencia de las pesqueras en el conjunto actual de líderes.[3]

El tercer aspecto que llama la atención es la diversidad de grupos económicos, en cuanto a origen y tamaño, que controlan a las empresas líderes (véase cuadro 3): i] el Grupo Enersis, un *holding* creado apenas en los años ochenta, que ha tenido un crecimiento espectacular y controla en la actualidad a la principal empresa de generación eléctrica (ENDESA) y la principal empresa distribuidora (Chilectra); ii] Telefónica Española, presente en Chile sólo a partir del año 1990, que controla la Compañía de Teléfonos de Chile, y que ha enfrentado el proceso de desregulación del mercado de telecomunicaciones; iii] los conglomerados tradicionales, como Angelini (COPEC y CELCO), Matte (CMPC y Entel), Luksic (Madeco y CCU), Said (Andina) y Edwards (El Mercurio), controlan ocho de las 20 empresas líderes; y iv] los grupos de más reciente creación y tamaño menor, como Cruzat (Cruz Blanca), Soquimich, CAP, Pathfinder (IANSA) y Sigdo Koppers (CTI).[4]

Estos antecedentes apoyan la hipótesis de una alta movilidad empresarial como respuesta a la apertura a la competencia externa, la desregulación de mercados y la privatización de empresas públicas en

---

[3] Las pesqueras enfrentaron precios internacionales deprimidos y descensos en los niveles de captura, lo que las ha llevado a realizar importantes fusiones a partir de 1992.

[4] Solamente dos empresas definidas como líderes en este trabajo, Chilgener y Sonda, no son controladas por grupos económicos. Diversas administradoras de fondos de pensiones (AFP) participan en la propiedad de Chilgener, mientras que en Sonda la propiedad es compartida entre capitales privados y empresas extranjeras.

las áreas de energía y telecomunicaciones. Esta movilidad se caracteriza por una tendencia a la concentración económica, en un contexto de "selección natural" que se expresa como un proceso de creación destructiva de naturaleza schumpeteriana (Katz, 1996).

CUADRO 3
ANTECEDENTES DE LAS EMPRESAS LÍDERES
(millones de dólares)

Empresa	Grupo	Propiedad	Patrimonio bursátil	Ventas
ENDESA	Enersis	25%	5 333	1 110
CTC	Telefónica	43%	4 705	1 200
COPEC	Angelini	30%	5 476	1 480
CMPC	Matte	55%	2 547	1 200
Enersis	Enersis	100%	4 000	2 670
Chilectra	Enersis	75%	1 960	650
Andina	Said		2 111	300
Chilgener	–		1 485	320
Soquimich	Soquimich		1 275	
Entel	Matte	3%	828	306
Cruz Blanca	Cruzat		610	
CAP	CAP		528	640
Madeco	Luksic	56%	5 333	250
Sonda	–		830	
CCU	Luksic	31%		136
El Mercurio	Edwards		1 200	
CELCO	Angelini	30%		
IANSA	Pathfinder		535	330
Masisa	Pathfinder		420	152
CTI	Sigdo Koppers		315	160

FUENTE: Elaboración propia sobre la base de datos financieros de las empresas.

5.3.2. Diseño del negocio y opciones de liderazgo

Aun reconociendo como válida la teoría evolutiva de la firma, se advierte que gran parte de las empresas líderes no están limitadas en sus decisiones estratégicas por un espectro de posibilidades determinadas endógenamente, asociadas generalmente a su trayectoria empresarial, nivel tecnológico o estilo de gestión precedentes. La extraordinaria capacidad de cambio de las empresas que interactúan con factores externos determina una conducta empresarial caracterizada por una alta capacidad de respuesta ante estímulos y una permanente disposición al cambio.

Entre los factores de éxito de las empresas líderes destaca su gran habilidad en la gestión de los ciclos de vida del "diseño de los negocios", capturando su valor en la fase de incremento, aprovechando su sustentabilidad en la fase de estabilidad y reconociendo su vulnerabilidad en la fase decreciente. La explicación de por qué en una misma industria se dan cambios notables en materia de posicionamiento (avances de ciertas empresas y declinación de otras) se ha intentado a través del concepto de *value migration*. Éste se define como el tránsito desde un "diseño de negocio" obsoleto hacia un "diseño" donde se maximiza la utilidad de los consumidores y la ganancia de la compañía (Slywotzky, 1996).

En este contexto, la alta gerencia tiene como desafío entender la dirección y velocidad del *value migration* de su industria y determinar qué "diseño del negocio" responde más efectivamente a los patrones de cambio en productos y tecnologías. Una estimación indirecta del *value migration* es la razón entre la medida de la potencia económica del "diseño del negocio" (su valor bursátil) y el tamaño de la empresa (nivel de ventas). De acuerdo con esta definición es posible, a partir de la información disponible, medir el *value migration* para diversas industrias y sus empresas (véase cuadro 4) existiendo dos fases en la dinámica de esa variable.

CUADRO 4
VALUE MIGRATION* DE LAS EMPRESAS LÍDERES, SEGÚN SECTOR

Sector	Value migration
Eléctrico	3.7
Telecomunicaciones	3.3
Forestal	2.9
Metalmecánico	2.6
Agroindustrial	1.6

FUENTE: Elaboración propia sobre la base de datos de empresas líderes.
* Definido como valor bursátil/ventas.

Fase I: Incremento del value migration. Existe un "diseño de negocio" superior en función de las prioridades de mercado emergentes y de factores estratégicos externos. En Chile, en esta fase, se encuentran los sectores de telecomunicaciones y eléctrico, áreas que se desarrollaron en un contexto de privatización y desregulación de mercados que se inicia en 1985. En las empresas eléctricas, la capacidad de sustentación del diseño estratégico del negocio ha estado asociada a la inversión en el exterior mediante su participación en procesos de privatización en diversos países de América Latina y a su diversificación hacia nuevas áreas de negocios, tales como el gas natural y las concesiones de infraestructura.

En el sector de telecomunicaciones, aunque la liberalización del servicio de larga distancia ha incrementado la competencia entre empresas, el diseño estratégico superior se sustenta en una gran capacidad de innovación que ha desarrollado nuevas áreas de negocios tales como telefonía móvil, télex, transmisión de datos, correo electrónico y enlaces interurbanos e internacionales.

Fase II: Estabilidad del value migration. El diseño del negocio opera en el marco de las prioridades en un mercado amplio, pero ya maduro. En esta categoría se encuentran el resto de las industrias identificadas en el cuadro 2, donde los desafíos tienen que ver con ajustes al diseño del negocio para continuar capturando valor, la introducción de mejoras en procesos que mantienen el diseño existente y la obtención de recursos para sustentar las estrategias elegidas.

Los mercados maduros se caracterizan por fuerte competencia y rivalidad, bajas barreras a la entrada, lento crecimiento y una tendencia a la disminución de los niveles de rentabilidad en el mediano plazo. En este contexto, las opciones del liderazgo competitivo se han orientado preferentemente hacia la concentración en algunos segmentos de mercado, tal como ha sido el caso en las industrias de *commodities* y en la industria manufacturera.

Las estrategias observadas en las empresas líderes que se sitúan en la fase II tienden a privilegiar al menos tres elementos comunes:

i] Una gestión empresarial orientada a mejorar la productividad de los procesos productivos, enfatizando estrategias de especialización de líneas de productos y de marcas.

ii] Un énfasis en la gestión comercial para consolidar y ampliar la participación en nichos de mercados internacionales sobre la base de alianzas estratégicas en producción o comercialización.

iii] Una búsqueda permanente para abarcar nuevas áreas de negocios sobre la base de las capacidades existentes y de experiencias adquiridas.

Un caso singular es la industria forestal (CMPC), incluyendo la producción de celulosa y papel, cuya estrategia de negocios se ha basado en cuatro factores (Stumpo, 1995): fortalecer la ventaja natural del país en producción de madera; aprovechar las economías de integración entre el sector forestal y la producción de celulosa; mantener un elevado nivel tecnológico en los procesos, atendiendo la dimensión ambiental; y diferenciar productos dentro del área de la celulosa e incorporar mayor valor agregado en la producción de papel.

Otro ejemplo de una estrategia de especialización corresponde a una empresa de electrodomésticos de larga tradición en el mercado (CTI) que, ante la competencia de productos importados, comenzó a privilegiar la reducción de sus líneas de productos, orientando sus esfuerzos tecnológicos y productivos a no más de tres productos diferenciados destinados al mercado nacional, lo que le permitió alcanzar economías de escala. En este proceso de desarrollo del liderazgo con segmentación de mercado, se pasó desde una acción defensiva, es decir, del reforzamiento o creación de defensas frente a la competencia, a una estrategia ofensiva. Las conductas iniciales ante la competencia fueron la puesta en marcha de procesos de racionalización interna, desarrollo de nuevas estrategias comerciales y mejora de la calidad de los productos, para posteriormente avanzar en innovación de productos, calidad total y *marketing* estratégico.

En la industria de *software*, se detectaron estrategias ofensivas asociadas generalmente a empresas exportadoras de productos no tradicionales (Sonda, por ejemplo). En estas estrategias, se privilegian las conductas agresivas que se concretan en la apertura de nuevos mercados, aumentos en la capacidad instalada, desarrollo de nuevas áreas de negocios y establecimiento de alianzas estratégicas.

5.4. EVALUACIÓN DE LAS ESTRATEGIAS COMPETITIVAS

5.4.1. Las estrategias corporativas

La estrategia corporativa es un modelo de decisiones que determina los objetivos y metas, produce las políticas y planes para alcanzar esas metas, define la esfera de negocios a que aspira la compañía, establece la clase de organización económica y humana que es o pretende ser, y también precisa la naturaleza de las contribuciones, económicas y no económicas, que intenta aportar a sus accionistas, empleados, clientes y la comunidad (Andrews, 1980).

En esta definición, la clave es la unidad, coherencia y consistencia interna de las decisiones estratégicas de una compañía, las que la ubican en su medio como líder o no, pues le confieren identidad, capacidad de movilizar sus fuerzas y posibilidades de éxito en el mercado. El desafío de la evaluación de una estrategia corporativa es que, en un sentido absoluto ninguna estrategia es "correcta" o "incorrecta", sino que tal evaluación debe basarse en una lógica situacional (Mintzberg y Quinn, 1991).

En la evaluación de las estrategias corporativas de los grupos económicos líderes, destacan los siguientes factores: la consistencia entre estrategia, metas y políticas; la adecuación de la estrategia como respuesta adaptativa al medio y la competencia; la capacidad de la estrategia para facilitar la creación o preservación de la superioridad competitiva en el área elegida; y la habilidad para preservar sus recursos y evitar problemas irresolubles.

Para ejemplificar estos factores, se presentan a continuación, a modo de perfil, las estrategias corporativas asumidas por tres de los principales grupos económicos (diversos números del diario *Estrategia* y la revista *Gestión*). En primer lugar, destaca el caso de Enersis que ha demostrado una alta consistencia entre estrategia, metas y políticas para alcanzar su objetivo de internacionalización. En segundo lugar, se describe el caso del grupo Angelini, el cual tiene una respuesta adaptativa frente a las nuevas condiciones de los mercados de *commodities*, desarrollando nuevas áreas de negocios. Y, en tercer lugar, se presenta el caso del grupo Matte, que ha privilegiado la preservación de una superioridad competitiva en el sector forestal.

Grupo Enersis: Dirección corporativa hacia la internacionalización

La internacionalización es la principal fuente de crecimiento de Enersis, como lo muestra el hecho de que la incidencia de sus operaciones en Argentina y Perú sobre las utilidades totales pasó de 8% en el primer semestre de 1995 a 25% en igual periodo de 1996. Sólo para el mercado de Brasil, Enersis ha anunciado para los próximos tres años inversiones del orden de 1 000 millones de dólares que concretaría en conjunto con sus filiales Chilectra y ENDESA. Además de participar en las licitaciones de diversas distribuidoras de electricidad argentinas, sus planes de expansión abarcan también a Colombia, Venezuela y México.[5]

Desde fines de 1995, uno de los temas más relevantes en Enersis ha sido un reordenamiento de su estructura organizativa que implicaría dar marcha atrás a la filialización que emprendió hace seis años. La nueva política tiene posiblemente su origen en la necesidad de echar a andar un modelo que aproveche las economías de escala, centralizando la entrega de servicios para hacer un uso más eficiente de los recursos.

El paso más importante de este proceso de reestructuración se formalizó cuando los negocios de la empresa se distribuyeron en cuatro divisiones: Internacional, Energía, Infraestructura y Otros Negocios, además de Corporativa. Los planes de inversión para 1996-2002 ascienden a 1 500 millones de dólares y su objetivo es mantener su participación actual en el mercado nacional de generación (57%) y aumentar su capacidad de producción mediante nuevos proyectos. A estos proyectos eléctricos, se suman otros en el área de infraestructura, como la concesión de la autopista de Santiago a San Antonio que requerirá de una inversión de 120 millones de dólares.

No obstante esta diversificación en busca de nuevos negocios y de crecimiento en el área de infraestructura, la electricidad seguirá siendo el sector objetivo de Enersis tanto en Chile como en el extranjero.

La estrategia de expansión internacional de Enersis se propone elevar a 20% el porcentaje de sus activos que mantiene en el extranjero –actualmente esta cifra es 9%. Sin embargo, la empresa ha consolidado su presencia internacional no sólo a través de compra de empresas; otro hito fue el comienzo de la transacción de sus ADR en la Bolsa de Nueva York en 1993. En junio de 1996, estos títulos equivalían a 16% de la propiedad de la compañía, lo que muestra el interés de los inversionistas internacionales. La operación de mayor envergadura ha sido el acuerdo para la compra por parte de la empresa ENDESA España del 29% de las acciones de Enersis, la que tiene, a su vez, la posibilidad

---

[5] En este periodo ha sido relevante la colocación de 97.6 millones de dólares en acciones en la bolsa, equivalentes al 2.8% del capital de Enersis. Ésta ha sido la subasta más importante realizada en la historia bursátil del país en una colocación primaria de acciones en bolsa.

de adquirir un porcentaje de ENDESA España. El precio de esta transacción fue del orden de 1 500 millones de dólares, siendo la mayor transferencia accionaria producida en el país hasta la fecha. Sin embargo, esta operación, en la que los negociadores por parte de Enersis posiblemente se encontraban en una situación de conflicto de intereses, terminaría dando lugar a una importante controversia, sin precedentes en el país, sobre su legalidad y sus implicaciones éticas.[6]

Una cronología de los principales negocios concretados por el grupo es la siguiente:

La primera "conquista" en Argentina. Un consorcio integrado por Enersis, Chilectra, el grupo argentino Pérez Companc, PCI y Entergy se adjudicó la Central Costanera en Argentina. Monto de la operación: 36 millones de dólares (mayo de 1992). En septiembre, el mismo consorcio adquirió Edesur en 56 millones de dólares. Enersis también compró la empresa de Generación Eléctrica El Chocón por 165 millones de dólares (agosto de 1993).

Entrada en Perú. Enersis, ENDESA de España, el Banco Crédito de Perú y Cosapi, Inversiones Centenario y Aseguradora del Pacífico forman el consorcio DistriLima y se adjudican el 60% de Edelnor, distribuidora eléctrica del norte de Lima. Monto de la operación: 176 millones de dólares (julio de 1994). Adquiere, en conjunto con Entergy, la Empresa de Generación Eléctrica de Lima Edegel en 204 millones de dólares (octubre de 1994). El consorcio DistriLima se adjudicó el 60% de Ede-Chancay en 10 millones de dólares (diciembre de 1994).

Toma de control de ENDESA. Enersis toma el control de ENDESA al comprar el 6.09% de las acciones que poseía Forestal Quiñenco (Grupo Luksic). Con ello, su participación en la sociedad se eleva al 25%. Monto de la operación: 385 millones de dólares (diciembre de 1995).

---

[6] La transferencia de acciones para concretar la operación pudo implicar un conflicto de intereses en la determinación del precio de la transacción. Siete ejecutivos de Enersis, únicos dueños de las acciones de la serie B, que representan 0.06% del capital de las sociedades "Chispas", que a su vez controlan a Enersis, recibirían 500 millones de dólares por sus acciones, mientras que las acciones de la serie A, que representaban 99.94% de "Chispas", recibirían los 1 000 millones restantes. Esto significa que las acciones B alcanzarían un valor unitario 750 superior a las de la serie A. Esto ha dado lugar a que se considere que la venta negociada por los accionistas de la serie B ha significado que recibieran beneficios extraordinarios, en detrimento de las acciones de la serie A. A fines de 1997, las entidades reguladoras investigan para determinar si se utilizó información privilegiada o hubo conflicto de intereses.

Crédito récord. Se consigue un crédito sindicado por 28 bancos por 500 millones de dólares, el mayor hasta ahora obtenido por una empresa chilena, con la tasa de interés más baja conseguida en una operación de esa naturaleza (enero de 1996).

Entrada en Brasil. Su primera conquista en el mercado brasileño fue adjudicarse 70.3% de la Compañía Eléctrica de Río de Janeiro (CERJ). Monto de la operación: 587 millones de dólares (noviembre de 1996).

Venta a ENDESA España. ENDESA España utilizó el 75% de su presupuesto para desarrollo internacional en la compra del 29% de Enersis por 1 500 millones de dólares en septiembre de 1997. Las dos empresas constituirán Endesis (55% propiedad española y 45% propiedad chilena), con el objetivo de consolidar el liderazgo en la industria eléctrica latinoamericana a través de inversiones en Argentina, Perú, Brasil, Colombia y Centroamérica.

Entrada en Colombia. Dos consorcios liderados por ENDESA España, Enersis y sus filiales se adjudicaron las dos áreas de negocios de la Compañía de Energía de Bogotá, la mayor empresa eléctrica de ese país. Monto de la operación: 2 177 millones de dólares, utilizados para capitalizar el 48% de la empresa (septiembre de 1997).

Grupo Angelini: Desarrollo de nuevos negocios

La Compañía de Petróleos de Chile S.A. (COPEC) no sólo es líder en la distribución de combustibles con un 45% del mercado, sino que también ha sido líder en cuanto a resultados financieros durante un largo periodo. Su filial Celulosa Arauco y Constitución es una de las compañías forestales con mayor valor de mercado a nivel internacional y una de las empresas más importantes del grupo. Sin embargo, la excesiva dependencia del *holding* COPEC del precio de la celulosa es uno de los factores que explica la caída sustancial de sus utilidades en los últimos años. Otro *commodity* de importancia para el grupo es la harina de pescado, que también ha sufrido una baja significativa de precio.

La respuesta del conglomerado a estos vaivenes en sus mercados externos ha sido la búsqueda de nuevos negocios y la decisión de internacionalizarse. Mientras Celulosa Arauco y Constitución analiza alternativas para desarrollar proyectos en Argentina, Brasil y otros países de América Latina, también trabaja activamente en un plan de diversificación con el objetivo de lograr que 40% de sus ingresos hacia el año 2000 provenga de productos distintos de la celulosa.

Aunque Celulosa Arauco y Constitución adquirió recientemente la planta de Celulosa Argentina Alto Paraná por un monto de 228 millones de dólares, también planea iniciar próximamente la construcción de la mayor fábrica de celulosa de Chile en Valdivia (1 200 millones de dólares). Otros proyectos en marcha, que ascienden a 200 millones de dólares, se relacionan con la producción de tableros por su filial Paneles Arauco y de madera libre de nudos.

Otra decisión estratégica ha sido el aumento de participación accionaria en Chilgener –generadora de electricidad de la que COPEC ya posee 8.5%– para constituir un "grupo energético". De concretarse ese acuerdo, Chilgener, que tiene presencia en Argentina y ambiciosos planes de expansión a Brasil, Perú, Bolivia y otros países de la región, contaría con un accionista controlador con un gran respaldo financiero y buena imagen en el exterior. A su vez, con la experiencia adquirida en Chilgener, la internacionalización de COPEC en el área eléctrica sería rápida y decidida. Finalmente, otra área de negocios que el conglomerado también está evaluando es el sector minero.

Grupo Matte: Hacia la consolidación del negocio forestal

Al margen de las variaciones de precios de la celulosa y del papel periódico, con ciclos cada vez menos predecibles y más cortos, la actividad de la Compañía Manufacturera de Papeles y Cartones S.A. (CMPC) se caracteriza por una constante y sólida expansión interna y hacia el exterior, focalizada en la búsqueda de una mayor independencia de los *commodities*.

En ese sentido, la principal compañía del grupo Matte dio nuevos pasos en su proyecto de ser el líder en el mercado de papel *tissue* en América Latina. En 1996, compró por 50.5 millones de dólares el 68.7% de la firma argentina Papelera del Plata S.A., con lo que sus inversiones en el área de *tissue* en ese país ya ascienden a 130.5 millones de dólares. Si se suma esta planta a las que tiene en Chile y en Uruguay, el grupo alcanza una producción anual de 141 mil toneladas de *tissue*.

Además, a fines de 1996 pondría en marcha, esta vez en Perú, otra planta de *tissue* que producirá anualmente cinco mil toneladas y una fábrica para producir 50 millones de sacos industriales al año, ambos proyectos implican una inversión conjunta de 6 millones de dólares.

La estrategia del *holding* forestal está orientada a invertir fuertemente en productos con cada vez mayor valor agregado. Para ello, también invierte en el mercado de cartulinas y prevé poner en marcha una nueva planta con capacidad de 130 mil toneladas a fines de 1997, lo que involucra una inversión de 204 millones de dólares. Con esta inversión, Empresas CMPC producirá unas 160 mil toneladas al año de ese producto, siendo ese proyecto el más importante de un plan de inversiones de casi 405 millones de dólares.

Sin embargo, ello no implica que descuidará su principal fuente de recursos. Tanto en Chile como Argentina estudia construir, después del año 2000, plantas de celulosa con capacidades de alrededor de 500 mil toneladas al año, que le permitirán mantener su participación de mercado en Chile e incursionar fuertemente en ese rubro en Argentina.

Esta expansión al exterior y la diversificación en el área forestal, con los consecuentes desafíos de mayor eficiencia, obligaron a la compañía a reorganizar su estructura a fines de 1995 y dar paso a un esquema administrativo descentralizado, que terminó en la división del *holding* en cinco áreas (productos forestales, celulosa, papeles, productos *tissue* y productos de papel) constituidas como filiales.

El grupo Matte también ha aumentado su participación en nuevos negocios fuera del sector forestal, como obras de infraestructura y el sector eléctrico. Ejemplo de ello es la adjudicación de la privatización de Colbún Machicura, en asociación minoritaria (49%) con Inversora Eléctrica Andina S.A. La filial Chilquinta Energía, constituida en 1996 después de un proceso de filialización, es accionista importante de la distribuidora peruana Luz del Sur y está participando en los procesos de licitación en curso en Argentina.

La internacionalización ha sido una clave del comportamiento de Empresas CMPC. Sólo en Argentina ha invertido 250 millones de dólares, donde, después de ser pionera en 1991 con la compra de Química Estrella San Luis, llegó a ser el líder en el mercado de *tissue* en 1996, con más del 50% del mismo. A escala global, está vinculada estratégicamente desde 1992 con Procter and Gamble, con la que han desarrollado mercados en Perú, Argentina, Uruguay, Paraguay, Chile y Bolivia. Para aumentar el valor agregado de su producción, ha incorporado avances tecnológicos en el manejo de los bosques y optimizado el uso de fertilizantes, logrando que los árboles se puedan cortar a los 18 años de plantados, en lugar de un tiempo habitual de 23 años. Más aún, Empresas CMPC ya no se concentra en la extracción de madera útil sólo para producir cajas para exportar a Japón, como se hacía en el pasado, sino en madera de primera calidad que se envía a Estados Unidos.

5.4.2. Las dimensiones del cambio organizativo

Los procesos de reestructuración de las empresas líderes han sido complejos y de gran singularidad; por lo tanto es difícil evaluarlos en profundidad. Sin embargo, es posible sistematizar algunos elementos del cambio organizativo haciendo referencia al modelo de las Siete S. Para seis empresas líderes (CTC, CAP, Madeco, CCU, IANSA y CTI) se destacarán las dimensiones más relevantes de ese enfoque de cambio de organización. Las Siete S, de acuerdo a sus nombres en inglés, son: estrategias; estructuras; sistemas; recursos humanos; habilidades; estilos, y metas superiores.

Respecto a los conceptos de habilidades, estilos y metas superiores cabe hacer algunas precisiones. Las "habilidades" se refieren a las actividades que mejor realizan las organizaciones y por las que se les reconoce. Ejemplos a nivel internacional son Du Pont en investigación y desarrollo, Procter and Gamble en administración de productos, ITT por sus controles financieros y Hewlett-Packard por innovación y calidad. El "estilo" se refiere al patrón de acciones sustantivas y simbólicas que llevan a cabo los gerentes generales. En este caso, se trata de identificar cómo se comunican las prioridades corporativas y cómo éstas influyen en el desempeño.

Las "metas superiores" se refieren a los conceptos guía, valores y aspiraciones que unen a una organización alrededor de un propósito común. Las metas superiores están con frecuencia enunciadas como la expresión de motivos o la misión de la compañía, pero también se pueden presentar en sencillas frases publicitarias. Las metas superiores tienen profundas raíces dentro de la organización, confieren un sentido de propósito y cierta estabilidad, a diferencia de otras características de la organización más superficiales y cambiantes. Las empresas líderes cuentan con metas superiores claras y la fuerza que ponen para lograrlas es una de las diferencias que las distingue de las compañías seguidoras.

Compañía de Teléfonos de Chile (CTC): Respuestas a la desregulación del mercado de telecomunicaciones

Antecedentes: CTC se constituyó como empresa privada en 1930; fue intervenida por el gobierno en 1971, quedando a cargo de la Corporación de Fomento a la Producción (Corfo). En 1987, se inició su proceso de reprivatización, traspasándose la totalidad de la propiedad a manos privadas. Desde 1990, el principal accionista es Telefónica de España S.A., a través de Telefónica Internacional Chile S.A., que posee el 43.6% de la propiedad. Desde ese año, CTC negocia sus acciones en la bolsa de valores de Nueva York.

Desde su privatización, CTC ha tenido un gran desarrollo. Entre 1989 y 1995, su inversión anual promedio es de 443 millones de dólares. Dado los acelerados cambios que enfrenta el sector telecomunicaciones, CTC flexibilizó su organización e incorporó nuevos negocios, tales como larga distancia, telefonía móvil, televisión por cable, equipos terminales, *telemarketing* y otros, transformándose en una corporación con vocación universal en telecomunicaciones.

CTC tiene una dotación de personal de 9 170 personas (1 721 de las cuales trabajan en sus filiales). Al igual que muchas empresas chilenas, la CTC tiene inversionistas institucionales (AFP), seis de los cuales concentran aproximadamente 15% de su capital. La política de dividendos de la compañía dispone que el total repartido no exceda del 70% de la utilidad del ejercicio.

Con relación a los factores de riesgo, la compañía exhibe un nivel de riesgo moderado y manejable, teniendo un endeudamiento de acuerdo con su plan de desarrollo y con valor similar al de empresas internacionales en el mismo rubro. La compañía tiene un alto nivel tecnológico que le permite competir en igualdad de condiciones con las filiales de empresas transnacionales.

El sostenido crecimiento de CTC obedece a su estrategia corporativa y a un plan de desarrollo que contempla, entre otros proyectos, alcanzar los 3 millones de líneas de telefonía fija en el periodo 1996-2001, logrando así la cobertura total del mercado nacional. A nivel internacional, CTC estableció un acuerdo estratégico y comercial con otros operadores, a través de la Red Panamericana, cuya proyección es asociarse con la red europea Unisource, así como con las megarredes mundiales.

Estructura: CTC cuenta con una organización corporativa constituida por unidades de negocios y filiales. Esto significa que tiene una estructura descentralizada que le otorga flexibilidad y dinamismo y le permite mejorar su capacidad de toma de decisiones y resolver rápida y ágilmente en un mercado muy competitivo y turbulento. Las grandes decisiones de inversión se encuentran centralizadas, de igual modo que las estrategias corporativas y las políticas. CTC cuenta con unidades de negocios diferenciadas, dinámicas y flexibles: servicio telefónico básico, larga distancia, comunicaciones móviles, equipos terminales, televisión por cable, comunicaciones de empresas y *marketing* directo, entre otras.

Estrategia: Dada su estructura, la CTC define su negocio en términos de estrategia corporativa, la que obedece a los grandes lineamientos y políticas de la corporación. Por otra parte, las estrategias operativas son propias de cada unidad de negocio o filial y están contenidas en los planes de negocios respectivos.

La estrategia seguida por CTC en 1991-1996 ha sido aumentar su operación y participación en el mercado nacional en todas las áreas de las telecomunicaciones, diversificarse dentro de esta industria, participar en el negocio de los equipos, adquirir tecnología moderna y desarrollar sus recursos humanos, para enfrentar los grandes desafíos de un sector fuertemente disputado.

Dado que el sector de las telecomunicaciones está bien desarrollado en Chile (los grandes consorcios mundiales participan en ese mercado), competir en él requiere grandes fortalezas, capitales, creatividad, audacia y decisión. En este escenario, la CTC se ha fortalecido y ha tenido un gran desarrollo, siendo la empresa de telecomunicaciones más grande del mercado nacional, y sigue desarrollando un proyecto de gran envergadura y ambición. En estos años de abierta competencia, CTC ha sido una organización en aprendizaje y ha elaborado sus estrategias corporativas y plan de desarrollo para el escenario del año 2001 en todos sus negocios.

El posicionamiento estratégico corporativo se basa, por una parte, en la creación y desarrollo de la "Plataforma Unidad de Red" como elemento clave de apoyo para el desarrollo eficiente de sus negocios nacionales e internacionales y, por otra, en la pertenencia al grupo internacional de Telefónica de España, como elemento facilitador para la incursión en otros mercados en América Latina y la participación en megarredes y en el ámbito global de las telecomunicaciones.

Estilo: Telefónica de España, socio principal de CTC, ha marcado su estilo de hacer negocios en el sector de las telecomunicaciones y su planta directiva, liderada por el director y el gerente general, ha sabido aprovechar las oportunidades de una economía chilena en crecimiento, expandiéndose, diferenciándose y diversificándose.

Habilidades: CTC ha desarrollado habilidades en un mercado abierto al mundo, altamente competitivo con servicios y manejo de tecnologías modernas y de punta. Asimismo, ha aprendido a desarrollar ventajas propias dentro de los marcos regulatorios de tarifas y restricciones, de forma tal que el dominio de esos marcos se han vuelto parte de las fortalezas que le dan ventajas para competir localmente y en otros mercados latinoamericanos.

Compañía de Acero del Pacífico (CAP): Modernización tecnológica en la industria siderúrgica

Antecedentes: La compañía fue creada en 1946 con 53% de su capital controlado por el sector privado, 33% suscrito por la Corfo y 14% por la Caja de Amortización. En 1950, se inaugura la planta siderúrgica de Huachipato con capacidad para producir 180 mil toneladas anuales de acero en lingotes. La siderúrgica desarrolló plantas de acería y coque y de laminadores. En el sector minero, en 1959 adquiere el yacimiento de hierro El Algarrobo, y en 1971 adquiere la mina de hierro El Romeral. En 1978, se inaugura la planta de *pellets* en Huasco. De esta forma CAP comienza a tener un crecimiento importante y abastece la demanda del mercado interno.

La compañía comienza su proceso de privatización en 1985, el que se completa dos años después. En 1992, CAP participa en la compra de Propulsora Siderúrgica S.A. en Argentina. En 1993, se diversifica entrando al sector forestal por vía de su empresa Fibranova S.A., la que produce tableros MDF. Por otro lado, CAP concreta asociaciones con grupos europeos (UAP), sudamericanos y canadienses, y crea un *joint venture* con una filial de Mitsubishi Co.

En la actualidad, la CAP se divide en tres sociedades: CAP S.A., Forestal Terranova S.A. e Invercap S.A. El patrimonio de la CAP S.A. es de 455.1 millones de dólares, alcanzando sus utilidades anuales los 28.1 millones de dólares y sus activos totales consolidados los 1 227.8 millones de dólares. El personal total de CAP es de 6 020 personas.

Estrategia: La CAP es una empresa integrada verticalmente que se provee de materias primas desde sus propios yacimientos, los que se han adquirido individualmente o mediante asociaciones estratégicas y *joint ventures* con importantes grupos internacionales. Luego de su privatización, CAP ha invertido para fortalecer el negocio del acero, pero también ha seguido una estrategia de diversificación, invirtiendo en el área forestal y en la distribución de petróleo; así como en negocios en el exterior, por ejemplo, en Argentina.

En los últimos años, la CAP ha realizado fuertes inversiones en la modernización de sus plantas y nuevas tecnologías. Las mayores inversiones se han orientado a sus yacimientos de minerales y a la producción de cátodos de cobre. También se realizaron inversiones en siderúrgica y, en su proceso de modernización, puso en marcha nuevas plantas de laminación de productos planos en frío y en caliente.

Sistemas: CAP es una empresa altamente tecnificada y profesional que ha sido modelo en muchos aspectos, especialmente en sus procesos, sistemas de producción y procedimientos. Sus estándares de productos y procesos están en el nivel internacional, lo que le permite exportar a diversos países europeos, Estados Unidos y Japón.

Estilo: En la conducción de la compañía, ha sido relevante el papel que han jugado el director ejecutivo y el gerente general, quienes ejercen un liderazgo que ha llevado a la compañía a un sitial privilegiado, pese a encontrarse en una industria en declinación en el nivel internacional. Han utilizado acertadas estrategias de expansión, diversificación y de inversión, privilegiando las alianzas estratégicas. Cabe destacar el desarrollo de una buena capacidad de gestión interna, basada en que la mayoría de la planta ejecutiva tiene una larga experiencia en la empresa y se ha adaptado a las nuevas exigencias del mercado y a maneras de hacer negocios más audaces, ágiles e incluso más agresivas.

Habilidades: La empresa ha desarrollado una gran habilidad para tener fuertes y duraderas relaciones comerciales con sus clientes; ésta es una de sus fortalezas y se ha vuelto una cultura que su director ejecutivo ha cultivado con inteligencia y constancia.

Metas superiores: Su propósito es mantener su posición como el mayor abastecedor de acero en el mercado nacional con altos estándares de calidad, entregas oportunas y precios adecuados, y además incursionar en el exterior mediante inversiones y asociaciones, si las políticas económicas y de inversión son favorables.

Manufactura de Cobre S.A. (Madeco): Creación de ventajas competitivas en la manufactura de cobre

Antecedentes: Madeco es una empresa industrial fundada en 1944, por la Sociedad Manufacturera de Metales S.A. (Mademsa) y la Corfo, para transformar el cobre en planchas, flejes, tubos, barras, conductores eléctricos y otros productos laminados o estirados. En 1980, realiza un proceso de reestructuración y aumento de la eficiencia interna con énfasis en el control de costos y gastos. A partir de 1988, ha realizado importantes inversiones en equipamiento para la fabricación de cables telefónicos y para la conducción de electricidad para satisfacer la demanda de las grandes inversiones en telecomunicaciones y minería que se realizan en el país. Además, Madeco ha impulsado un vigoroso plan de desarrollo y diversificación con una participación creciente en el mercado local y una presencia cada vez más firme en el mercado internacional, abasteciendo la demanda de la industria, las telecomunicaciones, la construcción, la minería y el sector de energía.

Madeco está conformada por 25 empresas y filiales con presencia en Argentina (cinco) y Perú (tres); sus exportaciones se dirigen a 45 países en los cinco continentes y representan 25% del total de sus ventas. En mayo de 1993, emitió ADR con gran éxito, lo que le permitió financiar inversiones en Argentina y Perú. El 20.2% de la propiedad de Madeco está en ADR, 54.3% es propiedad del grupo Luksic y 26.4% de otros inversionistas.

Estrategia: La unidad estratégica de negocios estructura decisiones de tipo operativo y de corto plazo. Para decisiones de largo plazo, que involucran parte significativa del negocio, la empresa tiene una estructura de decisiones centralizada. Su estrategia en los años ochenta fue avanzar tecnológicamente y prepararse para actuar en una economía chilena abierta y con mercados fuertemente disputados. La estrategia de los años noventa se ha orientado a penetrar nuevos mercados, diversificarse dentro de sus giros e instalarse en Argentina, Perú y otros países que ofrezcan condiciones económicas, arancelarias y tributarias que permitan operar rentablemente.

Personal: La compañía ha privilegiado el desarrollo de sus recursos humanos, capacitándolos, estimulándolos y creando fuertes lazos y compromisos entre ellos y la empresa. En este sentido, ha potenciado a sus trabajadores, les ha dado confianza para que tomen decisiones y ha promovido el trabajo en equipo.

Habilidades: El grupo ha desarrollado gran *know how* y habilidad en materia de compra de nuevas empresas y filiales, las que adquiere con sus propios recursos y a las que transmite su misión, visión y políticas con destreza y rapidez. También ha aprendido a hacer grandes negocios, creando su propio equipo de gestión en Chile, al tiempo que desarrolla equipos similares en Argentina y Perú.

Compañía de Cervecerías Unidas S.A. (CCU): Posicionamiento de marca en la industria de bebidas

Antecedentes: La CCU nació en 1902 por la fusión de dos fábricas elaboradoras de cerveza creadas a mediados del siglo XIX. Con el tiempo, se incorporan seis fábricas más, completando ocho en 1950. En el año 1907, lanzó su primera bebida sin alcohol "Bilz" y después avanzó en el embotellamiento de aguas minerales. Desde 1979, fabrica sus propias cajas de plástico y, desde 1991, produce los envases retornables que utiliza. La compañía tiene una fuerte integración vertical, ejerce gran poder sobre sus proveedores de materia prima, y cuenta con modernas plantas de alta tecnología para la producción de bebidas gaseosas, cervezas y aguas minerales, las que vende a través de su amplia red de distribución.

La CCU tiene un gran capital en las marcas de sus productos y también ha introducido algunas marcas de prestigio mundial en el mercado interno. Asimismo, ha incursionado con éxito en el mercado argentino, donde comercializa la marca Budweiser mediante una asociación estratégica con Anheuser-Bush (la mayor cervecera del mundo), estando también presente en Croacia mediante la cervecera Karlovacka Pivavara. El 66.67% de la propiedad de la CCU pertenece al grupo Luksic.

Estructura: Desde 1985, la estructura en las plantas de cerveza y bebidas gaseosas es centralizada, de tipo funcional y divisional. En la actualidad, la CCU opera con un esquema de ese tipo en sus áreas de producción, ventas y distribución, en las que las filiales actúan como unidades estratégicas de negocios, proviniendo la mayoría de sus directores y gerentes de la CCU. Por su parte, las áreas de gestión comercial y *marketing* se organizan por producto. En la estructura se incluyen también las gerencias de operaciones internacionales, de desarrollo y análisis de gestión, y de asuntos corporativos.

Estrategia: La estrategia de la compañía se centra en la integración vertical, lo que le da gran poder de negociación con sus proveedores de materia prima (cebada). Adicionalmente, la empresa produce sus envases, maneja sus canales de comercialización y distribución y tiene su propio sistema de transporte, todo lo que le da gran autonomía. Durante los años ochenta la compañía se dedicó a reestructurar sus pasivos y obligaciones financieras. En los años noventa invirtió en infraestructura y tecnología, expandiéndose en el mercado de la cerveza y creciendo en el de bebidas gaseosas. También ha desarrollado el *marketing* estratégico y se ha prestado especial atención al *marketing mix* (operativo), fortaleciendo su producto ancla (Cerveza Cristal) y operando con marcas de prestigio internacional. La empresa crece en forma importante en el mercado interno y su expansión alcanza a Argentina, donde adquiere dos plantas a partir de la ya mencionada asociación estratégica con Anheuser-Bush, para vender y distribuir la marca Budweiser. En ese país, también distribuye marcas nacionales.

Sus estrategias de planificación tienen un horizonte de cinco años. Las de producto y mercado le permiten ocupar el primer lugar en participación del mercado interno, debido al fortalecimiento de sus marcas (capital de marca). En su estrategia de diversificación, la CCU adquirió la Viña San Pedro, aprovechando sus propios canales de distribución, lo que le permite enfrentar mejor los ciclos de vida de sus productos. Finalmente, ha incursionado con éxito en la emisión de ADR y bonos para la obtención de recursos financieros.

Estilo: Su gerente general ha liderado un ambicioso programa de inversiones desde 1990, destinadas a elevar el crecimiento y ubicarse en el mercado como la empresa líder en el segmento de las cervezas y gaseosas. Ha puesto mucha fuerza y dinamismo en sus estrategias de expansión y de diversificación. Por otra parte, se está desarrollando un equipo de gestión propio, en especial en las áreas de planificación estratégica y *marketing* operativo. Se debe agregar la capacidad que su gerente ha desarrollado en la obtención de recursos financieros en mercados internacionales.

Industria Azucarera Nacional S.A. (IANSA): Estrategias de diversificación sobre la base de un negocio competitivo

Antecedentes: La IANSA es la mayor empresa agroindustrial del país, cuyo principal negocio es la producción de azúcar de remolacha refinada y otras actividades que incluyen distribución de insumos agrícolas y la producción de derivados del tomate, jugos de fruta y alimentos para animales. IANSA fue creada por la Corfo en 1953. Actualmente cuenta con más de 2 300 trabajadores, cinco plantas productoras de azúcar, una de alcohol, dos de jugos de fruta, dos de derivados del tomate, tres de alimentos para bovinos, dos de alimentos para peces, una de alimentos para mascotas, tres para procesar fertilizantes y una planta elaboradora de pasta de tomates en Perú. En 1994, tenía activos por 364 millones de dólares, ventas anuales de 439 millones de dólares y una utilidad de 47 millones de dólares. La Corfo mantuvo el control hasta 1985, momento en el que se inició su privatización, proceso que se completó en 1988. A fines de 1991, el Grupo Pathfinder tomó el control de IANSA (46%), iniciando así una nueva etapa de su desarrollo. La privatización permitió a la empresa diversificarse hacia los negocios de hortalizas y frutas, y de nutrición animal.

Los nuevos propietarios echaron a andar un activo proceso de reorganización de las operaciones y ampliación de la base de ingresos, impulsando nuevos negocios. Además, a partir de 1991 la compañía disminuyó en forma importante su nivel de endeudamiento de 52 a 27%, gracias a sus mejores resultados de operación, un cambio en su política de dividendos –los redujo de 85 a 50% de las utilidades– y la reestructuración de sus pasivos con bancos. Durante 1995, Empresas IANSA inició la internacionalización de sus operaciones, constituyendo la sociedad IANSA Perú S.A.

Empresas IANSA está estructurada en cuatro áreas de negocios que son: IANSA, Iansafrut, Biomaster y Iansagro. Los principales riesgos que enfrentan las Empresas IANSA se derivan de los cambios en la regulación interna del mercado del azúcar, la introducción de productos sustitutivos del mismo, el clima, el riesgo cambiario y las posibles entradas de nuevos competidores.

Los inversionistas institucionales (siete administradoras de fondos de pensiones) poseen 21.5% de la propiedad de la empresa. Por otro lado, Empresas IANSA cotiza sus acciones en los mercados internacionales a través de ADR, teniendo una clasificación de riesgo BBB tanto por Standard & Poor's como por Duff & Phelps. Finalmente, el objetivo global de Empresas IANSA es alcanzar ventas superiores a los 800 millones de dólares en el año 2000, de los cuales el 50% correspondería a productos distintos del azúcar. Además, contempla fortalecer su presencia en Perú, y construir más plantas en ese país y en Argentina.

Estructura: Hasta 1994, la compañía mantuvo un esquema organizativo de tipo funcional y divisional. Posteriormente, debido a la necesidad de tener mayor flexibilidad, constituyó una nueva estructura de la sociedad, creando así unidades de negocios y filiales, las que comenzaron a operar independientemente, manteniéndose centralizadas las funciones de administración y finanzas, abastecimiento, estudios y desarrollo y relaciones industriales.

Estrategia: Desde su privatización, la estrategia de la compañía se enfocó a convertirse en líder indiscutido en la producción y comercialización de azúcar de remolacha. En este sentido, se han hecho importantes inversiones en equipamiento, innovaciones tecnológicas y capacitación del personal, que se han traducido en un incremento de la producción y fuertes aumentos de la eficiencia. Además, cuenta con importantes ventajas competitivas, como el de ser uno de los productores de azúcar de menor costo a nivel mundial y tener uno de los mejores rendimientos mundiales en la producción de azúcar de remolacha.

Por otro lado, la estrategia de Empresas IANSA fue diversificarse y agregar nuevas líneas de productos, tales como productos de nutrición animal y derivados del tomate, convirtiéndose en el mayor productor nacional y el mayor exportador de estos últimos en América Latina. Cabe agregar que mantiene una sólida relación comercial estratégica con más de 11 mil agricultores, quienes son sus proveedores y a los que, a su vez, provee de insumos agrícolas, brinda asistencia técnica y transfiere tecnología. Con relación a su estrategia de largo plazo, Empresas IANSA ha definido que su principal negocio es la producción de azúcar, aunque también considera su diversificación a otros negocios agroindustriales y la internacionalización de sus operaciones.

Habilidades: La empresa conoce al sector agroindustrial y las necesidades y requerimientos de los agricultores y ha desarrollado compromisos estratégicos que le han permitido explorar nuevos mercados y negocios. Ha desarrollado experiencias y *know how* en el sector y ha visualizado nuevas oportunidades.

Compañía Tecno Industrial S.A. (CTI): Diferenciación de productos en la industria de electrodomésticos

Antecedentes: La empresa fue constituida el año 1905 bajo el nombre de Fábrica Nacional de Envases y Enlozados S.A.. En 1975, la CTI nace como producto de la fusión con la Sociedad Manufacturera de Metales S.A. (Mademsa); su objeto es la fabricación y comercialización de artefactos de uso doméstico e industrial. La CTI es la principal empresa manufacturera de artefactos para el hogar. A partir de 1987, la empresa es controlada por el grupo Sigdo Koppers.

Cuenta con seis filiales cuyas actividades se concentran en ser proveedores de materias primas y componentes industriales, productos terminados y la administración de la red de concesionarios que atienden el servicio técnico y de posventa. Los factores de riesgo son su alta dependencia del nivel de ingreso de las personas y del nivel general de actividad de la economía. Este riesgo disminuye en la medida en que la empresa se orienta más al exterior.

Estructura: Hasta comienzos de los años noventa, la CTI operaba con una estructura funcional de tipo vertical con sus decisiones centralizadas. Debido a su nueva estrategia de negocios, la compañía adoptó una organización descentralizada, creando unidades estratégicas de negocios para la empresa matriz (CTI) y una estructura de centros de negocios para sus filiales: Somela, que se encarga de electrodomésticos menores y motores eléctricos; Vitroquímica, que fabrica esmaltes para enlozar y pastas químicas para cerámicas; Protema, que fabrica matrices y moldes; CST, que provee servicio de posventa a las marcas de la compañía, y CEM, que produce calentadores bajo un sistema de subcontratación.

Estrategia: La empresa ha pasado por diversos procesos de reestructuración para hacer frente a la competencia externa y los ciclos de la economía chilena (Vera y Katz, 1995). A partir de la apertura de la economía al exterior, la empresa emprende una estrategia para alcanzar economías de escala y de especialización reduciendo su mezcla de productos, disminuyendo su integración vertical y aumentando su contenido de importaciones, alternando en el tiempo la producción en serie y en lotes.

La compañía se ha desarrollado y orientado sus esfuerzos a cuatro productos en los cuales tiene ventajas que les permiten competir con eficiencia y tecnología: refrigeradores, cocinas domésticas, lavadoras de ropa y estufas, los que se venden con las marcas Fensa, Mademsa y Ferriloza. Por otro lado, se dedica a la comercialización de productos importados tales como centrífugas, hornos de microondas, secadoras, calentadores y lavavajillas, con los que mantiene una significativa presencia en el mercado.

Para tener un manejo eficiente de los recursos y flexibilidad se crearon unidades estratégicas de negocios que le permiten estar más cerca de los clientes y sus necesidades, pudiendo así responder oportunamente al cambio de sus preferencias o requerimientos. La estrategia principal de la CTI es el desarrollo de productos innovadores con avanzada tecnología y diseños modernos y funcionales, para enfrentar un mercado creciente, dinámico y competido. Otras estrategias competitivas de la CTI son aumentar la calidad de sus procesos y productos, desarrollar proveedores confiables como aliados estratégicos en la cadena del producto, y buscar certificación de acuerdo a las normas ISO 9000.

En el mercado externo, la CTI presenta una creciente actividad exportadora a Argentina, Perú, Uruguay y Bolivia. Esto se enmarca en su decisión de regionalización, la que implica tener presencia comercial e industrial en los países vecinos, destacándose las operaciones de la filial Frimetal S.A. en Argentina.

Estilo: Su actual director ejecutivo ha estado en la empresa desde los años ochenta y ha ejercido un liderazgo clave a partir de una visión estratégica del mercado y de las nuevas posibilidades. Ha creado una gestión orientada al cliente y al mercado, con estrategias de desarrollo de productos innovadores de alta tecnología y calidad, además de la diversificación y expansión.

Habilidades: Esta compañía ha enfrentado el desafío de la tecnología, el que es clave para la supervivencia en su negocio y mercado. La CTI ha crecido y formado un grupo de técnicos e ingenieros capaces de asegurar esa supervivencia en un mercado dominado por tecnologías de punta. Una de sus cualidades es que tiene un estilo de gastos austero y alta flexibilidad organizativa.

Metas superiores: Los valores y conceptos guía de la compañía son desafiar un mercado abierto altamente competitivo y tener el orgullo de permanecer y ganar participación en él, así como expandirse a otros países de la región.

5.5. LOS IMPACTOS DE LAS EMPRESAS LÍDERES EN EL SISTEMA
PRODUCTIVO

5.5.1. Efectos dinámicos y papel de las políticas públicas

Es posible estimar que las 20 empresas líderes demandan, directa o indirectamente, materias primas, insumos, equipos y servicios por 8 400 millones de dólares, monto que equivale a cerca del 15% del PIB de Chile. Esta magnitud es un indicador de la enorme influencia real y potencial que ejercen esas empresas sobre el resto del sistema productivo.

Una estimación conservadora, suponiendo que una cuarta parte de esas compras sea abastecida por pequeñas y medianas empresas (PYMES), implicaría que las 20 empresas líderes estarían relacionadas, directa e indirectamente, con alrededor de 7 mil PYMES, las que darían empleo a unas 80 mil personas.

En la gran mayoría de los casos, las relaciones entre las grandes empresas líderes y el resto de las empresas se establecen estrictamente en términos de subcontratación para el abastecimiento de bienes y servicios. En casos excepcionales existen sistemas de afiliación subordinada, en los cuales las empresas líderes establecen relaciones de cooperación y complementariedad con otras empresas en los ámbitos de asistencia técnica y financiera. Los ejemplos más destacados son el abastecimiento de materias primas agrícolas a la agroindustria (IANSA), la operación de aserraderos para abastecer a las empresas forestales (CMPC), la red de servicentros de distribución de combustibles (CO-PEC), los productores de piezas y partes para la industria de electrodomésticos (CTI) y los instaladores de servicios telefónicos (CTC).

Sin embargo, existe la percepción de un importante potencial no aprovechado que permitiría desarrollar la articulación y la complementación productiva entre sectores. Este potencial está asociado, tanto al mejoramiento de los mecanismos de subcontratación, como a la creciente externalización de funciones y servicios, mediante la que se podrían reducir aún más los costos de organización. Esto último es claro en las áreas de mantenimiento, control de calidad e ingeniería.

La subutilización de las posibilidades de articulación empresarial suele explicarse por los enfoques de "costos de transacción" y "evolutivos". Estos enfoques suponen que la capacidad de comportamiento racional de una firma está limitada, en un caso, por riesgo, incertidumbre y asimetrías de información que afectan a las relaciones de intercambio en sus mercados relevantes y, en el otro, por la propia capacidad de la empresa, producto de su historia y de su proceso de aprendizaje.

Desde la perspectiva de los costos de transacción, se señala que existen todavía mercados poco desarrollados e incompletos, que llevan a que las empresas incurran en elevados costos de organización con relación a una situación con mercados más desarrollados donde tendrían la posibilidad de externalizar actividades y funciones y, en consecuencia, aumentar su eficiencia mediante la especialización.

La promoción y adopción de nuevas prácticas de subcontratación y de afiliación en empresas líderes es altamente consistente con el modelo de apertura y liberalización económica del país y puede generar un importante efecto de demostración hacia empresas seguidoras y, a partir de ellas, hacer posible la promoción de prácticas empresariales más innovadoras. Es una manera efectiva de fortalecer la capacidad competitiva de empresas potencialmente proveedoras, muchas de las cuales actualmente se orientan sólo al mercado interno y se caracterizan por un estilo de gestión tradicional y la utilización de tecnologías maduras u obsoletas.

Estas instancias asociativas abren un nuevo espacio que permite a las empresas que pueden llegar a ser proveedoras desarrollar estrategias competitivas mediante la cooperación. Sin embargo, estos procesos no se dan en forma espontánea y requieren instituciones que aglutinen y faciliten esas iniciativas y gestores que cuenten con capacidad gerencial para conducir estos programas. A partir de estos elementos, en Chile la política pública de apoyo a la competitividad del sistema productivo se basa en el supuesto de que en este ámbito existe un gran potencial de crecimiento y de mejoramiento de la productividad, el que es desaprovechado en la actualidad debido a la existencia de distorsiones o fallas en el mercado.

5.5.2. Desarrollo de proveedores

La experiencia internacional ha mostrado que las relaciones de subcontratación han ido evolucionando hacia alianzas más estables, en las que los subcontratistas desempeñan una función estratégica, complementando las ventajas competitivas de las empresas líderes. Son conocidas las experiencias de países como Italia, Alemania y Japón, donde la complementación productiva fundamentada en la especialización es la base de sistemas productivos complejos y altamente competitivos en los mercados internacionales.

La articulación estable y eficiente entre pequeñas, medianas y grandes empresas es una base importante para desarrollar ventajas competitivas. Sus principales efectos son la aceleración del proceso de difusión de la innovación hacia las pequeñas y medianas empresas; disminución de los inventarios y aumento de la flexibilidad productiva de las grandes empresas, y fomento al desarrollo de sistemas productivos locales especializados y dinámicos.

Desde el punto de vista de las empresas líderes, la presencia de factores ambientales y humanos, tales como incertidumbre, racionalidad limitada y oportunismo, hace poco atractivas las inversiones que una empresa individual debería realizar para construir y consolidar una red de proveedores confiables que complemente su ventaja competitiva específica. De hecho, en condiciones normales dichas inversiones son costosas, tienen alta probabilidad de fracaso y son escasamente apropiables.

En este contexto se justifica la acción de las políticas públicas que busquen eliminar la inercia de conductas basadas en la desconfianza, disminuir los riesgos de oportunismo y consolidar nuevas prácticas de trabajo que concreten la rentabilidad de las articulaciones productivas eficientes. Es posible fortalecer redes de proveedores eficientes tanto de empresas integradas verticalmente como de empresas que externalizan las partes del proceso productivo que no coinciden con su ámbito de especialidad, al igual que redes de proveedores de empresas de servicios de utilidad pública. Un programa de desarrollo de proveedores flexible para adaptarse a las distintas realidades empresariales debería contener, a lo menos, los siguientes elementos:

i] Readecuación de los aspectos legales y administrativos que regulan los contratos de abastecimientos y de asistencia técnica entre las empresas. Se debe contar con instrumentos legales adecuados para promover y regular los mecanismos de subcontratación.

ii] Constituir una red de instituciones privadas que, con apoyo público, promueva las articulaciones entre las pequeñas y medianas empresas y las compañías líderes. La orientación estratégica de dichas instituciones sería fortalecer y desarrollar redes de empresas como elemento clave para el aumento de la competitividad.

iii] Crear los instrumentos adecuados para llevar a cabo estos programas, considerando los ámbitos de asistencia técnica, transferencia tecnológica, capacitación, y financiamiento. En este aspecto, cabe destacar el reciente diseño de un programa de desarrollo de proveedores por parte de la Corporación de Fomento de la Producción (Corfo).

5.6. CONCLUSIONES

En este trabajo se definió el liderazgo empresarial como un factor que combina conceptos como capacidad de gestión, imagen y reputación, e indicadores de desempeño económico. Por lo tanto, el concepto de liderazgo tiene una naturaleza institucional al incorporar valor más allá de los requerimientos técnicos y financieros, y se convierte en receptáculo del idealismo grupal.

A partir de las informaciones presentadas surge, en primer lugar, que el liderazgo empresarial en Chile no está asociado exclusivamente a los resultados financieros de la empresa. De las 20 empresas identificadas como líderes, sólo 12 se encuentran entre las 50 empresas con mejores resultados. Un segundo elemento a destacar es la consolidación de sectores emergentes, como el eléctrico y las telecomunicaciones, donde hoy se encuentran las principales empresas líderes, a diferencia de 15 años atrás, cuando existía un predominio total de las empresas productoras de *commodities* derivadas de los recursos forestales, de la pesca y de la minería. Este proceso ha sido consecuencia de una significativa movilidad de los grupos económicos en Chile debido a las bajas barreras a la entrada y salida que enfrentan. Un tercer aspecto importante es la diversidad de grupos económicos, en cuanto a origen y tamaño, que controlan las empresas líderes.

Esas empresas líderes no están limitadas en sus decisiones estratégicas por un espectro de posibilidades determinadas sólo endógenamente, asociadas generalmente a su trayectoria empresarial, nivel tecnológico o estilo de gestión precedente. La extraordinaria flexibilidad de las empresas líderes se basa en una conducta empresarial caracterizada por una alta capacidad de respuesta a estímulos externos y una permanente disposición al cambio.

Entre los factores de éxito de las empresas líderes destaca una gran habilidad en la gestión de los ciclos de vida del "diseño de negocio", capturando su valor en la fase de incremento, aprovechando su sustentabilidad en la fase de estabilidad y reconociendo su vulnerabilidad en la fase decreciente. Esta capacidad es el principal componente de la respuesta a la interrogante sobre las razones por las que existen avances importantes de ciertas empresas y declinación de otras en materia de posición competitiva dentro de una misma industria.

En este contexto, la alta gerencia de las empresas líderes ha asumido exitosamente el desafío de entender la dirección y velocidad de los cambios de su industria y determinar qué "diseño del negocio" responde más efectivamente a esos patrones, en los ámbitos de los mercados, productos y la tecnología.

De la evaluación de las estrategias corporativas de grupos líderes, destacan como clave la unidad, coherencia y consistencia interna de sus decisiones estratégicas. En ellas destacan los siguientes factores: consistencia entre estrategia, metas y políticas; consonancia de la estrategia como respuesta adaptativa al medio y a la competencia; ventaja de la estrategia para facilitar la creación o preservación de la superioridad competitiva en el área elegida, y factibilidad de la preservación de los recursos de la empresa. Para ejemplificar estos factores, se analizaron las estrategias corporativas asumidas por tres de los principales grupos económicos. Así, Enersis muestra una alta consistencia entre la estrategia, las metas y políticas para alcanzar el objetivo de la internacionalización; el Grupo Angelini exhibe una respuesta adaptativa a las nuevas condiciones de los mercados de *commodities* mediante el desarrollo de nuevas áreas de negocios, y el Grupo Matte señala cómo ha privilegiado la preservación de su superioridad competitiva en el sector forestal.

Para un grupo de seis empresas líderes compuesto por CTC, CAP, Madeco, CCU, IANSA y CTI se evaluaron algunos elementos del cambio organizativo haciendo referencia al modelo de las Siete S. Las informaciones mostradas permiten ratificar el amplio espectro de los aumentos de eficiencia microeconómica que se han basado en innovaciones empresariales, cambios en las estrategias corporativas y la adopción de nuevas prácticas de gestión.

Finalmente se realizó una estimación del impacto real y potencial que esas empresas ejercen sobre el sistema productivo. Así, se estimó que las 20 empresas líderes en Chile demandan directa e indirectamente materias primas, insumos, equipos y servicios por más de 8 mil millones de dólares, monto que representa alrededor del 15% del PIB. Esto implica que esas 20 empresas estarían relacionadas con alrededor de 7 mil pequeñas y medianas empresas, las que generarían cerca de 80 mil empleos.

Por lo tanto, desde el punto de vista de la política pública existe un importante potencial para mejorar la articulación y la complementación productiva entre sectores. Este potencial está asociado tanto a un mejoramiento de los mecanismos de subcontratación, como a una creciente externalización de funciones y servicios.

5.7. BIBLIOGRAFÍA

Andrews, K. (1980), *The Concept of Corporate Strategy*, Dow Jones-Irwin.
Castillo, M., Dini M. y C. Maggi (1996), "Reorganización industrial y estrategias competitivas en Chile", en *Estabilización macroeconómica, reforma estructural y comportamiento industrial*, Buenos Aires, CEPAL/IDRC, Alianza Editorial.
Diario *La Segunda* (1995), "Las empresas más admiradas en Chile, Encuesta ADIMARK", noviembre.
IIMD, 1996, *The World Competitiveness Report*, International Institute for Management Development.
Kantis, H. (1996), *Inercia e innovación en las conductas estratégicas de las PYMES argentinas. Elementos conceptuales y evidencia empírica*, Documento de trabajo 73, Buenos Aires, CEPAL.
Karlof, B. (1992), *Práctica de la Estrategia*, Granica.
Katz, J. (1996), "Régimen de incentivos, marco regulatorio y comportamiento microeconómico", en *Estabilización macroeconómica, reforma estructural y comportamiento industrial*, Buenos Aires, CEPAL/IDRC, Alianza Editorial.
Kotter, J. (1991), "El directivo como líder y como ejecutivo: la simbiosis del éxito", *Harvard Deusto Business Review*, núm. 45.
Mintzberg, H. y J. Brian Quinn (1991), *El proceso estratégico. Conceptos, contextos y casos*, Prentice Hall.
Revista *Qué Pasa* (1996), "Empresas cinco estrellas", núm. 1323, agosto.
Sánchez, J.M. y R. Paredes (1996), "Grupos económicos y desarrollo: el caso de Chile", en *Estabilización macroeconómica, reforma estructural y comportamiento industrial*, Buenos Aires, CEPAL/IDRC, Alianza Editorial.
Senge, P. (1990), *The Fifth Discipline*, Nueva York.
Slywotzky, A. (1996), *Value Migration*, Harvard Business School Press.
Stoner, J. y R. Freeman (1994), *Administración*, Prentice Hall.

Stumpo, G. (1995), *El sector de celulosa y papel en Chile*, Proyecto CEPAL/CIID, Santiago.

Vera H. y J. Katz (1995), *Historia evolutiva de una planta metalmecánica chilena: relaciones micro-macro y desarrollo tecnológico*, mimeo, CEPAL.

5.8. ANEXO I. MARCO ANALÍTICO PARA EL ESTUDIO DE LAS EMPRESAS LÍDERES

5.8.1. Gestión estratégica y liderazgo

Los nuevos enfoques sobre competitividad tienden a considerar que las posiciones de mercado de las empresas son el resultado de un sendero de mediano o largo plazo, en el que su capacidad de generar propuestas innovadoras es vital (Kantis, 1996).

Superando la idea de que la planificación estratégica es un proceso estrictamente racional, formal y sistemático, por el cual la conducción de la empresa analiza el contexto y define objetivos y metas a alcanzar en un cierto periodo, el aporte de las nuevas corrientes ha flexibilizado las premisas básicas de la planificación estratégica tradicional, introduciendo nuevos conceptos que dan cuenta de la complejidad de los procesos administrativos.

Crecientemente, las estrategias de las firmas líderes tienden a ser consideradas desde la perspectiva de los procesos de aprendizaje, involucrando a la empresa en su conjunto, con sus objetivos, acciones y resultados (Senge, 1990). La visión y el pensamiento estratégico son considerados como las principales guías de una gestión flexible basada en el desarrollo del "núcleo competitivo de la empresa".

Una definición simple de la gestión estratégica es la aptitud para abordar a lo menos cinco ámbitos complementarios: descubrir los patrones o características de una situación, determinar la necesidad del cambio, planear las estrategias para el cambio, proveer los instrumentos que faciliten el cambio y puesta en marcha de esas estrategias (Karlof, 1992).

La evolución de las ideas, conceptos y modelos de gestión estratégica han abierto nuevas posibilidades para la gestión empresarial. En las empresas que han enfrentado exitosamente los desafíos del cambio, la capacidad y habilidad para escoger el rumbo y conducir a la organización en esa dirección aparecen como elementos clave, emergiendo con fuerza el concepto de liderazgo empresarial asociado a los desafíos de cambios (Kotter, 1991).

El liderazgo y la gestión son dos sistemas de acción peculiares y complementarios. El ejercicio de la gestión se enmarca en los desafíos para afrontar la complejidad de los negocios y, por lo tanto, aporta orden y coherencia a dimensiones clave de los negocios. El liderazgo, por su parte, tiene que hacer frente al cambio, la competencia internacional, la turbulencia, la desregulación de los mercados y el cambio tecnológico. Entre los elementos esenciales del liderazgo está la definición de la misión, la motivación y estímulo a los miembros de la empresa para actuar en una nueva dirección. El desafío del liderazgo es superar los obstáculos al cambio, apelando a las necesidades, valores y emociones humanas. Las tareas principales del liderazgo, de acuerdo con lo planteado por Mintzberg y Quinn (1991), se agrupan en los siguientes ámbitos:

a] *Definición de la misión y la función institucional.* La identificación de metas es una labor creativa donde es necesaria una autoevaluación para descubrir los compromisos de la organización, tal como son determinados por las necesidades reales internas y externas.

b] *Conformación institucional de propósitos.* La labor de un líder consiste, además de generar las políticas, incorporarlas a la estructura social de la organización. Esto implica modificar el "carácter" de la organización, haciéndola sensible a determinados modos de pensar y actuar para lograr mayor eficacia en el diseño y ejecución de políticas, siempre teniendo en cuenta sus dictados y su espíritu.

c] *Defensa de la integridad institucional.* El liderazgo de cualquier entidad política falla cuando se concentra exclusivamente en la supervivencia institucional. La defensa institucional bien entendida consiste en la preservación de los valores y de la identidad propia.

d] *Mediación en conflictos internos.* En su ejercicio de control, el liderazgo tiene una doble labor. Debe obtener el consentimiento de las unidades que integran la organización para maximizar la posibilidad de cooperación voluntaria y, con ello, permitir un amplio margen de representación a los bloques de intereses existentes en la organización. Al mismo tiempo, para conducir adecuadamente la institución, debe asegurar la preservación de los equilibrios de poder necesarios para la concreción de los compromisos primordiales.

5.8.2. Las decisiones estratégicas

Una distinción central para evaluar estrategias es distinguir tres niveles de decisiones: corporativo, de la unidad comercial estratégica, y funcional (Stoner y Freeman, 1994).

Las decisiones a nivel corporativo son hechas por la alta administración para supervisar los intereses y las operaciones en organizaciones que cuentan con más de una línea de negocios. Las principales preguntas que se deben responder en este nivel son: ¿en qué tipo de negocio se debe involucrar la compañía? ¿Cuáles son las metas y las expectativas para cada negocio? ¿Cómo se deben asignar los recursos para que las metas sean alcanzables?

Al definir las metas a nivel corporativo, las compañías pueden decidir dónde desean ubicarse en las ocho siguientes categorías: posición en el mercado, innovación, productividad, recursos físicos y financieros, rentabilidad, desempeño y desarrollo administrativo, desempeño y actitudes de los trabajadores, y responsabilidad pública.

Las decisiones a nivel de la unidad comercial estratégica abarcan la administración de los intereses y operaciones de cada negocio en particular. Trata con preguntas tales como: ¿cómo competirán los negocios dentro de su mercado? ¿Qué productos y servicios deben ofrecer? ¿A qué clientes intentan servir? ¿Cómo deberán ser administradas las diversas funciones a fin de satisfacer las metas del mercado? ¿Cómo serán distribuidos los recursos dentro de cada negocio?

En general, las corporaciones tienen intereses en diferentes negocios por lo que es común la creación de unidades estratégicas de negocios. La unidad comercial estratégica (UCE) agrupa todas las actividades de un negocio dentro de una corporación multinegocios que produce un tipo particular de bienes o servicios y las trata como una sola unidad de negocios. El nivel corporativo proporciona un conjunto de directrices para dicha unidad, la que posteriormente desarrolla sus propias estrategias a nivel de unidad comercial.

Finalmente, *las decisiones a nivel funcional* crean el marco de referencia para la administración de funciones (finanzas, investigación y desarrollo, *marketing*) de modo que puedan sustentar la estrategia a nivel de cada unidad comercial.

5.9. ANEXO II. EMPRESAS FILIALES DE LOS PRINCIPALES GRUPOS ECONÓMICOS

ENERSIS

Electricidad	Inversiones	Informática	Inmob. y concesiones
Chilectra	Enersis	Synapsis	Manso de Velasco
Río Maipo	Enersis Argentina	Synapsis Argentina	Constructora El Gobernador
Diprel	Enersis Internacional	Synapsis Colombia	Elenet (Arg.)
ENDESA	Distrilec Inversora		Ingendesa
Central Costanera (Arg.)	Argelec		Infraestructura 2000
Edelnor (Perú)	Chilectra Panamá		Túnel El Melón
Edesur (Arg.)	Chilectra Internacional		Enigesa
Pehuenche	Chilectra Argentina		
Pangue	ENDESA Argentina		
Transelec	ENDESA Chile Overseas		
Edegel (Perú)	Inverandes (Perú)		
Cía. Elec. San Isidro	Hidroinvest (Arg.)		
Emp. Dist. Chancay (Perú)	Distrilima		
Energía del Norte			
Hidroeléctrica El Chocón (Arg.)			

GRUPO ANGELINI

Inversiones	Forestal	Pesquero	Finanzas	Naviero	Electricidad	Combustibles	Servicios	Minería
COPEC	Celulosa Arauco y Constitución	Pesquera Eperva	Cruz del Sur Seguros Generales	Astilleros Arica S.A.	SAESA	SONACOL	CCU S.A.	COCAR
Antarchile S.A.	Forestal Cholguán	Pesquera Iquique Guanaye	Cruz del Sur Seguros de Vida	Sudamericana de Vapores	Empresa Eléctrica de la Frontera	Abastecedora de Combustible. Chile	ABC Comercial	Minería Sancarron
Inversiones Socoroma	Maderas Cholguán	Patagonian Pride	A.F.P. Summa		Empresa Eléctrica Guacolda	Petroleum S.A.	Puerto Lirquen	Cía. Minera Can Can
Inversiones y Desarrollo	Forestal Arauco		El Roble Seguros de Vida		Chilgener	Transp. de combustible Chile		
Los Andes	Bosques Arauco		El Raúl Seguros de Vida		Arauco Generación	CLAP S.A.		
Inv. Siemel	Forestal CELCO							
Inv. Década	Forestal Chile							

GRUPO ANGELLINI (continuación)

Inversiones	Forestal	Pesquero	Finanzas	Naviero	Electricidad	Combustibles	Servicios	Minería
Inv. Lascar	Forestal Valdivia							
ABC Invers.	Aserraderos Arauco							
	Paneles Arauco							

GRUPO MATTE

Inversiones	Forestal	Celulosa y papel	Tissue y sanitarios	Productos de papel	Finanzas	Telecomunicaciones	Energía	Puertos	Industrias
Empresas CMPC	Forestal Cominco S.A.	Celulosa del Pacífico	Protisa (Arg.)	Chimolsa	Banco Bice	Entel	Chilquinta Energía	Puerto Lirquen	Minera Lo Valdés
Bicecorp	Forestal Coindustria S.A.	Forestal Renaico	Prosan Chile	Propa	Allianz. Bice Cía. de Seguros de Vida		Hidroeléctrica Guardia Vieja	Portuaria Lirquen	Cía. Industrial El Volcán
CMPC Investment	Forestal y Pesquera Callaqui	Laja	CMPC Productos Tissue	Envases Impresos	Sociedad de Bolsa		Hidroeléctrica Aconcagua Hidroeléctrica El Melocotón	Muellaje San Vicente S.A.	Empresas Pizarreño
Cominco S.A.	Aserraderos Mininco	Inforsa	IPUSA (Uruguay)	Grafex	Norinvest Bank				
Inversiones CMPC	Forestal Angol Ltda.	Forestal e Ind. Sta. Fe		Fabi (Arg.)	Bice Leasing				
Pasur	Forestal Mininco	CMPC Celulosa		Edipac	Bice Chileconsult Agente de Valores				

GRUPO MATTE (*continuación*)

Inversiones	Forestal	Celulosa y papel	Tissue y sanitarios	Productos de papel	Finanzas	Telecomunicaciones	Energía	Puertos	Industrias
Inmurbana	Forestal y Agrícola Monte Águila	CMPC Papeles		Sorepa	Bice Adm. de Fondos Mutuos				
Chilquinta S.A.				CMPC Productos de Papel	Bice Corredores de Bolsa				
Minera Valparaíso					Seguros de Vida El Roble				
Soc. Inmob. Las Granjas					Seguros de Vida El Raúl				
CMPC Capital de Riesgo					AFP Summa				
Soc. Adm. Carena Ltda.									

GRUPO LUKSIC

Finanzas	Industria	Electricidad	Telefonía	Alimentos	Minería	Inversiones	Servicios
Bco.Santiago	Madeco	Endesa	VTR Larga Distancia	Empresas Lucchetti	Cía. Minera Los Pelambres	Antofagasta Holdings P.L.C.	Hoteles Carrera
Santiago Leasing	Madecotel		CNT Telefónica del Sur	Italpasta	Cía. Minera Michilla	VTR S.A.	
Santiago S.A. Corredor de Bolsa	Colada Continua Chilena		Telefónica del Sur Carrier	Agromaule	Cía. Minera Pampa de Oro	Forestal Quiñenco	
Santiago Adm. Fondos Mutuos	Elaboradora de Cobre Chileno		Telefónica de Coyhaique	Nurecor	Cía. Minera Tamaya	Metalúrgica e Industrial	
Santiago Adm. Fondos Inversión	Indalum		Startel	Nieto S.A.		Inversiones Financieras	
Santiago S.A. Servicios y Asesorías Financieras	Alusa		VTR Cablexpres	Lucchetti (Perú)		OHCH	
Bco.O'Higgins	Indelqui (Arg.)			Comercial Luchetti		Servimotor	
O'Higgins Agente de Valores	Lavallo (Arg.)			CCU S.A.		Inversiones Aurum	

GRUPO LUKSIC (continuación)

Finanzas	Industria	Electricidad	Telefonía	Alimentos	Minería	Inversiones	Servicios
O'Higgins Corr. de Bolsa	Decker (Arg.)			Comercial CCU Santiago			
O'Higgins Adm. F. Mutuos	Indeco (Perú)			Embotelladora Modelo			
O'Higgins Asesorías Financieras				Aguas Minerales Cachantun			
O'Higgins Leasing				Comercial CCU Norte Sur			
Banco Tomquist				Comercial CCU Santiago			
Banco del Sur				Viña San Pedro			
				CCU Argentina			
				Comercial CCU Central Ltda.			

6. COLOMBIA: LA ESTRATEGIA EMPRESARIAL EN LA APERTURA

GABRIEL MISAS ARANGO*

6.1. LA EVOLUCIÓN DEL SECTOR INDUSTRIAL

Para comprender la evolución de la industria manufacturera durante la apertura es necesario hacer referencia a su desempeño durante el periodo de industrialización mediante sustitución de importaciones (ISI). La política de ISI, aplicada en Colombia desde la posguerra hasta finales de la década de los años ochenta, se caracterizó básicamente por una alta protección a la industria nacional con el objetivo de crear una base manufacturera propia.[1] Los pilares fundamentales de la política económica fueron entonces la aplicación de aranceles que generaran altos niveles de protección efectiva y una política cambiaria orientada a fomentar las exportaciones y desincentivar las importaciones. La consecuencia de este modelo para Colombia fue el desarrollo de la industria manufacturera y el aumento sostenido de los ingresos cafeteros; en particular, generó un complejo sistema de regulación de la economía que, al tiempo que favorecía el desarrollo industrial, lo enmarcaba en los estrechos límites del modelo agroexportador.

Ese patrón de industrialización permitió una importante acumulación de capital en la industria manufacturera, basada en beneficios extraordinarios derivados de estructuras oligopólicas de mercado[2] que daban lugar a una formación de precios según la regla de costo más *mark-up*. Sin embargo, incluso antes de que culminara esta etapa

---

* Consejero Económico y de Competitividad, Presidencia de la República, Santafé de Bogotá. La última revisión de este capítulo por su autor se realizó en febrero de 1997.

[1] Esta política estaba basada en los análisis de la CEPAL respecto a la tendencia al deterioro de los términos del intercambio y la necesidad de generar sectores exportadores con alto contenido de valor agregado.

[2] El nivel de concentración era tal que a principios de los años noventa, las 100 empresas más grandes realizaban el 50% de la producción industrial. De ellas, 36 con inversión extranjera generaban el 23% del producto y 64 nacionales el 27% restante.

de industrialización en el país, la casi infinita protección pararancelaria desincentivó la introducción de innovaciones tecnológicas y aumentó la dependencia de las importaciones de insumos y equipamiento. Simultáneamente, el país continuó siendo casi un monoexportador de café, lo que mostraba la debilidad de su sector externo.

La alta concentración y el poder oligopólico de las empresas industriales generaron además efectos perversos sobre la dinámica salarial. La industrialización sustitutiva no llevó a una mejoría salarial, lo que, por su parte, demoró o no impulsó la incorporación del progreso técnico en la economía, impidiendo así una mejor articulación del sector industrial al mercado internacional.

Durante el periodo de la ISI, la dinámica general del sector industrial se hizo altamente dependiente del ciclo económico. Ello permite entender el crecimiento sostenido de la industria manufacturera durante la década de los años setenta, así como las bajas tasas de crecimiento que se registraron en los años ochenta, periodo en el que el ciclo económico general fue negativamente afectado por una crisis financiera y fiscal y problemas cambiarios.

Asimismo, a pesar de que la política de apertura comercial, y el consecuente abandono del modelo de ISI, tenía como objetivo renovar la base tecnológica de la industria, el sector manufacturero continuó dependiendo en la primera mitad de los años noventa del ciclo de la economía colombiana. Por otra parte, el país ha logrado diversificar su base exportadora, aunque ésta aún depende en buena parte de productos básicos (*commodities*). Mientras que a principios de los años ochenta el café representaba 51% del total exportado, en 1995 significó tan sólo 19%. Así mismo, las llamadas exportaciones "no tradicionales" (aquellas diferentes a café e hidrocarburos), que al inicio de los años ochenta contribuyeron con 40% de las exportaciones totales, en 1995 representaron el 55% de las ventas externas del país.

6.1.1. La industria en los años ochenta

A mediados de los años ochenta, la industria poseía una estructura sectorial muy similar a la que tenía al comenzar la década previa. No obstante, dicha estructura sobresalía por sus sensibles diferencias con las del resto de países latinoamericanos de tamaño grande y mediano: alta participación de alimentos, bebidas, tabaco, textiles, confecciones y cuero (un 60% del total, frente al 25% de promedio para América Latina) y baja participación de productos metálicos, maquinaria y equipo (que en Colombia tienen un peso equivalente a sólo la mitad de la media latinoamericana).

Luego de una etapa de expansión industrial que finalizó a mediados de los años setenta, se experimentó un periodo de depresión que se volvió bastante crítico entre 1979 y 1983, caracterizando una recesión en el sector industrial. A nivel agregado, sobresale un relativo agotamiento en la capacidad de crecimiento de las manufacturas desde principios de la década anterior. La denominada "fatiga industrial" obedece a que la dependencia del sector respecto al mercado interno llevó a que sus expansiones o contracciones estuvieron altamente correlacionadas con los ciclos de la actividad productiva y de la formación de capital total de la economía.

Así en la década de los años ochenta, la industria manufacturera creció a una tasa promedio anual de 1.2%, la más baja desde los años cincuenta. Luego de la recesión de finales de los setenta y principios de la siguiente década, el crecimiento promedio anual del sector se situó en 4.6% en 1983-1990, lo que sustenta la tesis de la dependencia del ciclo económico, pues en esos años se presentó una recuperación de la actividad productiva.

Durante la década de los años ochenta, sectores industriales como los de bienes de capital, maquinaria y equipo, y material y equipo de transporte fueron altamente dinámicos. Lo mismo puede afirmarse de otras industrias como las de productos químicos, papel e imprenta, muebles y madera, textiles, confecciones y cuero, las que crecieron por encima del promedio. En contraste, los crecimientos fueron inferiores a la media para industrias como las de alimentos, bebidas y tabaco (esta última decreció en el subperiodo 1987-1990).

La productividad total de los factores (PTF) de la industria estuvo bastante correlacionada con los ciclos del sector. Así, en medio de la crisis de 1980-1983, la PTF disminuyó a una tasa de 3.2% anual. Si bien 12 industrias mejoraron sus niveles de productividad laboral, pues sus tasas de crecimiento de la producción no fueron tan negativas como entre 1977 y 1979, sólo dos industrias aumentaron su PTF.

El valor agregado por trabajador registró valores reducidos, aunque se dieron significativos avances en la productividad media del trabajo e incrementos de los salarios reales, que se explican por las nuevas modalidades de organización de la fuerza de trabajo que aplicó la industria en la década previa. Las dificultades que atravesaba el sector industrial llevaron a que hiciera un uso intensivo de mano de obra temporal y subcontratación.

El lento crecimiento de la demanda interna, la ineficiencia respecto a los estándares internacionales y la concentración de la industria no permitieron un proceso estable y sostenido de acumulación de capital. Solamente sobresale el subperiodo 1978-1983, en el que la inversión creció a una tasa real anual promedio de 5.8% debido a la modernización de algunas ramas manufactureras. No obstante, a partir de 1984, comienza una fase de decrecimiento de la inversión.

La inserción de la industria en los mercados internacionales ha encontrado serios límites debido a los problemas descritos anteriormente: fuerte concentración, disminución de la productividad y bajo progreso técnico, entre otros. En consecuencia, gran parte de los bienes exportados son producidos mediante procesos de bajo contenido de valor agregado, tales como el ensamblaje con partes importadas, por lo que los encadenamientos productivos con otros sectores manufactureros son bastante reducidos.

Aunque sólo entre el 6 y el 7.5% del valor de la producción manufacturera colombiana se exporta (porcentaje que se ha mantenido prácticamente sin cambios desde 1970), la participación de las manufacturas en el total exportado alcanzó su máximo en 1991 (26.4%). Destacan, por tener una mayor participación que el promedio, los sectores de vestuario, cuero, zapatos, madera y muebles (intensivos en mano de obra). En contraste, es baja la participación de sectores tales como la maquinaria y equipo y productos metálicos, altamente intensivos en capital y con importantes eslabonamientos productivos.

6.1.2. La industria durante la apertura

La aplicación de la política de apertura a las importaciones y de liberalización de controles en la economía a partir de 1990 tuvo como objetivo principal el aumento de los niveles de competitividad del aparato productivo colombiano. Más específicamente, se buscaba inducir un cambio tecnológico que, aprovechando las ventajas comparativas del país, diera paso a una mejor inserción de las exportaciones colombianas en los mercados internacionales.

Pese a estos loables objetivos, el modelo de liberalización generó serios desequilibrios en la economía colombiana, que tuvieron que ser corregidos a través de una política de estabilización, similar –aunque menos severa– a la que se ha aplicado en otros países de América Latina. Dichos desequilibrios consistieron principalmente en el exagerado crecimiento de las actividades no transables, el auge del consumo privado, la caída en la tasa de ahorro nacional y el consecuente aumento en el déficit de la cuenta corriente.

A pesar del dinamismo de algunos nuevos sectores y la recuperación de otros que decrecieron en la década de los años ochenta, las características básicas del sector industrial permanecieron estables durante los primeros años de los noventa. Es decir, prevalece la estructura oligopólica y la alta dependencia del ciclo económico general. Es así como el auge del consumo de 1992-1994 explica en buena parte el crecimiento de industrias asociadas a la generación de servicios, bienes duraderos y bienes no transables. En el mismo sentido, las políticas de estabilización ejercidas desde finales de 1994 permiten entender el declive de los sectores que habían experimentado el auge ligado a la expansión del crédito.

La apertura no produjo una reducción sustancial de los niveles de protección de la industria manufacturera y, en realidad, se tradujo en un mejoramiento de la posición de los grandes grupos económicos y de las empresas con inversión extranjera directa. Los grupos económicos ganaron, pues la mayoría de sus activos están concentrados en sectores productores de no transables y, con las medidas de desregulación y liberalización, pudieron apropiarse de grandes excedentes en la prestación de servicios, tales como energía, telecomunicaciones y finanzas.

La característica concentración industrial y la presencia de multinacionales o empresas con inversión extranjera dieron lugar al desarrollo de procesos de ensamblaje o a mejor aprovechamiento de las economías de escala, a través de la segmentación y diferenciación de mercados. Así, las empresas de este tipo se dedicaron a importar materias primas o bienes semiterminados que distribuyen en el país aprovechando sus redes de comercialización lo que les ha permitido elevar notoriamente sus ventas y su rentabilidad.

En virtud de esta estructura de poder en la manufactura, el dinamismo industrial entre 1990 y 1994 se sustentó en el comportamiento de sectores altamente vinculados con la dinámica de sectores no transables, tales como ciertas actividades agroindustriales, los servicios de telecomunicaciones y financieros, y sectores vinculados a la construcción. En particular, creció notoriamente la producción de alimentos, bebidas, objetos de barro, loza y porcelana, productos plásticos y muebles de madera. En contraste, otras industrias en las cuales el país posee ventajas comparativas por abundancia relativa de factores (sectores altamente intensivos en mano de obra no calificada y recursos naturales) se vieron gravemente afectadas por el modelo de liberalización. Éste fue el caso de cueros, textiles, calzado, tabaco y papel y sus productos, los que debieron enfrentar fuerte competencia (incluyendo competencia desleal y *dumping*). También fue destacado el crecimiento de los productos químicos, con alta penetración en los mercados externos.

Después de la depresión industrial de 1991 –causada por la política de restricción monetaria– la industria pasó a crecer a tasas cercanas al 5% en el periodo 1992-1994 (véase cuadro 1), acompañando la expansión del crédito y del consumo y el auge económico. Nuevamente, en el periodo 1995-1996 el ciclo económico, caracterizado por una fuerte política monetaria de estabilización, determinó el comportamiento industrial, llevándolo a una desaceleración similar a la ocurrida durante los primeros años de la década.

CUADRO 1
CRECIMIENTO DE LA PRODUCCIÓN INDUSTRIAL
(tasas porcentuales anuales)

	1993	1994	1995	1996 (enero-mayo)
Total	2.7	3.6	2.2	0.3
Total sin trilla de café	4.8	4.9	3.5	–0.6
Bienes de consumo	2.1	2.9	4.3	3.1
Bienes intermedios	–4.4	1.6	–0.8	–0.8
Bienes de capital	28.0	10.3	3.1	–5.3
Bienes de construcción	10.6	7.3	0.8	–5.1

FUENTE: Departamento Administrativo Nacional de Estadísticas (DANE).

El proceso de apertura condujo a un auge de crecimiento de industrias con altos encadenamientos como fue el caso de maquinaria y aparatos eléctricos, industrias básicas de hierro y acero, químicos industriales, productos metálicos y equipo y material de transporte.

Buena parte del dinamismo de éstos se explica por el aumento del comercio intraindustrial que se dio con países vecinos a raíz de los procesos de integración y la recuperación económica luego de los devastadores efectos ocasionados por la crisis de la deuda externa.

Asimismo, sobresale dentro del periodo de apertura el surgimiento de ciertas industrias de procesos altamente especializados, aunque con tecnologías estandarizadas, como en el caso de la producción de equipo profesional y científico.

En resumen, se puede considerar que existen tres tipos de sectores industriales según el impacto que han recibido del proceso de apertura comercial:

i] *Sectores altamente influidos por el ciclo económico y favorecidos por la apertura*

Se trata de industrias que presentaron un comportamiento evidentemente correlacionado con el auge del crédito y el consumo que se dio en los primeros años de la apertura. Es decir que, debido a la desaceleración económica de 1991, venían enfrentando crisis o recesión y, por la misma razón, se vieron negativamente afectadas a partir de 1994, cuando se echó a andar una nueva política de estabilización. En este grupo se encuentran los sectores de alimentos (excluyendo trilla de café), bebidas, productos metálicos (excepto maquinaria), plásticos, muebles de madera, industrias de madera, vidrio, maquinaria (excepto la eléctrica), industrias básicas de hierro y acero, minerales no metálicos y otros productos químicos. Como se ve, en su mayoría son industrias caracterizadas por alta concentración.

ii] *Sectores negativamente afectados por la apertura*

Son industrias que venían exhibiendo un comportamiento creciente sostenido antes de la liberalización comercial, pero que vieron afectada negativamente su rentabilidad por la mayor competitividad de los bienes importados. Por lo tanto, desde 1991-1992 entraron en crisis, aunque en la actualidad algunas de sus unidades de producción empiezan a mostrar síntomas de recuperación, pues han adecuado su infraestructura productiva para enfrentar la competencia proveniente del exterior. En su mayoría son industrias con bajo nivel de concentración, tales como confecciones, calzado y cuero y sus productos; aunque existen otras con altos niveles de concentración como en el caso de los textiles y las sustancias químicas. Por cierto, al igual de lo que sucedió en el sector agrícola, se trata de sectores en los cuales el país suponía poseer ventajas comparativas y, por lo tanto, en los que debería haber ganado con la apertura.

Así, en principio puede afirmarse que el proceso de revaluación de la tasa de cambio, el auge del contrabando en medio de la apertura y una falta de adecuación para la competencia por parte de las empresas de esos sectores –que no aceleraron la incorporación del cambio técnico pues supusieron que las ventajas comparativas ampliarían automáticamente los mercados– tuvieron un impacto negativo en su competitividad.

iii] *Sectores independientes del ciclo económico y sin aparente impacto de la apertura*

Se trata de industrias que no siguen de cerca el comportamiento industrial y por ende tampoco el ciclo económico. Más bien reflejan los ciclos de productos básicos como en el caso de las refinerías de petróleo y la trilla de café.

Resalta, por otro lado, la dinámica del subsector de equipo profesional y científico. En los primeros años de la apertura, enfrentó una recesión; pero, a partir de 1994, a pesar del ciclo económico, experimenta un notorio auge. De hecho, en 1996 ha impulsado el crecimiento total de la industria. La producción de este tipo de bienes se caracteriza por la especialización y la existencia de muchas empresas pequeñas y medianas (baja concentración).

6.1.2.1. Evolución del empleo industrial

Aunque el proceso de acumulación permitió generar innovación tecnológica, ésta tuvo como consecuencia un desplazamiento de mano de obra, que al parecer fue absorbida en un primer momento por las actividades no transables. Sin embargo, una vez que comenzó la fase de desaceleración de dichas actividades, también aumentaron los índices de desocupación.

El empleo siguió de cerca la tendencia del ciclo industrial en

1990-1993. No obstante, a partir de 1994, empieza una tendencia decreciente que se ve acompañada de aparentes incrementos en la productividad. Sin embargo, un análisis más detallado permite confirmar que en realidad éstos se derivaron de cambios profundos en las relaciones laborales, la racionalización de los procesos productivos, cambios organizativos e incorporación de nuevas tecnologías.

6.1.2.2. La dinámica de las exportaciones

La política de liberalización comercial no ha sido suficiente para orientar los esfuerzos productivos del país hacia el sector externo. Muy por el contrario, con la aceleración de la apertura económica se alteró una leve tendencia positiva en el sector externo que conducía a una menor dependencia de las exportaciones de bienes primarios. Así lo muestra la gráfica 1, donde se observa un menor dinamismo relativo de las exportaciones no primarias después del año 1991.

El coeficiente de exportaciones a PIB de la industria alcanza su punto más alto durante los primeros años de la apertura gradual y cae en los años inmediatamente siguientes a la aceleración de la liberalización económica (véase gráfica 2). El nivel observado en 1991 sólo se recupera en 1995, cuando las exportaciones industriales alcanzaron el 16% de la producción manufacturera.

Además de su escaso dinamismo, las exportaciones industriales continúan altamente concentradas en algunas ramas de la producción industrial. Es así como los sectores de textiles y confecciones presentan las mayores tasas exportadoras de la industria y ocupan la mayor proporción de las exportaciones industriales. Mientras los sectores mencionados han mantenido su dinamismo después de la apertura, otros de importancia histórica, como cuero y calzado, han disminuido su tasa exportadora.

A pesar de presentarse un crecimiento de la tasa exportadora en algunos sectores industriales como en el caso de las sustancias químicas, los plásticos y los productos de caucho, la gran mayoría de éstos aún no presentan una orientación importante hacia el mercado internacional. Las ventas externas continúan siendo muy bajas para las expectativas que se tenían frente al cambio del modelo de desarrollo. Los actuales niveles del coeficiente de exportación de la industria y su escasa diversificación no permiten que las exportaciones se conviertan en motor de crecimiento de la economía colombiana.

GRÁFICA I
CRECIMIENTO DE LAS EXPORTACIONES, 1985-1995

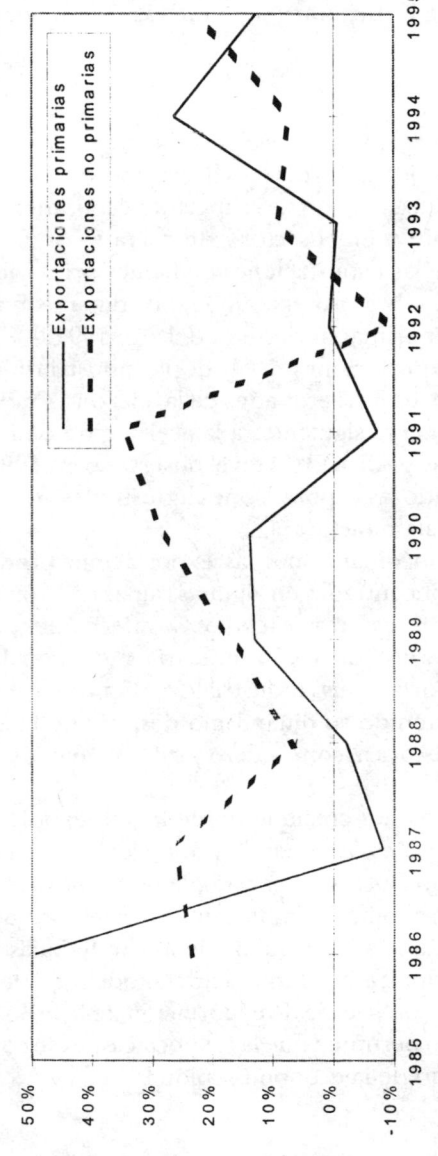

FUENTE: Cálculos propios sobre la base de datos del Departamento Administrativo Nacional de Estadísticas (DANE).

GRÁFICA 2
COEFICIENTE DE EXPORTACIONES INDUSTRIALES, 1982-1995
(*porcentajes*)

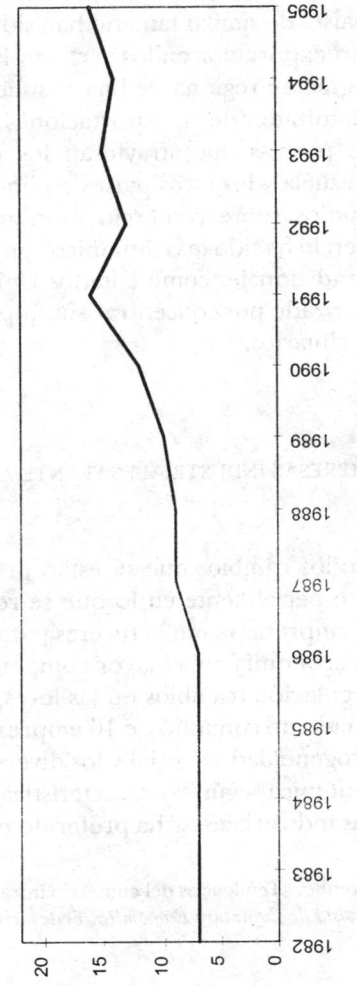

FUENTE: Departamento Administrativo Nacional de Estadísticas (DANE).

Varias son las razones que explican el escaso dinamismo exportador. La revaluación del peso, que se presentó en los primeros años de la apertura económica, es tal vez la explicación más importante al patrón antiexportador y de la "reprimarización" de la actividad productiva. Esto es paradójico si se tiene en cuenta que la apertura económica buscaba precisamente dinamizar el sector externo. También influyó en esa tendencia la débil coordinación entre las instituciones encargadas de ejecutar la política comercial.

Frente a la revaluación de la tasa de cambio y el escaso desarrollo institucional en la aplicación de la política comercial, los acuerdos de integración comercial con países de similar tamaño han sido un factor determinante del dinamismo exportador en los sectores industriales en los últimos años. La integración regional se ha consolidado como el principal instrumento dinamizador de las exportaciones, a pesar de las dificultades económicas por las que atraviesan los principales socios en los acuerdos (Venezuela y los otros países andinos).

De acuerdo con los estudios sobre comercio intraindustrial en Colombia,[3] este tipo de comercio ha sido más dinámico con Venezuela y Ecuador, que con socios tradicionales como Estados Unidos (véase cuadro 2), que se han caracterizado por concentrar sus importaciones desde Colombia en bienes primarios.

6.2. LA ESTRATEGIA DE LAS EMPRESAS INDUSTRIALES FRENTE A LA APERTURA

Para comprender los profundos cambios que se están produciendo en la industria colombiana, especialmente en lo que se refiere a las formas que han utilizado las empresas manufactureras para enfrentar el proceso de apertura de la economía, una mayor competencia y los cambios en las formas de regulación (cambios en las leyes, normas y reglamentos), se ha seleccionado un conjunto de 16 empresas (véanse cuadros 3 y 4). Dada la heterogeneidad sectorial y los diversos efectos que produce la apertura económica según las características estructurales de cada una de las ramas industriales, se ha preferido utilizar una

---

[3] Véase, por ejemplo, Carlos Pombo, "Tendencias del comercio intraindustrial en Colombia y sus determinantes", *Revista de Coyuntura Económica*, Fedesarrollo, Bogotá, I-1995.

CUADRO 2

CRECIMIENTO DE LAS EXPORTACIONES INDUSTRIALES SEGÚN PAÍS DE DESTINO, 1992-1994

(*tasas porcentuales promedio*)

Estados Unidos	Venezuela	Ecuador	Perú	Chile	México	Otros países	Total
3.4	18.0	37.3	15.8	10.7	29.6	−0.3	6.0

FUENTE: Carlos Pombo, "Tendencias del comercio intraindustrial en Colombia y sus determinantes", *Revista de Coyuntura Económica*, Fedesarrollo, Bogotá, I-1995.

muestra basada en criterios múltiples y no simplemente elegida en función de dos o tres variables como crecimiento en las ventas, monto de las exportaciones o aumento del empleo.

CUADRO 3
EMPRESAS DE LA MUESTRA

Empresas	Principal producción
Acerías de Colombia (Acesco)	Lámina galvanizada
Bavaria S.A.	Cerveza
Carvajal S.A.	Impresos
Compañía Colombiana Automotriz (CCA)	Vehículos
Compañía Colombiana de Tejidos S.A. (Coltejer)	Tejidos planos de algodón
Distral S.A.	Equipos metalmecánicos
Fábrica de Hilados y Tejidos El Hato S. A. (Fabricato)	Tejidos planos de algodón
Industria Colombiana de Electrónicos y Electrodomésticos (INCELT)	Aparatos de sonido y TV
Monómeros Colombo-Venezolanos S.A.	Abonos, caprolactama
Petroquímica Colombiana S.A.	Policloruro de vinilo (PVC)
Pisos de Asfalto y Vinilo de Colombia S.A. (PAVCO)	Tubos de PVC
Poliolefinas Colombianas S.A. (Policolsa)	Polietileno
Productora de Papeles S.A. (Propal)	Papel blanco
Productos Alimenticios Alpina S.A.	Derivados lácteos
Smurfit Cartón de Colombia S.A.	Liner y cartón corrugado
Sociedad de Fabricación de Automotores S.A. (Sofasa)	Vehículos

FUENTE: El autor a partir de datos de las empresas.

El universo del cual se ha seleccionado la muestra está constituido por las empresas grandes –200 o más trabajadores según la clasificación del Departamento Administrativo Nacional de Estadísticas (DANE)– sobre las que existe información confiable y continua desde mediados de la década de los años ochenta hasta 1994. Estas empresas grandes, que son las únicas con capacidad de ejercer impactos directos sobre la dinámica de otras, realizaron 61% de la producción, 67% de las exportaciones y 51% del empleo de la industria manufacturera en

1995. Las ventas totales de las 16 empresas de la muestra alcanzaron a 3 459 millones de dólares en 1994, de los que 221.8 millones correspondieron a exportaciones (véase cuadro 5). Para llevar a cabo sus actividades ese año importaron directamente bienes por 978.1 millones de dólares, en su mayor parte productos manufacturados. Sus utilidades ese año fueron de 240.3 millones de dólares, al tiempo que generaron unos 32 000 empleos.

CUADRO 4
VENTAS Y EMPLEO DE LAS EMPRESAS DE LA MUESTRA EN 1994
(mdd y número de empleos)

Empresa	Ventas	Personal
Acerías de Colombia	51.8	300
Alpina	160.6	2 488*
Bavaria	659.9	5 200
Carvajal	291.9	4 912
Cía. Colombiana Automotriz	461.4	1 530
Coltejer	260.0	4 759
Distral	140.3	1 364
Fabricato	177.5	4 929
INCELT	38.7	471**
Monómeros Colombo-Venezolanos	208.5	872
PAVCO	102.0	494
Petroquímica Colombiana	167.1	530
Poliolefinas Colombianas	67.2	80
Propal	180.0	1 503
Smurfit Cartón de Colombia	210.6	1 959
Sofasa	281.9	873

FUENTE: El autor a partir de datos de las empresas.
* Información para 1993.
** Información para 1991.

Se excluyeron de la muestra las empresas grandes en ramas industriales caracterizadas por producir bienes no transables (definidos dentro del contexto de la economía colombiana), razón por la cual no aparecen empresas productoras de cemento, fabricantes de ladrillo, molinos, productoras de alimentos varios y embotelladoras de bebidas gaseosas.

CUADRO 5

VENTAS, EMPLEO, IMPORTACIONES Y EXPORTACIONES PARA EL TOTAL
DE EMPRESAS DE LA MUESTRA
(millones de dólares y número de empleos)

	1985	1990	1994
Ventas	1 701.6	2 162.2	3 459.0
Empleo	34 891	37 488	32 264
Importaciones	299.5	534.9	978.1
Exportaciones	98.5	144.2	221.8

FUENTE: El autor a partir de datos oficiales y encuestas.

Para las principales ramas industriales de bienes transables –de acuerdo con su participación en el volumen de la producción– se seleccionaron las empresas más representativas, teniendo en cuenta además la dinámica de innovación –nuevas tecnologías, nuevos productos y nuevas formas organizativas– que ellas han generado.

De las 16 empresas estudiadas, seis (con 53% de las ventas de la muestra en 1994) pertenecen a grupos económico-financieros locales, cuatro son mayoritariamente propiedad de empresas multinacionales (28% de las ventas), dos son estatales (8% de las ventas) y cuatro (11% de las ventas) son nacionales independientes. En el cuadro 6 se presentan las principales características de las empresas de la muestra, que se ordenan según su principal sector de actividad.

CUADRO 6

EMPRESAS SELECCIONADAS SEGÚN ESTRUCTURA DE LA PROPIEDAD

Empresas de grupos empresariales	Bavaria, Coltejer, Carvajal, Fabricato, Sofasa, Petroquímica Colombiana
Empresas de inversionistas extranjeros	Propal, Smurfit Cartón de Colombia, Compañía Colombiana Automotriz, PAVCO
Empresas estatales	Policolsa, Monómeros Colombo-Venezolanos
Empresas nacionales independientes	Distral, Alpina, INCELT, Acesco

FUENTE: El autor a partir de datos de las empresas.

6.2.1.1. Sector de alimentos

La mayor parte de la producción de la industria alimentaria en el país puede ser considerada como de bienes no transables debido a los costos de transporte, la inadecuada infraestructura física existente para manipular productos alimenticios y los costos para establecer un sistema de distribución. Así, gran parte de la importación de productos alimenticios procesados es llevada a cabo por las grandes empresas, que han gozado del monopolio de la producción de una amplia gama de bienes y cuentan con extensas redes de distribución en el país, las que han utilizado para comercializar productos importados con el propósito de ampliar la gama de bienes ofrecidos.

Productos Alimenticios Alpina

Productos Alimenticios Alpina ha presentado un rápido crecimiento de sus ventas entre 1990 y 1994 (39.5% en promedio) colocándose entre las 16 empresas industriales de mayor crecimiento en ventas a nivel nacional durante ese periodo. Su éxito se ha basado en la capacidad para movilizar las potencialidades existentes en su interior para satisfacer las necesidades de sus clientes. Los elementos centrales en la estrategia de Alpina han sido:

a] La definición de una misión y visión de la compañía, compartida por sus integrantes, a partir de la que se estructuran todas sus actividades. La empresa ha definido su misión como la de "ser la organización líder en el desarrollo, producción y mercadeo de derivados lácteos y alimentos procesados, para satisfacer los gustos y las necesidades de los consumidores principalmente del mercado colombiano, con calidad, servicios, innovación y eficiencia". A partir de esa misión, la empresa estructuró su sistema de planificación que incluye programas y acciones específicas. Particular importancia se otorga a los mecanismos de comunicación de doble vía –de abajo hacia arriba y viceversa– entre los distintos niveles de la empresa.

b] Una decidida orientación de la acción de las unidades de mercadeo, ventas y logística hacia el servicio al cliente. La investigación como base para identificar las necesidades y gustos del consumidor se convirtió en la premisa básica del *marketing* desarrollado por Alpina. El resultado es la introducción permanente de productos para cada uno de los diferentes segmentos de consumidores. En un sector productivo en el cual las tecnologías son libres y de fácil acceso, la única manera de mantener las posiciones adquiridas en el mercado es mediante la calidad de los productos y la pertinencia y oportunidad de la oferta de los mismos, consolidando la capacidad de llegar a los consumidores potenciales en forma oportuna y desarrollando lealtad hacia sus marcas.

c] Una presencia extensiva e intensiva en su mercado. Los sistemas de distribución de la compañía descansan en dos pilares: i] presencia en todo el país a través de una completa red de distribución (Alpina cuenta con una gran flota de camiones refrigerados) y ii] aumento de contactos con los clientes (95 000), los que son visitados periódica y sistemáticamente, de forma tal que toda la gama de productos siempre esté en los almacenes detallistas a disposición del público. El objetivo es que no se presente una ruptura en el proceso de ventas; esto ha implicado esfuerzos especiales en la organización de la empresa. Cada vendedor dispone de toda la gama de productos que vende a cada uno de los detallistas a su cargo y puede programar sus visitas para abastecer oportunamente cada uno de los puntos de venta.

El éxito alcanzado por Alpina en colocar sus productos en el mercado colombiano y penetrar los mercados venezolanos y ecuatorianos llevó a la compañía a expandir su capacidad de producción, para lo cual le compró a la Nestlé una planta que tenía en las cercanías de Bogotá, en la que precisamente se elaboraban los productos que competían con los fabricados por Alpina.

6.2.1.2. Sector bebidas (cerveza)

La muestra incluye una empresa de este sector debido a su importancia dentro de la industria manufacturera colombiana y a los profundos cambios que ha sufrido la estructura de su mercado en los últimos años. Tradicionalmente la producción de cerveza fue monopolizada por el grupo Santo Domingo,[4] propietario de las tres cervecerías existentes

---

[4] Los cuatro mayores conglomerados económicos colombianos son: Sindicato Antioqueño (cemento, seguros, alimentos, finanzas, comercio minorista, textiles, etc.), Santo Domingo (cerveza y bebidas sin alcohol, aerolíneas, construcción, seguros, finanzas, automotriz, etc.), Organización Sarmiento Angulo (finanzas, telecomunicaciones, construcción, química, cemento, etc.) y Organización Ardila Lülle (bebidas, textiles, agroindustrias, vidrio, etc.). En 1995, las ventas consolidadas de esos grupos

en el país: Bavaria, Unión y Águila. En 1994, el grupo debe enfrentar nueva competencia al crearse la Cervecería Leona, propiedad del grupo Ardila Lülle (segundo conglomerado nacional), oligopolio tradicional en la producción de bebidas gaseosas. Simultáneamente se consolidó una nueva fábrica regional, creada al inicio de los años noventa: Ancla. Las nuevas empresas lograron capturar alrededor de 10% del mercado nacional.

Cervecería Bavaria S.A.

Esta empresa manufacturera es la más antigua del país –creada en 1890– y la más grande de acuerdo con el monto de ventas. En los últimos años ha construido nuevas plantas y ha impulsado la modernización de parte de las antiguas. Entre los cambios tecnológicos más importantes que se han introducido en las nuevas plantas se encuentran:

i] Procesos de dilución propios de la industria de gaseosas.

ii] Producción a "cielo abierto", que consiste en el almacenamiento de la cerveza en proceso en tanques verticales de acero inoxidable, similares a los utilizados en la industria química o de refinación de petróleo, y no en las tradicionales cavas (tanques subterráneos de cobre); esto reduce el costo de las inversiones.

El centro de la innovación en los sistemas de fabricación ha sido el cambio (parcial) en las tecnologías de producción. Para ello, la empresa ha desarrollado un complejo sistema de planificación dirigido a la renovación del equipamiento de sus plantas. Su estrategia de desarrollo ha estado subordinada a la estrategia corporativa como un todo.

a] Apertura y competencia. Como se señaló, la apertura de la economía colombiana coincidió con la pérdida del monopolio que gozaba Bavaria en el mercado de la cerveza. Sin embargo, la reducción en la participación no se tradujo en un menor volumen de ventas, las que,

fueron equivalentes a 20.7% del PNB colombiano, correspondiendo a Sindicato Antioqueño, 5 183 millones de dólares; Santo Domingo, 4 518 millones; Ardilla Lülle, 1 986 millones, y Sarmiento Angulo, 1 797 millones. El mayor grupo manufacturero fue Santo Domingo, con ventas de 2 326 millones de dólares en ese sector. Para información adicional, véase Arbeláez, Harvey, *Economic Groups and Globalization in Colombia*, XX Congreso Internacional de la Latin American Studies Association (LASA), Guadalajara, México, 17-19 de mayo de 1997.

por el contrario, crecieron 11% en volumen en 1994. Los principales competidores de Bavaria son:

Pola. Cerveza venezolana introducida de contrabando, especialmente en los departamentos de la Costa Atlántica.[5] La presión ejercida por los entes territoriales y Bavaria para combatir el contrabando y contrarrestar las pérdidas fiscales obligó a la importación legal de esta cerveza.

Leona. Al inicio de 1994 salió a la venta esa cerveza, producida por el grupo Ardila Lülle, que basó su estrategia en colocar el producto a través de grandes descuentos promocionales (al igual que en el mercado de gaseosas) y una botella con mayor contenido (350 cc y no 333 cc). La introducción de la nueva cerveza y la réplica de Bavaria generaron una activa campaña publicitaria y la búsqueda de nuevos nichos de mercado, todo lo que resultó en una rápida expansión de la demanda. La participación global de Leona en el mercado nacional de cerveza se ha mantenido en torno al 10% y los directivos de Bavaria no creen que vaya a incrementarse en el futuro.

Ancla. Una tercera empresa fue creada al inicio de los años noventa para la producción de cerveza, sin embargo, es tan pequeña que prácticamente no tiene peso en el mercado. Un fenómeno similar sucede con las marcas conocidas internacionalmente, pues sus precios sustancialmente mayores no pueden competir con los de la oferta nacional. La eficiencia alcanzada en la integración vertical de la producción nacional de cerveza hace que sus precios de venta (0.20 dólares por botella) sean prácticamente inalcanzables por el producto importado.

b] Integración vertical. En el cuadro 7, se detallan las empresas del grupo Santo Domingo asociadas a la producción de cerveza y otras bebidas.

La integración vertical del sistema de distribución que tiene la compañía permitió una activa estrategia de la ampliación de la gama de bienes producidos por el grupo Santo Domingo.

---

[5] Las importaciones (legales y de contrabando) son inferiores a 2% de la producción nacional de cerveza.

CUADRO 7

Empresa	Producto principal
Bavaria S.A.	Cerveza, otras bebidas
Cervecería Águila S.A.	Cerveza, otras bebidas
Cervecería del Litoral S.A.	Cerveza, otras bebidas
Colenvases S.A.	Producción de envases de aluminio
Malterías de Colombia S.A.	Malta
Malterías Unidas S.A.	Malta
Tutti Frutti	Concentrados y jugos de frutas
Orense	Jugos, conservas
Conalvidrios S.A.	Envases de vidrio
Cajas Plásticas	Cajas para cerveza
Tapas La Libertad	Tapas para botellas
Cervecería Unión	Cerveza
Impresora del Sur S.A.	Etiquetas para la industria de la cerveza

FUENTE: El autor a partir de datos de la empresa.

c] *Nuevos productos.* Bavaria ha ingresado en nuevos mercados o en mercados tradicionales con nuevos productos, entre los que destacan: i] *Agua embotellada.* Mercado en rápido crecimiento (30% anual), en el que el producto elaborado por Bavaria ("Agua Brisa") ha logrado una buena posición en el mercado nacional, llegando a controlar 15% del mismo, ii] *Refrescos.* Con los nombres de "Konga", "Wizz" y "Link", Bavaria se introdujo en el mercado de las colas (excluidas las negras) y logró implantar sus productos en una plaza ampliamente disputada, iii] *Jugos.* "Tutti Frutti" y "Orense" son las marcas con las que Bavaria se ha introducido al mercado de jugos. La última era conocida previamente por el público, y iv] "Pony Malta" y "Pola y Cola". El primero es un producto tradicional de la compañía que con el segundo, igualmente de amplia aceptación por el público, representan el 24% del mercado de aguas, refrescos y gaseosas.

d] *Estrategia de desarrollo.* Para comprender la estrategia de expansión de Bavaria es necesario considerar a la empresa como uno de los *holdings* del grupo económico-financiero más grande del país. Así, las utilidades operacionales de Bavaria sólo fueron la quinta parte del total de utilidades del grupo en 1994. Cuatro vectores marcan el proceso de expansión de Bavaria y sus empresas directamente afiliadas:

i] Generación de excedentes para acumular en los sectores no transables de rápido crecimiento y elevada rentabilidad como telefonía celular, radio, televisión, generación de electricidad, petróleo y su refinación, gas y sector financiero.

ii] Ampliación de la gama de bienes elaborados en las cervecerías que permitan aprovechar las sinergias del grupo. La introducción de nuevas marcas de agua embotellada, refrescos y jugos busca conquistar mercados en expansión, en los que las empresas del grupo no operaban con anterioridad.

iii] Modernización sistemática del conjunto de empresas relacionadas directamente con la fabricación de bebidas. Anualmente se dedica el equivalente al 6% de las ventas a inversiones en modernización de las plantas, monto que no incluye las grandes inversiones como la nueva planta cervecera de Tibasosa, y la Maltería Tropical de Cartagena, llevadas a cabo en 1992 y 1993, y la nueva cervecería de Cúcuta, en proceso de construcción para abastecer el mercado nortesantandereano y penetrar el mercado venezolano.

iv] Participación a través de la empresa LADCO (capitalizada en 15 millones de dólares en 1994) en cervecerías en Ecuador, Portugal y España, convirtiendo así al grupo Santo Domingo en uno de los principales productores de cerveza a nivel mundial. Bavaria genera más fondos que los requeridos para mantener su posición en el mercado, de ahí su diversificación hacia otras actividades, tanto transables como no transables, y la búsqueda de inversiones en el extranjero en el campo de la cerveza, que les permite aprovechar su *know how* y las sinergias generadas por la integración vertical.

Cambios organizativos. Las principales transformaciones –que dieron lugar a un incremento en la productividad laboral de 3.8% en 1995– fueron:

i] Adecuación y modernización de los sistemas de distribución mediante reingeniería.

ii] Reorientación de la empresa hacia el servicio al cliente. Para ello se creó la Vicepresidencia de Mercadeo; la Vicepresidencia de Contraloría asumió la división de servicio al cliente; se crearon centros de servicio al cliente en las ciudades donde existen plantas; se introdujeron métodos *kaisen* en las plantas y se diseñó un nuevo escalafón salarial para los profesionales y jefes de departamento.

iii] Desarrollo de un proceso de planificación estratégica

iv] Introducción de sistemas de computación en la totalidad de los procesos de venta y de compras.

v] Optimización de procesos.

6.2.1.3. Sector textil

En los años sesenta, este sector presentaba un alto grado de modernidad, sin embargo, a mediados de los años setenta tal afirmación había dejado de ser cierta. Las empresas textiles se habían adaptado a las condiciones locales de forma tal que no aprovechaban los frutos del progreso técnico que se venían produciendo a escala mundial.

Dentro de la ISI, el gobierno colombiano, a comienzos de los años cincuenta, decidió elevar apreciablemente los impuestos de importación a la hilaza y prohibir la importación de telas acabadas, con el objetivo de fomentar el desarrollo de la producción algodonera en el país. Como resultado, en una década el país se convirtió en exportador neto de algodón. Esa política tuvo el siguiente impacto sobre la industria textil:

i] Aceleración del proceso de integración vertical y horizontal de las empresas. Las grandes empresas textiles, creadas en las dos primeras décadas del siglo, se expandieron fundamentalmente mediante la absorción de empresas de menor tamaño. En general, la industria textil, en la primera mitad del siglo, se sustentó en "moler aranceles". La medida de incrementar los aranceles para las hilazas fue un golpe mortal para las empresas que no tenían la capacidad y la solvencia económica para instalar la sección de hilandería.[6] Bajo estas circunstancias se produjo la salida de todos los productores que no lograron integrarse verticalmente, algunos de los cuales fueron absorbidos por las empresas integradas, consolidándose así el poder oligopólico de tres grandes empresas.

ii] La apreciable elevación de las barreras a la entrada de nuevos productores obligó a las empresas oligopólicas a proteger su mercado de posibles competidores externos mediante la oferta de una amplia gama de bienes, de forma tal que las autoridades gubernamentales encargadas de manejar el comercio administrado nunca autorizaran

---

[6] Esta sección, a diferencia de la tejeduría en la cual se pueden llevar a cabo ampliaciones por adición de unidades individuales –telares–, requiere cuantiosas inversiones ya que cada módulo cuenta con miles de husos que no se pueden adicionar poco a poco.

la importación de textiles bajo el argumento de que no eran producidos localmente.

Esto condujo a que se desencadenaran procesos de concentración y centralización de capitales (particularmente en tejidos de algodón) y de integración vertical que dieron como resultado que la industria textil colombiana actualmente sea una de las más integradas del mundo, pues prácticamente no hay ninguna empresa que se dedique exclusivamente a la tejeduría, la hilandería o los acabados de productos de algodón. Las tres grandes empresas en el campo del algodón elaboran una amplia gama de productos que van desde telas muy finas para corbatas hasta lonas para carpas. Dos elementos caracterizaban a las empresas textiles de algodón:

i] Una integración vertical excesiva en la que hasta los servicios industriales eran producidos por las mismas empresas.

ii] Una excesiva producción de referencias que no respondía a ninguna racionalidad económica.

La estrategia de expansión de las empresas se basó en explotar el mercado interno y evitar la entrada de nuevos productores, de ahí la integración vertical total que hizo imposible el acceso de nuevos productores en negocios específicos (tejeduría, hilandería, acabados) y exigió montos de inversión considerables para establecer plantas integradas. El exceso de protección que el Estado otorgó a los textileros fue un "presente griego", que si bien, de una parte les permitió obtener beneficios extraordinarios, de otra los presionó a una integración vertical excesiva y a la producción de una gama de bienes más allá de toda racionalidad. La apertura económica convirtió estos dos pilares de éxito económico en un pesado lastre, del que las empresas aún no han podido desprenderse del todo. La cultura corporativa, las rutinas de gestión y las actitudes estratégicas de las empresas se constituyeron en torno a esos pilares y, en los pocos años de apertura, aún no han logrado construir una nueva visión de su entorno.

La crisis de mediados de los años setenta fue la primera campanada de alerta del sector, con la cual las grandes textileras, o por lo menos una parte de sus cuadros de dirección, empezaron a cuestionarse sobre el camino de expansión seguido por la industria a lo largo de la década de los sesenta. La crisis de 1981-1982 replanteó la necesidad de modernización de las empresas y la utilización de nuevas tecnologías. Para una mejor comprensión de la industria textil colombiana, ésta se puede dividir en dos grandes grupos:

i] *Medellín*. Reducido número de empresas (tres). Utilizan telares planos, algodón y están profundamente integradas. Son sociedades anónimas que venden a través de distribuidores.

ii] *Bogotá*. Tejido de punto, de material sintético, con bajo nivel de integración. Son sociedades familiares, con distribución integrada en la empresa. Gran participación de la colonia judía.

Las dos empresas más importantes de la rama textil fueron creadas en las dos primeras décadas del siglo. Las más destacadas del sector son la Compañía Colombiana de Tejidos S.A. (Coltejer) y la Fábrica de Hilados y Tejidos El Hato S.A. (Fabricato), la primera del grupo Ardila Lülle y la segunda del Sindicato Antioqueño, las que iniciaron su proceso de modernización a mediados de los años setenta, renovaron parcialmente su maquinaria, remplazaron parte de los telares de lanzadera por telares sin lanzadera, modernizaron el sistema de acabados y reformaron las hilanderías, todo ello dentro de un marco de altos niveles de protección.

Con el proceso de apertura, la importación legal de tela y el contrabando alcanzaron elevadas proporciones y los productores perdieron parte apreciable del mercado local. La reacción de las textileras ha sido:

i] "Desengrasar" las compañías. Una proporción creciente del personal está bajo contrato temporal y el empleo se ha reducido de forma apreciable. No obstante, no se han logrado avances significativos en materia de flexibilidad a partir de los procesos de desintegración.

ii] Se han hecho esfuerzos en la redefinición de la canasta de bienes producidos, pero aún falta mucho por hacer. Se requiere una mayor compenetración de las áreas de planeamiento, *marketing* y comercialización.

iii] Se han desarrollado estrategias para agregar valor a los productos elaborados mediante la creación de grandes empresas confeccionistas. Se ha incursionado, con cierto éxito, en el desarrollo de moda y confección.

iv] Se ha rediseñado los esquemas de distribución. Durante un periodo prolongado, antes de que los grupos mencionados tomaran el control de estas empresas, las direcciones de las mismas habían seleccionado los distribuidores y les habían otorgado concesiones excesivas en términos de descuentos, financiación y reintegro de mercancías.

v] El ingreso de la moda y las capacidades tecnológicas adquiridas en el proceso de acabado han dado lugar a que la inmensa mayoría de las telas exportadas sean telas acabadas, cuando hasta hace muy poco tiempo se exportaban telas crudas.

Los textiles importados legalmente han tomado alrededor de 30% del mercado y las empresas se han defendido, al menos parcialmente, a través de la especialización y la racionalización de sus procedimientos. Sin embargo, el contrabando, la subfacturación (lavado de dólares) y la creciente informalidad de la cadena de textil y confecciones han generado importantes limitaciones para el crecimiento de las empresas.

Como se verá más adelante, los grupos económicos más importantes del país han desplazando su foco de interés desde la industria manufacturera hacia los bienes no transables, particularmente los servicios de alto valor agregado,[7] pues la rentabilidad en esos sectores es sustancialmente mayor que en los sectores de bienes transables. Dado que realizar las inversiones correspondientes demanda montos apreciables de fondos con alta liquidez, algunos grupos han tendido a usar el *cash flow* de sus empresas para tales inversiones. De esta forma, los proyectos de expansión y reestructuración de los sectores transables pasan a un segundo plano, y empresas como las textileras se convierten en sólo una fuente de fondos más para desarrollar proyectos fuera de las mismas.

Otra de las características de los grupos es que no están dispuestos a hacer alianzas estratégicas con inversionistas externos para acometer la reestructuración en los sectores en los que tradicionalmente han tenido un amplio dominio. Así, por ejemplo, se asocian con empresas multinacionales en telefonía celular o en el establecimiento de cadenas de supermercados, pero no en cerveza, gaseosas o textiles, en los que controlan un mercado que no quieren compartir con otros socios.

Riotex - Fabricato

Riotex es una empresa integrada filial de Fabricato, localizada en el municipio de Rionegro (Antioquia), que inició actividades hace 25

---

[7] Entre esos sectores destacan telefonía celular, generación de energía, televisión o bancos. Las políticas de apertura económica, desregulación y privatización de empresas públicas han acelerado este proceso de inversión en esos sectores a lo largo de los años noventa.

años y se ha caracterizado desde sus inicios por concentrar las innovaciones tecnológicas y administrativas de empresa. La planta está dedicada a la producción de tejido de punto, a diferencia de la Fábrica 1 dedicada al tejido plano, con capacidad de 800 000 m/m y con 650 trabajadores, en un 97% oriundos de la región. Los trabajadores tienen en promedio siete años de vinculación a la compañía y únicamente el 5% está afiliado a la Confederación Sindical de Trabajadores (CST).

a] Fuerza laboral. La idea original, tanto de Fabricato como de Coltejer hace 25 años, fue la creación de nuevas plantas industriales fuera del área urbana de Medellín (Antioquia), buscando, por una parte, una localización más barata para llevar a cabo sus planes de expansión y, por otra, de mano de obra con mayores niveles de educación formal, en una zona políticamente conservadora y sin ninguna tradición de luchas sindicales.

La base educativa de los obreros de Riotex es más elevada que el promedio de la industria textil. La casi totalidad de ellos cuenta con educación básica y parte apreciable ha terminado la escuela secundaria. A diferencia de lo sucedido en las plantas de Medellín, donde a lo largo de décadas se fue conformando un sindicato que podría ser catalogado como patronal, los trabajadores más jóvenes, sin mayores obligaciones familiares y de mayor nivel educativo, fueron más sensibles al discurso de un sindicalismo más radical y contestatario, lo cual ha generado tensión permanente entre la administración y la dirigencia obrera. Un producto de ello fue una huelga hace dos años que llevó a la destrucción del sindicato (11 afiliados hoy) y a la firma de un pacto colectivo, en lugar de una convención.

En buena medida, como se verá más adelante, la reestructuración del sector ha actuado de forma casi exclusiva sobre el sector laboral, al tiempo que se ha hecho muy poco en tecnología, equipamiento y capitalización.

b] Ventas. Las ventas de Riotex (20 millones de dólares) representan el 10% de las ventas totales de Fabricato. Actualmente la compañía exporta el 10% de su producción y espera exportar en un futuro cercano el 30%. Su estrategia es aumentar el valor agregado de sus exportaciones mediante las ventas externas de filiales o empresas asociadas como Simsa, filial de Famalca, que produce para Adidas ropa deportiva que es distribuida a diferentes países.

c] Modernización de equipos. Fabricato ha llevado a cabo una modernización sólo parcial de su equipamiento a lo largo de la última década, por lo cual no puede afirmarse que la compañía esté en capacidad de competir exitosamente en los mercados externos. El caso de Riotex es un ejemplo híbrido en materia de equipamiento: i] *Acabados*. La modernización se ha centrado en la planta de acabados que cuenta con una cocina de colores automatizada, con la tecnología más moderna, lo que le ha permitido reducir apreciablemente el volumen de agua utilizada, controlar los desechos líquidos y mejorar la calidad del producto. ii] *Tejeduría*. Se cuenta con 15 telares nuevos, dentro de un parque en el cual dominan los telares de los años setenta, que fueron una revolución en su momento, pero que hoy muestran claras señales de obsolescencia. iii] *Hilandería*. Claramente desfasada tecnológicamente.

Las inversiones requeridas para llevar a cabo una reestructuración a fondo son grandes. Aunque las perspectivas internacionales para la industria textil son buenas, el Sindicato Antioqueño, que controla Fabricato, Tejidos El Cóndor, Vicuña, Confecciones Colombia y Enka de Colombia, no ha mostrado interés en la reestructuración de su sector textil. Al igual que los otros grupos (Santo Domingo y Ardila Lülle) está más interesado en el desarrollo de sectores de bienes no transables, particularmente del sector servicios.

d] Modernización de la organización. La modernización organizativa es el otro vector de cambio en Fabricato. Dos ejes han sido desarrollados:

i] Centrarse en el negocio principal. Cada vez más los servicios industriales se contratan con terceros (alimentación, transporte, celaduría, etcétera).

ii] Aplanamiento de la organización. Las empresas filiales utilizan los servicios administrativos y comerciales de la matriz. Igualmente, se redujo el número de vicepresidencias y el número de instancias en la toma de decisiones. Se trata de crear un cambio en la cultura organizativa; en este sentido, la elaboración de una guía conteniendo los propósitos de la Vicepresidencia de Producción es un paso adelante en la persecución de estos objetivos.[8]

La apertura económica y el cambio en el entorno que ella originó generaron fuertes tensiones dentro de la organización entre las rutinas de gestión establecidas a lo largo de la ISI, cada vez menos aptas para dominar la nueva situación, y los cambios drásticos que se sucedían

---

[8] La guía se titula evocadoramente (por el origen étnico del fundador de la empresa) "El Jinete del Caballo Andaluz".

por el lado de la demanda. Como lo señala la mencionada guía al establecer la misión de la vicepresidencia de producción, "satisfacer las necesidades de los clientes, entregando en venta los productos con la calidad acordada y el tiempo de entrega pactado, ...requiere que el jefe o director de cada departamento de producción mantenga el control de todas las variables de los procesos a su cargo para mejorar la efectividad en su desempeño y así lograr el mejoramiento de sus resultados".

Esta nueva concepción otorga una mayor responsabilidad a los encargados del proceso de producción (jefes de taller, supervisores y operarios) traslada muchas actividades de planeación y preparación del trabajo que se llevaban a cabo en los departamentos de *staff* directamente a los talleres. Como señala la directiva de la Vicepresidencia de Producción, "los supervisores, jefes y directores de producción deben permanecer la mayor parte de su tiempo en el taller, controlando el proceso con una metodología definida. También deben estar en permanente contacto con los clientes, tanto internos como externos, y con sus proveedores."

Igualmente, la nueva visión, requiere un trabajo más estrecho entre la dirección y los responsables de la producción y de éstos con los supervisores y los trabajadores. Un cambio radical frente a la estructura jerárquica, profundamente rígida, en la cual la información fluye de la cima hacia la base sin ningún tipo de retroalimentación. El cambio de las aptitudes y valores de los diferentes integrantes del proceso productivo, es decir, jugar bajo las nuevas reglas, requiere de personal de todo nivel, más capacitado y con mayor disposición a trabajar en equipo.

Este tipo de personal es más fácil de formar en Riotex, donde los trabajadores tienen niveles de escolaridad mucho más elevados que en Fabricato, Pantex o Texmeralda, plantas en las que los promedios de escolaridad entre los operarios no alcanzan la educación básica. Para elevar el nivel de capacitación de la fuerza de trabajo se ha recurrido a la modalidad de operarios instructores –novedad en el medio colombiano–, mediante la cual los operarios más calificados reciben una corta formación como instructores para que, a su vez, transmitan a su compañeros sus conocimientos.

Dentro de la modernización organizativa juega un papel importante la racionalización de los procesos y la eliminación de cuellos de botella. En este marco, se ha emprendido una drástica reducción del número de referencias producidas (más del 50%), la conformación de familias de productos y la búsqueda de un cierto grado de especialización.

Coltejer

Coltejer ha hecho importantes esfuerzos de racionalización de sus inversiones en el último quinquenio. Así, dejó actividades fuera de su rubro principal, concentrándose en la producción de telas de algodón[9] y trasladó parte de la hilandería de la planta de Envigado (Antioquia) a sus instalaciones en Itagüí (Antioquia), con el objeto de reducir costos, aumentar la producción y optimizar la carga productiva de las plantas. Igualmente modernizó y amplió la capacidad de producción de la hilandería con la construcción de una nueva planta *open end*, con el fin de mejorar el montaje de una nueva línea de acabados.

Las principales estrategias seguidas por Coltejer para enfrentar la apertura, y en general la crisis que ha sufrido la industria textil, pueden sintetizarse en:

a] Mercadeo. El propósito principal de la empresa es ampliar su participación en los mercados externos y mantener su posición en el mercado interno.

i] Se espera que antes de finales de la década la empresa exporte un 50% de su producción (actualmente las exportaciones son casi el 30%). Los principales mercados de exportación son Estados Unidos, la Unión Europea, Venezuela y Ecuador. Para lograr las metas de inversión y presencia en los mercados externos, la compañía incrementó su capital en 17 millones de dólares.

ii] Se pretende generar un mayor valor agregado a las exportaciones a través de la venta de telas acabadas y confecciones. Actualmente, las exportaciones de confecciones que realiza la compañía comercializadora internacional de Coltejer representan el 12% de las ventas de ésta, teniendo como objetivo alcanzar niveles de 40%. En la actualidad, las exportaciones se llevan a cabo con diseños y marcas de los clientes del exterior.

iii] Creación de nuevos canales de distribución. Tradicionalmente, las dos grandes textileras confiaron la distribución de sus productos a

---

[9] El principal caso fue la venta de Polímeros a Enka de Colombia.

agencias independientes, a las que otorgaban amplios márgenes de descuento y otras ventajas que llegaron a hacer más rentable la distribución de textiles que su producción. La política actual es reducir los márgenes de intermediación y ampliar la cobertura de distribución propia a través de vendedoras, tanto a confeccionistas como a los almacenes de textiles.

iv] Utilización creciente de la informática. Mediante ésta se ha reducido el tiempo para cumplir los pedidos, se ha mejorado la programación de la producción y se ha optimizado el uso de la planta de acabados. Algunas grandes empresas de confección (grandes clientes) están ligadas telemáticamente con la red de informática de la compañía, lo cual permite una programación en tiempo real de los grandes pedidos.

v] Se ha hecho necesario elevar la capacitación de la fuerza de ventas, de forma tal que sea capaz de proponer determinantes de productos a los clientes y brindarles asesoría en su uso.

vi] Se han abierto oficinas de ventas en Caracas y México, D.F. para estar más cerca de los clientes.

vii] Se ha reducido en casi 50% el número de referencias producidas a lo largo de los últimos cinco años.

b] Producción

i] Se han agrupado las plantas por familias de productos y se han eliminado tres sitios de producción: Coltefábrica, Rosellón y Polímeros. Los terrenos de los dos primeros fueron posteriormente urbanizados.

ii] Se ha desarrollado un activo proceso de compras de servicios industriales, que ha conducido a la venta de activos no conexos con la producción textil, tales como la producción de almidón de yuca (Delmaíz) y una empresa de fundición (FUTEC).

iii] Se he generado un proceso de modernización de actividades y racionalización de procesos productivos, más que ampliaciones de las capacidades productivas, a través de: *a*] optimización de procesos, *b*] reducción de desperdicios (agua, vapor, fibra), y *c*] mejoras en tejeduría y acabados; el gran cuello de botella es la hilandería.

Todo lo anterior ha dado lugar a importantes reducciones de personal, al mismo tiempo que se mantienen los volúmenes de producción. En consecuencia, se han dado grandes incrementos en la productividad laboral.

c] Organización laboral

i] La eliminación de cerca del 50% de la plantilla no fue, por supuesto, del agrado de los tres sindicatos existentes en la empresa. Sin embargo, una labor de información permanente a los jefes de los sindicatos, y de éstos a sus bases, sobre la situación financiera de la empresa y de su evolución y perspectivas, y el mantenimiento de las conquistas laborales a los trabajadores que permanecen en la empresa permitieron la tácita aceptación de las acciones emprendidas por la dirección para manejar la reestructuración laboral.

ii] La carga pensional representa el 8% de las ventas y es un problema, dada la estructura de edad de los pensionados a cargo de la empresa que se prolongará por los próximos diez años, para descender rápidamente al inicio del siguiente decenio hasta algo más del 1% de las ventas. Actualmente se llevan a cabo negociaciones con el Instituto Nacional del Seguro Social (ISS) para trasladar dichas cargas de esta institución, estando por definirse la forma en que las empresas trasladarían los aportes.

iii] Capacitación de la fuerza de trabajo. La capacitación de operarios y supervisores se ha hecho en asociación con el Servicio Nacional de Aprendizaje (SENA) y la de los ingenieros textiles se ha concretado mediante la labor de asesores internacionales o por medio de la cooperación con el instituto textil de la Universidad Pontificia Bolivariana.

d] Insumos. Actualmente se importa el 50% del algodón utilizado. Sin embargo, el elevado arancel (10%) –este nivel es alto si se tiene en cuenta que, en la mayor parte de los países, no existen derechos arancelarios para importar algodón– y los costos de su adquisición, transporte y almacenamiento, hacen muy costosa su importación. En este sentido, la apertura, como posibilidad de comprar algodón en los mercados externos, no presentó las ventajas que teóricamente ofrecía.

e] Gastos financieros. La inversión en modernización de 140 millones de dólares ha significado elevados costos financieros, debido a los altos niveles de endeudamiento de la empresa. Coltejer presenta, al igual que Fabricato, los mismos problemas estructurales, en particular falta de capitalización por sus propietarios, lo que les impide entrar en un proceso activo de modernización y reestructuración industrial.

f] Organización administrativa

i] Reducción de niveles jerárquicos; aplanamiento de la organización.

ii] Reducción de gastos innecesarios. En este aspecto, prácticamente se han eliminado los programas de apoyo a la comunidad, que tradicionalmente había desarrollado la empresa en las zonas cercanas a sus sitios de producción.

iii] Un indicador simbólico de la reducción de gastos innecesarios ha sido el traslado de la presidencia y oficinas ejecutivas del centro de la ciudad a la planta de Itagüí (Antioquia).

iv] Se abandonó el planeamiento estratégico; se llevan a cabo planes anuales de producción y ventas y, por el momento, no hay interés en desarrollar planes a largo plazo, mucho menos cuando se sabe que no es posible realizar inversiones cuantiosas en el futuro inmediato.

v] En 1996, se contrató la realización de un estudio sobre las perspectivas de la industria textil con la empresa suiza Fberzi, cuyos resultados podrían, según los responsables de Coltejer y Fabricato, relanzar la discusión dentro de los grupos que controlan dichas empresas, sobre la conveniencia de concretar alianzas estratégicas con grupos nacionales y extranjeros que permitan una radical reestructuración de la industria y su articulación al mercado mundial de textiles y confecciones.

vi] Entre los técnicos hay unanimidad en considerar que no se justifica la modernización de las hilanderías de Coltejer, Fabricato y Tejicóndor y que lo que se requiere es una alianza estratégica que permita construir una gran hilandería con la tecnología más moderna que abastezca a las tres empresas.

6.2.1.4. Sector cartón y papel

Dos empresas multinacionales, Smurfit Cartón de Colombia y Productora de Papeles S.A (Propal), han dominado a través de sus filiales en la producción de papel blanco para escritura y de *liner* para empaques durante las últimas cuatro décadas. Tradicionalmente, la primera de estas empresas tenía el monopolio de la producción de *liner*, y la segunda la de papel blanco. En la práctica, había prohibición de importación para los productos de estas empresas.

La apertura de la economía se da simultáneamente con profundos cambios en las estructuras de mercado en este sector. Por una parte, Smurfit Cartón entra en el mercado de papel blanco, mediante la construcción de un nuevo molino con capacidad para 250 mil toneladas al año. Por otra, Propal compra la empresa estatal Papelcol, que estaba próxima a inaugurar su planta papelera creada con el propósito de romper el monopolio de Propal, situación que obliga a dichas empresas a hacer esfuerzos especiales para colocar parte de la producción en los mercados externos, so pena de no poder aprovechar las economías de escala y perder el hasta ahora protegido mercado interno. La estrategia seguida por ambas empresas ha sido buscar clientes externos para colocar sus excedentes de producción, en un mercado internacional que ha mostrado bruscas oscilaciones a lo largo del último quinquenio.

Las dos empresas líderes comenzaron, desde los inicios de los años ochenta, procesos de optimización del equipamiento existente, que les permitieron reducir de forma apreciable los tiempos muertos en la producción y posteriormente, hacia finales de la década, hacer ampliaciones de su capacidad productiva. Los cambios producidos se pueden clasificar de la siguiente manera:

a] Modernización organizativa. Fundamentalmente las nuevas formas de organización buscaron una mayor flexibilidad de la fuerza laboral, que dio como resultado el apreciable crecimiento de la productividad aparente del trabajo (valor de las ventas por trabajador). Los sindicatos de ambas empresas, muy poderosos y con gran capacidad de negociación en la fase anterior a la apertura, fueron prácticamente aniquilados.

b] Expansión de las capacidades de producción y modernización del equipamiento y de procesos.

c] Gastos en investigación y desarrollo forestal. Smurfit Cartón, desde los años ochenta, emprendió programas de investigación y desarrollo forestal que empiezan a producir sus frutos. En un contexto en el que los costos de producción de pulpa están determinados por el costo de la madera, los resultados obtenidos por Smurfit Cartón son del mismo orden de los alcanzados en Chile y Brasil.

Propal

A lo largo de la última década, la compañía ha llevado a cabo un activo programa de inversiones. Así, en 1986 se amplía la capacidad de la planta esmaltadora a 42 000 toneladas por año, mediante la instalación de dos nuevos sistemas de aplicación de esmalte, una calandria para acabado en máquina y una moderna embobinadora de rollos. En

1987, sistematizó totalmente su procedimiento de servicio a clientes y alcanzó, a través de procesos de optimización y eliminación de cuellos de botella, una capacidad instalada de 120 000 toneladas al año. Entre 1987 y 1990 la empresa continuó con sus programas de protección ambiental (lagunas de oxidación y filtros electrostáticos, entre otros). En 1990 adquirió la totalidad de activos de Papelcol, planta que inició sus operaciones comerciales en enero de 1992. Esta adquisición se llevó a cabo por intercambio de acciones con el Instituto de Fomento Industrial (IFI), entonces propietario de Papelcol, lo que llevó a que el Gobierno colombiano –a través del IFI– participe con el 22.1% de las acciones de la empresa.[10]

La apertura de la economía se dio simultáneamente con una duplicación de la capacidad instalada, que pasó de 116 000 toneladas por año a 236 000 toneladas por año. Al mismo tiempo, una crisis en el mercado internacional del papel, ocasionó una drástica caída en los precios internacionales; se pasó de 1 000 dólares la tonelada de papel bond a 300 dólares la tonelada. Esta situación llevó a la compañía a buscar mercados externos (Centroamérica, el Caribe y el Grupo Andino –GRAN–) para colocar sus excedentes de producción. Así, pasó de 5 000 toneladas de productos exportados en 1991 a 33 000 toneladas en 1993 y 46 000 toneladas en 1995.

La producción de la planta núm. 1 superó las 100 000 toneladas por año y en la planta núm. 2 las 79 000 toneladas por año, alcanzando ambas una utilización de capacidad de cerca de 92%. En 1994 y 1995, el logro más importante de la empresa fue la conversión a la producción de papel alcalino. Este cambio en el proceso químico se está convirtiendo en un requisito de calidad en el que Propal ha adquirido un liderazgo tecnológico, al ser la única productora de papel a partir del bagazo de caña que ha realizado este cambio.

a] Cambios organizativos. Simultáneamente con la puesta en marcha de la planta núm. 2 se introdujo un nuevo concepto en la ingeniería de procesos productivos: trabajos en equipos polivalentes y autónomos (*crew concept*), sistema que posteriormente (1994) fue introducido en la planta núm. 1. Ello ha permitido un crecimiento espectacular en la productividad laboral. Se duplicó la producción, se estableció un nuevo sitio de producción y, sin embargo, la plantilla de personal se redujo de 2 050 a 1 500 personas.

---

[10] Los otros accionistas son W. R. Grace Co. (36.2%), International Paper Co. (36.2%) y diversos accionistas colombianos (5.5%).

El nuevo sistema, basado en equipos polivalentes y autónomos, ha significado cambios profundos en las habilidades y formaciones requeridas para laborar en la empresa. Así, en la planta núm. 2 hay 300 personas directamente trabajando en Propal, de las que 43 son ingenieros y 111 tecnólogos; el 51% del personal de la planta son profesionales universitarios. Simultáneamente, hay diez contratistas con 200 operarios que se encargan de la prestación de los servicios industriales (mantenimiento, aseo, vigilancia, alimentación, etcétera).

La conformación de equipos autónomos responsables del control de calidad y de los procesos ha significado cambios profundos en las labores de supervisión (muchos de los controles, por ejemplo el reloj, se han suprimido) y de planificación del trabajo. Esto ha implicado apreciables esfuerzos en formación y calificación de los equipos. El trabajo basado en equipos autónomos también ha producido la necesidad de aplanar la organización; se redujo el número de vicepresidentes y las instancias de decisión.

b] Mejoras en la calidad del producto. Una de las preocupaciones de la empresa es mejorar la calidad de los productos y concentrarse en la producción de bienes con mayor valor agregado; razón por la cual cada vez más se introducen papeles y cartulinas esmaltados, cartulinas simples y papeles recubiertos.

c] Programa de inversiones para los próximos cinco años. El objetivo de las nuevas inversiones es reducir los costos de producción y mejorar la calidad de los papeles producidos. Todo ello apunta a:

i] *Autosuficiencia energética.* Actualmente la compañía genera el 60% de sus requerimientos energéticos; el programa prevé la construcción de una caldera gigante con un costo de 14 millones de dólares. Su objetivo es reducir el costo de energía para producir una tonelada de papel a los niveles internacionales.[11]

ii] *Optimización de procesos.* Elevar en 69 000 toneladas por año la producción, sin introducir nuevas máquinas papeleras.

iii] Aumentar en 18 000 toneladas por año la producción de papeles esmaltados, hasta las 68 000 toneladas por año.

iv] Aumentar la producción de pulpa.

v] Actualizar y modernizar los equipos (introducción de control numérico y automatismos, entre otros).

vi] Aumentar la producción de pulpa proveniente de la madera,

---

[11] Mientras en Brasil ese costo es de 80 dólares, en Propal, después de drásticas reducciones, es de 120 dólares.

para sustituir importaciones. Actualmente el papel es producido en un 90% con bagazo de caña y 10% con pulpa de madera importada. El proyecto en proceso de desarrollo es producir la madera en el país para remplazar la totalidad de la pulpa importada.

d] *Fortalecer otras inversiones.* Propal controla las siguientes empresas (se incluyen porcentajes de participación): i] Prodesal (30.1%) tiene acceso privilegiado al abastecimiento de soda y cloro; ii] Faenza, S.A. (94%) es una empresa convertidora y distribuidora de papel en Bogotá; iii] Casa Clavería S.A. (49%), el segundo productor de cuadernos más grande del país y el principal productor de sobres, asegurando un mercado ampliado en un segmento importante de la producción de papel. Esta empresa, al igual que Sobre y Manilas, fue adquirida en asociación con Carvajal, y iv] Resmas y Resmillas de Barranquilla (100%) es una empresa convertidora que está en buena posición para contrarrestar la introducción de papeles de contrabando en la costa.

6.2.1.5. Industria de artes gráficas

La industria de artes gráficas logró mantener en la década de los ochenta altas tasas de crecimiento, articulándose exitosamente a los mercados internacionales, mucho antes de que se iniciara el proceso de apertura de la economía colombiana. En este sentido, la apertura ha tenido poca influencia sobre su comportamiento.

El sector se ha caracterizado por la alta disposición para adoptar innovaciones tecnológicas que mejoren su productividad y competitividad. A diferencia de los países desarrollados y algunos de América Latina, que contaban al inicio de los años ochenta con una gran industria editorial que se vio entorpecida por las dificultades que tuvieron para introducir las innovaciones tecnológicas debido a la resistencia laboral, en Colombia tal problema no se presentó. Al contrario, el sector fue ampliamente receptivo a la innovación, lo que se ha traducido en una sustancial caída en la participación de los costos de mano de obra dentro de los costos totales. Tanto las innovaciones tecnológicas incorporadas, como los cambios en la organización del trabajo, han sido factores determinantes del aumento de la productividad. La mayor limitante encontrada por la industria para elevar su productividad es la calificación de la fuerza de trabajo.

Carvajal S.A.

Esta empresa fundada en Cali (Valle) en la primera década del siglo se ha convertido en líder del sector. Desde los años cincuenta, ha estado a la vanguardia en la introducción de innovaciones tecnológicas y nuevas formas organizacionales, y ha sido una de las primeras empresas manufactureras en exportar al inicio de los años setenta. Ha marcado la pauta de expansión al conjunto de la industria de artes gráficas en el país.

Actualmente la empresa está en proceso de profunda reorganización. Se ha dividido en ocho filiales con el propósito –como lo señala su presidente– de acercar los distintos negocios a los clientes, de forma tal que cada empresa pueda tomar sus decisiones en forma expedita. Bajo esta nueva organización, un *holding* manejará ciertos temas comunes a toda la organización, como son los recursos humanos y la capacitación, y la investigación y el desarrollo; las empresas individuales se dedicarán a especializarse cada vez más en lo mejor que hacen. Según el presidente de Carvajal: "...antes de la apertura, la diversificación era factible porque los mercados estaban protegidos, pero ahora Carvajal tiene que concentrarse en aquellas actividades en donde realmente tiene ventajas competitivas".

Para Carvajal, el mercado estratégico es América Latina; actualmente el 25% de los ingresos de la empresa provienen de las exportaciones, para lo cual ha establecido filiales en más de un docena de capitales latinoamericanas, como también en Barcelona y Miami; adicionalmente, mediante alianzas con grandes empresas editoriales, lleva a cabo ediciones conjuntas.

La especialización ha ido acompañada de un recentramiento de sus procesos productivos; una proporción cada vez mayor de los servicios industriales son comprados a terceros. La empresa tiene una gran tradición en estos cambios; así, por ejemplo, en los años sesenta salió del campo de la tipografía mediante la venta de las máquinas planas a sus obreros que se jubilaban y, al asesorarlos para que montaran las nuevas empresas y sirvieran a sus antiguos clientes, valorizó un parque de maquinaria –obsoleto, para la empresa– e impidió que sus antiguos clientes se dirigieran hacia las dos o tres grandes empresas que competían muy de cerca con Carvajal.

A partir de la apertura la empresa ha desarrollado una nueva estrategia corporativa que le permite capitalizar las ventajas construidas en el pasado. Especialización (*benchmarking*), recentramiento de procesos (*outsourcing*) y alianzas con editoriales de prestigio son las palabras clave de la nueva estrategia.

6.2.1.6. Sector de bienes de capital

Los procesos de apertura, privatización y desregulación de la actividad económica fueron profundamente negativos para la mayoría de las empresas productoras de bienes de capital de América Latina, centradas en mercados locales, basados en la dinámica de la demanda gubernamental. Dos empresas líderes del sector en Colombia se analizan a continuación: Distral y Acesco.

Distral S.A.

Para Distral, empresa líder en el país en la producción de bienes de capital, particularmente de calderas, grupos electrogeneradores y carpintería metálica pesada, los resultados de la apertura han sido diferentes debido a la conjunción de dos circunstancias particulares que se dieron por azar y que le permitieron un acelerado crecimiento (sus ventas casi se quintuplicaron entre 1991 y 1994). El racionamiento eléctrico de 1992 y el desarrollo de los campos petroleros del Arauca (región noroccidental del país) permitieron a esta empresa, líder en el suministro de equipos para los sectores energético y petrolero, una rápida expansión y un incremento importante en sus resultados, que pasaron de pérdidas de $2 533 millones en 1991, a beneficios por $5 277 millones en 1994 (equivalente a 5.9 millones de dólares).

En los años ochenta, la compañía tenía una amplia experiencia en el mercado de exportación de calderas y otros equipos a Centroamérica, el Caribe y los países del Acuerdo de Cartagena. Sin embargo, la reducción de la actividad estatal en la región disminuyó radicalmente sus ventas y los beneficios se convirtieron en pérdidas. Sólo la coyuntura favorable del año 1992 permitió modificar la situación, pero igualmente conllevó un cambio fundamental en la estrategia de la compañía.

Muchos de los nuevos proyectos de generación de energía o explotación petrolera, actualmente no sólo demandan el suministro de equipo sino la prestación de un servicio. La entrada a la era de los sistemas de contratación BOT (Build, Operate and Transfer) y BOMT

(Build, Operate, Manufacture and Transfer) ha implicado un cambio radical en la filosofía y las formas organizativas de la empresa: se pasó de ser productor de bienes a productor y prestador de servicios. También ha llevado a la valorización de complejos procesos de ingeniería financiera y la constitución de alianzas estratégicas con empresas especializadas en la prestación de servicios y el financiamiento para la construcción de grandes proyectos de inversión. Dentro de las alianzas estratégicas llevadas a cabo, integrando consorcios para la ejecución de proyectos específicos, sobresalen las realizadas con la empresa sueca ABS y la American Lancaster Steel Co.

Acerías Colombianas (Acesco)

Acesco, empresa fundada en 1970, es la mayor productora de acero galvanizado en el país, con una capacidad de producción de 75 000 toneladas por año. A raíz de la apertura comercial, trasladó su planta de galvanización de Bogotá a Barranquilla (Atlántico). El principal insumo es el acero laminado en frío (*cold rolled*) que tradicionalmente se ha importado, de ahí la importancia de la localización en la zona costera.

a] *Estrategia de expansión.* La empresa decidió integrarse verticalmente hacia la producción de su principal materia prima (*cold rolled*) y está en proceso de montar una planta de laminación, en una primera instancia de 250 000 toneladas por año, con posibilidades de ampliación a 400 000 toneladas por año. La inversión prevista es de 31.4 millones de dólares.

Se prevé llevar a cabo una segunda fase de ampliación, a 400 000 toneladas por año, cinco años más tarde de la puesta en marcha del tren laminador en frío y posteriormente instalar un laminador en caliente, aprovechando los nuevos desarrollos tecnológicos en el campo de las minisiderúrgicas. Actualmente, éste es el mayor proyecto que se lleva adelante en el sector siderúrgico colombiano.

b] *Alianzas estratégicas.* El desarrollo de la nueva línea de producción ha requerido realizar una alianza estratégica con la empresa venezolana Siderúrgica del Orinoco (Sidor), proveedor de lámina en caliente, para asegurar un abastecimiento permanente y en condiciones competitivas de su principal insumo. Acesco combina la producción de lámina galvanizada con la distribución de acero proveniente de Sidor.

c] Requerimientos del proyecto. La instalación de una planta de tal complejidad requiere un proceso importante de capacitación y entrenamiento de la mano de obra, tanto de obreros como de ingenieros que van a llevar a cabo el proceso productivo. En este sentido, la empresa ha desarrollado un esquema para formar los ingenieros que necesita, establecido convenios con universidades y puesto en marcha un laboratorio de investigación y desarrollo en sus instalaciones. Con lo anterior se esperan los siguientes resultados: i] fabricación de 230 mil toneladas de lámina en frío por año; ii] exportación del 30% de la producción; iii] aprendizaje para el montaje de la planta *hot rolled*; iv] capacitación en ingeniería y diseño, y v] desarrollo de nuevos procesos y productos.

d] Competitividad internacional. La planta de Acesco es competitiva en laminados en frío con las empresas existentes en el Grupo de los Tres (Colombia, Venezuela y México). Adicionalmente, estos países tienen una amplia oferta de *hot rolled* que puede ser aprovechada, beneficiándose de los acuerdos de integración establecidos.

e] Impacto del nuevo proyecto. En lo referente al desarrollo de la construcción, diseño y producción en la industria metalúrgica, el impacto tecnológico y productivo del proyecto es muy grande. Se efectuó una importante desagregación tecnológica con el fin de dar participación relevante a la producción de la industria nacional.

f] Importaciones y exportaciones. Las importaciones se aceleraron a partir de la apertura; así, en 1993 fueron superiores en un 80% a las de 1990. Como se señaló, la empresa se convirtió igualmente en comercializadora de acero distribuyendo los productos de Sidor. En Acesco, a diferencia de la mayoría de las empresas de este estudio, no se presentó un desplazamiento de insumos nacionales por importados pues la empresa siempre ha importado sus insumos principales.

Las exportaciones, con excepción de 1986 y 1987, han sido muy reducidas, salvo en 1994 y 1995 cuando presentan montos significativos. Se viene desarrollando una estrategia exportadora, para penetrar los mercados de Ecuador y Perú, así como de Estados Unidos a través del Sistema de Preferencias Andinas.

6.2.1.7. Industria automotriz

Antes de la apertura, tres empresas ensambladoras de automóviles (Sofasa, Colmotores y CCA) gozaban prácticamente del monopolio del mercado de automotores en el país. Se trataba de una industria caracterizada por altos niveles de protección efectiva y una compleja reglamentación por parte del Estado. En el momento de la apertura, se creó un extraño consenso entre partidarios y opositores de la medida; todos estaban de acuerdo en que la industria automotriz tendería a desaparecer, pues sería incapaz de competir bajo las nuevas condiciones del mercado. Sin embargo, para sorpresa de unos y otros, la apertura fue acompañada de un radical crecimiento en ventas y ganancias para las tres empresas. Las factores que influyeron en el éxito de las ensambladoras en el país fueron:

a] *La desreglamentación del sector.* Para evitar abusos a partir del dominio de las ensambladoras en un mercado pequeño y, al mismo tiempo, convertir la protección en palanca para el desarrollo de la industria de autopartes, dentro de la política de la ISI el Estado desarrolló una compleja, y en no pocos casos confusa, reglamentación de la actividad de ensamble de automotores que comprendía fundamentalmente:

i] Lista positiva. La Superintendencia de Industria y Comercio (SIC) establecía anualmente la lista de los componentes de producción nacional que se debía incorporar a cada modelo ensamblado en el país.

ii] Cada ensambladora sólo podía producir como máximo tres modelos y cada uno de ellos debía permanecer en el mercado un mínimo de tres años.

iii] Antes de finalizar el mes de noviembre cada empresa ensambladora debía comunicar a la SIC el programa de producción del año siguiente y comprometerse a cumplir con dicha programación.

iv] Dos de las tres ensambladoras habían firmado contratos con el gobierno para llevar a cabo exportaciones, que compensaran parcialmente los egresos de divisas por concepto de la importación de autopartes.

v] Los precios de los vehículos estaban sujetos a libertad vigilada.

Con motivo del proceso de apertura, todas estas disposiciones se eliminaron y desde entonces la integración de componentes locales se lleva a cabo en función de sus costos. Por ello, las empresas complementaron la gama de bienes producidos localmente, con la importación de vehículos provenientes de la casa matriz o de una tercera localización. De esta forma, las empresas valorizaron sus extensas redes de distribuidores (unos 100 puntos de venta por cada ensambladora) que habían construido a lo largo del periodo previo. Al igual que en otras ramas industriales, la existencia de extensas redes de distribución y un conocimiento muy fino del mercado son ventajas que permitieron a las ensambladoras resistir la competencia generada por la apertura.

b] La revaluación de la moneda. La apreciación de la tasa de cambio durante el proceso de apertura redujo el costo de los componentes importados (principal componente del costo de un vehículo). El diferencial entre las tasas de devaluación y de inflación dio lugar a beneficios extraordinarios para aquellas empresas cuyos costos principales están determinados por componentes importados.

c] Expansión del crédito. El auge del crédito para el consumo influyó para expandir la demanda por vehículos.

Todos estos elementos llevaron a un importante crecimiento de la demanda por vehículos, el que fue aprovechado por las empresas ensambladoras para aumentar sus ventas. A partir del segundo semestre de 1995, se nota una disminución en la tasa de crecimiento de las ventas de automotores y se empiezan a presentar los primeros síntomas de saturación del mercado, especialmente en los vehículos de las gamas más caras. Seguramente esta nueva situación implicará el retiro de los comerciantes importadores y reforzará el papel de las ensambladoras en su doble papel de productores e importadores.

Sofasa

La Sociedad de Fabricación de Automotores S.A. (Sofasa) fue fundada a mediados de los años sesenta bajo la forma de un *joint venture* entre el Instituto de Fomento Industrial (IFI), entidad estatal, y la empresa estatal francesa Renault. Durante casi dos décadas, Sofasa tuvo el monopolio de la producción de automóviles en el país. Desde el inicio de sus actividades, la producción ha fluctuado entre 15 000 y 24 000 vehículos por año.

El proceso de apertura se produjo en un momento en que la empresa atravesaba una coyuntura desfavorable. Meses antes de la apertura, el gobierno colombiano decidió vender su participación accionaria en la empresa, la que fue adquirida por la Régie Renault. Más tarde, en 1992, ésta decide vender la mayoría de sus acciones, como parte de su nueva estrategia a nivel mundial de buscar una alianza estratégica con la Volvo y consolidarse como el principal productor europeo de vehículos. El 51% de la compañía fue adquirido por el grupo Santo Domingo, el 25% por Toyota y Mitsuri y el 24% restante permaneció en manos de la compañía francesa.

El periodo de transición entre la administración Renault y la nueva dirección del grupo Santo Domingo coincidió con una aguda tensión entre el sindicato de trabajadores y la empresa. Durante 80 días, los mil 100 trabajadores de la empresa fueron a la huelga. Una constante en las relaciones obrero patronales en Sofasa ha sido la coincidencia de la negociación de los pliegos de peticiones laborales con el lanzamiento de nuevos modelos; el resultado ha sido una pérdida de confianza por parte de los usuarios de los productos Renault, debido a que las normas y pautas de montaje eran poco respetadas en esos periodos de álgidas negociaciones. En este sentido, una parte significativa de los vehículos de las series iniciales de todos los lanzamientos de la década de los años noventa salieron al público con defectos de montaje. La situación de la empresa al inicio de esa década se caracterizó entonces por: un clima laboral fuertemente conflictivo, elevado endeudamiento y una pérdida significativa de su participación en el mercado.

Los errores de *marketing* fueron muy grandes. Mientras General Motors-Colmotores y la Compañía Colombiana Automotriz (CCA/Mazda-Mitsubishi) rápidamente aprovecharon la apertura para ampliar la gama de productos ofrecidos al público, en especial las gamas de precio elevado, Sofasa se demoró en llevar a cabo este proceso y, cuando lo hizo, se equivocó de producto. Trató de vender un vehículo de baja gama (*Clio*), inferior a los producidos localmente por ella (como el *Penta* y el *Étoile*), a un precio superior al de vehículos de mayor categoría. Después de una costosa campaña publicitaria que duró varios meses, el resultado fue la venta de menos de 100 unidades.

La apertura de la economía coincide con cambios en la conducción de la empresa; la entrada de nuevos actores llevó a modificaciones radicales en su organización y a cambios sustanciales en las relaciones laborales.

a] Nueva relación laboral. La nueva concepción de ingeniería industrial introducida en la planta en 1992 (*kaisen*) era incompatible con la organización rígida –de corte *taylorista*– que se había establecido en la convención colectiva y con las formas de negociación del sindicato. La nueva administración, a través de un proceso de negociación con cada uno de los trabajadores, que costó unos 10 millones de dólares, logró denunciar la convención colectiva y firmar un pacto colectivo centrado sobre la polivalencia y la flexibilidad. En la práctica, el sindicato desapareció de la escena laboral.

Primero se redujo la planta de personal en 180 empleados (alrededor de 12% del total), se disolvió el sindicato de la empresa y se adelantó un proceso de mejora continua en todos los aspectos de fabricación. Una relación más directa con los trabajadores, la conformación de equipos autónomos (*kaisen*), así como la creación de comités en los cuales directivos, supervisores y trabajadores afrontan los problemas cotidianos de producción, generaron un nuevo clima laboral, mucho menos tenso que en épocas anteriores. El resultado fue un crecimiento apreciable de la productividad laboral, que pasó de 16 a 20 vehículos por trabajador/año.

b] Nuevas formas organizativas. Se ha disminuido el número de niveles entre la presidencia y los operarios a sólo cinco y la organización se ha aplanado. La búsqueda de soluciones creativas sobre la base de pocas inversiones ha sido una de las características del proceso de reestructuración. Esto ha permitido a la compañía incrementar su participación en el mercado de un 6% en 1992 a un 18% en 1996.

c] Reducción de costos. El eje central de la política ha sido la reducción de costos en cada uno de los procesos. Dada la estructura de éstos, la sola mejora en la productividad laboral no sería suficiente para modificar radicalmente la competitividad de la compañía. Esto ha requerido que se encaren acciones en todos los planos. Actualmente, 70% de los costos totales está representado por los componentes CKD y 8% por partes nacionales.[12] Los primeros están sujetos a formas de escalonamiento a través del tiempo y la revaluación del peso y la reducción de los aranceles permitió reducir su costo. Sin embargo, los mayores logros se han alcanzado con los productores de autopartes, los que han mejorado apreciablemente sus niveles de productividad. Así, en 1995, el costo de las autopartes se incrementó en un 8% frente a una inflación de 19.5%. La búsqueda de una mayor integración de partes nacionales es un objetivo prioritario de la empresa, buscando remplazar aquellas piezas que permitan un ahorro sustancial en el CKD y en los costos de su manejo. Específicamente para reducir costos, se han tomado las siguientes acciones:

i] Manejo del CKD. Se ha reducido ese costo (incluidos fletes, seguros,

---

[12] Los otros rubros son los costos de transformación (6.3%), gastos de administración y ventas (2.5%), fletes, manejo y logística (8%) y costos financieros (6%).

logística, etc.) al pasar de cajas y huacales al uso de contenedores, una mejor programación de los envíos y un menor número de sitios de embarque.

ii] *Costos de transformación* (fabricación). Se han hecho apreciables reducciones; sin embargo, el costo sigue siendo alto, 820 dólares por vehículo, mientras en una planta Toyota es de sólo 600 dólares. Las economías de escala juegan un papel central; mientras en las plantas grandes –más de 250 000 vehículos anuales– es factible alcanzar costos de 600 dólares, en las más pequeñas –menos de 30 000 vehículos anuales– es difícil descender de los 800 dólares.

iii] *Gastos de administración y ventas.* Los costos actuales son razonables y difícilmente pueden ser reducidos a corto plazo.

Todo lo anterior ha permitido aumentar la participación en el mercado, pero ha significado una reducción en el margen de utilidades sobre las ventas, que ha caído de 9% en 1993 a 1.5% en 1995.

d] *Nueva estrategia de comercialización.* Ampliación de la gama de productos ofrecidos al público, mediante la introducción de camperos (*heavy-duties*) y camionetas, productos tradicionales de sus socios japoneses, no producidos por Renault en Francia.

e] *Reducción de los niveles de endeudamiento.* La realización de un fuerte ajuste permitió reducir en forma apreciable los niveles de endeudamiento, lo que permitió pasar de relaciones de endeudamiento superiores al 50% a menos del 25 por ciento.

f] *Estrategia futura*

i] Especialización en la gama baja de vehículos (menos de 20 000 dólares), que representa el 70% del mercado. En el futuro se contará con un nuevo *Clio*, el *Twingo* y un R-9 renovado para competir en esta gama.

ii] Nuevas estrategias de mercado, más cercanas a las necesidades de los clientes.

iii] Búsqueda de acceso al Grupo Andino. Ese mercado, con una demanda total de 250 000 vehículos por año, permitiría alcanzar economías de escala para competir con México a partir del año 2006.

iv] La compañía deberá ser capaz de generar suficiente *cash flow* durante la próxima década para realizar inversiones por 20 millones de dólares anuales con el objetivo de reducir la brecha tecnológica que la separa de la industria mexicana. Si esto no se da, las diferencias acumuladas harían inviable la integración comercial con México en el marco del G3.

6.2.1.8. Sector de productos químicos

En términos generales, la industria química se caracteriza por una alta concentración y el predominio de empresas con inversión extranjera. El sector se subdivide en dos ramas: sustancias químicas y otros productos químicos. Los datos del Departamento Administrativo Nacional de Estadísticas (DANE) señalan que, en promedio, la industria de productos químicos tuvo un comportamiento favorable durante la década de los años ochenta, al registrar tasas de crecimiento superiores al promedio del resto de las manufacturas.

Entre 1980 y 1990, la producción del sector de sustancias químicas industriales creció a una tasa promedio anual del 6.4%. Sin embargo, en los años noventa comenzó a experimentar una desaceleración que contrasta con el auge del consumo inducido en otras industrias por la apertura económica. Entre 1990 y 1995, la producción del sector registró una tasa de crecimiento del 2.5% anual en promedio, inferior al crecimiento total de la industria manufacturera. El comportamiento descrito anteriormente puede atribuirse a los efectos de la apertura que, en un primer momento, afectaron la actividad del sector debido a la nueva competencia y luego lo indujeron a replantear sus condiciones productivas, con aparente éxito a juzgar por la tasa de crecimiento en 1995 (8.8 por ciento).

El sector de los otros productos químicos ha seguido una tendencia más acorde con el ciclo económico aunque, al igual que el de sustancias químicas, ha obtenido crecimientos promedio cercanos o superiores al del total de la industria manufacturera. Así, en los ochenta, la tasa de crecimiento de la producción de otros químicos fue del 4.6%, reflejando la recuperación del periodo 1985-1990. En los años noventa, la apertura dinamizó al sector llevándolo a tasas de crecimiento de la producción de 7% en 1992 y 5% en 1993. Con la desaceleración económica y la consecuente finalización del ciclo industrial, la producción de otros químicos también comienza a crecer a tasas menores.

A continuación se analizan someramente los casos de cuatro empresas representativas del sector: Pisos de Asfalto y Vinilo de Colombia S.A. (PAVCO) y Petroquímica Colombiana S.A. –ambas de propiedad privada y con presencia de capitales extranjeros– y Poliolefinas Colombianas S.A. (Policolsa) y Monómeros Colombo-Venezolanos S.A. –de propiedad estatal, aunque también utilizan técnicas de producción extranjeras.

Pisos de Asfalto y Vinilo de Colombia S.A. (PAVCO)

Los elementos más destacados de esta empresa productora de tubos de PVC a lo largo de la última década han sido:

i] Cambio en la propiedad; el grupo de accionistas nacionales se retiró y fue remplazado por un grupo griego.

ii] Redefinición de su gama de productos; se eliminó la producción de telas y papeles recubiertos y se inició la importación de productos complementarios.

iii] Nuevos desarrollos en materiales para construcción y en el área de componentes.

Poliolefinas Colombianas S.A. (Policolsa)

Esta empresa productora de polietileno se ha caracterizado por los siguientes desarrollos:

i] Dentro de la reorganización de la Empresa Colombiana de Petróleos (Ecopetrol), Policolsa como tal desaparece. La parte productiva se integrará como una superintendencia al Complejo Industrial de Barrancabermeja y la división comercial de Ecopetrol se hará cargo de las ventas de polietileno y atención a los clientes. Este último aspecto es el menos conveniente pues la comercialización de polietileno es totalmente diferente a la comercialización de combustibles.

ii] En la actualidad, existe un proyecto de ampliación de 30 000 toneladas. La nueva tecnología es de origen ICI, que remplaza a la tecnología Dow con la cual se inició la planta a mediados de los años sesenta. La ampliación tiene el carácter de una optimización de equipos como consecuencia de la introducción de una nueva tecnología. Así, mientras el déficit nacional es de 80 000 toneladas de polietileno de baja densidad, y la empresa cuenta con etileno de sobra y energía suficiente, la planta sólo se amplió a 30 000 toneladas. No están claras las razones para este comportamiento pues la inversión adicional necesaria para alcanzar la cifra mayor hubiera sido pequeña.

iii] Policolsa, para mantener un amplio dominio sobre el mercado, gozó del derecho de importación de polietileno de baja densidad durante un largo periodo. Al ser simultáneamente el único productor y el único importador, abasteció directamente al mercado, sin dar la oportunidad de que surgieran comerciantes importadores de dicho producto. Así, la empresa abastece a más de 50 productores, muchos de los que hacen pedidos de sólo 25 kilos, lo cual encarece de forma apreciable los costos de la comercialización.

Con la apertura, Policolsa ha perdido el monopolio de importación y, de hecho, ha perdido a los grandes clientes, quienes importan directamente. Así se ha quedado sólo con el abastecimiento de los demandantes de menor capacidad lo que ha agravado su situación financiera. Hacia el futuro, es necesario redefinir la gama de bienes en que la empresa puede ser competitiva y renegociar las formas de abastecimiento del mercado.

Monómeros Colombo-Venezolanos S.A.

La gran interrogante que enfrenta la empresa es que el Instituto de Fomento Industrial planea vender su participación en la misma. Actualmente, la distribución accionaria es 42% del IFI, 42% de Petróleos de Venezuela (PDVSA), 8% de la empresas holandesa DMS y el resto de varios accionistas menores.

La planta fue diseñada para producir caprolactama mediante un procedimiento que genera un gran excedente de sulfato de amonio (tecnología DMS), que dio pie para montar una planta de fertilizantes compuestos. El complejo de plantas que conforman Monómeros produce una amplia gama de productos a través de la optimización de residuos y de sinergias con sus inversiones en Venezuela.

i] *Estrategia de distribución.* Comprende dos frentes: distribución directa de caprolactama y venta de fertilizantes y otros productos mediante distribuidores.

ii] *Estrategia de desarrollo.* Frente a la drástica reducción de la demanda de nylon 6 y el desarrollo de nuevas tecnologías para producir nylon 6.6, que es el producto que se está imponiendo, Monómeros enfrentará serios problemas tecnológicos en el futuro. Así, la reducción de la demanda por caprolactama y la consecuente disminución de su producción pueden dar lugar a una baja en la producción de sulfato de amonio, insumo principal para la producción de fertilizantes compuestos. Existen dudas sobre la posibilidad de importar sulfato de amonio para producir fertilizantes de forma rentable y de reconvertir la planta a nuevas tecnologías para producir fertilizantes compuestos.

Petroquímica Colombiana S.A.

La empresa se ha caracterizado desde sus inicios por lo siguiente:

i] Una proporción importante de su producción se ha dedicado a los mercados externos (Centroamérica y el Caribe).

ii] Desde mediados de los años setenta, ha trabajado con una estrategia explícita de exportación.

iii] Desde su fundación, una preocupación de sus inversionistas ha sido impulsar el uso de tecnologías de punta. En primera instancia, utilizó tecnología de Diamoml Shamprock, socio inicial de la empresa, posteriormente –luego de su retiro– utilizó tecnología Dow.

iv] Con motivo del incendio de la planta de álcalis en Cartagena (Bolívar), Petroquímica Colombiana se convirtió en importador de cloruro de vinilo monómero y productor de policloruro de vinilo (PVC), dando lugar, de hecho, a un proceso de reestructuración industrial.

v] Su estructura de crecimiento está basada en: *a*] un contrato de abastecimiento de largo plazo de cloruro de vinilo monómero con Dow, que hace que Petroquímica sea uno de los principales clientes a nivel mundial de este producto; con ello logra mejores precios, un abastecimiento continuo, calidad uniforme y acceso a mejoras tecnológicas, *b*] desarrollo de nuevos mercados para el PVC, por ejemplo, PVC compuesto para envases, y *c*] desarrollo de productos en función de las necesidades de los clientes, por ejemplo, importaciones de PVC en suspensión.

vi] Una preocupación permanente por la formación y actualización de sus técnicos y cuadros de dirección.

vii] Un seguimiento muy fino del mercado, la problemática ambiental del PVC y, por supuesto, del desarrollo tecnológico.

6.2.1.9. Sector de electrodomésticos

La industria de aparatos eléctricos en el país ha estado vinculada a unas pocas empresas, caracterizadas por la presencia de inversión extranjera y la aplicación de una tecnología estandarizada. El sector creció en los años noventa siguiendo el ritmo de expansión de la economía. Así, la producción de maquinaria y aparatos eléctricos se expandió a una tasa de 16% en 1992 y del 8% en 1993. Con la finalización del auge del consumo, el crecimiento fue de 5% en 1994 y de −8% en 1995. Para el presente trabajo se estudió una empresa productora de electrodomésticos.

INCELT

Más que la apertura, el principal problema que enfrenta la Industria Colombiana de Electrónicos y Electrodómesticos (INCELT), y que ha eliminado a casi todas las empresas ensambladoras del sector, es el contrabando; por ejemplo, 80% del mercado de televisores −600 000 aparatos por año− es capturado por el contrabando, fenómeno asociado al lavado de dólares. Las características más sobresalientes de INCELT son:

a] *Estrategia de la compañía.* Diversificación de la producción, buscando nuevos nichos del mercado en los que sea factible competir. Es así como la empresa ha entrado a los mercados de equipos para aire acondicionado, ventiladores, licuadoras, planchas, exprimidores de jugo y tanques de paso a gas, y continúa con la producción de equipos de sonido y televisión.

En el campo de equipos de sonido y televisión, INCELT adoptó la política de combinar importaciones de productos terminados con la producción local. Luego que las ventas de un modelo se consolidan, se inicia su producción local. Así, planificó no importar equipos de sonido y televisores en 1996, decidiendo ensamblar productos que hasta el año anterior se importaban.

A raíz de la apertura, se incrementaron de forma apreciable las importaciones y las exportaciones; estas últimas fueron de alrededor de 4 millones de dólares anuales en 1993-1995. Los principales mercados de exportación son los del Grupo Andino, seguidos por el Caribe y Centroamérica; para 1996 la empresa esperaba aumentar su participación en los mercados chileno y mexicano, así como explorar el mercado argentino. En 1994, las exportaciones representaron el 11% del total de ventas, cuando antes de 1990 eran prácticamente inexistentes.

La búsqueda de mercados externos perdió dinamismo debido a la revaluación del peso y las altas tasas de interés y, secundariamente, por los problemas que afrontó Venezuela, uno de sus principales mercados de exportación, en 1994 y 1995.

b] Sistemas de producción

i] Equipos de sonido y televisión. Son productos tradicionales de la compañía, en los que el contenido de componentes importados es muy elevado y el valor agregado nacional es prácticamente el proceso de ensamble.

ii] Otros productos. A partir de materias primas nacionales y extranjeras se da un proceso de fabricación completo; la planta presenta un elevado grado de integración vertical que incluye armaduría, pintura, fabricación de componentes, extensión en plástico y aluminio, matricería y moldeo. Así, por ejemplo, en equipos de aire acondicionado sólo se importa un componente, el motor, el compresor hermético, todos los demás elementos son fabricados en la planta.

c] Calidad. Una de las preocupaciones de la empresa es la búsqueda de la mejor calidad y la adaptación a las condiciones locales. Así, en todos los equipos se incluyen circuitos que apagan el aparato en caso de deficiencia del servicio eléctrico (corte del fluido, oscilaciones en los ciclos, cambios de tensión, etc.), mecanismo no incorporado en los aparatos producidos en Japón o Europa y cuyo destino son países con alta calidad en el servicio eléctrico. Los consumidores prefieren los productos fabricados localmente a los introducidos de contrabando, alegando problemas de calidad.

d] Tecnología y uso de marcas. La empresa ha mostrado gran habilidad para combinar diferentes proveedores para la tecnología de los productos que elabora. Tiene tecnología japonesa en televisores y equipos de sonido, y de empresas estadunidenses y europeas en otras áreas. Además, comercializa sus productos con las marcas de las empresas que le venden componentes y le dan asistencia técnica, e igualmente desarrolla marcas propias, con ligera connotación japonesa, en equipos de sonido y televisores.

e] Perspectivas. Entre las empresas estudiadas, ésta es atípica. Es nacional, pero no pertenece a ningún grupo económico-financiero. Su principal accionista y presidente es un prominente miembro de la colonia judía, que se inició como comerciante al finalizar la década de los años cuarenta y está dedicado a las actividades industriales desde el inicio de los años setenta. Su perspectiva, como la de parte de esa colonia, es desarrollar un verdadero proyecto manufacturero; en este sentido llevó a cabo cuantiosas inversiones al inicio de los años ochenta, para construir una nueva fábrica, en un periodo de crisis financiera y recesión (edificación de más de 50 000 metros cuadrados).

Parte del proyecto original –fabricación de neveras, refrigeradores, cocinas y lavadoras– fue cancelado debido a los cambios en las condiciones macroeconómicas, particularmente la apertura y el alza en las tasas de interés. El monto de los recursos invertidos en la planta y, en cierta medida, su proyecto personal hacen que continúe en la actividad manufacturera y no se convierta en un buscador de rentas (*rent-seeker*), como ha sucedido con parte apreciable de los empresarios que han remodelado sus actividades y han trasladado gran parte de sus capitales a los sectores productores de bienes no transables y a la importación de bienes basados en su conocimiento del mercado y en las redes de distribución que construyeron al amparo de la sustitución de importaciones.

6.3. LOS IMPACTOS DE LA APERTURA

6.3.1. Cambios en el comercio exterior

El coeficiente de importaciones a ventas para el total de empresas de la muestra se incrementó en 61% entre 1985 y 1994, especialmente en el subperiodo anterior a la apertura (1985-1990), mientras el esfuerzo exportador aumentó muy poco en el mismo lapso, para descender ligeramente después de la apertura. Globalmente la apertura no ha significado, hasta el momento, un mayor esfuerzo exportador; por el contrario, la relación exportaciones/importaciones ha caído drásticamente en el periodo estudiado (véase cuadro 8).

De acuerdo con la evolución de la relación importaciones/ventas, las empresas se pueden caracterizar de la siguiente manera (véase cuadro 9):

i] *Crecimiento continuo de la relación.* En siete empresas se dio un fuerte aumento de la relación importaciones/ventas a lo largo del periodo (Coltejer, CCA, Policolsa, Sofasa, Distral, Alpina e INCELT). En seis de ellas la relación por lo menos se duplicó; siendo la excepción INCELT.

ii] *Incremento inicial y posterior descenso de la relación* (seis empresas). Al igual que en el caso anterior, se combinan cambios de proveedores de insumos nacionales a extranjeros en Bavaria, Smurfit Cartón y

Fabricato, y la importación de productos terminados en Carvajal, Monómeros y Petroquímica. Tanto en el primero como en el segundo caso, la participación es mucho mayor al final del periodo que al inicio.

CUADRO 8
COEFICIENTE DE IMPORTACIONES Y DE EXPORTACIONES PARA EL
TOTAL DE EMPRESAS DE LA MUESTRA
(porcentajes)

	1985	1990	1994
Importaciones/ventas	17.6	24.7	28.3
Exportaciones/ventas	5.8	6.7	6.4
Exportaciones/importaciones	33	27	23
Índice de ventas	100.0	127.1	203.2
Índice de importaciones	100.0	178.6	326.6
Índice de exportaciones	100.0	146.4	225.2

FUENTE: El autor a partir de datos oficiales y encuestas.

iii] *Reducción inicial e incremento posterior* (dos empresas). En ambos casos, la relación en 1994 es inferior a la observada en 1985. PAVCO importa insumos y Propal productos terminados.

iv] *Una relación estable y alta* (una empresa). Acesco no modifica su relación en el tiempo; dadas las características del proceso productivo sus principales insumos son importados y su valor agregado local relativamente bajo.

En síntesis, la apertura de la economía colombiana desde finales de la década de los años ochenta, acelerada al comienzo de la década de los años noventa, se ha traducido en un aumento apreciable de las importaciones. Así, por ejemplo, mientras las empresas de la muestra duplicaron el valor de sus ventas en el lapso estimado, sus importaciones se triplicaron (véase cuadro 8). De hecho, ha aumentado de forma apreciable el contenido importado de las ventas, pasando del 17.6% en 1985 al 28.3% en 1994, mientras el peso de las exportaciones dentro del total de ventas se ha mantenido casi constante y muy bajo, pasando de 5.8% en 1985 a sólo 6.4% en 1994.

La participación más elevada de las importaciones dentro del total de ventas es el resultado de la estrategia de expansión seguida por las grandes empresas manufactureras, tanto nacionales como filiales de empresas transnacionales, que consiste fundamentalmente en explo-

CUADRO 9

PENETRACIÓN DE IMPORTACIONES Y COEFICIENTE DE EXPORTACIÓN

(porcentajes)

Empresa	1985		1990		1994	
	Importaciones /ventas	*Exportaciones /ventas*	*Importaciones /ventas*	*Exportaciones /ventas*	*Importaciones /ventas*	*Exportaciones /ventas*
Acesco	61.2	0.0	62.0	0.0	60.7	0.0
Alpina	1.1	0.0	2.0	0.0	4.6	10.8
Bavaria	3.8	0.0	7.4	0.0	5.0	0.0
Carvajal	14.9	6.5	20.3	8.8	18.4	9.6
CCA	23.4	0.0	30.5	0.5	60.6	6.0
Coltejer	4.8	12.6	12.5	14.5	22.1	12.4
Distral	5.0	1.4	5.5	35.9	17.6	3.2
Fabricato	6.3	1.6	12.1	0.0	11.0	2.3
INCELT	45.1	0.0	77.8	1.6	75.4	2.3
Monómeros	49.3	12.2	59.9	7.4	41.1	32.6
PAVCO	17.0	1.2	8.4	2.4	12.9	1.5
Petroquímica	44.5	15.2	87.1	36.2	83.3	0.0
Policolsa	4.9	0.0	9.6	2.7	25.9	7.2
Propal	22.7	2.1	12.4	6.3	16.3	3.6
Smurfit Cartón	13.4	18.7	15.3	2.0	9.8	12.6
Sofasa	23.7	0.4	28.6	2.3	48.4	2.0

FUENTE: Calculado por el autor sobre la base de información de ventas de Confecámaras y de importaciones y exportaciones de Instituto Colombiano de Comercio Exterior (Incomex). Las ventas se convirtieron a dólares de Estados Unidos de acuerdo con la tasa de cambio del Banco de la República publicada en la *Revista del Banco de la República*, enero de 1995, cuadro 71.1, p. 239.

tar a fondo las redes de importación y de comercialización –conformadas al amparo de la sustitución de importaciones– para lo cual han aumentado la comercialización de sus productos terminados importados.

6.3.2. Cambios en las estrategias de expansión

La eliminación de las barreras a la importación, la reducciones arancelarias y la revaluación del peso llevaron a ocho empresas de las 16 de la muestra (véase cuadro 10), tradicionalmente utilizadoras de insumos nacionales (como algodón, cebada, láminas de acero y autopartes) a redefinir sus proveedores y comprar en el exterior una proporción cada vez mayor de sus insumos. Por su parte, en nueve empresas se presenta, de forma apreciable, la importación de productos terminados para ser comercializados en el mercado nacional. Cuatro empresas combinan las dos estrategias: cambio de proveedores nacionales por extranjeros e importación de productos terminados. Finalmente, en sólo tres empresas no se han presentado cambios en sus patrones de comportamiento, que impliquen sustituir proveedores nacionales por externos o importar productos terminados para su comercialización.

CUADRO 10
ESTRATEGIAS DE EXPANSIÓN

Cambio de proveedores nacionales por proveedores externos	Importación de productos terminados para comercialización	Sin modificación
Bavaria	Acesco	Alpina
Carvajal*	Carvajal*	Propal
CCA*	CCA*	Smurfit Cartón
Coltejer	INCELT	
Distral	Monómeros	
Fabricato	PAVCO*	
PAVCO*	Petroquímica	
Sofasa*	Policolsa	
	Sofasa*	

FUENTE: El autor a partir de datos oficiales y encuestas.
* Empresas que figuran en dos categorías.

6.3.3. Cambios en las utilidades

En la segunda mitad de los años ochenta, se recuperó el margen de beneficio de la industria manufacturera, que se había deteriorado a comienzos de la década por la crisis financiera que afectó la economía colombiana (véase cuadro 11). Luego de la aceleración del proceso de apertura, se puede sostener que, al menos para la muestra, el margen de beneficio se mantuvo relativamente estable.

En nueve de las 16 empresas, el margen de beneficio observado en 1994 fue superior al existente en 1990 y en siete sucede lo contrario (véase cuadro 12). Aunque el comportamiento del margen es muy oscilante a lo largo del tiempo y cada empresa enfrenta diferentes determinantes, el conjunto de empresas que lo incrementaron se distingue claramente de aquél en las cuales el margen disminuyó.

CUADRO 11

MARGEN DE BENEFICIO

(mdd y porcentajes)

	1994	1990	1985
Utilidades	240.3	147.7	76.4
Ventas	3 459.0	2 162.2	1 701.6
Utilidades/ventas	6.9	6.8	4.5

FUENTE: El autor a partir de datos oficiales y encuestas.

Las oportunidades para recibir inversión extranjera, importar productos terminados y comercializarlos mediante redes de distribución propias, remplazar insumos nacionales por proveedores externos e incrementar la participación de las exportaciones dentro de las ventas totales aumentaron el margen de beneficio (véase cuadro 13). Igualmente, se puede encontrar una relación positiva entre importaciones de productos terminados para su comercialización en el país y márgenes de beneficio *superiores* al promedio.

Las empresas sometidas a dura competencia de importaciones ilegales, como Coltejer e INCELT, presentan los márgenes de beneficio más reducidos. Éstas han logrado sobrevivir gracias a sus estrategias para bajar costos, elevar la productividad de la mano de obra y ampliar la participación de las exportaciones dentro de las ventas totales.

CUADRO 12
MARGEN DE BENEFICIO: UTILIDADES/VENTAS
(porcentajes)

Empresa	1985	1990	1994
Acesco	1.4	2.2	6.2
Alpina*	3.0	5.2	4.1
Bavaria	8.8	9.2	18.7
Carvajal	5.9	6.3	8.3
CCA*	-9.0	5.9	2.3
Coltejer	-2.4	7.0	1.9
Distral*	4.3	3.8	4.6
Fabricato	10.6	8.0	1.5
INCELT	1.3	1.2	2.1
Monómeros*	6.3	10.6	3.8
PAVCO*	1.9	7.8	11.5
Petroquímica*	6.6	2.5	4.9
Policolsa	5.0	23.0	11.5
Propal*	17.8	11.5	0.7
Smurfit Cartón*	6.4	5.8	9.0
Sofasa*	1.6	-12.5	4.5

FUENTE: El autor a partir de datos oficiales y encuestas.
* Empresas con participación extranjera por lo menos equivalente al 20% del capital.

Otra industria que ha sido sometida a una fuerte competencia de las importaciones ha sido la automotriz; las dos empresas estudiadas del sector presentan márgenes de beneficio inferiores al promedio pese a que, al igual que las empresas textiles, han hecho esfuerzos significativos para mejorar su productividad, colocar parte de su producción en mercados externos y competir con los vehículos importados ampliando la gama de productos –de los que una parte son importados– ofrecidos a través de sus redes de distribución local.

6.3.4. Evolución de la productividad laboral

La productividad aparente del trabajo se incrementó en forma apreciable entre 1985 y 1994; mientras el empleo se redujo en casi 8% (véase cuadro 5), las ventas en términos reales (ventas deflactadas por

CUADRO 13
CARACTERÍSTICAS DE LAS EMPRESAS QUE INCREMENTARON SU MARGEN DE BENEFICIO EN 1990-1994

Empresa	Inversión extranjera	Importación de productos terminados	Cambio de proveedores nacionales por importaciones	Incremento de la participación de las exportaciones en las ventas
Acesco		*		*
Bavaria			*	
Carvajal		*	*	*
Distral	*		*	
INCELT		*		*
PAVCO	*	*	*	*
Petroquímica	*	*		*
Smurfit Cartón	*			
Sofasa	*	*	*	*

FUENTE: El autor a partir de datos oficiales y encuestas.

la tasa de cambio) se incrementaron a un poco más del doble. El cuadro 14 muestra la fuerte dinámica de esa variable a partir de 1992.

CUADRO 14

PRODUCTIVIDAD DE LA MANO DE OBRA

(datos para marzo de cada año)

Año	Índice*	Tasa de crecimiento
1990	105.5**	
1991	91.6	-13.2
1992	100.3	9.5
1993	106.4	6.1
1994	110.6	3.9

FUENTE: Departamento Administrativo Nacional de Estadísticas (DANE).
* Calculado como el cociente entre el índice de la producción física y el índice de empleo total.
** Promedio para el año 1990=100.

En orden de importancia, los mayores niveles de productividad aparente del trabajo se lograron fundamentalmente debido a:

i] Profundos cambios en las relaciones laborales facilitados por las reformas al Código Sustantivo del Trabajo que permitió una mayor flexibilidad en el manejo de la fuerza laboral y conllevó a un debilitamiento de las organizaciones sindicales en todas las empresas estudiadas.

ii] Racionalización de los procesos productivos, eliminación de los cuellos de botella e introducción de nuevos métodos de ingeniería, aprovechando la flexibilidad alcanzada en el manejo de la fuerza laboral.

iii] Cambios organizativos en las empresas que se han traducido en mayor responsabilidad a los trabajadores y a los equipos autónomos en los talleres, y en una redefinición de las tareas de las empresas, centrándolas en la realización de sus tareas principales y la contratación de terceros para realizar gran parte de los servicios industriales requeridos.

iv] Redefinición de la gama de productos elaborados. La tendencia general ha sido reducir el número de referencias fabricadas y a menudo combinar la producción local con la importación de bienes para su comercialización.

v] Contratación de mano de obra más calificada y mejor entrenada.
vi] Incorporación de nuevas tecnologías y más capital por trabajador.

6.3.5. Cambios inducidos en otras empresas

El efecto de las transformaciones sufridas por las empresas líderes repercute sobre otras empresas de forma *directa*, cuando éstas son proveedoras o usuarias de los bienes elaborados por las primeras y, de forma *indirecta*, cuando sus prácticas de gestión, de planeación, de organización y de *marketing* son imitadas por otras empresas, tanto del mismo sector de la producción, como de otras industrias e incluso actividades no manufactureras.

En Colombia, sin lugar a dudas, los efectos más grandes han sido los de tipo indirecto. La imitación y adopción de las mejores prácticas llevadas a cabo por las grandes empresas se ha difundido ampliamente en el ámbito empresarial. Temas como racionalización de las cadenas productivas, alianzas estratégicas, desarrollo tecnológico y búsqueda de flexibilidad en el manejo de los recursos humanos son habituales en el lenguaje de empresarios y ejecutivos. Por supuesto, este cambio ha sido el resultado de múltiples factores y no únicamente el efecto de la dinámica de las empresas líderes. Entre esos factores adicionales destacan el papel jugado por asesores y consultores empresariales nacionales y extranjeros que, con motivo de la apertura económica y el cambio en las condiciones del entorno de las empresas, han introducido nuevos enfoques de gestión.

Por otra parte, la imitación de prácticas ha conllevado una gran rotación de los ejecutivos y técnicos que manejan las nuevas tecnologías de gestión. Las empresas exitosas han visto cómo muchos de sus ejecutivos han sido captados por otras empresas con el propósito de introducir en ellas nuevos estilos de gestión. Así, por ejemplo, una de las compañías líderes en el campo de la producción de productos alimenticios ha visto como la casi totalidad de su equipo de dirección se ha retirado para asumir altos cargos en empresas más grandes en proceso de reorganización.

Los efectos directos de las transformaciones llevadas a cabo por las empresas líderes sobre otras empresas pueden estudiarse en tres grandes categorías: *a*] sobre las empresas usuarias de los bienes intermedios producidos por estas empresas, b] sobre las empresas que les proveen partes y componentes, y c] sobre las empresas que les prestan servicios industriales.

a] *Empresas usuarias*. Muchas de las empresas estudiadas son productoras de bienes intermedios y dedicadas a la fabricación de textiles, papel y cartón, productos químicos, materiales de construcción y lámina galvanizada. Todas ellas, antes de la apertura, gozaban de posiciones oligopólicas o incluso monopólicas en el mercado y se enfrentaban a una multiplicidad de empresas, fundamentalmente medianas y pequeñas, utilizadoras de sus productos, dando lugar a una relación asimétrica de dominación del productor del insumo con respecto a sus usuarios.

Bajo el nuevo contexto de apertura, esa relación asimétrica perdió fuerza, las empresas estudiadas han tenido que desarrollar nuevas relaciones con los usuarios de sus productos, como condición necesaria para mantenerse en el mercado. Dentro de los cambios más significativos que se han producido en esta relación están: i] mejora en la calidad de los productos ofrecidos; ii] mejoras en las condiciones de comercialización y entrega de los pedidos, y iii] asistencia técnica para la utilización de los insumos y su adecuación a las necesidades particulares de los clientes. Estos cambios han permitido aumentar la competitividad de confeccionistas, impresores y transformadores de productos plásticos.

b] *Empresas elaboradoras de partes y componentes*. Este conjunto está conformado fundamentalmente por las empresas fabricantes de autopartes, cuyo destino final en gran medida son las empresas ensambladoras, dos de las cuales se estudiaron anteriormente.

La flexibilización de las normas sobre integración nacional de los vehículos ensamblados en el país dio lugar a un giro radical en las relaciones entre las empresas ensambladoras y los productores de partes y piezas. Aquí es necesario poner énfasis en las diferencias del comportamiento de las empresas ensambladoras, distinguiendo aquellas cuyo propósito es aumentar el contenido nacional de los vehículos como estrategia para aumentar sus márgenes de beneficio, de las que, por el contrario, están interesadas en aumentar el contenido importado, salvo cuando los componentes nacionales son sustancialmente más baratos que los provenientes del exterior.

El resultado de estas tensiones entre objetivos diferentes, e incluso entre dirigentes, dentro de las empresas terminales dio lugar a un trabajo conjunto de las ensambladoras con los autopartistas que ha permitido elevar la competitividad de estos últimos.

c] Empresas proveedoras de servicios industriales. La casi totalidad de las empresas estudiadas ha desarrollado, a lo largo del último quinquenio, un activo proceso de compras de servicios industriales. La parcial desintegración vertical de muchas de las empresas líderes ha dado lugar al desarrollo de un activo mercado de servicios industriales. Se han creado nuevas empresas con el propósito de prestar estos servicios; muchas de ellas creadas por antiguos empleados de las empresas líderes y apoyadas por éstas, con el propósito de acceder a esos servicios en condiciones más económicas a las existentes cuando ellas los producían directamente.

6.4. CONCLUSIONES: LOS NUEVOS RETOS PARA LA INDUSTRIA MANUFACTURERA

Los directivos de las empresas entrevistadas son conscientes de que se está llegando a los límites de crecimiento de la productividad que permite la actual capacidad instalada. La racionalización de los procesos productivos, el aplanamiento de las organizaciones, la reducción de la gama de bienes producidos y el cambio de proveedores dieron casi todos los resultados que era teóricamente posible alcanzar. En consecuencia, futuros aumentos importantes de la productividad sólo serán posibles en la medida que se incorporen nuevas tecnologías a los procesos productivos, más maquinaria y equipo por trabajador y que se incremente de forma apreciable la acumulación de capital. Sin embargo, están igualmente conscientes de que cada día es más difícil lograr estos propósitos.

Aunque globalmente el margen de beneficio (utilidades/ventas) se ha mantenido después del proceso de apertura, movilizar el excedente generado en la economía hacia la producción manufacturera encuentra mayores dificultades cada día. La tasa de rentabilidad del sector de bienes no transables, particularmente de servicios de alto valor agregado, es cada vez mayor y la brecha con respecto a los márgenes observados en la producción manufacturera tiende a profundizarse. En estas condiciones, el excedente generado en la economía es atraído hacia los sectores no transables que presentan mayores tasas de rentabilidad.

Simultáneamente con la apertura, el país ha seguido una política de privatización de parte de las empresas de servicios públicos y apertura a la inversión privada de sectores que tradicionalmente habían sido monopolio estatal, tales como televisión, telefonía celular, gas domiciliario, refinación de petróleo, telefonía local y de larga distancia, generación de energía eléctrica y recolección de basura. En este marco, los grandes conglomerados económico-financieros nacionales están más interesados en colocar su *cash flow* en los sectores no transables –particularmente en los antiguos monopolios estatales hoy privatizados o en proceso de serlo– en los cuales las tasas de rentabilidad son mayores y los periodos de recuperación del capital mucho menores, que en modernizar sus empresas industriales y profundizar el proceso de industrialización.

Los inversionistas externos movilizan sus excedentes y llevan a cabo inversiones en función de una estrategia corporativa a escala mundial, en la cual las condiciones específicas de un país como Colombia cuentan muy poco. Así por ejemplo, Hoechst decidió hace algunos años montar una planta en Cartagena (Bolívar); diez meses después de inaugurada, cambió de opinión, desmontó las instalaciones y se trasladó a otro país por consideraciones de carácter global y no por cambios de la situación en Colombia. En particular para diez de las 16 empresas estudiadas, con el 81% de las ventas del conjunto, la conducta de los inversionistas ha estado determinada por una visión corporativa y la rentabilidad relativa respecto a otras localizaciones posibles (otros países) y a los sectores no transables dentro de la economía colombiana.

Los directivos entrevistados, pertenecientes a empresas multinacionales o empresas que forman parte de alguno de los grandes grupos económicos, fueron unánimes en señalar las dificultades que encontraban sus proyectos de inversión en las instancias corporativas y cómo eran desplazados por otras localizaciones a nivel internacional y por proyectos de inversión en el sector de bienes no transables, particularmente en los servicios de alto valor agregado. En ambos casos, los márgenes de beneficio son superiores a los que es posible obtener en el medio manufacturero nacional. Estos elementos marcan un estrecho límite a las posibilidades de expansión de la acumulación de capital en el sector industrial y por ende a la capacidad de seguir incrementando su productividad y competitividad.

7. EL LIDERAZGO DE LAS GRANDES EMPRESAS INDUSTRIALES MEXICANAS

CELSO GARRIDO*

7.1. INTRODUCCIÓN

La configuración del liderazgo económico de las grandes empresas industriales privadas mexicanas (GEI) no ha sido un proceso simple y lineal.[1] En primer lugar porque, para la mayoría de las empresas que actualmente ocupan esa posición, ese liderazgo es resultado de un cambio radical respecto a la situación de deterioro que tenían en 1983 como consecuencia de la devaluación y la crisis que sufrió el país a partir del año anterior. Por otra parte, el liderazgo empresarial nacional en los años noventa no significa simplemente reponer las posiciones de poder económico empresarial privado que existían antes de la crisis. Por el contrario, la definición del actual liderazgo implicó establecer un nuevo perfil de poder económico, en el que participan los grupos económicos privados tradicionales y nuevos conglomerados surgidos en los años ochenta y noventa.

Podría argumentarse que este nuevo perfil se explica como un resultado evolutivo de las estrategias de las GEI para competir en sus mercados habituales, en el marco de reglas y condiciones económicas dadas. Sin embargo, los significativos cambios que se han operado en

---

* Profesor de la Universidad Autónoma Metropolitana, Unidad Azcapotzalco, México, D.F. La última revisión de este capítulo por el autor fue realizada a principios de septiembre de 1997.

[1] El presente trabajo adopta un enfoque analítico del liderazgo empresarial privado en la industria de México que considera especialmente el que ejercen las GEI. El objetivo es conocer las posiciones que ellas ocupan en el contexto del cambio estructural llevado a cabo en el país desde 1983. Sin embargo, debe destacarse que, en general, las GEI forman parte de grupos económicos privados nacionales lo que es significativo, tanto para conocer el alcance del poder económico conjunto que representan, como las capacidades de acción estratégica que ello les permite. Asimismo, hay que señalar que centrar la atención en las GEI y los conglomerados privados nacionales no significa desconocer el liderazgo que tiene el otro gran actor empresarial privado en la nueva economía, las filiales de empresas extranjeras (véase, por ejemplo, Peres, 1990).

las condiciones económicas en México hacen que esa explicación no sea suficiente. Por una parte, se transformaron los patrones de especialización productiva y del comercio exterior en el sentido de un comportamiento marcadamente más orientado al mercado internacional, con un peso sensiblemente mayor de las exportaciones manufactureras. Por otra parte, desde 1983 el Estado ha echado a andar un proceso de reformas estructurales, modificando sustancialmente las reglas y condiciones de operación del conjunto de la economía, así como las estructuras de mercado y las modalidades de competencia previas a la crisis de 1982. Es decir, la configuración del nuevo liderazgo se produjo en un contexto económico y de políticas públicas cambiante, donde las acciones de los actores empresariales y del Estado se dieron, tanto dentro como fuera de los mercados, en el marco de una creciente articulación entre la economía nacional y la internacional.

En este capítulo, se sostiene que la conformación del liderazgo de las GEI se concretó mediante un proceso determinado por la interacción entre tres grandes factores que operaron sobre las condiciones existentes antes de la crisis de 1982, momento en que se inició esa transformación.

El primer factor fue el conjunto de acciones emprendidas por el Estado a partir de 1983, y particularmente desde 1986, al aplicar estrategias de cambio estructural que modificaron radicalmente el entorno económico y la estructura de los mercados para crear nuevas condiciones generales de competencia; en este factor se deben incluir también las políticas que directa o indirectamente afectaron la estructura de propiedad del gran capital en el país y promovieron la consolidación del liderazgo de las GEI.

El segundo factor fueron las transformaciones en el patrón de producción y de comercio exterior de la industria manufacturera, que cambiaron la importancia relativa de las distintas ramas de la industria, así como de las relaciones de eslabonamiento entre las mismas y su participación en el comercio exterior. Este cambio en el patrón productivo es relevante para la configuración del liderazgo de las GEI porque afecta el ámbito en el que desarrollan sus estrategias sectoriales y determina el impacto de ese liderazgo sobre el resto de la economía nacional.

El tercer y último factor fueron las respuestas estratégicas de las GEI, en las que pueden observarse algunos rasgos generales comunes, aunque al mismo tiempo se dieron estrategias particulares determinadas por las industrias donde operan y por las características de cada empresa y de los grupos económicos a los que pertenecen. En conjunto, estos tres factores se articulan en torno a una misma problemática, que se presentó en 1983 con la necesidad de generar un nuevo orden económico ante el agotamiento del orden tradicional de la posguerra y del liderazgo económico asociado al mismo. La hipótesis central es que existe una clara vinculación entre la reestructuración de la economía nacional y la configuración del nuevo liderazgo asumido por las GEI. Un corolario de esta hipótesis es que se estableció, y a partir de entonces se ha reproducido, un liderazgo de las GEI que implica un control hegemónico del excedente económico por parte de esas empresas y crea una creciente divergencia entre su dinámica y la marcha del conjunto de la economía nacional. Esto se concreta en que las GEI han tenido un desempeño exitoso, aun después de la crisis de 1994, pero han mostrado una baja capacidad para dinamizar la economía nacional y especialmente para incidir favorablemente sobre la actividad de las restantes empresas en el país y crear un "círculo virtuoso" de crecimiento económico.

Esta divergencia puede explicarse por las relaciones y tensiones existentes entre las estrategias gubernamentales de cambio estructural, las modalidades y desequilibrios que caracterizan al patrón productivo y comercial de la industria nacional, y las estrategias asumidas por estas GEI, particularmente en lo que hace a su relación con las pequeñas y medianas empresas. Dadas las modalidades mediante las que se reproduce el liderazgo de las GEI, la simple acción de los mercados no asegura una vinculación adecuada de su liderazgo con el desarrollo de la economía nacional, pues no genera una dinámica de innovación y crecimiento económico sostenido e integrador. En consecuencia, es pertinente discutir la posibilidad de aplicar políticas públicas que, dentro de las nuevas condiciones y reglas de la economía, contribuyan a fortalecer la relación de las GEI con las restantes empresas para colaborar en la generación de un crecimiento endógeno con ganancias sostenidas de competitividad sistémica.

Para discutir esa hipótesis, en este capítulo se presenta, en primer lugar, una descripción de las características que tiene el liderazgo ejercido por las GEI. En segundo lugar, se consideran los antecedentes a partir de los que se conformó ese liderazgo. En la tercera sección se analizan los factores que explicarían los cambios que se han dado en esa configuración en los años noventa. Se concluye, resumiendo las principales conclusiones alcanzadas y planteando algunas preguntas cuya respuesta tendría impacto en el diseño de la política industrial.

7.2. El PERFIL DE LAS GRANDES EMPRESAS INDUSTRIALES

Para iniciar el análisis del liderazgo que ejercen las GEI mexicanas en la actualidad, conviene presentar evidencias de su existencia. Para ello a continuación se identifica esquemáticamente el perfil de ese liderazgo y se muestran algunos cambios que ese perfil presenta respecto al que existía antes de la reforma estructural.

Tradicionalmente en México las GEI han dominado en las ramas productoras de insumos de uso generalizado, tales como acero, cemento y vidrio, o en las productoras de bienes de consumo masivo, como cerveza. Estas empresas de propiedad familiar constituyeron la base sobre la que se configuraron grandes estructuras corporativas conglomeradas, más o menos integradas y diversificadas en sus inversiones, a las que se conoce como grupos económicos. Éstos han tenido históricamente vínculos patrimoniales de diverso grado con bancos y otras instituciones financieras, por lo que en realidad podrían caracterizarse propiamente como grupos industriales-financieros. Ya en los años setenta esos grupos eran líderes de las industrias donde operaban, pero el liderazgo económico en el conjunto del país lo ejercía el actor estatal combinando el control de un poderoso complejo empresarial público con la gestión de los circuitos macroeconómicos y financieros y el manejo de la políticas públicas para tal fin.

A mediados de los años noventa, luego de más de 15 años de reformas económicas, las GEI mantienen algunas de sus características tradicionales en tanto siguen siendo de propiedad familiar, conservan el liderazgo de las industrias en las que operan dentro del país y representan el núcleo de los grupos industriales-financieros nacionales. Sin embargo, su liderazgo se ha extendido sustancialmente, al punto de que es posible afirmar que actualmente las GEI y los conglomerados a los que pertenecen detentan el liderazgo empresarial en el país y compiten por el liderazgo en el contexto de las grandes empresas privadas nacionales latinoamericanas.

Para delimitar este nuevo perfil empresarial de las GEI se considera, de una parte, sus características en lo referente a tamaño, concentración, tipo de propiedad e importancia económica a nivel nacional.[2] De otra parte, se presenta evidencia sobre los grupos económicos en los que están integradas esas empresas, destacando las vinculaciones entre ambos, así como la importancia general de esos grupos en la economía nacional e identificando los más destacados.

7.2.1.1. Tamaño, concentración y tipo de propiedad

Para abordar el tema del tamaño y la concentración de las GEI, se identifica la ubicación relativa que tienen actualmente las grandes empresas, particularmente las manufactureras, dentro del universo de las empresas mexicanas y los cambios que ella presenta respecto a lo que se registraba en los años ochenta. Como no existe información directa sobre este universo de empresas, se utiliza la información a nivel de establecimiento que proporcionan los censos económicos, que brinda una aproximación razonable para la identificación buscada. En el cuadro 1 se presenta la información·censal para el año 1993 así como la correspondiente al censo anterior realizado en 1988, la que se expone con fines de comparación.

CUADRO 1
ESTRUCTURA DE ESTABLECIMIENTOS

A. TOTAL DE ESTABLECIMIENTOS SEGÚN TAMAÑO

Tamaño	1988		1993	
	Número	%	*Número*	%
Micro	1 259 648	96.5	2 122 703	97.3
Pequeño	38 793	2.9	49 854	2.3
Mediano	4 593	0.4	6 087	0.3
Grande	2 587	0.2	3 194	0.2
Total	1 305 621	100.0	2 181 838	100.0

---

[2] Referencias sobre la posición internacional de estas GEI mexicanas pueden verse en el capítulo 1 de este libro.

B. SECTOR MANUFACTURERO, SEGÚN TAMAÑO Y PARTICIPACIÓN
EN LAS VENTAS

Tamaño	1988			1993		
	Establecimientos		Ventas	Establecimientos		Ventas
	Número	%	%	Número	%	%
Micro	121 012	87.2	4.0	244 214	91.8	9.0
Pequeño	13 292	9.6	13.0	16 439	6.2	14.0
Mediano	2 620	1.9	14.0	3 120	1.2	14.0
Grande	1 911	1.4	69.0	2 260	0.9	63.0
Total	138 835	100.0	100.0	266 033	100.0	100.0

FUENTE: Instituto Nacional de Estadística, Geografía e Informática (INEGI), *Censos Económicos* 1988 y 1994.
Micro: 0 a 5 personas
Pequeño: 5 a 100 personas
Mediano: 100 a 250 personas
Grande: más de 250 personas

La estructura de los más de dos millones de establecimientos existentes en el país en 1993 confirma lo que era de esperarse: los 3 194 grandes establecimientos son una muy pequeña proporción del total. Entre 1988 y 1993, estos establecimientos aumentaron numéricamente pero disminuyeron su importancia relativa en el total ante un aumento extraordinario de los microestablecimientos, lo que podría explicarse por la búsqueda de alternativas laborales ante la desocupación.

En 1993, había 266 033 establecimientos manufactureros, que significaban el 10% de todos los establecimientos del país. Ese año, se registraban 2 260 *grandes* establecimientos manufactureros, que representaban casi el 1% de los establecimientos en este sector, porcentaje significativamente más alto que el registrado para el mismo tamaño a nivel total. Estos grandes establecimientos se incrementaron en 300 unidades desde 1988 y, al igual que lo registrado a nivel nacional, también redujeron su participación relativa en el sector, aunque menos que en aquel caso. Finalmente, cabe destacar la notoria concentración en el ingreso por ventas en estos grandes establecimientos, ya que representan el 63% del ingreso total manufacturero. Este porcentaje se mantiene extremadamente alto, a pesar de que cayó en seis puntos porcentuales respecto a los valores de 1988, caída que también fue absorbida por los microestablecimientos.

Dado que las GEI se componen a partir de esos grandes establecimientos manufactureros y asumiendo que dichas GEI operan varios establecimientos, se puede afirmar que esas grandes empresas industriales son un componente fundamental de la planta manufacturera del país. Asimismo la comparación entre 1988 y 1993 permite comprobar que las reformas económicas realizadas entre esos años no habrían cambiado significativamente la situación tradicional en cuanto al papel dominante de las grandes empresas en general, y en particular de las industriales, dentro del universo empresarial del país.

Para analizar en detalle la importancia que tienen estas grandes empresas y dentro de ellas las privadas nacionales, en los cuadros 2 y 3 se presenta información relativa a las 500 mayores empresas de México (M500) que proporciona una encuesta realizada anualmente por la revista *Expansión*.

En el cuadro 2, se muestra que las 500 mayores empresas aumentaron su importancia dentro de la economía nacional en el curso del proceso de reforma económica. Por su parte, el cuadro 3 apunta a un cambio muy significativo al mostrar un crecimiento de las grandes empresas privadas nacionales más que proporcional al crecimiento del conjunto de las grandes empresas, lo que se explica por la privatización de empresas públicas que, en la mayoría de los casos, fueron adquiridas por empresarios locales, así como por la expansión de esas empresas en sus mercados locales y por el fuerte incremento de sus ventas al exterior. Lo anterior confirma que las grandes empresas privadas nacionales tienen un peso relevante en el universo de las grandes empresas y en la economía nacional, que se ha incrementado significativamente en los años noventa, hasta convertirse en predominante en ambos niveles.

Dado que este conjunto de grandes empresas privadas nacionales incluye a las que realizan actividades en todos los giros de actividad, se debe considerar en particular al segmento de las mismas compuesto por las grandes empresas industriales privadas mexicanas (GEI). Para identificar la importancia de las GEI, se trabajó dentro de la mencionada encuesta de las 500 mayores empresas (M500) para 1994, extrayendo de la misma una muestra de las 60 mayores empresas industriales (M60). Como puede verse en el cuadro 4, en la muestra M60 se incluyeron tanto empresas privadas nacionales como extranjeras, y en la misma se identificaron las empresas que son líderes en el sector de actividad donde se desempeñan.

CUADRO 2
INDICADORES SOBRE LAS 500 MAYORES EMPRESAS DE MEXICO*

	1987	1988	1989	1990	1991	1992
Ventas/PIB (%)	20.0	20.3	18.5	18.2	21.6	24.7
Margen de utilidad neta (%)	n.d.	n.d.	n.d.	5.1	5.3	6.2
Pasivo en moneda extranjera/Pasivos totales (%)	n.d.	n.d.	n.d.	27.1	34.2	29.4
Saldo balanza comercial (millones de pesos)**	n.d.	n.d.	n.d.	31 300 000	34 400 000	2 500 000
Personal ocupado (número)	625 016	622 908	698 443	807 616	621 464	878 052

FUENTE: Elaboración propia sobre la base de datos de la revista *Expansión* e *Indicadores Económicos* del Banco de México, varios años.
n.d. No disponible.
* Se excluye Pemex del total de las 500 mayores empresas de México. Se trabaja con datos para las 499 mayores empresas.
** El saldo de la balanza comercial para 1990, 1991 y 1992 incluye a Pemex.

CUADRO 3

ESTRUCTURA DE LAS 500 MAYORES EMPRESAS POR TIPO DE PROPIEDAD

Tipo de propiedad	1987		1988		1989		1990		1991		1992	
	Número	%	Número	%	Número	%	Número	%	Número	%	Número	%
Estatal*	44	9.0	22	4.6	23	4.8	13	2.8	13	2.8	9	2.0
Privada nacional	366	73.2	396	79.2	406	81.2	411	82.2	404	82.2	419	83.8
Multinacional	89	17.8	81	16.2	70	14.0	75	15.0	82	15.0	71	14.2
Total	499	100.0	499	100.0	499	100.0	499	100.0	499	100.0	499	100.0

FUENTE: Elaboración propia sobre la base de datos de la revista *Expansión*, 1988-1993.

* Se excluye Pemex del total de las 500 mayores empresas de México. Se trabaja con datos para las 499 mayores empresas.

Del cuadro cuatro interesa destacar cuatro rasgos que caracterizan a las grandes empresas industriales privadas nacionales (GEI). En primer lugar, su predominio cuantitativo respecto a las empresas extranjeras, ya que de las 60 que componen la muestra, 19 son extranjeras y 41 son GEI. Esto se vuelve aún más significativo cuando se observa que en las 41 GEI hay 18 que son líderes en el sector donde operan, mientras que sólo 4 de las extranjeras tienen esa posición en sus sectores. Un tercer elemento a remarcar es que las GEI continúan produciendo bienes tradicionales, como son los bienes de consumo masivo (alimentos, bebidas) o bienes intermedios (acero, cemento, petroquímica). La única excepción en cuanto a un área nueva de negocios para una empresa privada es una compañía privatizada en los años noventa en favor de un grupo nacional: Teléfonos de México (Telmex), la más grande en el país después de la estatal Petróleos Mexicanos (Pemex). Por último, es útil resaltar que, en la gran mayoría de los casos, las GEI están integradas a grupos económicos y, más aún, que varias de ellas pertenecen a un mismo grupo. Esto sugiere que las indicaciones sobre control del excedente que se infiere de esta muestra de empresas serían fuertemente incrementadas al considerar los efectos de la agregación de estas empresas en grupos.

7.2.1.2. Los grupos económicos

Dado que las GEI están mayoritariamente integradas a grupos económicos, la caracterización de estos últimos es un elemento importante en el perfil de liderazgo de esas empresas. Como primera aproximación a la importancia de los grupos económicos con relación a las grandes empresas del país, se comparan los datos agregados de la muestra de 500 grandes empresas en México de la revista *Expansión* con otra realizada por la misma revista sobre los 59 mayores grupos económicos en el país, ambas con valores promedios para el periodo 1987-1991 (véase cuadro 5).[3]

---

[3] Hay que destacar que esta noción de "grupo económico" es ambigua en cuanto al tipo de estructura empresarial a la que se refiere ya que comprende de una parte a empresas centradas en la producción de un cierto tipo de producto, con integración vertical y, de la otra, a un conglomerado de empresas diversificadas en varios sectores de actividad industrial, agrícola o de servicios. Finalmente, todas ellas pueden o no tener una institución financiera asociada.

CUADRO 4

MUESTRA DE 60 GRANDES EMPRESAS EN MÉXICO (M60), 1994

(ordenadas por ventas en millones de dólares)

Ordenamiento			Liderazgo	Grupo económico de adscripción	Sector	Tipo de propiedad	Ventas totales	Exporta
M60	M500	Sectorial	Empresa					
1	2	L	Telmex	Carso	Telecomunicaciones	P	8 635.5	Sí
2	4	L	Vitro	Vitro	Vidrio	P	4 194.7	Sí
3	5	L	Chrysler		Automotriz	X	3 998.2	
4	–		Ford		Automotriz	X	3 870.0	
5	6		General Motors		Automotriz	X	3 769.1	
6	8	L	Cemex	Cemex	Cemento	P	3 146.6	Sí
7	9	L	Visa	Visa-Femsa	Bebidas/Cervezas	P	2 776.5	Sí
8	–		Nissan		Automotriz	X	2 650.0	
9	14	L	Empresas ICA Soc. Controladora	ICA	Construcción	P	2 346.4	Sí
10	–	L	Sabritas		Alimentos	X	2 220.0	
11	15	L	Grupo Televisa	Televisa	Medios	P	1 904.3	Sí
12	16		Modelo	Grupo Modelo	Bebidas/Cervezas	P	1 878.2	Sí
13	17		Bimbo	Grupo Industrial Bimbo	Alimentos	P	1 795.4	Sí
14	19		Nestlé		Alimentos	X	1 422.7	
15	–	L	Procter & Gamble		Higiene/Limpieza	X	1 360.0	
16	25		Gruma	Maseca	Alimentos	P	1 196.1	Sí

CUADRO 4 (continuación)

Ordenamiento		Liderazgo		Grupo económico de adscripción	Sector	Tipo de propiedad	Ventas totales	Exporta
M60	M500	Sectorial	Empresa					
17	26	L	Aerovías de México		Transporte	P	1 190.1	Sí
18	27	L	Grupo México y subsidiarias	GIMM	Minería	P	1 148.5	
19	28	L	Kimberly-Clark		Celulosa/Papel	P	1 146.6	Sí
20	30	L	Celanese		Petroquímicas	X	1 075.8	Sí
21	34	L	Hylsamex	Alfa	Acero	P	1 041.0	Sí
22	29	L	La Moderna	Pulsar	Tabaco	P	1 025.8	Sí
23	36		Transportación Marítima Mexicana		Transporte	P	1 000.9	Sí
24	37	L	Alpek	Alfa	Química	P	939.1	Sí
25	38		IMSA	IMSA	Acero	P	938.2	Sí
26	41		Grupo Tribasa	Grupo Tribasa	Construcción	P	908.6	
27	43		Grupo Mexicano de Desarrollo	GMD	Construcción	P	898.6	
28	44		Cydsa	Cydsa	Petroquímicas	P	885.5	Sí
29	45		Cigatam	Carso	Tabaco	P	883.8	
30	46		AHMSA	Grupo Acerero del Norte	Acero	P	877.1	
31	52	L	Grupo Condumex	Carso	Electrónica	P	802.9	Sí
32	–		Colgate-Palmolive	Carso	Higiene/Limpieza	X	789.0	

CUADRO 4 (continuación)

Ordenamiento		Liderazgo		Grupo económico de adscripción	Sector	Tipo de propiedad	Ventas totales	Exporta
M60	M500	Sectorial	Empresa					
33	55		Industrias Peñoles y subs.	Peñoles	Minería	P	726.5	Sí
34	56		Apasco		Cemento	X	698.4	
35	58		Grupo IRSA	Desc	Química	P	669.7	
36	60	L	Unik	Desc	Autopartes	P	651.8	
37	65		Grupo Embotellador Mexicano	GEM	Bebidas/Cervezas	P	612.0	
38	66		Grupo Continental	Continental	Bebidas/Cervezas	P	608.7	
39	75	L	Nacobre	Carso	Metalurgia	P	512.9	
40	78	L	Synkro	Synkro	Textil	P	479.4	Sí
41	81		San Cristóbal		Celulosa/Papel	P	465.5	Sí
42	87		Teleindustria Ericsson		Electrónica	X	425.1	
43	91		ISPAT		Acero	X	410.1	
44	100		Du Pont		Petroquímicas	X	357.6	
45	104		Basf		Química	X	341.2	
46	108		Iusacel	IUSA	Telecomunicaciones	P	327.6	
47	110		Ciba Geigy		Química	X	305.4	
48	114		Petrocel	Alfa	Petroquímicas	P	289.7	
49	117		Grupo HYTT		Textil	X	278.5	

CUADRO 4 (continuación)

Ordenamiento			Liderazgo	Grupo económico de adscripción	Sector	Tipo de propiedad	Ventas totales	Exporta
M60	M500	Sectorial	Empresa					
50	121		Smurfit Cartón y Papel de México		Celulosa/Papel	X	240.5	
51	124		Central de Industrias		Autopartes	X	234.1	
52	136	L	Hulera Euzkadi	Carso	Neumáticos	P	201.3	Sí
53	143		Empresas Frisco	Carso	Minería	P	185.7	Sí
54	150		Ponderosa Industrial	Ponderosa	Celulosa/Papel	P	159.3	Sí
55	158		Cía. Fresnillo		Minería	P	146.8	
56	171		Cummins		Autopartes	P	136.2	
57	180		Grupo Industrial Ramírez		Autopartes	P	115.0	
58	190		General Tire	Carso	Neumáticos	P	98.3	Sí
59	231		Texel		Textil	X	65.2	
60	271		Radio Centro	Grupo Radio Centro	Medios	P	48.5	

FUENTE: Elaboración propia con base en *Expansión, Las 500 empresas más importantes de México.*
L identifica a empresas de la muestra M500 con más ventas en su sector.
P indica empresa privada nacional. X indica empresa privada extranjera.

CUADRO 5

VINCULACIONES ENTRE GRANDES EMPRESAS Y GRUPOS ECONÓMICOS
(*promedio 1987-1991*)

	500 Mayores empresas	59 Mayores grupos	
		Total de empresas	Empresas en las 500
Número de empresas	500	987	197
Razón de ingreso total o ventas a PIB	20.3%	13.4%	n.d.

FUENTE: Elaboración propia sobre la base de datos de la revista *Expansión*, varios números.

La vinculación entre grupos y grandes empresas es estrecha ya que los 59 mayores grupos económicos están formados por 987 empresas, 197 de las cuales son parte de las 500 mayores del país. En términos de la importancia relativa de su actividad, las ventas de las 987 empresas de estos grupos equivalen al 65% de las ventas de las 500 mayores. En general, los grupos abarcan un porcentaje muy significativo de las grandes empresas del país y constituyen el núcleo de las empresas privadas nacionales.

Estos 59 grupos son, en su casi totalidad, de propiedad privada nacional y su participación en la economía ha venido creciendo en el curso de los años. Asimismo, dentro de estos grupos, existe también un elevado grado de concentración económica en favor de los nueve primeros, que son todos de propiedad privada nacional (véase cuadro 6). Distintos indicadores muestran que esos nueve representan alrededor de la mitad de los valores correspondientes al total de los 59. Con este marco, se puede caracterizar a esos nueve grupos, conforme a lo que se muestra en el cuadro 7.

Los nueve mayores grupos están compuestos mayoritariamente por los que ya existían antes de la reforma económica ("tradicionales") pero también por unos pocos, pero muy poderosos grupos, surgidos durante la reforma ("nuevos") los que se han convertido en el símbolo más característico de la misma. En la cima de estos últimos se encuentra el grupo Carso, de fuerte desarrollo en la segunda mitad de los años ochenta y especialmente en la década siguiente a partir de su acceso a las privatizaciones (Telmex). El conjunto de los nueve grupos incluye a 465 empresas, 127 de las cuales se encuentran entre las 500 mayores del país, y mayoritariamente entre las 50 primeras de dicha muestra. Sus ventas totales fueron del orden de los 17 000 millones de dólares en 1992; además, sus empresas formaban parte del selecto núcleo de nuevos exportadores no tradicionales, que son el puntal del nuevo modelo económico.

CUADRO 6

PARTICIPACIÓN DE LOS NUEVE MAYORES GRUPOS PRIVADOS NACIONALES
EN LA MUESTRA DE LOS 59 MAYORES GRUPOS ECONÓMICOS*
(porcentajes)

	1987	1988	1989	1990	1991
En las ventas totales	44.0	45.3	42.9	47.8	56.0
En el capital contable	31.3	40.4	41.5	50.4	55.1

FUENTE: Elaboración propia con base en datos de la revista *Expansión*, 1988-1992.
* Incluye empresas estatales excepto Pemex.

7.2.1.3. Una visión de conjunto

Para concluir el perfil de grandes empresas industriales y grupos privados nacionales, en el cuadro 8 se presenta una tipología que resume y generaliza el conjunto de elementos que constituyen ese perfil.

La primera variable para organizar esta tipología fue la estructura empresarial, la que se abre en tres grandes variantes de acuerdo con: si las empresas centran sus actividades en torno a un cierto tipo de producto, si están diversificadas en varios sectores de actividad industrial o finalmente si son grupos financieros con avances hacia la industria. En todos los casos, se identifica para cada empresa su principal producto. Hay que destacar que, en el caso de las diversificadas, no se consideran empresas en áreas de comercio y otros servicios, y que, en todos los casos, muchos de los grandes accionistas de uno o otro tipo de empresa participan a título personal en muchas otras. Un segundo criterio a partir de los agrupamientos anteriores fue identificar aquellas empresas que tienen banco u otra institución financiera, y las que no lo tienen. Luego interesó destacar dentro de los subconjuntos así configurados, cuáles eran empresas "tradicionales" y "nuevas", en el sentido definido anteriormente. Finalmente, se consideran

CUADRO 7

INDICADORES PARA LOS NUEVE MAYORES GRUPOS PRIVADOS NACIONALES Y SUS VÍNCULOS CON LAS GRANDES EMPRESAS, 1992

Grupo	Posición en el ranking de grupos	Ventas (millones de dólares)	Total de empresas del grupo	Total de empresas en las 500	Principal empresa en las 500	Posición en las 500	Giro de la empresa	Posición dentro del giro	Posición del grupo en las 500 mayores exportadoras
Vitro	1	3 308.9	92	47	Vidrio Plano	76	Vidrio	1	24/55/80
Carso	2	2 554.4	6	6	Telmex	1	Comunicaciones	1	4
Alfa	3	2 492 8	10	10	Hylsa	8	Hierro y acero	2	43
					Petrocel	41	Petroquímica	5	14
					Sigma	49	Alimentos	6	
Cemex	4	2 213.2	42	18	Empresas Tolteca	20	Cemento	1	52
VISA	5	2 100.1	106	7	Cervecería Cuauhtemoc	17	Cerveza	1	53/58
					Industria Embotelladora de Méx.	95	Refrescos	4	
Desc	6	1 654.2	124	13	Novum	27	Petroquímica	2	27
					Spicer	17	Autopartes	1	13
					Univasa	73	Alimentos	8	

CUADRO 7 (continuación)

Grupo	Posición en el ranking de grupos	Ventas (millones de dólares)	Total de empresas del grupo	Total de empresas en las 500	Principal empresa en las 500	Posición en las 500	Giro de la empresa	Posición dentro del giro	Posición del grupo en las 500 mayores exportadoras
Industrial Minera México	8	937.4	40	6	Industrial Minera México	21	Minería	1	5/9/12/48
Pulsar	9	921.6	15	2	La Moderna	16	Tabaco	1	75
Peñoles	14	732.8	30	18	Met-Mex Peñoles		Minería	2	74

FUENTE: Revista *Expansión* varios números.

Los grupos privados nacionales considerados en este cuadro no son los diez primeros de la encuesta a los mayores grupos económicos de la revista *Expansión*, 1992, pues algunos no eran representativos para este ejercicio. La empresa más relevante en cada grupo se identificó para el periodo 1987-1993.

CUADRO 8
TIPOLOGÍA DE GRANDES EMPRESAS INDUSTRIALES PRIVADAS NACIONALES

Tipo de empresa		Nombre del conglomerado	Nombre de la empresa	Rama	Empresas en el exterior	Exporta
con banco	tradicional	Visa	Visa-Femsa	Bebidas	Sí	Sí
			Unicom-GGTE	Telefonía		Sí
	nueva	Grupo Maseca	Gruma	Maíz industrializado	Sí	Sí
	tradicional	Cemex	Cemex	Cemento	Sí	Sí
			Kimberly Clark	Papel		
			Crisoba	Papel		
			Televisa	Medios	Sí	Sí
			Modelo	Cerveza		Sí
			Bimbo	Panadería	Sí	Sí
Integrada en torno a una línea de producto	sin banco		GIMM	Minera		Sí
			TMM	Transporte		Sí
			IMSA	Acero	Sí	Sí
			GMD	Construcción		
			Peñoles	Minera		Sí
			GEM	Bebidas		
			Continental	Bebidas		
			Synkro	Textil		Sí

CUADRO 8 (continuación)

Tipo de empresa	Nombre del conglomerado	Nombre de la empresa	Rama	Empresas en el exterior	Exporta
		Ramírez	Autopartes		Sí
		Cummings	Autopartes		Sí
		Fresnillo	Minería		Sí
nueva		GAN-AHMSA	Acero		Sí
		Tribasa	Construcción		
tradicional	Desc	Agrobios	Alimentos		Sí
		Unik	Autopartes		
		IRSA	Química		
con banco	Vitro	Vitro	Vidrio	Sí	Sí
		Vitro-Whirlpool	Electrodomésticos		
	Carso	Telmex	Telefonía	Sí	
		Cigatam	Tabaco		
nueva		Condumex	Eléctrico		Sí
		Nacobre	Metalurgia		Sí
		Euzkadi-G Tire	Hule		Sí
		Frisco	Minería		Sí
Diversificada	Pulsar	La Moderna	Tabaco	Sí	Sí
		Ponderosa	Papel		Sí

CUADRO 8 (*continuación*)

Tipo de empresa		Nombre del conglomerado	Nombre de la empresa	Rama	Empresas en el exterior	Exporta
	tradicional	Alfa	Sigma	Alimentos	Sí	
			Hylsamex	Acero		Sí
			Alpek	Química		Sí
			Petrocel	Petroquímica		
	sin banco		Alestra-ATT	Telefonía		
		ICA	ICA	Construcción	Sí	Sí
	nueva	Iusacel	Iusacel	Telefonía		
Financiera industrial	Grupo financiero	Banamex-Accival	Avantel-MCI	Telefonía		

FUENTE: Elaboración del autor sobre la base de datos hemerográficos y documentales.

variables relativas a las vinculaciones con el mercado mundial, tanto en el sentido de si exportan, como de si tienen subsidiarias o filiales en el exterior y, por lo tanto, si tienden a transnacionalizarse exportando capitales.

De todo lo visto, se puede concluir que, en el perfil de las grandes empresas industriales y grupos económicos privados mexicanos, destacan como rasgos novedosos: la emergencia de nuevos y muy poderosos conglomerados formados desde los años ochenta, el fortalecimiento y modernización de los conglomerados tradicionales, y que todos ellos aumentan aceleradamente su tamaño y evolucionan hacia una estructura transnacionalizada de tamaño medio, fruto de la exportación de productos y de capitales. Del perfil tradicional se mantienen las estructuras empresariales de integración y diversificación bajo formas de propiedad familiar, con empresas que operan en los mismos sectores en que producían antes de la reforma. Por último, hay que destacar que estas GEI continúan en proceso dinámico de reestructuración, por lo que el perfil propuesto está continuamente reajustándose, como se verá en el apartado de estrategias empresariales al final de este capítulo.

7.3. LOS ANTECEDENTES DEL LIDERAZGO

La configuración del liderazgo empresarial de las GEI fue resultado de un proceso complejo dinamizado por la interacción entre diversos factores que operaron como parte de la transformación general en el orden económico que comenzó a producirse en México a partir de 1983. Este proceso se desarrolló sobre la base de condiciones y problemas que se habían generado a lo largo de los años setenta durante la crisis estructural en el modelo de industrialización mediante sustitución de importaciones. Por ello, para comprender sus características actuales es conveniente considerar brevemente esos antecedentes.

Los cambios en la organización económica nacional se hicieron inevitables cuando el viejo orden se colapsó a consecuencia de las condiciones desencadenadas por la crisis de la deuda externa en 1982. Al mismo tiempo, esas transformaciones se volvieron posible porque en ese momento existía, tanto cierta madurez en las condiciones de desarrollo industrial nacional, como un relativo consenso entre los actores estatales y empresariales dispuestos a impulsar el cambio sobre la orientación que el mismo debería seguir. Esa relativa madurez se alcanzó en el curso de un largo y conflictivo procesamiento de la crisis estructural, el que se inicia a principio de los años setenta, cuando comenzaron a manifestarse los primeros signos de esa crisis.

Desde la perspectiva del desarrollo industrial, la madurez se manifestaba en una evolución relativamente favorable de la planta productiva, especialmente en algunas de sus ramas como automotriz, acero, bebidas, vidrio y petroquímica, lo que había permitido una creciente participación de las manufacturas en las exportaciones desde el inicio de los años setenta, fenómeno que se revirtió durante el llamado "auge petrolero" (1979-1981).

Con relación a la madurez del actor estatal, el segmento que impulsó radicalmente la reforma fue una nueva élite política que accedió progresivamente al control del aparato del Estado a partir de 1983, primero ocupando algunos puestos en el gabinete del presidente Miguel de la Madrid (1982-1988) y luego asumiendo plenamente la dirección del cambio económico durante la presidencia de Carlos Salinas de Gortari (1988-1994). Esta élite tuvo su origen mayoritariamente en los sectores de la alta burocracia pública tradicionalmente vinculada al manejo monetario y financiero. En los años setenta gran cantidad de miembros de esta élite política fueron estimulados y apoyados para realizar estudios en universidades de primer nivel en Estados Unidos. Estas personas adquirieron una sólida adscripción intelectual a los enfoques económicos de libre mercado y regresaron fuertemente convencidas sobre la necesidad de transformar radicalmente la economía mexicana hacia un régimen de ese tipo.

En el actor empresarial, el segmento más activo en favor de la reforma fueron los grandes grupos económicos privados nacionales que emergieron como el producto más maduro del proteccionista régimen de industrialización por sustitución de importaciones y que demandaban cambios estructurales en la economía nacional pues el viejo orden había creado límites a su expansión con estabilidad y alta rentabilidad. Estos grupos económicos habían participado durante los años setenta en el debate nacional sobre el cambio estructural promoviendo iniciativas generales, así como organizando centros de reflexión académica privada desde los cuales se fueron explorando distintos aspectos de la reforma desde la perspectiva de la gran empresa privada y donde se educó una parte de los que luego se integrarían en la nueva élite estatal. Asimismo, los hijos de quienes dirigían las grandes empresas, que en los años ochenta asumirían el relevo generacional en su dirección, habían también estudiado en el exterior de donde regresaron con posiciones definidas respecto al enfoque que debían dar a sus negocios en una economía mundial en proceso de globalización y al entorno macroeconómico necesario para ponerlo en marcha.

Por último, la definición de las orientaciones básicas que seguiría el programa para transformar la economía nacional fue también producto del debate sobre la necesidad de realizar un cambio estructural. Las posiciones básicas en discusión respecto a la orientación a seguir se polarizaron entre quienes proponían profundizar el modelo de industrialización sustitutiva con la perspectiva de avanzar hacia una "sustitución de exportaciones" y quienes argumentaban que debía cambiarse radicalmente el viejo modelo económico para crear una economía abierta y desregulada en la que el Estado abandonara su papel rector de la actividad económica y el déficit público dejara de ser el motor del crecimiento económico, como había ocurrido crecientemente a lo largo de los años setenta. En su lugar proponían un nuevo modelo en el que los precios relativos, formados en mercados competitivos y libres de distorsiones políticas, orientaran la asignación de los recursos y la distribución del ingreso, y el liderazgo económico estuviera a cargo de las empresas privadas.

Esta última orientación, que era impulsada en términos generales por la élite política en formación y por los propietarios de las grandes empresas nacionales, estableció la base del consenso entre ambos en lo referente al cambio estructural y al lugar central que debía ocupar la empresa privada. Probablemente sea este consenso sobre la necesidad del cambio, aunado a un fuerte realismo político, lo que explica que la nueva élite política asumiera la postura de promover a las grandes empresas industriales de esos grupos económicos como líderes del nuevo orden económico, aunque anteriormente habían tenido puntos de vista críticos sobre las mismas debido a que se habían creado y consolidado como resultado del mismo proteccionismo que dicha élite política quería eliminar.

A pesar de la madurez en las condiciones productivas, de la solidez de los actores líderes y del consenso entre ellos respecto la orientación del cambio, también estaban presentes fuertes limitaciones que implicaron que la transición hacia el nuevo orden económico no se diera de manera simple y directa; la principal de ellas radicaba en una planta productiva con fuerte heterogeneidad y distorsiones. Por su parte, la nueva élite también enfrentaba restricciones que llevaron a que debiera consolidar lentamente su poder sobre el aparato estatal, lo que se cumplió mediante una pugna en el interior de la clase política que sólo comenzó a resolverse favorablemente para los sectores que sostenían la necesidad de hacer reformas radicales en 1986-1988. Por último, las limitaciones de los grandes grupos económicos y sus empresas industriales provenían principalmente de que, en 1983, habían estado en una virtual situación de quiebra financiera a consecuencia de la devaluación que acompañó a la crisis de la deuda externa; por lo tanto, debían reestructurar sus propias inversiones antes de poder enfrentar nuevas perspectivas de expansión.

A las restricciones mencionadas debe sumarse la crisis de las relaciones del Estado con los empresarios, las que estaban en un momento de máxima tensión debido al impacto negativo de la nacionalización de la banca privada decretada por el presidente López Portillo al final de su gestión en 1982. Esto dificultaba extraordinariamente las negociaciones entre ambos actores sobre los pasos a seguir para transformar la economía, los tiempos en que debía realizarse y quienes deberían pagar los costos del cambio. Por último, dentro de este cuadro de limitaciones también importa el hecho de que no parece haber existido, ni en el gobierno ni en las grandes empresas, claridad suficiente sobre las acciones concretas para hacer efectiva la voluntad básica de cambio compartida por ambos actores.

A estas restricciones y problemas dentro de la economía nacional, deben sumarse los cambios que experimentó la economía internacional en los años setenta como otro importante factor que llevó al cambio estructural e incluso a un nuevo liderazgo empresarial en el país. Entre esos cambios destacan los siguientes:

i] La tendencia a conformar un nuevo orden económico mundial de carácter global, dinamizado por procesos de innovación y cambio tecnológico, tanto en industrias nuevas como tradicionales, que modificaron las condiciones de inversión y las relaciones laborales debido a la flexibilización que demandan los nuevos procesos productivos.

ii] Los cambios en las modalidades del comercio internacional que dieron lugar a lo que algunos autores denominan "patrones de intercambio múltiple" en los que el intercambio y las ganancias en el comercio que captan las naciones está determinada por un amplio espectro de factores. Esto lleva a que los países puedan optar entre diversas alternativas de vinculación comercial internacional atendiendo a sus antecedentes y a las fuerzas económicas que inciden sobre su ubicación en el mercado mundial.[4]

Para México, las transformaciones en el sistema financiero internacional y los impactos que los fenómenos económicos internacionales han tenido sobre ese sistema han sido extraordinariamente relevantes. Particularmente importante fue la expansión de la liquidez internacional de fines de los años setenta que impulsó el endeudamiento del país, el posterior incremento de la tasa de interés internacional y los cambios en los agentes y condiciones de operación del sistema financiero mundial en el marco de la llamada globalización financiera.

Por último, las tendencias a la innovación y globalización económica y financiera también fueron dinamizadas por las necesidades y los cambios producidos en las grandes empresas oligopólicas transnacionales, que tendieron a integrar sus procesos productivos y financieros a escala mundial.[5]

Todo lo anterior incide decisivamente en la conformación de una nueva división internacional del trabajo y en cambios muy acelerados en la localización geográfica de la industria en el mundo con incrementos significativos en la participación de algunos países en desarrollo dentro del mapa industrial, al tiempo que otros resultan marginados de las nuevas direcciones que asume el cambio. Para la economía mexicana significó la necesidad de buscar una nueva inserción en ese orden, cambiando su organización económica interna para incrementar su capacidad de competir a nivel internacional. Para las grandes empresas privadas, el desafío fue crecer en escenarios de competencia global que demandaban importantes transformaciones en las modalidades y escala de sus negocios, así como en su organización y equipamiento.[6]

---

[4] Por ejemplo, Hopenhayn y Rojo (1990) proponen una tipología con tres grupos estilizados de bienes determinantes del comercio internacional a los que identifican como "bienes ricardianos" (principalmente productos primarios), bienes "Heckscher-Ohlin" (manufacturas de consumo masivo) y bienes de "ciclo de vida" (productos nuevos de tecnología avanzada).

[5] Sobre este tema, puede verse Chesnais (1994).

[6] Para un análisis de ese cambio en el orden internacional, véase Dicken (1993). Con relación a la gran perspectiva de este cambio, véase Pipitone (1994). En cuanto al análisis sobre la situación de la industria mexicana vista desde la perspectiva del cambio

En resumen, en 1982 había factores a nivel nacional e internacional que creaban fuertes tensiones entre, por un lado, la necesidad y la posibilidad de realizar un profundo cambio en la economía y en las grandes empresas y, por otro, las restricciones y las resistencias para que ello ocurriera.

7.4. LOS DETERMINANTES DEL LIDERAZGO EN LOS AÑOS NOVENTA

La configuración del liderazgo de las GEI que se definió en el contexto de las grandes transformaciones del orden económico ocurridas desde 1983 se procesó por la interacción de tres factores básicos: la acción de la nueva élite política para reformar el orden económico y promover el liderazgo de las GEI, las cambiantes condiciones en la producción manufacturera y las estrategias aplicadas por las GEI para enfrentar el cambio y disputar el liderazgo de los sectores donde actúan, así como para incidir en la definición de las orientaciones generales que seguiría el cambio. A continuación, se analiza cómo cada uno de esos factores incidió en la configuración del liderazgo de las GEI.

7.4.1. Las estrategias gubernamentales

A partir de 1983, la nueva élite accedió progresivamente al control del aparato del Estado, procurando desde entonces desarrollar una estrategia de profundas reformas económicas que tendrían un impacto decisivo sobre las empresas y el conjunto de la economía nacional. Ello se debió a las modificaciones que provocó en las estructuras de mercado y en las modalidades de regulación económica al incrementar la competencia entre empresas privadas. Este efecto de las reformas era previsible dada su orientación general a nivel del discurso; pero, concomitantemente se aplicaron políticas estatales que directa o indirectamente buscaron promover el liderazgo de las GEI.[7] Esta

en el comercio y la economía mundial, el esfuerzo reciente más importante se presenta en Clavijo y Casar (1994) y particularmente Casar (1994) y Clavijo y Valdivieso (1994).

[7] La expresión "promoción del liderazgo de la GEI" no se usa en el sentido de sugerir una colusión dolosa de intereses entre agentes públicos y empresarios privados, aunque esto también parece haber sido un componente significativo en algunas de las decisiones

relación entre incremento de la competencia y promoción del liderazgo de las GEI muestra el comportamiento pragmático de la nueva élite, la que, bajo un discurso de inspiración fuertemente neoliberal, desarrolló prácticas intervencionistas favorables al liderazgo de esas empresas.

La dinámica de estas dos dimensiones de la estrategia estatal de reforma económica se divide en dos periodos. El primero abarca desde 1983 hasta 1985/1986[8] y se caracteriza por las acciones de la nueva élite para incrementar su poder dentro del Estado, en un contexto con fuertes limitaciones y condicionamientos a su estrategia de reforma. El segundo periodo (1986-1994) se caracteriza porque esa élite consigue un pleno poder y radicaliza su aplicación de las estrategias de cambio estructural, especialmente en los campos referidos al liderazgo de las GEI.

Las acciones desarrolladas por el actor estatal en cada uno de esos periodos se pueden analizar a partir de los patrones básicos que siguieron en lo referente a las políticas que impactan en las condiciones de competencia y a las que promueven el liderazgo de las GEI. Esos patrones se definen por variables características en cada área de política. En el área de cambios en las condiciones generales de competencia, ellas se vinculan a las principales variables macroeconómicas, al gobierno y las finanzas públicas, y a las disposiciones regulatorias generales en el mercado interno, así como las vinculadas al

adoptadas. Esta manera de plantear la política seguida por las autoridades se deriva rigurosamente del enfoque que estaba en la base de las concepciones seguidas por ese equipo de gobierno para realizar la reforma en lo que se refiere a concebir a las empresas privadas como líderes naturales en las economías de mercado, así como a la teoría de que, en los procesos de reforma estructural, se justifica la acción del Estado con el fin de crear las precondiciones extraeconómicas para que los mercados operen en forma competitiva. Dentro de esta aproximación general, resultan pertinentes políticas como las aplicadas en México en favor de las GEI como líderes del nuevo orden económico, aunque sólo excepcionalmente se hicieron explícitas esas concepciones por parte de las autoridades responsables. Ejemplo de ello son los momentos cuando el presidente Salinas (*IV Informe de Gobierno*) o el secretario de Hacienda y Crédito Público Pedro Aspe (al plantear los fundamentos del proyecto de ley de la privatización de la banca) reconocieron públicamente que al diseñar la estrategia de cambio habían asumido que los grandes oligopolios empresariales privados mexicanos serían la base para conformar el nuevo liderazgo económico que se impulsaría con la reforma.

[8] Este primer periodo se cierra en el bienio 1985/1986 pues el lapso entre la crisis cambiaria de mediados de 1985 y el ingreso al GATT en 1986 significó un momento de ruptura en la política económica mexicana.

sector externo. Por su parte, en las políticas orientadas a promover el liderazgo de las GEI, las variables relevantes son las relativas a las relaciones financieras, la política de promoción del comercio exterior y la política industrial, así como los cambios institucionales en las empresas y las políticas de desregulación y liberalización de impacto específico. En el cuadro 9, se presenta un esquema de estos patrones para los periodos 1983-1985/1986 y desde 1986 en adelante.

En primer lugar, el elemento común en las acciones estatales durante ambos periodos fue que, bajo diferentes formas, se orientaron a transformar a la economía nacional articulando sistemáticamente las políticas que modificaban la competencia en dirección de una economía abierta y desregulada. Esto se dio al mismo tiempo que se aplicaban políticas específicas para promover el liderazgo de las GEI procurando que se reestructuraran conforme a las necesidades de la nueva configuración competitiva. El resultado de ambos tipos de políticas podría resumirse en que las mismas promovieron un reajuste en las condiciones tradicionales de competencia oligopólica desde una economía cerrada hacia una economía abierta, contribuyendo decisivamente a que los grandes conglomerados industriales nacionales se reubicaran exitosamente frente a las nuevas condiciones internacionales.

En segundo lugar, el análisis de las relaciones entre los patrones de políticas en cada uno de los dos periodos confirma que esas acciones estaban orientadas a impulsar el cambio hacia un mayor juego competitivo en los mercados. Sin embargo, todo ello se cumplió con fuertes contradicciones entre el discurso y la práctica, tanto en lo referido a generar nuevas condiciones de competencia, como en lo relativo a las políticas para promover el liderazgo de las GEI.

En lo que se refiere a las políticas para crear nuevas modalidades de competencia, existen contradicciones entre las medidas aplicadas entre 1983 y 1986, y las que se registraron a partir de 1986. En una lógica de radicalización de la reforma, era de esperarse que el paso de un periodo a otro significara profundizar la dirección de cambio en el sentido de que las exportaciones no tradicionales, particularmente las manufactureras, fueran el motor de crecimiento de la economía y de integración de la industria nacional. Sin embargo, las estrategias aplicadas por el gobierno a partir de 1986 significaron un viraje ya que se decidió que el motor del desarrollo económico nacional fuera una combinación entre exportación y mercado interno, sobre la base de

CUADRO 9

ESQUEMA DE LOS PATRONES DE POLÍTICA ESTATAL PARA CAMBIAR LAS FORMAS DE COMPETENCIA Y PROMOVER EL LIDERAZGO DE LAS GRANDES EMPRESAS INDUSTRIALES NACIONALES

Variables clave en los patrones de política			1983-1985/1986 Bases de una nueva forma de competencia y rescate de las GEI	1986-1994 Profundización del cambio en la forma de competencia y en la promoción del liderazgo de las GEI
Políticas para promover nuevas formas de competencia	Variables macroeconómicas	Tipo de cambio	Subvaluado e inestable/Pro exportación	Sobrevaluado y estable/Pro importación
		Tasa de interés	Alta en términos reales en pesos y en dólares	Alta en términos reales en pesos y en dólares
		Inflación	Alta y creciente	Baja y decreciente/Pactos de Estabilización
		Salarios	Fuerte baja inicial y luego caída gradual	Fuerte baja inicial y luego caída sostenida
	Gobierno y finanzas públicas	Presupuesto público	Deficitario	Superavitario/Programas sociales compensatorios
		Participación en la producción	Se reduce	Se reduce sustancialmente
		Regulación del mercado interno	Continúa	Liberalización y desregulación del mercado interno
	Sector externo	Balanza comercial	Superavitaria	Crecientemente deficitaria

CUADRO 9 (*continuación*)

Variables clave en los patrones de política	1983-1985/1986 Bases de una nueva forma de competencia y rescate de las GEI	1986-1994 Profundización del cambio en la forma de competencia y en la promoción del liderazgo de las GEI
Deuda externa	Servicio creciente	Servicio estabilizado con Negociación Brady Creciente deuda privada y pública
Flujo de capitales externos	Moratoria de hecho/Salida de capitales	Retorno a mercados financieros internacionales voluntarios. Fuerte ingreso de capitales externos
Regulación del comercio exterior	Se mantiene el proteccionismo	Apertura unilateral. Ingreso al GATT. Tratado de Libre Comercio de América del Norte (TLCAN)
Relaciones financieras	Programa para la cobertura de riesgo cambiario de las empresas (Ficorca) Expansión del mercado de deuda pública interna	Acceso a los mercados financieros internacionales de capitales. Acceso de los inversionistas extranjeros al mercado de valores.

CUADRO 9 (*continuación*)

Variables clave en los patrones de política	1983-1985/1986 *Bases de una nueva forma de competencia y rescate de las GEI*	1986-1994 *Profundización del cambio en la forma de competencia y en la promoción del liderazgo de las GEI*
Políticas para promover el liderazgo de las GEI		
Cambios institucionales de las empresas	Desincorporación de empresas públicas Privatización de empresas industriales y financieras no bancarias pertenecientes a los bancos nacionalizados en 1982	Privatización masiva de empresas públicas industriales Privatización de bancos comerciales Formación de grupos financiero-industriales
Promoción del comercio exterior y política para la industria	Subsidios Programa Nacional de Fomento Industrial y Comercio Exterior, 1984-1988 (Pronafice)	Subsidios y créditos para los exportadores Programa Nacional de Modernización Industrial y del Comercio Exterior 1990-1994 (Pronamice)
Liberalización y desregulación de áreas específicas Programas sectoriales	No hay medidas importantes	Tabaco, molinos de nixtamal, carreteras, transporte Programa de carreteras

FUENTE: Elaboración del autor sobre la base de Celso Garrido, *Estrategias económicas de siete grupos privados nacionales en México 1983-1994*, Proyecto Regional CEPAL/PNUD sobre Políticas de Innovación y Competitividad (RLA/88/039), Santiago, Chile, 1995.

una configuración de variables macroeconómicas fuertemente en favor de las importaciones y que premiaba las inversiones de corto plazo en los mercados financieros locales. El discurso gubernamental explicó este viraje como determinado por la necesidad de profundizar la reforma buscando simultáneamente ampliar la presencia internacional de los productos mexicanos y la expansión del mercado interno. Sin embargo, las políticas aplicadas en la práctica fueron contradictorias con ese objetivo.

Un epifenómeno de esta relación contradictoria entre discurso y práctica de política económica fue asociar la perspectiva del cambio estructural con la presencia continua y creciente de inversiones extranjeras de portafolio para financiar el auge de importaciones que se suponía asociado a la recomposición de la inversión y el consumo. Esta vinculación con la inversión externa era inducida utilizando la tasa de interés como instrumento para atraer capitales de corto plazo, al tiempo que la creciente sobrevaluación a la moneda nacional se constituía en el principal instrumento de la política de estabilización.

La política de tasa de interés logró su objetivo en un contexto externo con una baja tasa de interés internacional, aunque ello dio lugar a una burbuja especulativa en el mercado accionario local. En cambio, la utilización del tipo de cambio como "ancla" antinflacionaria provocó una expansión cada vez más acelerada de las importaciones y del déficit comercial externo, lo que comenzó a poner en duda la solidez de la propia estabilidad cambiaria. En consecuencia, cualquier factor que afectara alguna de las dos variables, como podía ser un aumento en la tasa de interés internacional o una mayor incertidumbre sobre la estabilidad cambiaria, ponía en riesgo la estabilidad del conjunto de la economía. Por lo tanto, esta articulación de tasa de interés y tipo de cambio provocaba una espiral de recesión y volatilidad ya que hacía necesario defender la estabilidad del peso y aumentar las tasas de interés para seguir atrayendo capitales del exterior, aunque se desalentara la producción y se incrementara el déficit comercial externo. Se creó así un ciclo explosivo en la relación entre tasa de interés, tipo de cambio, déficit comercial y estancamiento económico que, al no corregirse oportunamente, condujo al colapso de la economía nacional a fines de 1994.

A su vez, las políticas para promover el liderazgo de las GEI también registraron contradicciones entre el discurso y la práctica, aunque bajo circunstancias y con resultados distintos a lo ocurrido con las políticas para promover una nueva modalidad de competencia. En este caso, el cambio de estrategias entre el primer periodo y el segundo significó una efectiva radicalización. Sin embargo, en las acciones del actor estatal la radicalización no estuvo guiada por el juego de la competencia en los mercados como se hubiera esperado del discurso general de la reforma. Por el contrario, la radicalización significó una muy fuerte intervención gubernamental que orientó deliberadamente las políticas en un sentido favorable a las GEI, lo que parece confirmar tendencias observadas en otros casos de configuración de liderazgos empresariales nacionales en el contexto de procesos de cambio estructural, como el análisis del caso de Japón por Fruin (1994).[9]

En primer lugar, la privatización de empresas públicas tuvo un impacto decisivo para incrementar la escala y el tipo de poder económico que ejercen los grupos y sus empresas industriales en México (véase cuadro 10).

La privatización de las empresas públicas no financieras se concretó mediante subastas selectivas; de ese modo, se transfirió una parte sustancial del poder económico empresarial público a un conjunto de grupos económicos privados, lo que, en muchos casos, se hizo en condiciones muy favorables para los compradores. Hay que señalar que con esas privatizaciones también se impulsó una extraordinaria expansión de algunos grupos económicos relativamente pequeños, que así adquirieron un tamaño gigante para la escala nacional.

Por otra parte, se privatizaron los bancos comerciales que estaban en poder del Estado, se aceptó la formación de grupos financieros por parte de los nuevos banqueros y se permitió la formación de grupos financiero-industriales, pues buena parte de los compradores de los bancos fueron los grandes grupos industriales. (El detalle de estas operaciones, sus compradores y los vínculos con otras empresas puede verse en el cuadro 11.) Esto proporcionó a esos grupos medios financieros para acelerar su expansión y consolidación, en condiciones notablemente ventajosas respecto al resto de sus competidores locales.

Desde otro punto de vista, el gobierno promovió dos líneas de

---

[9] Parafraseando a ese autor se puede afirmar que el ajuste estructural y la configuración de nuevo liderazgo empresarial en México comparte con la experiencia japonesa el ser "...un modelo de desarrollo institucional bajo las condiciones de un desarrollo económico tardío y predominio de la iniciativa privada que cae en algún lugar entre un desarrollo de capitalismo estatal y una economía de libre mercado".

CUADRO 10

PRINCIPALES PRIVATIZACIONES DE EMPRESAS INDUSTRIALES EN MÉXICO, 1988-1994

Compradores	Núm. de empresas	Sector	Empresa	Monto (mdd)	Fecha de adquisición
Operaciones de mercado abierto	11	Comunicaciones	Telmex	8 965.2	mayo, 1992 a junio, 1994
Inversionistas de todo el mundo. Opción de sobredemanda *Green Shoe*	1	Comunicaciones	Telmex	6 818.0	mayo, 1991
Grupo Carso, Southwest Bell & France Cable	18	Comunicaciones	Telmex	5 171.2	diciembre, 1990
Radio Televisora del Centro (Ricardo Salinas Pliego)	14	Comunicaciones	Paquete de medios de comunicación	2 000.0	julio, 1993
Southwestern Bell Holdings	1	Comunicaciones	Telmex	1 425.4	septiembre, 1991
Mexicana de Cananea S.A.	1	Minería	Compañía Minera Cananea S.A.	1 374.7	septiembre, 1990
STRM	1	Comunicaciones	Telmex (4.4% A)	955.2	diciembre, 1990
Icaro Aerotransportes S.A.	1	Comunicaciones y transporte	Aeronaves de México, S.A.	655.2	junio, 1989
Grupo Villacero Siderúrgica del Pacífico S.A.	6	Acero	Conjunto SICARTSA I	604.0	diciembre, 1991

CUADRO 10 (continuación)

Compradores	Núm. de empresas	Sector	Empresa	Monto (mdd)	Fecha de adquisición
Maíz Industrializado: del Golfo, del Sureste, de Occidente, del Norte y del Centro Grupo Minsa S.A. de C.V.	6	Agricultura	Miconsa U. Ind. Jatilpan U. Ind. Arriaga U. Ind. Guadalajara U. Ind. Tlanepantla Marcas Minsa	474.2	octubre, 1993
Grupo Acerero del Norte S.A.	14	Acero	Conjunto AHMSA	448.7	diciembre, 1991
Ispat Mexicana S.A.	2	Acero	Conjunto SICARTSA II	365.0	enero, 1992
Grupo Xabre S.A.	2	Comunicaciones y Transportes	Cía. Mexicana de Aviación, S.A. Aeropuertos y Terrenos S.A.	358.0	agosto, 1989
Consorcio G S.A. Armando Gómez Flores Rafael Gómez Flores Omar Gómez Flores José Luis Peña Méndez	4	Autotransporte	Grupo DINA	213.1	octubre, 1989
Grupo Beteta San Miguel S.A. Policrom S.A. Celox S.A. Ingenio Constancia S.A. Mex. Fomento Empresarial	4	Agricultura	Ingenio Quesería Ing. P. Arriaga Fomento Azteca Centro Ing. A. Obregón	204.0	enero, 1989

CUADRO 10 (*continuación*)

Compradores	Núm. de empresas	Sector	Empresa	Monto (mdd)	Fecha de adquisición
Anderson Clayton & Co.	1	Alimentos	Planta Tultitlán (Ex-Iconsa)	200.0	febrero, 1990
Grupo Sucrum S.A. Empresas y Servicios Org. Grupo GeuIntermex S.A. Corporación Tinal S.A.	4	Agricultura	Ing. J.M.Martínez Ing. L. Cárdenas Ing. Independencia Ing. El Dorado	165.9	octubre, 1990
Ahorrinox S.C.	1		Mexinol S.A.	128.6	marzo, 1990
Grupo de Inversión Anermmex	3	Agricultura	Cía. Industrial Azucarera	104.2	junio, 1989
Empresas Frisco S.A. Grupo Carso	3	Minería	Minería Lampazos Química Flor Minería R. Ángeles	102.0	febrero, 1989
Grupo Industrial Alfa S.A.	3	Metalurgia	AHMSA (División Sur)	79.9	octubre, 1991
Ingenios Santos S.A Rodolfo de la Garza Chapa Tomás Garza Guillén Enrique Boesch Garza Lauro Cavazos de la Garza	3	Agricultura	Ingenio Alianza Popular Ingenio Pedernales Ingenio Puruana	79.6	junio, 1991
Consorcio Industrial Escorpión	1	Agricultura	Ingenio Plan de San Luis	76.5	
Unión de Productores de Azúcar Azucarera San Sebastián Santa Clara S.A.	3	Agricultura	Ing. Melchor Ocampo Ingenio San Sebastián Ingenio Santa Clara	76.1	octubre, 1990

CUADRO 10 (continuación)

Compradores	Núm. de empresas	Sector	Empresa	Monto (mdd)	Fecha de adquisición
Sertel S.A.	1	Comunicaciones	Servicio de Telerreservaciones	69.4	julio, 1990
Cía. Mexicana de Aviación S.A.	2	Turborreactores	Datatronic (50%) Turborreactores	55.4	agosto, 1990 agosto, 1990
Sokana Industries LTD Santiago Creel Miranda Roberto López Benavides Sergio Nicolau García Rodrigo Monroy Castillo	1	Transporte	Astilleros Unidos de Veracruz S.A.	55.0	enero, 1991
Agroindustrias Integradas del Norte	1	Agricultura	Planta Monterrey	54.4	abril, 1990
Jaime Woldenberg M.	1	Acero	Tubacero S.A.	52.5	agosto, 1990

FUENTE: Francisco Valdés, *Autonomía y legitimidad. Los empresarios, la política y el Estado en México*, México, Siglo XXI, 1996.

CUADRO 11
BANCOS PRIVATIZADOS POR EL GOBIERNO MEXICANO

Nombre	Grupo comprador	Giro de los compradores	Región de origen de los compradores	Fecha de compra	Monto pagado (mdd)	Razón precio/valor libros	Porcentaje de acciones compradas
Banamex	Accival y grupos regionales	Casa de Bolsa	D.F.	26/08/91	3 189.23	2.63	70.7
Bancomer	VAMSA y / grupos regionales	VISA	Nuevo León	28/10/91	2 791.28	2.99	56.0
Serfín	OBSA y grupos regionales	Vitro	Nuevo León y D.F.	27/06/91	936.92	2.69	51.0
Banco Interna-cional	Prime	Industria	D.F.	28/06/92	475.19	2.95	51.0
Multibanco Co-mermex	Inverlat	Casa de Bolsa	D.F.	10/02/92	883.26	3.73	66.5
Banca Cremi	Emp. de Jalisco	DINA-Camiones	Guadalajara	29/06/91	247.93	3.40	66.7
Unión (Ex BCH)	Emp. del Suroeste	Agroindustria	Sureste	11/11/91	285.84	2.68	100.0
Banco Mexicano Somex	Inverméxico	Grupo Desc	D.F.	05/03/92	611.96	3.31	81.6
Multibanco Mercantil	Probursa	Casa de Bolsa	D.F.	10/06/91	202.44	2.66	77.9
Banpaís	Mexival	Transportista	D.F. y Noreste	17/06/91	180.57	3.03	100.0

CUADRO 11 (*continuación*)

Nombre	Grupo comprador	Giro de los compradores	Región de origen de los compradores	Fecha de compra	Monto pagado (mdd)	Razón precio/valor libros	Porcentaje de acciones compradas
Bancrecer	Emp. de D.F. y Guanajuato	Transportista	Edo. de México, Guanajuato, etc.	19/08/91	139.68	2.53	100.0
Banco del Atlántico	GBM	Casa de Bolsa	D.F.	29/03/92	479.13	5.30	68.8
Banoro	Estrategia Bursátil	Casa de Bolsa	Sinaloa	julio de 1992	365.09	3.95	66.0
Banca Confía	Ábaco	Casa de Bolsa	Nuevo León	05/08/91	293.19	3.73	78.7
Banco de Oriente	Grupo Margen	Casa de Bolsa	Norte y centro	12/06/91	73.95	4.04	66.0
Banco Promex	Finamex	Casa de Bolsa	Jalisco	04/05/92	346.84	4.23	66.3
Banco del Centro	Multivalores	Casa de Bolsa	D.F. y Jalisco	07/06/92	278.79	4.65	66.3
Banorte	Maseca/Gamesa	Agroindustria	Nuevo León	14/06/92	569.44	4.25	66.0
Totales					12 350.73	3.5	72.2

FUENTE: Secretaría de Hacienda y Crédito Público.

política para el sector financiero que también fueron positivas para la configuración del nuevo liderazgo de las GEI. La primera fue la renegociación de la deuda externa pública en el contexto del plan Brady, que permitió a las GEI regresar a los mercados financieros internacionales voluntarios, en los que obtuvieron importantes préstamos para financiar sus proyectos de inversión en el país, así como las compras y fusiones de empresas en el exterior. La segunda línea de política fue la reforma de la ley del mercado de valores para permitir el ingreso de las inversiones extranjeras de corto plazo. Esto dio lugar a una extraordinaria alza de los valores accionarios en la bolsa, que pasaron de un total de capitalización del orden de los 800 millones de dólares en 1988 a los 50 000 millones de dólares en 1994. Esta alza se basó en operaciones accionarias de mercado secundario y representó una ganancia extraordinaria para las empresas que cotizaban en la bolsa debido a la revaluación de sus papeles, así como una extraordinaria fuente de utilidades para los nuevos grupos financieros privados que eran propietarios de los principales operadores bursátiles.

El resultado global de las políticas aplicadas por el Estado desde 1983 es aparentemente paradójico. La sostenida y creciente radicalización en la voluntad estatal de cambiar la operación del sistema en favor del mercado y el liderazgo privado llevó a una economía más expuesta a la competencia internacional, al tiempo que favoreció la consolidación de un liderazgo caracterizado por grandes empresas oligopólicas.

Esta paradoja es fácilmente explicable si se acepta que la motivación principal del actor estatal era más potenciar una rápida consolidación del liderazgo de las GEI que impulsar el desarrollo integrado del conjunto de la economía nacional; motivación en la que parece haber existido un fuerte componente de interés personal por parte de algunos de los responsables de primer nivel en el diseño de las políticas públicas. En cualquier caso, esta conclusión refuerza el argumento de que la forma en que se realizaron las acciones del actor estatal durante esa etapa de la reforma estructural fue un importante factor explicativo de la configuración del liderazgo de las GEI.

7.4.2. El impacto del nuevo patrón industrial y de comercio exterior

El segundo gran factor que operó en la configuración del actual liderazgo de las GEI fueron los cambios en los patrones de especialización de la industria manufacturera mexicana ocurridos en el periodo transcurrido desde 1983. Este factor tiene un impacto complejo ya que, por una parte, las fuerzas que mueven al cambio de la estructura productiva se procesan por la interacción entre procesos nacionales e internacionales de mediano y largo plazo, operando tanto en industrias específicas como en el conjunto de la estructura industrial. Por otra parte, los propios cambios en el patrón de especialización manufacturera se dan en interacción con la configuración de los liderazgos empresariales en las diversas industrias y la aplicación de estrategias públicas para el cambio estructural consideradas en el punto anterior. Por ello, el sentido de esos distintos cambios no se da de acuerdo con una causalidad sencilla y lineal. Dada esa complejidad, el presente apartado considera un solo aspecto de la relación entre cambios en el perfil de especialización manufacturera del país y configuración de los nuevos liderazgos de las GEI. Ese aspecto se refiere a las vinculaciones entre el cambio de importancia de las distintas ramas de la manufactura y el liderazgo empresarial en las mismas.

La especialización de la industria manufacturera ha experimentado un fuerte cambio respecto a la situación prevaleciente a principios de los años ochenta, que se manifiesta en dos aspectos básicos. Por una parte, se modificó la importancia relativa de las distintas ramas en el total de la manufactura, de modo que, por ejemplo, automóviles y carrocerías y varias ramas de la industria química tuvieron una expansión muy marcada en sus niveles de actividad, mientras que ramas tradicionales como textiles perdieron aceleradamente lugar. Por otra parte, hubo un fuerte desarrollo del comercio exterior de productos manufacturados que se reflejó tanto en el aumento en las exportaciones de este sector como en un gran incremento de las importaciones.

Estos cambios en los patrones de producción y comercio exterior han ocurrido en el contexto de, y eventualmente fueron dinamizados por, las profundas transformaciones operadas en la economía internacional desde los años setenta, en el marco de una tendencia hacia la globalización económica. Pero, también fueron impulsados por las políticas de cambio estructural y por las respuestas estratégicas del reducido, pero poderoso, conjunto de grandes empresas industriales privadas nacionales y extranjeras que se adaptaron rápidamente a la nueva orientación económica. El resultado de esos cambios es un patrón de especialización manufacturero muy heterogéneo, con rasgos que pueden resumirse señalando que hay una mejoría estratégica de la competitividad internacional en un conjunto de ramas y que el comercio exterior manufacturero ha evolucionado hacia un mayor predominio del intercambio intraindustrial (Casar y Clavijo, 1994).

En las ramas que predominan dentro de este nuevo perfil de especialización, el liderazgo empresarial es ejercido por empresas privadas con un fuerte predominio de las GEI, lo que muestra correlación entre la evolución de la industria manufacturera y la consolidación del liderazgo de estas últimas. Una aproximación a la vinculación entre perfil de ramas manufactureras y liderazgo empresarial se muestra en el cuadro 12, que se construyó seleccionando, entre las 49 ramas que componen la producción manufacturera, 17 en las que hay liderazgo por parte de un conjunto de 60 grandes empresas industriales privadas nacionales y extranjeras que componen la muestra denominada M60.[10]

La información está ordenada de acuerdo con el cambio que experimentó la participación relativa de las distintas ramas en la producción manufacturera entre 1981 y el promedio de 1987-1993; así, se definen tres tipos de agrupamientos. Primero, las ramas que aumentan su participación en el total de la manufactura; en segundo lugar, se encuentran aquellas cuya participación se estanca y, por último, las que decrecen. Esta información se califica con datos sobre la participación relativa en el PIB manufacturero de las ramas consideradas, así como la caracterización del tipo de comercio exterior de las mismas.

Sobre la base de ese criterio general de ordenamiento de las ramas, la segunda parte del cuadro contiene información relativa al liderazgo empresarial en cada una ellas, la que se divide a su vez en dos partes.[11] En la primera, se identifica la empresa líder para el año 1994, indicando el tipo de propiedad así como la posición de la misma dentro del *ranking* de 500 mayores empresas de la revista *Expansión* y en la muestra de 60 empresas (M60). En el cuadro también se informa sobre

---

[10] En el cuadro 12, se entiende por empresas líderes de una rama a las cuatro mayores según monto de ventas. Por restricciones de información en la muestra M60, no se dispuso en todos los casos de información referida a las cuatro mayores por lo que en el cuadro se consideran sólo 47 empresas en lugar de las 68 entidades que hubiera correspondido registrar conforme a ese criterio.

[11] La asociación empresa-rama se hace sobre la base de la clasificación de sectores utilizada en M60, lo cual implica aceptar cierto margen de error, ya que rama y sector no necesariamente coinciden.

los cambios en la participación de las cuatro mayores empresas en las ventas de cada rama entre 1981 y 1994. En la columna final, se indican las tasas de crecimiento del PIB de las ramas en cuestión en los periodos 1981/1993 y 1987/1993, con el fin de relacionar estas variaciones con los cambios registrados en las empresas líderes. Por su parte, el cuadro 13 presenta información agregada respecto a la vinculación rama-empresa líder, lo que permite resaltar algunos aspectos referentes a la concentración del liderazgo.[12]

Desde una perspectiva general, se verifica que el PIB del mencionado conjunto de 17 ramas representa el 40.7% del PIB manufacturero y que las 47 empresas en posición de liderazgo realizan ventas que equivalen al 14.6% de ese PIB (véase cuadro 13). Ese conjunto de ramas ha incrementado su participación en el producto en 2.9 puntos porcentuales, mientras las 47 empresas han aumentado sus ventas en 3.6 puntos porcentuales, lo que sugiere un incremento en la concentración.[13] Esto muestra que el liderazgo empresarial se da mayoritariamente en ramas en expansión, pero en las que las empresas líderes crecen más rápidamente que esas ramas.

El cuadro 12 presenta las relaciones rama-empresa líder desagregadas según las tres dinámicas de cambio de las ramas mencionadas. En el primer grupo, es decir en los casos en los que las ramas aumentan su participación en el PIB manufacturero, existen 11, cuyo producto equivale a 26.7% del PIB manufacturero. Hay que destacar el carácter fuertemente expansivo que ha tenido la evolución de estas 11 ramas, pues no sólo aumentan su participación en el PIB de manufacturas sino también han crecido por encima del PIB total en el periodo 1987-1993. Asimismo, hay que señalar la modificación en el perfil del comercio exterior de estas ramas, ya que en 1981 predominaban las importadoras netas mientras que en 1993 la mayoría se han convertido en exportadoras netas.

Por otra parte, en el cuadro 13 se observa que en las 11 ramas que aumentan su participación el PIB manufacturero, hay 31 empresas que

---

[12] El análisis de la vinculación rama-empresa líder se realiza considerando conjuntamente la información proporcionada en los cuadros 3 y 4.

[13] Como se observa en el cuadro, para las ramas la variación se calcula entre 1981 y el promedio del periodo 1987-1993 mientras que en el caso de las empresas dicha variación se calcula como la diferencia entre 1981 y 1994, por lo que ambas mediciones no son estrictamente homogéneas. Sin embargo, son una aproximación aceptable dadas las limitaciones en la información.

CUADRO 12

VINCULACIÓN ENTRE EL LIDERAZGO DE LAS RAMAS DE LA MANUFACTURA Y DE LAS EMPRESAS DE LA MUESTRA DE 60 GRANDES EMPRESAS INDUSTRIALES (M60)

Tendencia estructural de las ramas en cuanto a su participación en el PIB del sector manufacturero	Ranking de ramas	Núm.	Nombre	Participación en PIB de manufacturas	1981 E.N.	1981 C.I.	1981 I.N.	1993 E.N.	1993 C.I.	1993 I.N.
Aumentan:										
11 ramas	1	R 56	Automóviles	5.6			I.N.	E.N.		
	2	R 34	Petroquímica básica	1.6			I.N.		C.I.	
	8	R 35	Química básica	1.5			I.N.			I.N.
	10	R 31	Papel y cartón	3.2			I.N.	E.N.		
	11	R 44	Cemento	1.6			I.N.	E.N.		
	14	R 57	Carrocerías, motores, partes y accesorios	3.1			I.N.			I.N.
	15	R 21	Cerveza y malta	2.3		C.I.		E.N.		
	16	R 22	Refrescos, aguas gaseosas	2.4	E.N.			E.N.		
	19	R 41	Productos de hule	1.7			I.N.		C.I.	
			Subtotal 11 ramas	26.7						
Se estancan:										
1 rama	22	R 47	Industrias básicas de metales no ferrosos	1.5	E.N.				C.I.	
	31	R 13	Molienda de trigo	2.3	E.N.				C.I.	

Perfil de las ramas en la manufactura — Liderazgo de ramas en el periodo 1987-1993. Tipología de comercio exterior.

CUADRO 12 (continuación)

| Perfil de las ramas en el periodo 1987-1993 | | | | | Tipología de comercio exterior | | | | | |
| Tendencia estructural de las ramas en cuanto a su participación en el PIB del sector manufacturero | Ranking de ramas | Núm | Nombre | Participación en PIB de manufacturas | 1981 | | | 1993 | | |
					E.N.	C.I.	I.N.	E.N.	C.I.	I.N.
Decrecen:	33	R 46	Industrias básicas de hierro y acero	4.5			I.N.		C.I.	I.N.
5 ramas	34	R 52	Maquinaria y aparatos eléctricos	1.3			I.N.			I.N.
	35	R 23	Tabaco	1.2	E.N.			E.N.		
	49	R 24	Hilados y tejidos de fibras blandas	3.2	E.N.				C.I.	
			Subtotal 5 ramas	12.7						
				40.9						

Total: 17 ramas

FUENTE: Elaboración del autor sobre la base del cuadro 2 y Celso Garrido, *Estrategias económicas de siete grupos privados nacionales en México 1983-1994*, Proyecto Regional CEPAL/PNUD de Políticas de Innovación y Competitividad (RLA/88/039), CEPAL, Santiago, Chile, 1995.

* Ramas ordenadas conforme al cambio en su participación relativa en el PIB manufacturero entre 1981 y el promedio de 1987-1993.

** Ubicación del líder en las 500 mayores empresas de *Expansión*.

*** Ubicación del líder en la muestra de 60 grandes empresas industriales (M60).

P = privada nacional. X = privada extranjera.

E.N. Exportadora neta; C.I. Comercio intraindustrial; I.N. Importadora neta.

VTEMS: Ventas totales de las mayores empresas del sector en M60.

CUADRO 12 (continuación)

		Liderazgo de empresas en las ramas según M60					Tasa de crecimiento del PIB de las ramas	
		Empresa líder en 1994		Concentración en las cuatro mayores empresas				
Ranking		Nombre	Tipo de propiedad	VTMES/PIB Manufacturero				
E500**	M60***			1981 %	1994 %	Variación 1981-1994	1981-1993	1987-1993
5	3	Chrysler	X	1.6	3.5	1.9	110.6	196.5
30	20	Celanese	X	0.1	0.6	0.6	189.5	44.2
-	15	Procter & Gamble	X	s.d.	0.5	s.d.	50.8	26.5
37	24	Alpek	P	1.0	0.6	-0.5	60.2	25.3
28	19	Kimberly-Clark	P	0.5	0.5	0.1	21.5	4.9
8	5	Cemex	P	0.4	0.9	0.5	57.1	20.5
60	36	Unik	P	0.2	0.3	0.1	32.2	49.9
9	7	Visa	P	0.2	1.5	1.2	42.0	44.3
9	7	Visa	P	0.2	1.5	1.2	35.1	40.3
4	2	Vitro	P	0.4	1.0	0.7	35.0	30.1
136	52	Hulera Euzkadi	P	0.2	0.1	-0.1	16.3	7.7
		Subtotal		4.9	11.0	5.6		
75	39	Nacobre	P	0.5	0.1	-0.3	13.3	0.2
-	10	Sabritas	P	1.6	1.6	0.1	5.8	2.6
34	21	Hylsamex	P	2.5	0.8	-1.7	18.4	24.1
52	31	Condumex	P	0.3	0.3	0.1	3.7	27.9

CUADRO 12 (*continuación*)

	Liderazgo de empresas en las ramas según M60						Tasa de crecimiento del PIB de las ramas	
	Empresa líder en 1994			Concentración en las cuatro mayores empresas				
	Ranking	Nombre	Tipo de propiedad	VTMES/PIB Manufacturero				
				1981 %	1994 %	Variación 1981-1994	1981-1993	1987-1993
E500**	M60***							
29	22	La Moderna	P	0.4	0.5	0.1	-8.6	-2.4
78	40	Synkro	P	0.3	0.2	-0.1	-26.2	-17.2
		Subtotal		5.1	3.4	-1.7		
	Crecimiento del PIB total						14.7	15.8
	Crecimiento del PIB manufacturero						20.7	23.9

FUENTE: Elaboración del autor sobre la base del cuadro 2 y Celso Garrido, *Estrategias económicas de siete grupos privados nacionales en México 1983-1994*, Proyecto Regional CEPAL/PNUD de Políticas de Innovación y Competitividad (RLA/88/039), CEPAL, Santiago, Chile, 1995.

* Ramas ordenadas conforme al cambio en su participación relativa en el PIB manufacturero entre 1981 y el promedio de 1987-1993.

** Ubicación del líder en las 500 mayores empresas de *Expansión*.

*** Ubicación del líder en la muestra de 60 grandes empresas industriales (M60).

P = privada nacional. X = privada extranjera.

E.N. Exportadora neta; C.I. Comercio intraindustrial; I.N. Importadora neta.

VTEMS: Ventas totales de las mayores empresas del sector en M60.

CUADRO 13

ANÁLISIS DE LAS VINCULACIONES ENTRE LIDERAZGO DE RAMAS Y LIDERAZGO DE EMPRESAS MANUFACTURERAS EN M60

Tendencia estructural de las ramas según su participación en el PIB del sector manufacturero	Liderazgo de ramas 1987-1993					Liderazgo de empresas 1994						
	Ramas		Participación del PIB de la rama en el PIB del sector manufacturero			Tipo de propiedad de la empresa líder		Concentración en las cuatro mayores				
								Empresas		VTEMS/PIB manufacturero		
	Núm.	Estructura	%	Estructura	Variación 1981 y 1987/1993*	Mexicana Núm.	Extranjera Núm.	Núm.	Estructura	%	Estructura	Variación 1981-1994*
Aumentan	11	65	26.7	65	4.5	8	3	31	66	11.0	76	5.6
Se estancan	1	6	1.5	4	0.2	1	0	1	2	0.1	1	-0.3
Decrecen	5	29	12.7	31	-1.6	5	0	15	32	3.4	23	-1.7
Totales	17	100	40.9	100	2.9	14	3	47	100	14.6	100	3.6

FUENTE: Elaboración del autor sobre la base del cuadro 2 y Celso Garrido, *Estrategias económicas de siete grupos privados nacionales en México 1983-1994*, Proyecto Regional CEPAL/PNUD de Políticas de Innovación y Competitividad (RLA/88/039), CEPAL, Santiago, Chile, 1995.

* Diferencia absoluta entre los valores correspondientes al año inicial y el año final.

VTEMS: Ventas totales de las mayores empresas del sector en M60.

son líderes en el sentido definido anteriormente (dos tercios de las 47 empresas consideradas). Estas 31 empresas tienen ventas que representan 11% del PIB manufacturero, al tiempo que representan 76% del total de las ventas realizadas por las 47 empresas. Esto indica el claro predominio de las 31 empresas en el universo considerado, que se refuerza con el hecho de que la participación de sus ventas en el PIB manufacturero se ha más que duplicado entre 1981 y 1994, pasando de 4.9 a 11%. Asimismo, lo anterior se da junto con una concentración mayor que la observada para el conjunto, ya que las 11 ramas aumentan su participación en casi 4.5 puntos porcentuales del PIB de manufacturas, al tiempo que las 31 empresas que componen el liderazgo dentro de esas ramas incrementan dicha participación en 5.6 puntos.

En cuanto al origen del capital de esas empresas líderes en las 11 ramas, las empresas extranjeras son líderes en las tres ramas más dinámicas, pero las GEI tienen un marcado predominio en el total ya que son líderes en las restantes ocho ramas. Para calificar esta comprobación hay que indicar también que el liderazgo de empresas extranjeras en esas ramas ya se daba antes de la reforma económica, por lo que esta información evidencia que las GEI mantuvieron el control de los segmentos de la producción donde participan incluso en un contexto de abierta exposición a la competencia internacional. Esto se refuerza al comprobar, en el cuadro 12, la evolución seguida en la concentración por parte de las GEI; por ejemplo, en cemento se registra que las ventas de las cuatro mayores empresas aumentó de 0.4 a 0.9% del PIB manufacturero entre 1981 y 1994, frente a una participación promedio de 1.6% de esa rama en el periodo 1987-1993.

Pasando ahora a considerar las ramas que se estancan o decrecen su participación en el PIB manufacturero (véase cuadro 13), la evolución del liderazgo de las grandes empresas muestra correspondencia con la baja dinámica de esas ramas, ya que en general las ventas de las empresas líderes también se estancan o decrecen. Asimismo, en el cuadro 12 puede destacarse que, en el caso de las ramas estancadas, el comercio exterior se desplaza de exportadoras netas a comercio intraindustrial y que la proporción de ventas a PIB en el conjunto de empresas más importantes que operan en estas ramas cae más que lo que se reduce la participación de esas ramas en el PIB manufacturero, lo que podría mostrar el impacto de la apertura y la competencia extranjera sobre las mismas. Sin embargo, debe señalarse que existen situaciones particulares, como la que se presenta con el liderazgo en la industria siderúrgica en la que el descenso de las cuatro mayores empresas podría explicarse por la desaparición de las grandes acereras estatales por la privatización, ya que junto a la contracción de ventas de los líderes se registra un crecimiento de la rama ligeramente superior al del PIB manufacturero.

7.4.3. Las respuestas estratégicas de las empresas

El tercer factor determinante en la configuración del liderazgo de las GEI es el conjunto de respuestas estratégicas que generaron, en el marco de los grupos económicos en los que participan, para alcanzar ese liderazgo en las circunstancias que enfrentaron luego de la crisis de 1982. Esas respuestas fueron determinadas por los cambios en las condiciones de competencia que indujeron las estrategias gubernamentales, las transformaciones en los patrones de especialización manufacturera y los propios proyectos de expansión de los grupos. El análisis de esas respuestas explica cómo las GEI internalizaron y procesaron su adecuación a los cambios y aporta elementos para comprender cómo esas acciones influyeron en el nuevo entorno económico, lo que permitió que esas empresas alcanzaran una posición de liderazgo.

Al igual que en la sección previa, el periodo que se inicia en 1983 puede ser dividido en dos, esta vez en razón de los rasgos que asumen las estrategias empresariales en cada uno de ellos. El primer periodo transcurrió entre 1983 y 1987 y se caracterizó por el énfasis que las empresas pusieron en sanear sus finanzas luego de la crisis de 1982 y reestructurar sus actividades buscando una nueva posición de liderazgo en el contexto de la reforma económica. El segundo periodo (1988-1994) se caracteriza por las diversas acciones estratégicas de las GEI para consolidar su liderazgo y crecer en el contexto de los desafíos creados por la acentuación de la competencia externa derivada de la radicalización de la reforma económica. El segundo periodo es el más importante para los fines del presente capítulo.

En términos generales, el diseño de las estrategias de las GEI en este periodo implicó que reconocieran la necesidad de competir en industrias globales y con empresas también globales. Ese diseño fue determinado por la competencia internacional en condiciones de apertura económica, las limitadas posibilidades de expansión en el mercado interno y las características de las industrias donde operaban. Por otra parte, la decisión de participar en los mercados globales fue favorecida por el aumento de la escala de los negocios de los grupos causada por el incremento de su tamaño fruto de la adquisición de empresas públicas privatizadas en los años noventa.

Aunque existen diversos métodos para analizar las estrategias competitivas en industrias globales –por ejemplo el planteado en Porter (1987)– para los fines de este capítulo sólo se tendrán en cuenta los rasgos comunes que caracterizan las respuestas de las GEI. El cuadro 14 resume los elementos básicos de las respuestas estratégicas de siete de los mayores grupos privados nacionales ante los nuevos desafíos que plantea la competencia en una economía abierta a un mercado global.

Las GEI continuaron y profundizaron la tendencia a expandir sus negocios en el exterior, la que se había esbozado ya en el aumento de sus exportaciones a partir de 1983. Sin embargo, después de 1988 ese comportamiento se combinó con acciones para ubicarse en los mercados de sus competidores y consolidar una presencia estable en los mismos mediante inversión directa. Esta orientación estratégica enfrentó a las GEI a múltiples desafíos; el primero fue poner a prueba su capacidad de competencia internacional en términos de precios, productividad, disponibilidad de oferta y acceso a tecnología y financiamiento, así como la adecuación de sus organizaciones a los nuevos objetivos y ritmos que esa competencia generaría. A ese desafío se agregaba otro derivado de la necesidad de lograr el objetivo de internacionalización al mismo tiempo que defendían y consolidaban sus posiciones de liderazgo en el nuevo mercado interno que resultó de la apertura al exterior. Este comportamiento competitivo debió darse bajo las adversas condiciones generadas por un incremento de importaciones alentado por un tipo de cambio sobrevaluado, los mayores requerimientos de insumos para la producción orientada al mercado interno que creaba el inicio de un ciclo económico expansivo iniciado en 1989, y la amenaza estratégica de una mayor competencia extranjera a consecuencia de la entrada en vigencia del Tratado de Libre Comercio de América del Norte (TLCAN) con Estados Unidos y Canadá en enero de 1994.

Atendiendo a la experiencia anterior de las GEI, lo novedoso de sus respuestas fue que la orientación principal consistió en desarrollar un

CUADRO 14

PERFIL DE LAS ESTRATEGIAS DE SIETE GRUPOS PRIVADOS NACIONALES, 1983-1995

		Alfa	Carso	Cemex	Desc	Pulsar	VISA	Vitro
Tiene grupo financiero	Sí		XX		XX	XX	XX	XX
	No			XX				
	Cambió el portafolio de inversiones	Sí	XX	XX	XX	XX	XX	XX
Tenía inversiones diversificadas	No			XX				XX
Internacionalizó sus ventas	Ventas externas Sí							
	Como porcentaje del total	> 50%			XX				XX
		< 50%	XX	XX		XX	XX	XX
	No							
Abrió la propiedad al mercado	Sí	XX	XX	XX	XX	XX	XX	XX
	No							
Compró empresas	Sí	En el país		XX	XX	XX	XX	XX	XX
		En el extranjero	XX	XX	XX		XX	XX	XX
	No							
Compró empresas públicas	Sí		XX		XX	XX	XX	
	No							
Estrategia de crecimiento	Inversión en modernización	Sí	XX	XX	XX	XX	XX	XX	XX

CUADRO 14 (*continuación*)

		Alfa	Carso	Cemex	Desc	Pulsar	VISA	Vitro
y nuevas plantas	No							
Alianzas estratégicas	Importante	XX	XX	XX	XX		XX	XX
Con empresas extranjeras	Ocasional					XX		
Reforma el proce-	Sí	XX		XX		XX		
so de trabajo	No							

FUENTE: Celso Garrido, *Estrategias económicas de siete grupos privados nacionales en México 1983-1994*, Proyecto Regional CEPAL/PNUD de Políticas de Innovación y Competitividad (RLA/88/039), CEPAL, Santiago, Chile, 1995.

ciclo de inversión para aumentar su eficiencia y competitividad respecto a sus competidores externos. Ese ciclo operó a través de nuevas combinaciones de competencia y cooperación en los mercados del país y del exterior. En este proceso, las GEI aprovecharon las ventajas relativas que derivaban de sus posiciones de liderazgo en el mercado interno, así como las obtenidas mediante la formación de grupos y por sus vinculaciones con el Estado en los procesos de privatización de las empresas públicas industriales. Al mismo tiempo, salieron a competir en los mercados internacionales, desarrollando nuevas articulaciones entre exportaciones e inversiones directas en el exterior.

El resultado que obtuvieron las GEI al aplicar esa línea estratégica fue que se transformaron cualitativamente tanto en su configuración productiva y de organización como en lo que hace a sus relaciones con el mercado y los restantes actores económicos mexicanos. En la actualidad, estas empresas son mucho más grandes y presentan niveles superiores de productividad y eficiencia, así como estándares de calidad más próximos o equivalentes a los niveles internacionales.

Asimismo, están organizadas bajo formas más descentralizadas que en el pasado y tienden a modificar sus formas de propiedad y control para concretar nuevas vinculaciones con los capitales externos. Esas empresas se desarrollan sobre la base de negocios multinacionales por lo que sus actividades en el mercado mexicano están inmersas e interrelacionadas con las necesidades y posibilidades que surgen de sus negocios globales. Esto implica que, para muchas de ellas, su antiguo mercado interno protegido es ahora sólo una parte de su mapa global de negocios. Tal es el caso, por ejemplo, del organigrama mundial de Cementos Mexicanos (Cemex) donde México es ahora una división dentro de la región América del Norte.

Esto último indica que para estas GEI, las relaciones entre mercado interno y externo no está planteada en términos de la oposición entre ambos que era característica durante el periodo del proteccionismo. Por el contrario, estas empresas desarrollan una estrategia articulada entre defensa del mercado interno y expansión agresiva sobre los mercados externos, como se analiza a continuación.

Defensa de los mercados en el país

Respecto al mercado interno, la línea estratégica general ha sido incrementar las barreras a la entrada que les brindaba su liderazgo tradicional, neutralizando relativamente el impacto de la apertura comercial y las amenazas creadas por la apertura a la inversión extranjera directa en el país como consecuencia del TLCAN. Para ello, combinaron el poder que tenían en canales de distribución y comercialización en el mercado interno con el esfuerzo por formalizar alianzas estratégicas con algunas grandes empresas extranjeras que tenían la intención de entrar a ese mercado. Algunas de las alianzas más importantes se detallan en el cuadro 15.

Las alianzas fueron particularmente importantes en los sectores de bienes de consumo generalizado como, por ejemplo, cervezas, refrescos y carnes frías, y no tuvieron un carácter puramente defensivo ya que, si bien establecían acuerdos para distribuir en el país los productos de competidores extranjeros, habitualmente se combinaban con acuerdos para que esos competidores distribuyeran los productos de la empresa mexicana en sus propios mercados o para habilitar a ésta para que lo hiciera directamente. En muchos casos, esas alianzas implicaban transferencias de tecnologías de producción, organización y mercadotecnia. Esta respuesta centrada en la importación y una sostenida actividad exportadora explican en gran medida el cambio en el perfil del comercio exterior manufacturero en favor de una mucho mayor presencia relativa del comercio de tipo intraindustrial.

Otra línea de acción para incrementar las barreras a la entrada fue generar niveles de oferta relativamente altos para el tamaño del mercado interno, buscando desalentar a posibles nuevos competidores, lo que se cumplió aumentando las inversiones "preventivas" en el país y mediante adquisiciones y fusiones con otras empresas locales. Este último tipo de respuesta fue especialmente importante en casos como el del cemento, donde la pugna por el mercado interno se encuadraba en una competencia más amplia en el mercado mundial.

Adicionalmente, se dieron otros dos tipos de acciones relevantes dentro de estas respuestas a la competencia extranjera y, en general, al incremento de la competencia privada. El primero se refiere a los intentos para modernizar las perspectivas empresariales en materia de competitividad en la dirección que sugieren los grandes paradigmas de gestión, principalmente en lo que hace a calidad total. Esto ha implicado importantes esfuerzos de reorganización y capacitación en las empresas y cambios en la valoración social de las actitudes empresariales, como se mostraría en la creación de un premio anual de calidad total para las empresas en el país. Sin embargo, hay que señalar

CUADRO 15

ASOCIACIONES Y COINVERSIONES ENTRE EMPRESAS MEXICANAS Y EXTRANJERAS

Empresa mexicana	Empresa extranjera	Descripción
Alfa	Grupo Metecno Spa. (Italia)	Empresa para fabricar paneles aislados para la industria de la construcción (capital: US$20 millones).
Alfa-Celanese	Eastman-Kodak (Estados Unidos)	Negocios en poliester (capital: US$ 300 millones).
Tamsa	Siderca (Argentina)	La asociación implica capitalizar la empresa mexicana en US$ 75 millones.
Vitro	Pilkington Bros. (Gran Bretaña)	La empresa mexicana suscribe acuerdos para producir y vender artículos de vidrio y cristal.
Vitro	Whirlpool American (Estados Unidos)	Participación conjunta en negocios de línea blanca y artículos de cocina.
Vitro	Corning Inc. (Estados Unidos)	Configurar una compañía de alcance mundial para producir artículos de mesa y de cocina.
Cydsa	Jansen (Estados Unidos)	Asociación para facilitar la venta de fibra en Estados Unidos.
Cydsa	Veratec (Estados Unidos)	La empresa Bonlam establece acuerdo para distribuir productos de fibra no tejida en México y América Central.
Automotriz Dina	Navistar (Estados Unidos)	La empresa extranjera posee el 7.4% de Dina Camiones.
Spicer	GKN (Estados Unidos)	GKN Aumentó su participación en Velcon del 25 al 39%.

CUADRO 15 (*continuación*)

Empresa mexicana	*Empresa extranjera*	*Descripción*
Bimbo	Sarah Lee (Estados Unidos)	Asociación para facilitar distribución de productos mexicanos en Estados Unidos.
Sigma Alimentos	Oscar Meyer Foods (Estados Unidos)	La filial del grupo Alfa y la empresa Philip Morris construirán en México una planta de lácteos.
Geupec	Pepsico Inc. (Estados Unidos)	Pepsico compra el 28.9% de Inmobiliaria Geusa, y anuncia que junto con Geupec, Protexa y Envasa invertirá 750 millones de dólares en venta de refrescos.
Femsa	Coca Cola Co. (Estados Unidos)	Femsa vendió a Coca Cola el 30% de su división refrescos en US$195 millones. Coca Cola anuncia inversiones adicionales por US$500 millones.
Gemex	Natural Beverage (Canadá)	Grupo Embotellador Mexicano distribuirá la línea de productos Clearly Canadian.
Modelo	Anheuser Busch (Estados Unidos)	La empresa extranjera adquirió 17.7% de la cervecera mexicana en US$400 millones dólares.

FUENTE: *El Financiero*, México, varios números.

que, de acuerdo con lo manifestado por directivos de las áreas de planeación de estas empresas en algunas entrevistas, tales esfuerzos no parecen haber arrojado resultados sustantivos hasta el momento, y su desarrollo habría estado dominado más por un objetivo cultural de dar satisfacción a un signo de modernidad que por la internalización de esa lógica de competencia en las operaciones de las empresas.

Asimismo, las GEI han enfatizado crecientemente en sus estrategias de negocios la orientación hacia el consumidor, apoyando modalidades de competencia en las que la diferenciación por servicios al cliente incrementa su importancia en algunos sectores de actividad. Sin embargo, esto tampoco ha alcanzado mayor profundidad, probablemente porque la primera oleada de competencia externa estuvo basada más en importaciones que en inversiones de largo plazo.

Otro importante factor para aumentar las barreras a la entrada fue el acuerdo de hecho entre las GEI y el gobierno para que sólo empresas privadas mexicanas pudieran participar en la privatización de las grandes empresas públicas (véase cuadro 10). Esto fue relevante, por ejemplo, en los casos de la siderurgia, fertilizantes, minería, molinos de maíz e ingenios azucareros, e incluso en telefonía, a pesar de que en este último caso se fijó un límite para el plazo de vigencia del monopolio que otorgaba la privatización. Un efecto adicional relevante de las privatizaciones fue el aumento en la escala de negocios de las empresas compradoras, lo que en varios casos las aproximó al tamaño de conglomerados gigantes, como sucedió en telefonía, ingenios azucareros y acero, entre otros.

Dentro de los cambios en la estructura institucional de las GEI como estrategia para fortalecer sus posiciones en el mercado interno, destaca especialmente la formación de grupos industrial-financieros, que fue nuevamente posible en el país a consecuencia de la reforma bancaria de 1990. Este tipo de grupo ya había existido antes de la crisis de 1982, pero había sido eliminado con la nacionalización de la banca comercial realizada ese año. La reforma bancaria que restableció la propiedad privada sobre los bancos también autorizó la formación de grupos financieros y, aunque se prohibía explícitamente las vinculaciones de los mismos con empresas industriales, fueron toleradas en los hechos (véase cuadro 11).

De acuerdo con evidencia surgida a partir de quiebras bancarias en 1995, las GEI integradas en esos grupos habrían obtenido beneficios extraordinarios respecto a sus competidores, tanto al participar en la muy elevada rentabilidad de los bancos entre 1990 y 1993, como por las ventajas de acceso al financiamiento que resultaron de sus nexos directos con los grandes bancos y los mercados internacionales obtenidos a través del grupo financiero.[14] Sin embargo, la ventaja generada mediante la vinculación industrial-financiera tuvo posteriormente una contrapartida negativa no prevista, ya que, desde fines de 1994, los grupos han debido absorber la pesada carga derivada del deterioro de la situación económica de algunos de sus bancos, causado por la crisis cambiaria y la correspondiente cartera vencida. En algunos casos, las GEI debieron capitalizar a la entidad financiera del grupo, afectando negativamente los planes de inversión del segmento industrial. A pesar de ello, hasta mediados de 1997 no se han registrado casos donde la crisis de la entidad financiera perteneciente a un grupo industrial-financiero llevara a sus empresas industriales a una situación de crisis.[15] Por el contrario, en general las GEI afiliadas a grupos financiero-industriales han mantenido su dinámica expansiva basada en las actividades que desarrollan en los mercados externos, al tiempo que tratan de mantener aislada la evolución desfavorable de su segmento financiero.

Por su parte, las empresas industriales "sin banco" (tanto las que sólo están integradas verticalmente, como las que también están diversificadas) no parecen haber visto limitada su capacidad de respuesta estratégica por razones de financiamiento ya que las nuevas vinculaciones de México con los mercados financieros internacionales voluntarios, desarrolladas a partir de la negociación Brady de 1989, les abrieron la posibilidad de obtener importantes montos de recursos en esos mercados.[16]

Las acciones desarrolladas por las GEI para proteger y potenciar su

---

[14] Recientemente se ha señalado que las empresas industriales de estos grupos recibieron créditos a tasas y condiciones preferenciales e incluso subsidiadas, lo que, de ser cierto, les habría proporcionado una importante ventaja competitiva adicional.

[15] Sin embargo, existen crecientes señales que la crisis de Serfin habría tenido efectos negativos importantes sobre la dinámica económica de su propietario, el grupo Vitro.

[16] Es útil recordar que, en el caso de México, las relaciones formales entre empresas industriales y financieras no agotan el cuadro de vínculos entre las grandes empresas. Adicionalmente, existen importantes participaciones cruzadas en la propiedad de ambos tipos de empresas a nivel de personas que tienen la propiedad y el control de diversas entidades, lo que se manifiesta en su presencia en los consejos de administración de múltiples empresas (Garrido, 1994).

liderazgo en el mercado interno se combinaron con las que negociaron en su favor en el terreno de políticas públicas, particularmente en las áreas fiscal, sectoriales y de comercio exterior.

En materia fiscal, se produjeron decisiones gubernamentales que fortalecieron notablemente la posición y competitividad de ciertas GEI. Esto ocurrió, por ejemplo, en el caso de la industria del tabaco donde los directivos del duopolio privado (Cigatam del Grupo Carso y La Moderna del Grupo Pulsar) negociaron una reducción de impuestos sin la correspondiente obligación de disminuir los precios de venta al público. Con ello, las empresas pertenecientes a esos grupos lograron un notable incremento en su flujo de efectivo que mejoró sustancialmente su capacidad financiera y les permitió expandirse a otras actividades mediante compra, fusión o creación de empresas.[17]

Por otra parte, el gobierno desarrolló políticas sectoriales que fueron decisivas para fortalecer el control del mercado interno por parte de algunas GEI. Esto fue particularmente importante en el caso de los programas de expansión de carreteras y puentes que potenciaron el mercado de los productores de cemento y de las empresas constructoras. En esta misma dirección operó la decisión gubernamental de desregular la industria de molinos de nixtamal –producto de consumo popular tradicionalmente regulado por ley– que permitió que el grupo Maseca desplazara a los molinos pequeños de propiedad familiar a partir de una tecnología más moderna y de subsidios gubernamentales que contribuyeron a mantener bajos sus costos.

Por último dentro de este tema, también cabe señalar lo referido a las negociaciones comerciales externas del país, especialmente el Tratado de Libre Comercio de América del Norte. En esas negociaciones, las GEI tuvieron un papel central como líderes de las empresas privadas nacionales en el contexto de la comisión intersectorial e interinstitucional constituida para tal efecto (Coordinadora de Organizaciones Empresariales de Comercio Exterior –COECE). Las negociaciones de cada uno de los capítulos del TLCAN fueron difíciles terrenos donde las GEI pugnaron por establecer las mayores prórrogas posibles para las barreras que limitaban la presencia de capitales externos en el país, al tiempo que procuraban ganar posiciones en los otros dos mercados nacionales.[18]

---

[17] Ambos grupos se ubican entre los "nuevos", dado que se crearon apenas en los años ochenta.

[18] La presencia muy activa de las GEI en la negociación del TLCAN fue destacada por

Expansión comercial y productiva internacional

El otro gran campo de las estrategias seguidas por las GEI para consolidar su liderazgo bajo las nuevas condiciones de competencia fue su internacionalización y ubicación en los mercados externos. Un primer signo en esa dirección fue la expansión de sus exportaciones manufactureras entre 1983 y 1987, área en la que se convirtieron en líderes junto con las empresas transnacionales de la industria automotriz. Sin embargo, esa expansión exportadora no era totalmente nueva ni tuvo un carácter estable. Lo primero, porque antes del "auge petrolero" de fines de los años setenta ya se había registrado una tendencia importante de incremento de esas exportaciones, que abortó por la expansión del mercado interno y la sobrevaluación de la moneda nacional que resultó del auge. Por otra parte, esa conducta exportadora no fue estable pues respondió más a desplazamientos de la oferta hacia los mercados internacionales para compensar la caída del mercado interno que a una estrategia sostenida de penetración de mercados externos. Tampoco era evidente, en su momento, que la expansión de exportaciones del periodo 1983-1987 respondía a un nuevo derrotero estratégico, ya que era posible que fuera nuevamente sólo un movimiento para compensar la fuerte reducción de la demanda interna ocurrida con la crisis, al que se sumaba el apoyo de un tipo de cambio favorable a la exportación.

Sin embargo, a pesar de que las condiciones cambiarias y de la demanda interna se revirtieron luego de 1988, las exportaciones manufactureras mantuvieron un fuerte crecimiento. Las empresas exportadoras aumentaron su oferta mediante un intenso proceso de inversión en plantas y equipo, lo que indica que consolidaron su vocación exportadora mediante una estrategia sostenida y consistente para competir a partir de sus ventajas productivas y organizativas, al tiempo que instalaban capacidad para abastecer simultáneamente sus

la propia Secretaría de Comercio y Fomento Industrial que dirigía las negociaciones desde el lado gubernamental, cuando usaba reiteradamente la expresión "el grupo del cuarto de junto", haciendo alusión al numeroso grupo de ejecutivos de las grandes empresas que estaban en una sala próxima a aquella donde sesionaban las comisiones negociadoras de los tres países. Este grupo empresarial tenía una constante interacción con los negociadores mexicanos por lo que puede decirse que, en lo que a las posiciones mexicanas se refiere, las cláusulas de los diversos capítulos del TLCAN reflejan muy directamente los puntos de vista de los ejecutivos integrantes de ese grupo asesor privado. Para un análisis de la COECE y la presencia empresarial, véase Puga (1993).

demandas tanto interna como externa.

Un aspecto relevante en la nueva modalidad con la que se expandió el comercio exterior de las GEI se refiere al papel que juegan las importaciones y el modo en que afectaron sus relaciones con las restantes empresas nacionales. La estrategia gubernamental de apertura y promoción de exportaciones combinó el uso de la importación temporal para exportar con beneficios fiscales y crediticios. De ese modo se buscaba mejorar el perfil competitivo de las empresas exportadoras al permitir que tuvieran acceso a insumos en condiciones internacionalmente competitivas de costos y calidad.

Lo anterior parece haber tenido un efecto adverso en la vinculación de las GEI exportadoras con sus potenciales proveedores nacionales, ya que estos vínculos se habrían debilitado en los casos en que existían o no se habría promovido el establecimiento de nuevos vínculos debido al atractivo que ofrecían los proveedores extranjeros. Esto estaría en la mente de un directivo de uno de los grandes grupos industriales analizados cuando manifestaba en una entrevista que, desde su punto de vista, se trataba de que su empresa operara como una empresa global, entendiendo que "una empresa global es aquella que compra donde le conviene, produce donde le conviene y vende donde le conviene". En consecuencia, la estrategia seguida por las GEI no estuvo orientada a establecer redes de empresas para impulsar que el cambio estructural se diera sobre la base de una sólida estructura empresarial nacional. Por el contrario, esas empresas dieron una respuesta desfavorable en cuanto a potenciar los vínculos cliente-proveedor con los fabricantes locales, aunque esto estuvo determinado también por la débil o inadecuada capacidad de oferta de esos fabricantes. Este aspecto de las relaciones entre GEI y el resto de las empresas ha sido un severo obstáculo para eslabonar su expansión con la dinámica del conjunto de la economía nacional.

Junto con sus actividades exportadoras, varias de las GEI invirtieron directamente en el exterior para ubicarse en los mercados de sus competidores o configurar redes globales de producción requeridas por la modalidad particular de globalización de las industrias donde operan. Esta estrategia de internacionalizarse mediante inversión directa en el exterior se concretó principalmente mediante la compra o fusión de empresas ya existentes. Para estas inversiones fue vital que las GEI pudieran acceder al financiamiento en el mercado de valores de Nueva York o en los euromercados, como ocurrió exitosamente a partir de 1990.

La internacionalización vía inversión directa tuvo diversos efectos, ya que, de una parte, significó crear un balance inédito entre la producción que realizan estas grandes empresas en el país y la que llevan a cabo en el exterior, con efectos decisivos para el curso que tendría la crisis iniciada en diciembre de 1994. Pero, al mismo tiempo, esta internacionalización también implicó la necesidad de abrir la propiedad de esas empresas al capital extranjero, así como, en algunos casos, cambiar su organización corporativa, asegurando mayor autonomía y descentralización a las divisiones de acuerdo con las modalidades específicas que requerían los mercados donde operaban.

Modalidades de estrategia

Para concluir este apartado, a continuación se indican algunas modalidades con las que distintas empresas aplicaron los lineamientos generales señalados, atendiendo así a las condiciones particulares del sector donde operan o a los proyectos particulares del conglomerado al que están integradas. Específicamente se consideran las modalidades de estrategia competitiva global que se observan en los casos de las actividades productoras de cemento, acero, petroquímica, vidrio, cerveza y tabaco, y la provisión de servicios de telefonía.

La estrategia de Cementos Mexicanos (Cemex) fue diseñada a partir del punto de vista de que, para sobrevivir frente a las grandes competidoras internacionales debía expandirse en el mercado mundial ya que, de no hacerlo, podía perder incluso su posición en el mercado interno. En consecuencia, se orientó a ubicarse con inversiones directas en mercados externos desde donde podía amenazar a los grandes oligopolios mundiales en sus propios ámbitos, al tiempo que fortalecía su capacidad de competencia en el mercado interno, incrementando la concentración mediante compras o fusiones con posibles competidoras locales, así como abriendo nuevas plantas en el país en las que utiliza tecnología moderna. La presencia de Cemex en los mercados internacionales comenzó con la compra de empresas cementeras y mezcladoras de concreto en el sur de Estados Unidos, luego adquirió dos empresas en España que le dieron el control del 40% del mercado en ese país y una posición amenazante sobre los mercados de sus competidores en Europa, y finalmente compró empresas en Panamá y Venezuela para ubicarse en el mercado latinoamericano. Estas operaciones internacionales de Cemex fueron concomitantes con una muy favorable evolución de sus actividades en el país, debido al incremento en la demanda de cemento a consecuencia del programa de construcción de carreteras que aplicó el gobierno del presidente Salinas y el auge en la industria de la construcción derivado del aumento de los créditos bancarios para vivienda. Por otra parte, Cemex también se benefició con el auge bursátil registrado desde 1990, ya que sus acciones experimentaron una muy fuerte valorización, lo que le brindó ganancias significativas en los mercados secundarios de acciones y le proporcionó medios adicionales para financiar su expansión. Sin embargo, el tramo más sustancial en ese financiamiento fue resuelto mediante la emisión de ADR en Nueva York, donde llegó a constituirse en un título de primera línea dentro de los de su tipo.

Cemex se ha mantenido concentrada en su producto principal, fuertemente integrada y prácticamente sin ningún intento de diversificarse en términos de productos, aunque sí en términos geográficos. La propiedad de la empresa se ha mantenido firmemente en manos de la familia Zambrano y la dirección no parece haber estado haber expuesta a grandes tensiones internas, todo lo cual es notable porque, en el curso de estos años y debido a la estrategia seguida, Cemex se convirtió en el tercer productor de cemento en el mundo y mantiene posiciones ofensivas respecto a los líderes mundiales, a partir de proyectos de expansión en Asia. En términos organizativos y de gestión, esta empresa ha integrado a México dentro de su división América del Norte, y su experiencia internacional le ha permitido transferir hacia sus empresas locales las tecnologías de gestión desarrolladas en el exterior en materia de fusiones y adquisiciones.

Una estrategia totalmente distinta fue la adoptada por el Grupo Alfa, un conglomerado "tradicional" que tiene entre sus principales empresas a la productora de acero Hylsamex y la petroquímica Alpek. En los años setenta, este grupo fue uno de los que más diversificó sus actividades y expandió su equipo corporativo. Asimismo, incrementó sensiblemente su deuda externa, lo que significó que, ya antes de 1982, debió enfrentar un severo quebranto y realizar una importante reorientación de su estrategia. Sin embargo, en la nueva estrategia las inversiones se mantuvieron diversificadas ya que, conforme a las declaraciones de sus directivos, uno de los principales problemas que enfrenta el conglomerado para asegurar su estabilidad en el largo plazo es el carácter procíclico de sus dos principales actividades:

siderurgia y petroquímica. Para compensar los efectos negativos en las fases bajas del ciclo, el conglomerado debe tener actividades en otras áreas, como alimentos, donde realizó importantes inversiones en asociación con grandes empresas estadounidenses.

Una particularidad del Grupo Alfa es que ha mantenido una parte central de sus actividades orientada al mercado interno, aun siendo el titular de patentes para fundición que se utilizan en muchas partes del mundo. La industria del acero en México –de la que Hylsamex es parte principal– ha incrementado su participación en los mercados externos e iniciado un proceso de sustitución de importaciones durante los últimos años, lo que es relevante para explicar su crecimiento (Casar, 1994). Al mismo tiempo, los industriales del sector han protestado, repetidas veces, ante el gobierno por importaciones de acero en condiciones de *dumping*, provenientes de empresas estadunidenses que colocan sus excedentes en el país durante la fase baja del ciclo mundial de la industria. Adicionalmente, hay que señalar que las privatizaciones de las grandes siderúrgicas estatales tuvieron efectos negativos para Alfa al modificar la estructura de ese mercado en por lo menos dos sentidos. El primero fue incrementar la competencia, pues las empresas estatales se fragmentaron para distribuirse entre la propia Hylsamex, el Grupo Acerero del Norte y el Grupo Villagómez. De acuerdo con los ejecutivos de Alfa, esto fue consecuencia de que subestimaron la capacidad de sus competidores para ganar esas privatizaciones. Un segundo efecto fue que Hylsamex dejó de ser una gran fuente de financiamiento para el grupo, como había sido lo habitual durante largo tiempo debido a las ganancias extraordinarias que obtenía al seguir los precios de las acereras estatales que operaban con tecnología muy atrasada y baja eficiencia.

En el área petroquímica, las actividades de Alpek también resultaron afectadas por el carácter cíclico de la industria y por la evolución adversa del mercado mundial. Sin embargo, la empresa se ha reestructurado y actualmente busca adquirir la propiedad de algunas empresas petroquímicas estatales que serán privatizadas próximamente. Adicionalmente, el Grupo Alfa incursionará en la telefonía de larga distancia ya que, conjuntamente con ATT, ha constituido la empresa Alestra para brindar tales servicios a partir de 1997. Esto es posible pues la telefonía se ha abierto a la competencia al terminar el monopolio que el gobierno otorgó transitoriamente a Teléfonos de México luego de su privatización.

La gestión estratégica de Alfa está a cargo de Dionisio Garza Medina, sobrino de Bernardo Garza Sada, fundador del grupo. Garza Medina es el prototipo del directivo en la actual fase de globalización de las GEI, ya que, formado en Estados Unidos con dos títulos de posgrado, afirma públicamente que pretende gestionar a Alfa como una empresa global.[19]

Un tercer caso de interés es el Grupo Vitro –surgido a partir del grupo Monterrey al igual que Alfa– que se ha especializado en las actividades relacionadas con el vidrio. Aunque este producto viene perdiendo posiciones a nivel internacional debido a la competencia del plástico, sólo recientemente la empresa ha comenzado a buscar líneas de expansión hacia nuevos materiales. Vitro intentó expandirse internacionalmente dentro de la industria tradicional del vidrio, para lo cual desarrolló una agresiva estrategia al adquirir en Estados Unidos la vidriera Anchor Glass. Esta operación se realizó con las mejores técnicas de las compras apalancadas (*leveraged buy-out*) y resultó exitosa pues Vitro logró, en 1989, el control buscado y con ello ocupó una porción significativa del mercado de América del Norte. Sin embargo, la especialización de Vitro en una industria que decrece generó problemas para sostener la dinámica de crecimiento, particularmente por la pérdida de dinamismo de su subsidiaria estadunidense, la que, aunque se convirtió en el componente mayoritario del grupo en lo referente a la producción de productos de vidrio, debió ser vendida a fines de 1996.[20]

Vitro tiene también una división de electrodomésticos muy exitosa, que opera en alianza con la empresa estadunidense Whirlpool y controla, conjuntamente con Mabe, el 80% del mercado mexicano, al tiempo que realiza importantes exportaciones a Estados Unidos, así

[19] El fuerte contraste entre este nuevo enfoque de gestión y el que había orientado originariamente la gestión de todo el grupo Monterrey –del que derivan tanto Alfa, como Vitro, VISA y CYDSA– lo muestra una referencia a la filosofía de vida del fundador del grupo, Eugenio Garza Sada, quien presumía de que sólo había viajado a Europa en dos oportunidades y ello a consecuencia de la presión realizada por la familia para realizar un recorrido turístico.

[20] La venta de Anchor Glass no eliminó la presencia de Vitro como inversionista directo en Estados Unidos, pues mantiene tres subsidiarias que ocupan unas 3 000 personas. Otras inversiones directas en el exterior, como las existentes en Bolivia, Colombia, Costa Rica, Guatemala y Perú, también se han mantenido, aunque es posible que no se expandan a otros países en el futuro cercano (*El Financiero International Edition*, 15-21 de septiembre de 1997).

como a otros mercados. Por otra parte, Vitro controla el 49% de Celulosa y Derivados (CYDSA) –un conglomerado con fuerte presencia en la industria química– y es propietario de parte del paquete accionario del grupo financiero Serfin,[21] que posee el tercer banco del sistema comercial y la mayor casa de bolsa del mercado. En este sentido, la crisis bancaria de 1995, de la que Serfin no fue una excepción, ha exigido del grupo industrial esfuerzos financieros importantes que habrían incidido negativamente en los programas de expansión del segmento industrial.

También el Grupo Vitro tuvo una renovación generacional en su dirección con la llegada de Adrián Sada, quien tiene una formación similar a la de Garza Medina (Grupo Alfa); aunque, a diferencia de este último, el desempeño de Sada es considerado pobre, por lo menos hasta el presente. El impacto de la situación del banco Serfin sobre el conglomerado industrial, la evolución adversa de la subsidiaria estadunidense y la madurez general de la industria del vidrio hacen que Vitro sea uno de los conglomerados más expuestos dentro del liderazgo de GEI. El grupo ha tratado de reducir esa vulnerabilidad mediante una estrategia de mediano plazo que comprende: reducción de deuda,[22] aumento de la eficiencia de las operaciones, inversión en áreas clave (vidrio plano, vidrio de seguridad y refrigeradores) y cambios en el sistema de contabilidad e información.

Otra estrategia diferente es llevada adelante por el Grupo VISA, el mayor productor de cervezas con marcas propias y refrescos, principalmente bajo franquicias de Coca Cola. Este conglomerado de Monterrey emprendió una acelerada diversificación de negocios en los años setenta, la que, junto a un fuerte endeudamiento externo, lo llevó a una severa crisis en 1983. Desde entonces, ha reestructurado sus actividades para centrarse en las dos grandes líneas de productos mencionadas. Dentro de las cervezas, aumentó una presencia ya tradicional en Estados Unidos y otros países, expandiendo su cuota de mercado en Estados Unidos y Canadá mediante alianzas estratégicas con productores locales. Sin embargo, la división cervezas parece tener dificultades para enfrentar la competencia de las grandes firmas estadunidenses y

---

[21] La participación de Vitro en Serfin se ha reducido de 20% en 1995 a alrededor de 8% a fines de 1997, debido a que el grupo decidió no participar en todas las capitalizaciones del banco.

[22] Las metas de reducción de deuda se han logrado vendiendo inversiones en las áreas periféricas, tales como minería o aceros porcelanizados.

alemanas e incluso la de su gran competidor mexicano, la Cervecería Modelo, recientemente vendida a Anheuser Busch.

En cambio, la división de refrescos de VISA presenta una evolución más dinámica probablemente al influjo de las estrategias globales de Coca Cola para enfrentar a Pepsi en la llamada "guerra de las colas". Esto ha llevado a la constitución de una nueva empresa conjunta entre VISA y Coca Cola bajo la sigla KOF y a que VISA se expandiera hacia América del Sur comprando, por ejemplo, la mayor franquiciaria de Coca Cola en Buenos Aires.

Este grupo también incursionó en el negocio financiero al comprar al grupo Bancomer cuyo núcleo es el banco del mismo nombre, que es el segundo en tamaño en el sistema bancario comercial nacional.[23] Actualmente, el grupo VISA incursiona en el nuevo mercado de telefonía a través de Bancomer. Inicialmente se había planteado hacerlo mediante una empresa que crearía en asociación con una empresa estadunidense, pero las dificultades financieras mencionadas han hecho que Bancomer se sume a la compañía telefónica que está organizando el grupo financiero Banamex.

El cuadro directivo del conglomerado se ha mantenido bajo control familiar con la dirección de Eugenio Garza Lagüera que preside el conglomerado industrial y el grupo financiero.

En contraste con las estrategias seguidas por los grandes grupos industriales "tradicionales", destaca la evolución que se registra en los que probablemente sean los dos mayores conglomerados "nuevos", es decir, formados en los años ochenta y noventa.

El primero de ellos es el Grupo Carso que opera en diversos sectores industriales y de servicios, en todos los casos con empresas que ocupan posiciones líderes en sus respectivos mercados. Este grupo desarrolló una estrategia de crecimiento centrada en conseguir el control de empresas que cotizan en bolsa y que tienen buenas perspectivas de rentabilidad, alto flujo de efectivo y bajo endeudamiento. Carso ha basado la gestión de esas empresas en una perspectiva financiera, que, en algunos casos, parece haber llevado a sacrificar el horizonte de crecimiento de las mismas en beneficio de obtener adecuadas razones financieras de corto plazo.

El grupo tuvo un cambio sustantivo en su escala de negocios e influencia en la economía nacional al lograr el control de Teléfonos

---

[23] En conjunto, Bancomer y Banamex controlan más de 40% del mercado desde hace 50 años.

de México (Telmex) cuando fue privatizada, obteniendo con ello el monopolio del servicio telefónico nacional durante un lapso que terminó en 1996. Esto, junto a una gestión extremadamente hábil de las operaciones financieras de Telmex en los mercados estadunidenses, ha llevado a que durante largo tiempo sus acciones y obligaciones tuvieran extraordinarias cotizaciones en esos mercados.

El fin del monopolio telefónico plantea a Carso una transición difícil, la que intenta enfrentar aplicando una estrategia que está en curso de realización. Por una parte, cambió la estructura del conglomerado creando un subconglomerado denominado Carso Comunicación Global orientado a desarrollar la internacionalización de esa área de negocios. Adicionalmente, ha establecido una alianza estratégica con Sprint de Estados Unidos e iniciado la compra de Cablevisión, la mayor empresa de televisión por cable en el país perteneciente al gigante de la televisión mexicana, Televisa, empresa que también está reestructurando sus áreas de negocios para adecuarse al nuevo horizonte de competencia global en la "supercarretera de la información". La estrategia de Carso es integrar sus servicios telefónicos y de televisión dentro de la lógica de esa "supercarretera", en el contexto de una fuerte competencia internacional.

En cuanto a su horizonte competitivo, Carso ha estado fundamentalmente estructurado sobre la base de empresas que operan en el mercado interno. Sin embargo, además de lo ya señalado en telefonía, busca también expandir sus operaciones internacionales a partir de algunas de sus empresas que ya se mueven en esa dirección como la llantera Euzkadi-General Tire o del grupo Condumex (productor de conductores eléctricos). En junio de 1997, Carso vendió el control de Cigarros La Tabacalera Mexicana (Cigatam) a Philip Morris, quedando asociado en una posición del 49%, pero con un asiento en el consejo de administración de Philip Morris en Estados Unidos.

Desde el punto de vista de su estilo de dirección, Carso es gestionado por un muy pequeño equipo corporativo fuertemente centralizado en la persona de Carlos Slim, lo que probablemente sea una de sus mayores debilidades estratégicas. En fechas recientes, el hijo de Carlos Slim ha comenzado a ocupar posiciones de dirección siguiendo las tendencias a configurar una empresa familiar como es tradicional en las grandes empresas privadas mexicanas.

En la revisión de estrategias particulares entre los grupos "nuevos" es importante también el caso de Pulsar Internacional, que combina actividades integradas en torno a agroindustrias (tabaco, hortalizas y madera) con un grupo financiero muy internacionalizado y empresas productoras de bienes de consumo. Este grupo es particularmente interesante porque comparte con Carso una extraordinaria velocidad de crecimiento desde sus orígenes en 1982; pero a diferencia de aquél, Pulsar ha estado más orientada desde el inicio de sus actividades hacia la internacionalización y a ampliar sus actividades en el sector agroindustrial. En ese sector, expandió su producción desde el tabaco hacia la horticultura de exportación y proyectos forestales de gran escala que cubren amplias partes del territorio nacional. Este desarrollo agroindustrial ha estado combinado con el impulso de sus empresas de biotecnología en el país y en Estados Unidos.

En 1997, el Grupo Pulsar inició una profunda reorientación estratégica en sus actividades principales. Por una parte compró tres empresas internacionales de semillas: Petoseed, DNA Plant Technology Co. (DNAP) y Asgrow Seed, líder mundial en la producción de semillas de soja mediante biotecnología, y constituyó con ellas la empresa Seminis.[24] Con estas operaciones, Pulsar pasó a controlar 22% de la producción mundial de semillas;[25] particularmente con Petoseed, adquirió la empresa de tecnología más avanzada en el mundo en el campo del control y manipulación de genes para inocularlos en semillas. Como parte de esas operaciones, Pulsar adquirió también los laboratorios de esas empresas, donde trabajan más de 500 investigadores en biotecnología. Actualmente, el grupo destina 14% de su facturación en semillas y vegetales a investigación y desarrollo, porcentaje que planea aumentar hasta 18%. Por otra parte, en junio de ese año vendió 50% de la empresa La Moderna (la mayor productora de cigarrillos en el país) a la British-American Tobacco (BAT), por 1 700 millones de dólares, así como la opción de compra del otro 50%. El objetivo central de Pulsar es dedicarse a las actividades agroindustriales y forestales con base en la tecnología de punta a nivel mundial que le proporciona la empresa de semillas.

---

[24] Pulsar ya contaba con una empresa de biotecnología, Bionova, la que se vinculaba a los resultados de las mejoras biotecnológicas realizadas por La Moderna en el cultivo de tabaco.

[25] En el campo específico de semillas para hortalizas el grupo controla 39% del mercado de Estados Unidos y 24% del europeo.

7.5. CONCLUSIONES

A continuación se sintetizan los principales elementos que resultan de este capítulo para comprender la configuración del liderazgo de las GEI en la presente década, sus características y problemas más relevantes.

El nuevo liderazgo se desarrolló en el curso de un proceso de cambio estructural iniciado en México en 1983, en el que tuvieron una incidencia determinante las políticas estatales para transformar radicalmente las reglas y condiciones de operación de la economía nacional, la que ahora es una economía abierta, liberalizada y desregulada que, en general, se desarrolla bajo el liderazgo de empresas privadas. Esta nueva modalidad ha provocado una transformación significativa de las condiciones de competencia en el país en la dirección de adecuar las tradicionales estructuras oligopólicas de competencia a las nuevas condiciones económicas e institucionales generales para moverse hacia un escenario de competencia en mercados globales.

Junto con ello, el actor estatal desarrolló políticas específicas para promover el liderazgo de las GEI, las que tuvieron un papel principal en la configuración del mismo. Particularmente, destacan las estrategias de privatización de las empresas públicas industriales y financieras que representaron un verdadero ejercicio de reingeniería social para transferir el poder empresarial del Estado a los grandes grupos económicos de manera relativamente ordenada, estimulando al mismo tiempo la formación de nuevos conglomerados. En general, las políticas de promoción de las GEI lograron resultados exitosos pues estas empresas llegaron efectivamente a ser líderes. Sin embargo, debe anotarse el extraordinario fracaso que representó la privatización bancaria y la formación de grupos financieros cuyo negativo desempeño es un determinante importante de la crisis económica del país y de algunos de estos conglomerados que estalla a fines de 1994.

La configuración del nuevo liderazgo también ha sido influida por el cambio en los patrones de especialización productiva y de comercio exterior en la economía nacional, particularmente en la manufactura. Sin que todavía se observen procesos concluidos, se comprueba un crecimiento muy importante de sectores como químicos y alimentos, al tiempo que se expanden aceleradamente actividades como la automotriz que pertenecen a divisiones industriales que declinan muy marcadamente. Por otra parte, se ha transformado la estructura del comercio exterior de manufacturas en el sentido de un mayor comercio intrafirma y de exportaciones netas positivas. Sin embargo, todavía no es fácil interpretar el signo de esa transformación dado que se produjo junto con políticas macroeconómicas contradictorias que, aunque impulsaron la apertura económica y una nueva posición internacional del país, al mismo tiempo propiciaron un incremento de las importaciones que afectaron severamente la planta productiva y empujaron a muchas empresas locales a crear alianzas con sus competidores externos para importar, como forma de manejar los nuevos niveles y tipos de competencia.

En tercer lugar, las respuestas de las GEI articulando estrategias para lograr liderazgo en las nuevas condiciones han sido un factor central para explicar la posición que ocupan actualmente. Si bien, en términos de las estructuras de liderazgo en los mercados nacionales, las reformas estructurales y la apertura han significado un incremento extraordinario de la importancia que asumen las empresas extranjeras en el nuevo orden económico, particularmente las de origen estadunidenses, junto con ello también se ha consolidado un muy fuerte liderazgo por parte de las GEI.

Este liderazgo se ha desarrollado básicamente a partir de los mercados controlados tradicionalmente por dichas empresas; pero, para alcanzarlo, debieron responder a las nuevas exigencias y condiciones que les planteaba el cambio económico sectorial y general, así como el nuevo ambiente económico internacional. Esto significa que, en el número reducido, pero relevante, de casos en que las GEI han renovado su posición tradicional de liderazgo, lo han hecho manteniendo o fortaleciendo su posición en el país, pero también proyectándose como líderes en sus productos en el mercado internacional. Sin embargo, hay que señalar una incipiente tendencia a la extranjerización de estos grupos o de segmentos de ellos como parecería sugerirlo la venta de las grandes productoras de cigarrillos, así como de la Cervecería Modelo, aunque todo esto también puede representar un proceso de desplazamiento de los grupos locales desde industrias maduras hacia nuevas áreas de inversión más dinámicas.

Desde este punto de vista, el renovado liderazgo de las GEI y las nuevas relaciones de comercio internacional basadas en exportaciones industriales son algunos de los aspectos más exitosos en la gran reforma económica iniciada en 1983. Sin embargo, se ha dado conjuntamente con la agudización de desequilibrios macroeconómicos, gran inestabilidad en materia de empleo e ingreso, el incremento de la polarización social en el país e incluso severas distorsiones en las nuevas relaciones de comercio internacional. Esto se combina en un serio deterioro de la estructura industrial y de la situación en la que se encuentran la mayoría de las empresas, en particular luego de la crisis de diciembre de 1994.

En consecuencia, la relación entre cambio estructural y liderazgo empresarial privado nacional parecería estar desembocando en la conformación de un orden económico extremadamente segmentado, lo que implica tensiones y desequilibrios, particularmente evidentes en la actualidad entre la situación relativamente exitosa que muestran las GEI y un cuadro económico de recurrente inestabilidad y lento crecimiento en el largo plazo. De ello parece desprenderse que la alternativa entre un desarrollo sostenido de la economía mexicana y la persistencia de escenarios de inestabilidad parece depender en buena parte de la capacidad de configurar nuevas articulaciones "virtuosas" entre las GEI y el resto de la economía.

Sin embargo, las GEI han desarrollado estrategias de vinculación empresarial más orientadas a expandir sus nexos con los proveedores internacionales que a fortalecer las redes de empresas en el mercado local. Por su parte, las restantes empresas han mostrado una baja capacidad de reacción positiva para redefinir sus posiciones en el nuevo orden económico. Esto podría explicarse como resultado de una adversa combinación entre el impacto que provocó la radicalización del cambio durante la administración del presidente Salinas y la resistencia a adoptar nuevas estrategias, derivadas de su cultura de negocios tradicional. A lo anterior, habría que sumar los efectos extremadamente negativos que ha producido entre esas empresas la crisis económica y financiera de 1995.

Estos elementos se han vuelto aún más complejos en la coyuntura de mediados de 1997 debido a las tensiones que crea la política económica extremadamente ortodoxa que se aplica desde diciembre de 1994, procurando mantener los equilibrios macroeconómicos de corto plazo y cumplir con el servicio de la deuda, con fuertes costos en materia de desarrollo económico y empleo. Esta compleja situación en la que se combinan problemas de desequilibrios estructurales y presiones coyunturales ha hecho extremadamente difícil la búsqueda de políticas que potencien la capacidad de dinamizar la economía nacional que tienen las GEI.

El debate nacional en materia de política económica se orienta hacia la proposición de estrategias activas de política industrial en las que se combine mejor la preservación de los equilibrios macroeconómicos con la recuperación del crecimiento económico y el empleo para evitar un colapso de la planta industrial. Este debate llegó a generar cierto conflicto entre la Secretaría de Comercio y Fomento Industrial (Secofi) y las cámaras industriales que presentaron un programa industrial alternativo y divergente del que impulsaba esa secretaría a comienzos de 1996. Ese conflicto se resolvió con un compromiso que permitió a la Secofi dar a conocer el Programa Nacional de Política Industrial y Comercio Exterior vigente, el que sigue siendo objeto de fuertes críticas empresariales. Sin cortar este nudo gordiano, es difícil imaginar la aplicación de políticas que efectivamente potencien círculos virtuosos a partir del liderazgo de las grandes empresas industriales nacionales.

7.6. BIBLIOGRAFÍA

Casar, José I. (1994), "El sector manufacturero y la cuenta corriente. Evolución reciente y perspectivas", F. Clavijo y J. I. Casar (comps.), *La industria mexicana en el mercado mundial. Elementos para una política industrial*, México, Fondo de Cultura Económica.

Clavijo, Fernando y J. I. Casar (comps.) (1994), *La industria mexicana en el mercado mundial. Elementos para una política industrial*, México, Fondo de Cultura Económica.

Clavijo, Fernando y Susana Valdivieso (1994), "La política industrial de México 1988-1994", en F. Clavijo y J. I. Casar (comps.), *La industria mexicana en el mercado mundial. Elementos para una política industrial*, México, Fondo de Cultura Económica.

Chesnais, François (1994), *La mondialisation du capital*, París, Syros.

Dicken, Peter (1993), *Global Shift* (2a. ed.), Nueva York, The Guilford Press.

Fruin, Mark W. (1994), *The Japanese Enterprise System*, Oxford, Reino Unido, Clarendon Paperbacks.

Garrido, Celso (1994), *Los grupos económicos en México, Revista de la CEPAL*, 54, agosto de 1994, Santiago, Chile.

——————— (1995), *Estrategias económicas de siete grupos privados nacionales en México 1983-1994*, documento elaborado en el Proyecto Regional CEPAL/ PNUD de Políticas de Innovación y Competitividad (RLA/88/039), CEPAL, Santiago, Chile.

Hopenhayn, Benjamín y Pablo Rojo (1990), *Comercio internacional y ajuste externo*, Buenos Aires, Legasa-Cisea.

Peres, Wilson (1990), *Foreign Direct Investment and Industrial Development in Mexico*, París, OCDE Development Centre.

Pipitone, Ugo (1994), *La salida del atraso: un estudio histórico comparativo*, México, Fondo de Cultura Económica.

Porter, Michael (1987), *Estrategias competitivas*, México, CECSA.

Puga, Cristina (comp.) (1993), *Organizaciones empresariales y el Tratado de Libre Comercio*, Cuadernos del POEM, 7, México, UNAM, Instituto de Investigaciones Sociales.

Valdés, Francisco (1996), *Autonomía y legitimidad. Los empresarios, la política y el Estado en México*, México, Siglo XXI.

impreso en offset libra
francisco i. madero 31
barrio san miguel iztacalco
c.p. 08650, méxico, d.f.
dos mil ejemplares y sobrantes
30 de junio de 1998